Spiritual Leadership & Church Ministry

By
Rev. Young Hyo Im, D. Miss., Ph D.

2018
Young Moon Publishing Co.,
Seoul, Korea

영적 리더십과
교회사역

영적 리더십과 교회사역

임영효 지음

Spiritual Leadership &
Church Ministry

도서출판 영문

머 리 말

　21세기 미국의 대표적인 개혁주의 조직신학자로 인정을 받고 있는 미국 리폼드 신학대학원(Reformed Theological Seminary)의 존 M. 프레임(John M. Frame) 교수는 "신학은 신자들이 성경을 삶의 모든 영역에 적용하는 것이다"라고 간명하면서도 적절한 정의를 내린 바가 있다. 대학에서 실천신학과 선교학을 연구하고 가르치는 저자에게 참으로 마음에 와 닿는 그런 정의가 아닐 수 없다.

　그런데 오늘날 실천신학과 선교학에서의 연구 경향은 사역의 근거와 기준인 성경에서 동떨어진 상황(context)에만 치우친 이런 연구들이 너무 많아지고 있는 것이 현실이며, 따라서 그런 연구는 시간이 지나감에 따라 상황도 함께 변하기 때문에 활용도가 떨어질 수밖에 없는 결과를 초래하게 됨을 보게 되어 진다. 설령 유익한 내용을 담고 있다고 할지라도 신학의 유일한 근거와 대상인 성경의 내용과는 맞지 않는 자의적이고 실용적인 접근을 하므로 오히려 교회사역에 해를 끼치는 경우들이 너무 많은 것은 참으로 안타까운 일이 아닐 수 없다. 따라서, 가장 유익하고 활용도가 높은 신학 연구는 프레임(Frame)의 정의대로 성경을 사역의 모든 영역에 적용해 나가는 것임을 날이 갈수록 더욱 실감하지 않을 수가 없는 것이다.

　본서에 수록된 6편의 논문들은 『고신신학』에 발표되어진 것들로서 공통적인 특징은 모두가 관련 성경 본문에 초점을 맞추어서 실천신학적인 관점에서 해석하고 적용하므로 지속적으로 활용되어질 수 있는 성경적 원리와 적용점들을 제시하고자 하는데 있다고 할 것이다.

　특별히, 본서에서는 리더십개발과 교회사역에 관한 내용들을 다루고 있는 바, 오늘날의 교회사역자들과 관심있는 일반 그리스도인들에게 도움을 주고자 준비되어진 것이다. 아무쪼록 본서의 내용들이 오늘날의 교회사역자들의 성경적 리더십 개발과 한국교회의 건실한 성장과 진보를 이루어 나가는데 조금이나마 도움이 되어질 수 있기를 바랄 뿐이다.

　끝으로 그 동안의 연구와 교수사역을 위해 기도와 물심양면으로 도움을 제공해 준 여러 목사님들과 지금까지 저서 출판을 위해 협력해 주신 영문 출판사의 김수관 장로님께 감사를 드리며, 언제나 사랑으로 내조의 수고를 기쁨으로 감당해 온 아내와 사랑하는 아들과 딸들에게 감사의 뜻을 표한다.

2018년 여름
고신대학교에서
저자 **임 영 효**

Contents

머리말 / 3

제1장
유다서가 보여주는 리더십 개발의 원리
(The Principles of Leadership Development in the Epistle of Jude)

1. 서론 ·· 13
2. 영적 지도자의 정체성 ·· 15
3. 영적 지도자의 조건 ·· 22
4. 영적 지도자가 갖추어야 할 내적 자질들 ·· 27
5. 영적 지도자의 특성 ·· 40
6. 영적 지도자의 사역의 원동력 ·· 53
7. 영적 지도자가 가져야 할 확신 ·· 59
8. 결론 ·· 63

제2장
영적 리더십의 본질로서의 성령의 열매
(The Fruit of the Spirit as the Essence of Spiritual Leadership)

1. 서론 ·· 71
2. 성령 충만의 증거로서의 성령의 열매 ·· 73

3. 리더가 맺어야 할 성령의 9가지 열매 ·· 77
   (1) 사랑(Love) ·· 77
   (2) 희락(Joy) ·· 84
   (3) 화평(Peace) ·· 89
   (4) 오래참음(Patience) ·· 95
   (5) 자비(Kindness) ·· 101
   (6) 양선(Goodness) ·· 106
   (7) 충성(Faithfulness) ·· 110
   (8) 온유(Gentleness) ·· 115
   (9) 절제(Self-Control) ·· 120
4. 결론 ··· 124

제3장
성경 교육의 중요성
(The Importance of Bible Education)

1. 서론 ··· 133
2. 성경교육의 필요성 ·· 136
3. 성경의 독특한 역할 ·· 155
4. 성경의 독특한 권위 ·· 171
5. 성경의 사역 ··· 182
   (1) 교훈의 사역: 가르치는 성경 ··· 183
   (2) 책망의 사역: 책망하는 성경 ··· 186
   (3) 바르게 함의 사역: 교정시키는 성경 ··· 189
   (4) 의를 위하여 훈련시키는 사역: 올바른 삶으로 이끄는 성경 ··············· 192
6. 성경교육의 목표 ·· 195
7. 결론 ··· 200

제4장
교회사역의 원리
(The Principles of Church Ministry)

1. 서론 ··· 213
2. 교회의 독특한 특징 ·· 215
3. 교회사역자의 자격 ··· 221
4. 교회사역의 축복 ·· 228
5. 교회사역의 절대적 조건 ··· 231
6. 교회사역의 내용 ·· 239
7. 교회사역의 목표 ·· 244
8. 교회사역의 자세 ·· 246
9. 교회사역의 근거 ·· 253
10. 결론 ··· 256

제5장
사도 바울의 사역관
(The Apostle Paul's View of the Ministry)

1. 서론 ··· 265
2. 사역의 근거 ··· 267
3. 사역의 정신 ··· 269
4. 사역의 고난 ··· 272
5. 사역의 영역 ··· 276
6. 사역의 주제 ··· 280
7. 사역의 내용과 형태 ·· 283
8. 사역의 목표 ··· 287

9. 사역의 원천과 자세 ·········· 290
10. 결론 ·········· 292

제6장
예수님의 대제사장적 기도
(The High Priestly Prayer of Jesus)

1. 서론 ·········· 299
2. 기도의 중요성 ·········· 302
3. 성육신의 목적 ·········· 303
4. 그리스도인의 정체성 ·········· 311
   (1) 주님의 소유로 구별되어진 자 ·········· 312
   (2) 하나님의 말씀을 받고 지키는 자 ·········· 314
   (3) 예수 그리스도를 알고 믿는 자 ·········· 316
   (4) 지키심을 받는 자 ·········· 317
   (5) 보내심을 받는 자 ·········· 319
5. 교회의 5가지 표지 ·········· 321
   (1) 기쁨 ·········· 321
   (2) 거룩 ·········· 324
   (3) 선교 ·········· 326
   (4) 연합 ·········· 328
   (5) 사랑 ·········· 330
6. 그리스도인의 미래 ·········· 332
7. 결론 ·········· 335

Spiritual Leadership & Church Ministry

01

유다서가 보여주는 리더십 개발의 원리

The Principles of Leadership Development in the Epistle of Jude

유다서가 보여주는 리더십 개발의 원리
(The Principles of Leadership Development in the Epistle of Jude)

1. 서론

리더십이란 무엇인가? 라는 질문에 대하여 게리 유클(Gary Yukl)은 "리더가 따르는 자들에게 의도적인 영향력을 행사하는 영향의 과정"이라고 정의를 내리고 있다.[1] 캐나다 리전트 신학교(Regent College)의 학장과 리더십 및 경영학 교수였던 월터 C. 라이트(Walter C. Wright, Jr.)는 "리더십은 지위와 역할에 관계없이 다른 이들에게 영향을 주고 변화를 일으키는 모든 것이다. 그렇게 행하는 사람은 누구나 리더이며, 따라서 모든 그리스도인은 리더이다"라고 말하면서 "리더십은 한 사람이 다른 사람의 생각과 행동, 신념, 또는 가치관에 영향을 미치고자 하는 관계"라고 말하고 있다.[2]

---

1) Gary Yukl, *Leadership in Organizations* (Englewood Cliffs, N J.: Prentice Hall, 1981), p. 3.
2) Walter C. Wright, Jr., *Relational Leadership(관계를 통한 리더십)*, 양혜정 역, 예수전도단, 2002, pp. 17, 21.

성경은 부름받은 모든 그리스도인을 향하여 "세상의 소금과 빛"으로 영적 영향력을 미치는 존재들인 것을 말씀하고 있음을 볼 때(마 5:13-14), 그리스도인들은 영적 리더로서 부르심을 받았다는 사실을 부인할 수가 없을 것이다. 따라서 그리스도인들은 접촉하는 주변의 모든 사람들의 삶에 변화를 가져오는 자들인 영적 리더로서 리더십을 발휘할 수 있어야 한다.

그러나 미국의 그레이스 커뮤니티 교회의 담임목회자이며 마스터스 신학대학의 학장인 존 맥아더(John F. MacArthur Jr)는 "리더십은 매혹적인 것과는 거리가 멀다. 교회의 리더십은 교회의 귀족들에게 수여되는 명예 휘장이 아니다. 교회의 리더십은 돈으로 사고파는 것도 아니요, 세습되는 것도 아니요, 연배에 따라 정해지지도 않는다. 사업에 성공했거나 재물이 많거나 또는 지성이나 재능이 뛰어나다고 해서 교회 지도자가 될 수 있는 것도 아니다. 오직 흠 없는 인격과 성숙한 영성과 겸손히 섬기는 자세를 갖춘 사람만이 교회지도자가 될 수 있다"라고 교회의 영적 리더십의 독특성에 대하여 설명하고 있다.[3]

그러면 영적 리더로 부름받은 그리스도인들은 이 영적 리더십을 개발하여 제대로 발휘하기 위한 성경적 원리가 무엇인가? 에 대한 해답을 찾을 수 있어야만 할 것이다. 이 부분에 대하여 월터 C. 라이트는 다음과 같이 언급하고 있다: "학장이라는 역할을 맡아 리더십 분야의 여러 주제들을 연구하고 가르치는 자로서, 삶 전체가 리더십에 얽혀 있는 듯한 나는 유다서가 리더십에 얼마나 큰 관련을 가졌는가 발견하고 놀라지 않을 수 없었다. 25절에 걸친 내용은 오늘날의 크리스천 리더들을 향한 설득력있는 서신이다. … 유다는 교회의 평신도들에게 편지를 보내며 리더라고 지칭하지만, 사실상 사람들을 잘못된 방향으로 인도하며 공동체에 영향력

---

[3] John F. MacArthur Jr., *The Master's Plan For the Church*(하나님이 계획하신 교회), 조계광 역, 생명의 말씀사, 2009, p. 7.

을 행사하고자 하는 몇몇에 대해 경고하고 있다."[4]

따라서 본 장에서는 유다서를 중심으로 영적 지도자의 정체성과 영적 지도자가 되기 위한 조건들과 영적 지도자가 갖추어야 할 내적 자질들과 경계해야 할 요소들, 지도자의 특징들, 지도자의 사역의 원동력, 지도자가 가져야 할 확신들에 대하여 고찰해 보고자 한다.

2. 영적 지도자의 정체성(1절)

유다는 본 서신의 초반부에서 그리스도인들에게 리더십은 하나님과의 생동적인 관계에서 이루어지는 정체성의 확립에서부터 시작되어짐을 보여주고 있다. 이처럼, 영적 지도자는 무엇보다도 하나님과의 올바른 관계를 통하여 리더십이 형성되어지고 행사되어지기 때문에 리더 자신의 정체성에 대한 인식과 확신이 중요하다는 사실을 잊어서는 아니 된다.

웨인 헤이스팅스(Wayne A. Hastings)는 "리더라면 자신에 대한 탐색을 반드시 해야 한다. 자신이 누구인지 명확히 규정하고 증명하기 위한 격렬한 개인적 투쟁을 거치지 않고서, 어떻게 가치관을 명확히 하고 비전을 수립하며 자신을 넘어 대의를 위해 싸울 수 있겠는가?"라고 말하고 있다.[5] 월터 C. 라이트는 "당신이 누구인가? 하는 것은 중요한 관건이다. 당신이 무엇을 믿으며, 그것을 통해 당신의 인격이 어떻게 만들어져 가는지가 당신이 이끄는 사람들에게 변화를 가져오는 것이다. ... 이 정체성에서 안정감과 의미를 얻음으로 인격자, 또는 신뢰할 수 있는 자로서 남들에게 영향을 미치고 세상에 변화를 가져올 수 있는 힘이 나온다. 즉 리더

---

4) Ibid, pp. 21-22.
5) Wayne A. Hastings, *Trust Me*(마음을 움직이는 리더), 양승일 역, 생명의 말씀사, 2006, p. 121.

십이 나오는 것이다"라고 영적 지도자의 정체성의 확립이 필요함을 강조하고 있다.6)

(1) 부르심을 받은 자

"나는 왜 존재하는가? 유다의 대답은 간결하다. 우리는 하나님의 부르심을 입었고, 하나님은 우리를 그의 백성으로, 섬기는 종들로 선택하셨다는 것이다. 그렇다면 나의 삶의 의미와 목적은 무엇인가? 하나님의 자녀로서 그 분을 섬기고 그 분의 영광과 존귀를 위해 사는 것이다."7) 이와 같이, 영적 리더는 구별된 삶과 사명자의 삶과 축복의 삶을 살도록 하시기 위하여 부르심을 받은 자로서 구성원들에게 가장 필요한 일을 수행하는 책임과 역할을 수행하는 자이다.

"Vocation(직업, 천직)이라는 말은 라틴어 *vocatio*, 즉 '소환하다' 와 *vocare*, 즉 '부르다'에 어원을 두고 있다. 리더가 소환, 즉 부름을 듣는다는 것은 그가 자기를 부르시는 분, 즉 우리가 어떤 사람이고 또 매일 어떤 사람이 되어야 마땅하다고 말씀해 주시는 분과 매일 대화를 나눈다는 것이다."8) 이처럼 하나님은 부르신 자를 향한 목적을 가지고 계시고, 그와 특별한 관계를 수립하기를 원하신다. 그러므로 영적 리더는 자신을 부르신 하나님께서 제시하는 사역의 기준을 따라 그의 임재하심 가운데서 사역에 헌신하고 섬길 수 있어야하며, 영광스러운 하나님 나라의 상급과 축복을 기대하면서 사역에 임할 수 있어야만 한다.

호렙산 떨기나무 불꽃 가운데서 부르심을 받았던 모세, 성전에서 예배

---

6) Walter C. Wright, Jr. op. cit., pp. 12, 27.
7) Walter C. Wright, Jr. op. cit., p. 27.
8) Robert Banks and Kimberly Powell, *Faith in Leadership*(믿음법칙), 김성웅 역, 생명의 말씀사, 2008, p. 227.

하는 가운데 부르심을 받았던 이사야 선지자, 열두 겨릿소를 앞세우고 밭을 갈다가 부름 받은 엘리사, 양 떼를 돌보던 가운데 부르심을 받은 드고아의 목자 아모스 선지자, 세관에서 일하다가 부름 받은 마태, 바다에서 그물을 던지다가 부름 받은 베드로와 안드레, 배에서 그물 깁다가 부름을 받은 야고보와 요한과 같이 부르심에 대한 확신이 있을 때에 비로소 영적 지도자로서의 역할과 사명을 제대로 수행해 나갈 수 있게 되어지는 것이다. 또한 브사렐과 오홀리압에게 성막의 기구들을 제작하도록 하시기 위하여 지명하여 부르셨던 것처럼, 하나님께서 영적 리더를 부르실 때는 구체적인 사역의 장(場)으로 부르시고 또 그 사역을 감당할 수 있도록 필요한 것들을 공급하시면서 부르시는 것을 성경은 말씀하고 있다(출 31:1-6).

이 사명에의 부르심의 중요성에 관하여 유진 제닝스(Eugene Jennings)는 "조직체와 사회 단체의 역사상 큰 변화는 탁월한 몇몇 개개인의 혁신적인 노력의 결과이다. … 그들은 사명의식에 사로잡혀서 그 사명을 성취하는 데에 자신을 전폭적으로 헌신하였다"라고 이를 증거해 주고 있다.[9] 제프 캘리과이어(Jeff Caliguire)는 소명을 발견하기 위해서는 "어떤 기질을 타고 났는지, 무엇을 잘 할 수 있는지, 우리를 가장 잘 아는 사람들의 의견은 어떤지, 어떤 일을 할 때 깊은 만족감을 느끼는지, 다른 사람들을 유익하게 할 수 있는 일이 무엇인지, 무엇을 꿈꾸는지, 무엇에서 가장 활력을 느끼는지와 같은 문제들을 먼저 생각해 보라"고 조언하고 있다.[10] 그러므로 부름받은 영적 리더는 자신에게 주어진 가장 잘할 수 있는 일에 몰두하고 그 밖의 일들은 다른 사람들에게 맡길 수 있어야

---

9) Eugene Jennings, *An Anatomy of Leadership* (New York: McGraw-Hill, 1972), p. 1.
10) Jeff Caliguire, *Leadership Secrets of Saint Paul*(사도바울의 리더십), 조계광 역, 생명의 말씀사, 2006, p. 31.

한다.11)

로마서 8장 28절에 "하나님을 사랑하는 자 곧 그의 뜻대로 부르심을 입은 자들에게는 모든 것이 합력하여 선을 이루느니라"고 약속하신 그대로 부르심을 받은 영적 리더에게는 일어나는 모든 일들이 합력하여 궁극적으로 유익하고 복된 결과를 가져오게 될 것을 확신하므로 어떤 형편에서든지 낙심하거나 염려하지 않고 사역에 풍성한 결실을 거두게 되어지는 것이다. 그래서 윌리엄 바클레이(William Barclay)는 "하나님의 부르심은 그리스도인의 인생에 있어서 특권(privilege)이며 도전(challenge)인 동시에 영감(inspiration)이다"라고 말을 한바가 있다.12)

(2) 사랑을 받는 자

유다는 본 서신 1절에서 수신자들에게 그들이 "하나님 아버지 안에서 사랑을 얻고"라고 부르심을 받게 된 궁극적인 이유가 바로 하나님의 아가페의 사랑 때문인 것으로 밝혀주고 있다. 여기에 "사랑을 얻고"라는 단어는 "과거에도 사랑을 받았고, 지금도 사랑을 계속적으로 받고 있음"을 드러내 보여주고 있다. 이것은 영적 리더의 삶과 사역을 위해서 없어서는 안될 필수적인 확신인 것을 보여주고 있다.

예수님께서도 이 세상에 오셔서 구속역사를 위하여 사역하실 때에 자신을 보내신 성부 하나님의 성자 예수님에 대한 사랑을 확신하시면서 일하셨던 것을 요한복음에서 이를 증거해 주고 있다(요 3:35, 5:20, 10:17, 15:9, 17:23, 24, 26). 구약의 영적 지도자 성군 다윗 역시 시편 60편 5절

---

11) 19세기 미국 사회를 변화시켰던 칼빈주의 복음 전도자 D. L. 무디(Moody)는 "많은 일들을 깊이 없이 하기보다 내가 해야 할 이 한 가지 일에 충실할 수 있게 해 주십시오"라고 말했다고 한다. Jeff Caliguire, op. cit., p. 56.
12) William Barclay, *The Letter of John and Jude*(요한 유다서), 박근용 역, 기독교문사, 1974, p. 274.

에 "주의 사랑하시는 자를 건지시기 위하여 우리에게 응답하사 오른 손으로 구원하소서"라고 이런 사랑에 대한 확신을 가지고 있었으며, 예수님의 제자들 중 가장 오랜 기간동안 리더의 사역을 신실하게 수행하였던 제자 요한도 예수님의 사랑을 확신하는 가운데 사명을 감당해 나갔던 것을 볼 수 있다(요 19:26, 20:2, 21:7, 20).

월터 C. 라이트는 "리더십은 안정된 사람들, 자신이 누구인지 알고 그 지식의 안정성 안에서 확실히 살아가는 사람들에게서 우러나오는 것이다. 하나님의 사랑을 아는 지식 속에서 안정되어 살아가는 사람이 리더십의 열매를 맺는 사람이다"라고 말하면서 "우리의 정체성은 우리가 하는 일이나 리더십에 달린 것이 아니다. 그것은 오직 우리가 하나님의 사랑을 얻은 자라는 이해에서만 찾아낼 수 있다, 이것이 바로 크리스천 리더십의 핵심이다"라고 역설하고 있다.[13]

헨리 나우웬(Henry Nouwen)은 리더십에 관한 그의 책 "예수의 이름으로"(In the Name of Jesus)에서 "크리스천 리더들은 하나님의 사랑에 깊이 뿌리를 두고서 자신이 누구인지를 발견해야 하며, 우리가 행하고자 하는 어떤 리더십도 영향력이 있으려면 말씀이 육신이 되어 오신 예수 그리스도와의 영원하고 친밀한 관계에 바탕을 두어야 한다"고 적절히 언급한 바 있다.[14] 그는 "예수님은 자신의 정체성을 우리와 공유하시기 위해, 우리가 하나님의 사랑받는 자녀임을 말씀하시기 위해 오셨다. … 예수님처럼 당신도 하나님의 사랑받는 자녀다. 이것은 진리다. … 당신은 영원토록 하나님께 속하였기 때문에 사랑받는 자이다. 하나님은 당신이 태어나기 전에 당신을 사랑하셨고, 당신이 죽은 후에도 당신을 사랑하실 것이다"라고 말하고 있다.[15]

---

13) Walter C. Wright, Jr., op. cit., pp. 39, 26.
14) Henri Nouwen, *In the Name of Jesus* (New York: Crossroad, 1989), pp. 28, 31.
15) Henri Nouwen, *Finding My Way Home*(영성에의 길), 김명희 역, IVP, 2001, p. 100.

로마서 8장 32절에 "자기 아들을 아끼지 아니하시고 우리 모든 사람을 위하여 내어주신 이가 어찌 그 아들과 함께 모든 것을 우리에게 은사로 주지 아니 하시겠느뇨"라는 말씀처럼, 영적 리더는 하나님께서 우리의 가장 중대한 문제인 구원을 위하여 가장 소중한 것까지 희생하시기까지 우리를 사랑하시는 분이기에 하나님의 영광을 위한 우리의 삶과 사역에 필요한 작은 문제들의 필요를 능히 채워주실 것을 확신할 때에 비로소 담대히 사역의 현장에 나아갈 수 있게 될 것이다. 마틴 로이드 존스(D. Martyn Lloyd-Jones)는 "만일 하나님이 우리를 얼마나 사랑하시는지를 우리가 제대로 알기만 한다면, 우리의 삶은 혁명적으로 변화되지 않을 수 없을 것이다"라고 역설하고 있다.[16]

(3) 지키심을 받는 자

유다는 본문 1절 하반절에서 "예수 그리스도를 위하여 지키심을 받은 자들"이라고 표현하고 있다. 영어 NIV판 성경에서는 원문에 근거하여 "예수 그리스도에 의해 지키심을 받은 자들"(kept by Jesus Christ)라고 번역하므로 예수님이 지키심의 주체가 되어짐을 말씀해 주고 있다. 이 지키심이란 과거에도 지키심을 받았고 현재에도 계속해서 지키심을 받고 있다는 의미를 가지고 있다. 사명을 위하여 부르심을 받은 영적 리더들을 받은바 사명을 끝까지 완수할 수 있도록 하기 위하여 끊임없이 지키신다는 것을 암시해 주고 있다. 이 말씀 그대로 예수님께서는 사명을 위하여 부르심을 받은 영적 리더들을 온전히 지키시고 보호하심을 받는 자라는 인식은 리더의 사역에 안정감과 자신감을 갖게 하는 효과가 있는 것이다

---

16) D. Martyn Lloyd-Jones, *Life in the Spirit: Classic Studies in John 17*(요한복음 강해), 제1권, 차동재 역, 기독교문서선교회, 2001, p. 284.

(요 6:39, 10:28-29, 17:12, 롬 8:35-39, 딤후 1:12, 요일 5:18).

구약의 영적 지도자 모세는 "내가 이 백성에게 어떻게 하리이까 그들이 조금 있으면 내게 돌을 던지겠나이다"(출 17:4)라고 부르짖을 정도로 이스라엘 백성들을 가나안 땅으로 인도하는 리더로서의 사역을 하는 가운데 예상치 못한 공격과 오해와 난관에 직면하는 경우들이 많았음을 볼 수 있다. 이처럼, 영적 리더의 사역은 때로 억울한 오해와 정당하지 못한 비난과 무고한 공격을 받을 수밖에 없는 어렵고도 힘든 사역이기 때문에 하나님의 지키심에 대한 확신이 있어야만 하는 것이다.

성군 다윗은 시편 27편 5절에 "여호와께서 환난 날에 나를 그의 초막 속에 비밀히 지키시고 그의 장막 은밀한 곳에 나를 숨기시며 높은 바위 위에 두시리로다"라고 이 지키심에 대한 확신을 가지고 모든 역경을 극복해 나갔던 것을 고백하였으며, 시편 16편 5-6절에서는 "여호와는 나의 산업과 나의 잔의 소득이시니 나의 분깃을 지키시나이다. 내게 줄로 재어 준 구역은 아름다운 곳에 있음이여 나의 기업이 실로 아름답도다"라고 하나님의 지키심으로 인하여 그 마음에 안정감을 가지고 영적 리더십을 행사했던 것을 볼 수 있다.

그러므로, 월터 C. 라이트는 "우리가 하나님과의 관계 안에서 부르심을 입고 사랑을 얻고, 예수 그리스도를 위하여 지키심을 입은 자라는 것을 알고 그 관계 속에서 리더십을 행하고 있다면 리더십을 제대로 행하고 있는 것이다"라고 말하고 있다.[17]

---

17) Walter C. Wright, Jr. op. cit., p. 35.

3. 영적 지도자의 조건(2절)

(1) 사명에 헌신하는 자(긍휼)

본문 2절에서 유다는 수신자들에게 첫째로 긍휼이 기하급수적으로 증가되어지기를 기원하고 있음을 볼 수 있다. 이 긍휼(엘레오스)은 어려움과 곤궁에 처하여 비틀거리고 있는 자들에게 제공되어지는 하나님의 자비를 일컫는 단어로서 구약 히브리어 성경의 헬라어 번역본인 70인역에서 구약의 헤세드(hesed: 자비, 친절, 충성, 끊임없는 사랑)를 헬라어로 번역할 때 사용되어진 단어이다.

구약에서 하나님의 헤세드는 "기본적으로 자비가 아니라 그의 언약적 의무에 대한 충성"으로 "실제적이든 암시적이든 언약적 의무에 대한 충성을 가리킨다."[18] 월터 C. 라이트는 "헤세드는 언약 관계에서 우리가 할 바를 다하지 못할 때에도 변함없이 우리의 하나님이 되신다는 하나님의 위탁이다. 우리가 실패할 때에도 하나님은 여전히 우리가 해야 할 몫까지 친히 감당하신다. 여기에 바로 '긍휼'의 개념이 있다. … 이것이 바로 긍휼로 가득 찬 리더들, 위탁한 바를 지키는 섬기는 리더들이 되는데 필요한 모델이다. 이것은 다른 사람의 미래에 함께 있어 주겠다고 약속하는 것이다"라고 설명하고 있다.[19]

따라서 영적 지도자는 긍휼의 마음을 소유한 자라야 함을 일깨워주고 있다. 이 긍휼은 언약적 의무에 대한 충성과 신실함을 의미하는 것으로 하나님이 우리에게 하시는 것처럼 영적 지도자는 구성원들로 인하여 실망과 상처와 거절을 맛볼 수 있음을 알면서도 그들과 끝까지 함께 있어 그들을 세워나가는 사역에 신실하게 충성할 것을 결단하고 그 일에 자신

---

18) 이병철(편), *구약성서 신학사전 I*. 한국성서연구원, 1986, p. 554.
19) Walter C. Wright, Jr. op. cit., p. 33.

을 헌신하는 자임을 가르쳐 주고 있다.

이 충성에 대하여, 존 맥아더(John F. MacArthur Jr.)는 "불충은 모든 악 중에서 가장 가증스러운 악에 속한다. ... 충성심은 리더십의 필수 요소다. 현명한 리더는 자신부터 충성심-주님께 대한 충성심, 진리에 대한 충성심, 자기가 이끄는 사람들에 대한 충성심-을 보여 충성심을 불러일으킨다. 리더가 자신의 충성심을 타협하는 것만큼 리더십을 망치는 것이 없다"라고 주어진 사명에 충성하고 헌신하는 것의 중요성을 강조하고 있다.[20]

(2) 화평케 하는 자(평강)

유다는 본 서신 2절에서 수신자들에게 긍휼에 이어 "평강"이 기하급수적으로 증가되어지기를 기원하고 있다. 이 평강은 히브리어의 샬롬(shalom)의 헬라어 번역으로 온전함(wholeness), 부요함(richness), 영적인 행복(spiritual well-being), 영적인 면에서의 번영, 번창(prosperity), 전인의 구원(salvation of total person), 건강(health) 등의 의미들을 가지고 있는 독특한 단어이다.[21] 또한 이 평강은 "조화(harmony), 신뢰(trust), 안식(rest), 안전(safety), 그리고 자유(freedom)를 나타내며 이것은 인간에 대한 하나님의 선물이다"[22] 따라서 이 평강은 그 공동체의 온전함과 조화의 상태를 강화시켜 주므로 공동체에 안정성을 가져다주는

---

20) John F. MacArthur Jr., *The Book on Leadership*(사람들이 따르고 싶은 리더의 조건), 윤종석 역, 디모데, 2005, p. 99.
21) Leon Morris, *The New International Commentary On the New Testament: The First and Second Epistles To the Thessalonians* (Grand Rapids: Eerdmans, 1959), p. 49., Gerald F. Hawthorne, *Philippians*, Word Biblical Commentary, Vol. 43, (Waco, Texas: Word Books, Publisher, 1983), p. 11.
22) Simon J. Kistemaker, *New Testament Commentary: James and 1-3 John* (Grand Rapids: Baker Book House, 1986), p. 375.

것이다. 이와 같이, 영적 리더는 사역하는 공동체 구성원들이 온전한 조화와 상호신뢰와 자유와 안전을 유지해 나갈 수 있는 피스메이커의 역할을 수행해 나가야 함을 일깨워주고 있다.

월터 C. 라이트는 다음과 같이 설명하고 있다: "우리는 화평케 하는 자가 되어야 한다. 리더는 갈등 세계를 잔잔하게 만들고 깨어진 세계를 치유한다. 뿐만 아니라 리더들은 관계의 화해와 회복을 위해, 사람들이 주어진 은사를 자유롭게 사용하고 성장할 수 있는 환경을 만들기 위해 일한다. 리더십은 평강(shalom)의 관계, 즉 인도받는 자들의 온전한 복지를 위해 적극적으로 일하는 관계다."[23]

미국 덴버 신학대학의 목회학 교수인 제임스 민스(James E. Means) 역시 다음과 같이 말하고 있다: "성경은, 교회 지도자는 사람들의 행복을 위해서 자애로운 마음으로 돌봄의 사역을 해야 할 것을 요청한다. 사람들에 대하여 동정심이 부족한 자는 영적 지도자가 될 자격이 없다. 모든 종류의 사람들 그리고 어떠한 상황에 처한 자들에게도 애정어린 보살핌의 손을 뻗칠 수가 있다면 그야말로 가장 훌륭한 지도자이다. 교회의 지도자라고 하면서 상처입은 자들에게 진정한 동정의 마음을 표하지 않는 것만큼 위선적인 일은 없을 것이다. … 종의 도를 실천하는 지도자는 사람들의 필요, 결핍, 감정, 유혹, 갈등, 그리고 상처에 민감하다. 그들은 남이 느끼는 대로 자신이 느낄 수 있는 사람들이다."[24]

(3) 사랑하는 자(사랑)

유다는 수신자들에게 세 번째로 "사랑"이 기하급수적으로 증가되어지

---

[23] Walter C. Wright, Jr. op. cit., p. 32.
[24] James E. Means, *Leadership in Christian Ministr(그리스도인 사역의 지도력)*, 주상지 역, 생명의 말씀사, 1991, p. 39.

기를 기원하고 있다. 이 사랑은 하나님의 아가페의 사랑으로 유다는 영적 지도자가 효과적인 리더십을 발휘하기 위해서는 사랑의 사람이 되어야 함을 언급하면서, 본 서신 가운데서 수신자들에게 "사랑하는 자들아"라고 3번(3절, 17절, 20절) 언급하므로 이를 실천하고 있음을 볼 수 있다.[25]

월터 C. 라이트는 "우리는 사람들을 사랑해야 한다. 리더들은 자신을 따르는 사람들을 사랑하되, 하나님이 그리스도 안에서 우리에게 쏟아 부

---

[25] 이 하나님의 사랑은 아가페의 사랑인데 이 아가페의 사랑은 ① 창조적인 사랑(creative love)이다 - 이 사랑은 사랑의 대상을 찾아 헤매는 사랑이 아니라 사랑의 대상을 창조하는 사랑이다. 즉 사랑받을 자격이 없는 사람도 창조적으로 사랑하여 그 창조적 사랑 가운데서 그 대상을 사랑받을 만한 존재로 만들어 가는 사랑이다. 성경은 "우리가 아직 죄인 되었을 때에 그리스도께서 우리를 위하여 죽으심으로 하나님께서 우리에게 대한 자기의 사랑을 확증하셨느니라"(롬 5:8)고 말씀하고 있다.

② 희생적인 사랑(sacrificial love)이다 - 이 사랑은 상대방 중심적인 이타적인 사랑으로 내어주는 사랑이다. 엡 5:2에 "그리스도께서 너희를 사랑하신 것 같이 너희도 사랑 가운데서 행하라 그는 우리를 위하여 자신을 버리사 향기로운 제물과 생축으로 하나님께 드리셨느니라"고 말씀하셨고, 엡 5:25에서는 "남편들아 아내 사랑하기를 그리스도께서 교회를 사랑하시고 위하여 자신을 주심같이 하라"고 말씀하고 있으며, 갈 2:20에서는 "이제 내가 육체 가운데 사는 것은 나를 사랑하사 나를 위하여 자기 몸을 버리신 하나님의 아들을 믿는 믿음 안에서 사는 것이라"고 말씀하고 있다. 이렇게 상대방에게 자신을 내어 준다는 것은 상대방의 가치를 인정하는 것이고, 상대방을 가장 높이 평가한다는 뜻이다. 이 사랑은 상대방을 위해 가장 유익한 것을 찾아 제공하는 사랑이다. 참 사랑은 상대방을 소중히 여기고 필요를 공급해 주고 돌보아 주는 사랑이다(엡 5:29).

③ 변치 않는 사랑(unchangeable love)이다 - 인간의 사랑이 변할 수밖에 없는 것은 인간자신이 변하기 때문이다. 그러나 하나님의 사랑은 하나님의 영원한 존재에 근거하는 영원한 사랑이기에 변치 않는 사랑이다. "예수 그리스도는 어제나 오늘이나 영원토록 동일하시니라"(히 13:8), "세상에 있는 자기 사람들을 사랑하시되 끝까지 사랑하시니라"(요 13:1)고 성경은 말씀하고 있다.

④ 늘 새로운 사랑(everfresh love)이다 - 인간의 사랑과는 달리 권태를 알지 못하는 사랑이 아가페의 사랑이다. "여호와의 자비와 긍휼이 무궁하시므로 우리가 진멸되지 아니함이니이다 이것이 아침마다 새로우니 주의 성실이 크도소이다"(애 3:22-23) "능히 모든 성도와 함께 지식에 넘치는 그리스도의 사랑을 알아 그 넓이와 길이와 높이와 깊이가 어떠함을 깨달아 하나님의 모든 충만하신 것으로 너희에게 충만하시기를 구하노라"(엡 3:18-19)

으신 그 사랑의 일관성을 보여 주어야 한다. 리더십은 사랑의 관계다. 그것은 다른 사람들이 성장하고 일하며 하나님과 동행하는 데 목적을 두고 그들의 삶에 투자하는 것이다. 따라서 사람들에게 관심을 갖고 돌보는 자들만이 효과적인 리더가 될 것이다"라고 적절히 말하고 있다.[26] 이처럼, 영적 리더는 어떤 지위나 힘으로 리더십을 발휘하는 것이 아니라 다른 사람을 사랑하기 때문에 겸손히 섬기는 자이다.

제임스 민스(James E. Means)는 영적 리더와 구성원 사이의 사랑의 관계의 중요성에 대해 다음과 같이 설명하고 있다: "관계에 있어서 실패하고 사람들을 멀리하는 것이, 그들을 위한 계속적인 사역에 있어 중요한 것에서 실패하는 것임을 영적 지도자는 끊임없이 상기하여야 한다. 관계에 있어서 실패하는 것은 은사와 능력의 가장 놀라운 것까지 부인하는 것이다. 관계가 사역에 선행하고, 사역은 관계를 꼭 필요로 한다. 그리고 깨어진 관계들은 효과적인 사역을 방해한다. 영적 지도자와 추종자들 사이에 온화하고 사랑이 오가는 관계는, 선택의 여지가 있는 것이 아니고 필수적인 것이다. … 영적 지도자는 사랑이 많고 남을 돌볼 줄 아는 사람들이어야 한다. 그렇지 않으면, 그들이 행하는 것은 무엇이든지 야심 많은 지도자의 조종적이며 기민한 공작으로 인식되기가 쉽다."[27]

일반적으로 자원봉사에 참여하는 사람들이 어느 조직체에 봉사할 것을 선택하는 이유는 자신들이 사랑과 인정을 받고, 그 공동체에 중요한 존재로 받아들여지기를 원하기 때문에 그런 사역에 참여하게 되어진다. 이러한 사람들이 자신의 재능과 시간을 들여서 신명나게 일하는 자들로 세워지기 위해서는 무엇보다도 사랑으로 그들을 격려해주는 리더의 역할이 필요한 것이다. 따라서 영적 지도자에게 이 사랑은 사역에 없어서는 안될 절대 필요한 조건이 되어지는 것임을 알 수 있다.

---

26) Walter C. Wright, Jr. op. cit., p. 32.
27) James E. Means, op. cit., p. 203.

4. 영적 지도자가 갖추어야 할 내적 자질들(5절-7절, 22절-23절)

(1) 믿음(4절-5절)

유다는 본문 4절에서 "경건하지 아니하여"라고 그 시대의 거짓된 지도자들의 특징이 하나님에 대한 경외심이 없는 불신앙 때문인 것을 먼저 지적하고 있다. 존 비비어(John Bevere)는 "하나님을 향한 거룩한 경외심은 하나님의 든든한 기초인 구원과 지혜와 지식의 보물창고를 여는 열쇠다. 그것은 하나님의 사랑과 더불어 우리 인생의 기초를 세운다. 하나님을 경외하기 전에는 하나님을 진정으로 사랑할 수 없고, 하나님을 사랑하기 전에는 올바로 하나님을 경외할 수 없음을 곧 알게 될 것이다"라고 경외심의 의미를 설명하고 있다.[28] 이처럼, 참된 믿음은 하나님에 대한 경외와 사랑으로 형성되어지며, 이 둘은 상호 밀접한 관계를 가지고 있음을 가르쳐 주고 있다.

또한 유다는 본문 5절에서 믿음의 사람 여호수아, 갈렙을 제외하고 20세 이상의 1,207,100명의 이스라엘 백성들이 광야에서 멸망당한 근본원인이 불신앙이었음을 밝혀주고 있다.[29] 이 사건은 영적 리더에게는 하나님의 말씀에 대한 절대적인 믿음이 있어야 함을 일깨워주고 있다. 여기서 믿음이란 하나님의 존재와 믿음의 근거인 말씀과 하나님의 신실성에 대한 확신(confidence)이며 신뢰(trust)를 의미한다. 확신은 내적 결단이며

---

[28] John Bevere, *The Fear of the Lord*(존 비비어의 경외), 유정희, 우수명 역, 터치북스, 2011, p. 15.

[29] 민수기 1장 45-46절에 의하면, 20세 이상의 싸움에 나갈 만한 남자들이 모두 603,550명이었다. 그러므로 이와 동일한 수의 여성들로 계산한다면, 광야에서 죽은 이스라엘 백성들은 모두 1,207,100명이 된다. 이 숫자를 하나님께서 사망의 형벌을 명한 이후로 38년 동안의 여행의 날수로 계산하면 하루에 약 90명의 인원이 불신앙으로 인하여 죽었다는 결론에 도달하게 되어진다.

신뢰는 이 결단의 외적 행동이라고 볼 수 있다. "참된 믿음의 근본 특징은 겸손, 즉 심령의 가난함, 영적 파탄을 깨달은 상한 마음이다."30)

이 믿음으로 하나님의 임재와 능력을 체험하게 되어지고 하나님과의 긴밀한 관계가 이루어지므로 인간의 한계와 능력을 뛰어넘는 역사가 일어나게 되어지기 때문에 무엇보다도 영적 리더에게는 여호수아와 갈렙처럼 하나님을 경외하는 믿음으로 무장되어 있어야만 하는 것이다. 이럴 때에 "믿는 자에게는 능히 하지 못할 일이 없느니라"(막 9:23)는 주님의 말씀이 그 사역의 현장에서 이루어지므로 문제의 극복과 전진의 역사가 일어나게 되어진다.

영성깊은 목회자였던 앤드류 머레이(Andrew Murray)는 "믿음이란 내가 무력하고 무능하다 고백하고 하나님이 역사하기를 기다리고 엎드리는 행동"이라고 말하면서 "은혜로 주시는 것 외에는 우리 자신으로는 아무 것도 요구할 수도 얻을 수도 이룰 수도 없는 존재 즉 하나님을 전적으로 의지하는 존재라는 사실을 인정하는 것"이라고 정의를 내린 바 있다.31) 히브리서 기자는 "믿음이 없이는 하나님을 기쁘시게 하지 못하나니 하나님께 나아가는 자는 반드시 그가 계신 것과 또한 그가 자기를 찾는 자들에게 상주시는 이심을 믿어야 할지니라"(히 11:6)고 말씀하고 있다. 왜냐하면 이 믿음에서 충성과 헌신의 열매가 맺어지기 때문이다.32) 따라서 믿음은 영적 리더를 새로운 삶으로 이끄는 영적 힘이 되어지기 때문에 믿음이 없다는 것은 리더십이 없다는 것과 같은 말이다.

이 믿음의 중요성에 대하여 존 비비어(John Bevere)는 다음과 같이 말

---

30) John F. MacArthur Jr., *The Gospel According to Jesus*(참된 무릎꿇음), 한동수 역, 살림, 2008, p. 312.
31) Andrew Murray, *Humility*(겸손), 채대광 역, 좋은씨앗, 2007, p. 136.
32) 원문상으로 믿음(피스티스)과 갈라디아서 5장 22절의 성령의 9가지 열매 중 충성(피스티스)은 같은 단어로서 믿음이 있는 영적 리더가 충성과 헌신의 열매를 맺게 되어진다는 것을 가르쳐 주고 있다.

하고 있다: "우리는 그리스도 안에서 무한한 은혜를 가지고 있다. 하지만 믿음을 통해서만 그 은혜에 다가갈 수 있다(롬 5:2). 문제는 은혜가 모자란 게 아니라 우리의 믿음이 약해지는 것이다. 그러면 우리 자신의 힘으로 싸워야만 한다. 당신의 집으로 물을 보내주는 수로관을 생각해 보라. 만일 그 관이 파열되면 물의 흐름이 끊길 것이다. 수원에서 물이 무한정 공급되더라도 관이 파열되었기 때문에 물이 더 이상 당신의 집까지 들어오지 못하는 것이다. 이처럼 믿음은 관이며, 물은 은혜다. 실패하지 않으려면 믿음 안에 바로 서야 한다. 어떻게 하면 그렇게 될까? 우리는 하나님의 말씀 안으로 들어가야 한다. 하나님을 찬양하고, 경배하며, 하나님의 하나님 되심과 그 분의 은혜에 감사드려야 한다. 또 성령 안에서 기도해야 한다. 우리의 믿음을 세우기 위해 이런 일을 하지 않으면, 결국 믿음이 없어지고 하나님의 능력이 아니라 우리 자신의 힘으로 살게 될 것이다. 그렇게 되면 우리가 세상을 다스리지 못하고 반대로 세상이 우리를 다스리기 시작하는 것은 시간문제다. … 당신의 믿음이 자랄수록 '관'이 더 커진다. 그 결과 더 많은 '물'(은혜)을 사용할 수 있게 된다. 그러면 하나님이 당신에게 더 많은 책임을 맡기셔서, 궁핍한 지역에서 생명을 전하게 하신다."[33]

리더십의 전문가인 맥스 드 프리(Max De Pree) 역시 "우리는 다시금 깨닫고 있다. 리더십은 카리스마적인 인물 혹은 특별한 기술이상이요, 성품에 관한 것임을 말이다.[34] 그렇다면 성품은 어디서 오는가? 그것은 가슴 깊이 자리잡은 확신에서 솟아나온다. 다르게 말하면, 이끌어가는 자들이 요구되는 소임을 다하고, 자신에게 가해지는 압력을 꿋꿋하게 견딜 수 있다면, 그의 성품은 그의 믿음에 닻을 내리고 있음이 분명하다. 따라서

---

33) John Bevere, *Relentless(존비비어의 끈질김)*, 유정희 역, 두란노, 2012, pp. 168, 169.
34) 교회의 영적 지도자(장로)의 자격기준을 기록해 놓고 있는 디모데전서 3장 1절-7절은 장로의 기능보다 성품에 초점을 맞추고 있음을 주목하라.

아주 깊은 의미에서 볼 때, 리더십은 믿음과 함께 간다"고 역설하고 있다.35)

(2) 겸손(1절, 6절, 9절)

유다는 자신을 소개할 때, 주님의 형제로서 표현할 수도 있었음에도 불구하고 "예수 그리스도의 종"으로 묘사하고 있는 것은 자신이 오직 예수 그리스도의 은혜로 말미암아 구원을 얻었고 그로 인하여 주님의 소유가 되어졌다는 의미로 이제는 삶과 사역의 주권이 주님께 있음을 고백한 것으로 참된 영적 지도자의 겸손을 나타내 보여주고 있다. 또한 영적 지도자가 따라야 할 모델로서 천사장 미가엘을 소개하고 있는 것은 영적 지도자가 겸손의 내적 자질을 구비해야 함을 드러내 보여주고 있다. 이처럼, 영적 지도자가 갖추어야 할 겸손의 자질은 자신의 사역의 성과가 궁극적으로 하나님께 의존되어 있다는 사실을 인정하는 것임을 유다서가 보여주고 있다.

앤드류 머레이(Andrew Murray)는 "모든 사람의 종이 되어 겸손을 실천하는 것이야말로 하나님의 형상으로 창조된 우리의 사명을 가장 고귀하게 성취하는 것임을 깨닫게 될 것이다. … 어제나 오늘이나 영원토록, 피조물인 우리의 최우선 관심사와 최고의 미덕 그리고 유일한 행복은 자신을 겸손으로 내려놓아 하나님의 권능과 선하심이 드러나는 데 있다. … 교만함, 곧 이 겸손의 상실은 모든 죄와 악의 뿌리가 된다"고 말하면서 "겸손은 우리의 전적 무익함을 인정하는 낮아짐이다"라고 언급하고 있다.36) 주님께서도 영적 리더로 부르심을 받은 그리스도인이 주님을 떠나

---

35) Robert Banks and Kimberly Powell, op. cit., p. 5.
36) Andrew Murray, op. cit., pp. 21, 26, 31.

서는 아무것도 할 수 없다는 것은 친히 말씀해 주셨다(요 15:5).

그러므로 영적 리더는 리더십을 무너뜨리는 교만을 경계해야만 한다. 지도자는 자신의 지위나 권위로 구성원들을 지배하거나 명령하면서 자신을 특별한 존재로 인식하므로 자만에 빠지기 쉬운 그런 위험에 항상 노출되어 있음을 잊지 말아야 한다. 이런 자만심을 가지고 있는 지도자를 구성원들은 쉽게 알아보게 되고, 존경과 신뢰를 보내지 않을 뿐만 아니라 이런 지도자를 따른다고 할지라도 진심으로가 아니라 마지못해 억지로 따르게 되어지므로 협력과 연합에 문제를 일으키게 되어진다.

이 교만에 대하여 영성 신학자 크리스 웹(Cris Webb)은 "교만은 모든 것을 빨아들이는 영혼의 블랙홀이다. 교만한 사람들은 똑같이 교만한 사람에게 위협을 받지 않는 경우, 시기와 분노라는 한도를 넘어서기까지도 한다. 그들은 이미 마련해 놓은 기반 위에 두 발로 당당히 딛고 선다. 그들은 사람들이 자신의 무한한 가치와 의미를 인정할 때는 겉으로 친절하고 사려 깊게 보인다. 예의 바른 말 몇 마디 하는 것은 어렵지 않기 때문이다. 하지만 교만은 진심으로 사랑하는 능력을 무력화시킨다"라고 말하고 있다.[37] 밥 얀디안(Bob Yandian)은 "교만한 사람은 언제나 자신이 남보다 낫다는 것을 보여주려 하고, 모든 상황을 제멋대로 조절하려고 한다. 그런 사람은 지나치게 자만심이 강해서, 자신의 약점을 인정하지 않을 뿐 아니라 다른 사람의 장점을 보려고 하지 않는다"라고 언급하고 있다.[38]

본 서신 6절에서, 유다는 타락한 천사들이 자기만족에 빠져 불순종하고 천국에서 어두운 바깥으로 쫓겨나게 된 것이 바로 겸손을 상실하였기 때문인 것을 지적하면서 영적 지도자에게 이 겸손이 깊이 자리 잡고 있어

---

37) Chris Webb, *The Fire of the Word*(하나님이 거하시는 책), 장택수 역, 예수전도단, 2013, p. 226.
38) Bob Yandian, *Leadership Secrets of David The King*(다윗 섬김의 리더십), 강주헌 역, 경영정신, 2001, p. 66.

야 함을 일깨워주고 있다. 왜냐하면 야고보서 4장 10절에 "주 앞에서 낮추라 그리하면 주께서 너희를 높이시리라"고 하나님은 겸손을 높이 평가하시고 이 겸손이야말로 위대한 삶과 영적 리더십으로 가는 통로가 되기 때문이다.[39] "하나님은 요셉이 교만하지 않도록 13년 동안 준비시키셨

---

39) 데일버크 리더십 프로그램의 창시자인 H. 데일버크(H. Dale Burke)는 그의 저서 *How to Lead and Still have a Life*(삶을 즐기는 리더십)에서 다음과 같이 리더십에서 겸손과 교만의 역할을 설명하고 있다: (1) 겸손은 책임을 떠 안는다-겸손한 리더는 다른 사람을 탓하기 전에 자신을 먼저 점검해 본다. (2) 겸손은 객관성을 증진시킨다-겸손한 리더는 현실을 누구보다 정확하게 읽는다. 정직한 의견에 항상 열려있고, 나쁜 소식을 전하는 사람을 적대시하지 않는다. (3) 겸손은 학습능력을 향상시킨다-겸손한 리더는 다른 사람의 말에 귀를 기울여 그들에게 배우지만, 교만한 리더는 자신이 모든 것을 알고 있다고 생각한다. (4) 겸손은 창조성을 자극한다-겸손한 리더는 고정관념에서 탈피하여 혁신적인 사고를 한다. (5) 겸손은 융통성을 키워준다-겸손한 리더는 환경에 쉽게 적응하기 때문이다. (6) 겸손은 팀의 사기를 복돋워 준다-겸손한 리더는 다른 사람들을 인정해 주고 높이 평가해 주기 때문이다. 그는 자신에게 돌아오는 찬사와 감사를 조직이나 교회의 다른 사람들에게 재빨리 돌릴 줄 안다. (7) 겸손은 충성심을 불러 일으킨다-사람들은 겸손한 리더에게 매력을 느끼며, 마치 풀처럼 달라붙어 장기적인 관계로 발전한다. (8) 겸손은 탁월함을 추구한다-겸손한 리더는 언제나 더 배워야 한다는 것을 인정한다(빌 3:13-14). (9) 겸손은 균형을 가져온다-겸손한 리더는 다른 사람들을 신뢰하고 리더십의 무거운 짐을 팀원들과 함께 나눌 수 있기 때문이다. 교만한 사람은 사소한 일까지 직접 신경을 써야 하며, 항상 모든 것을 통제하려고 한다. 그래서 그들은 일터를 떠날 수 없다. (10) 겸손은 관계를 증진하고 유지한다-서번트 리더십을 겸비한 겸손한 리더는 끊임없이 다른 사람들의 욕구에 초점을 맞춘다. "나는 당신의 종이다"라는 태도를 유지하므로 언제나 긴밀하고 끈끈한 관계를 유지할 수 있다. 교만의 역할은 (1) 책임을 껴안는 대신 다른 사람들을 비난한다. (2) 객관적이지 못하고 부정적으로 산다-교회나 기업의 교만한 리더는 모든 사람이 확신하는 것을 무시하기로 선택한다. 무엇인가 잘못되면 다른 방법으로 방향을 전환할 뿐이다. (3) 마음을 열고 받아들이는 대신 편견을 갖거나 방어적인 자세를 취한다. (4) 융통성을 갖기 보다는 엄격하다-"우리는 내가 하는대로 따라야 한다. 그렇지 않으면 내가 나가겠다"라고 주장한다. (5) 팀의 사기를 높여주기 보다는 거꾸로 사기를 떨어뜨린다-교만한 리더는 자신의 성과는 부풀리면서 타인들의 것은 깎아 내린다. (6) 교만한 리더의 직원들은 현재의 직장에 충성하지 못하고 높은 이직률을 보인다. (7) 교만은 탁월함을 지향하는 대신 자신이 항상 완벽하다고 생각하게 만든다. (8) 삶의 균형을 유지하는 대신 결국 일 중독이 되고 만다-교만하여 항상 관리권을 쥐고 있으려 한다. (9) 사람들과 관계를 맺는 대신 자신이 다가서려는 고객이나 성도 또는 지역 공동체에서 점점 멀어질 것이다. 교만은 타인들에 관한 일을 할 때마저 자기 자신만 생각하도록 만든다(강주헌, 황진아 역, 가이드포스트, 2006, pp. 99-106).

다. 그만큼 하나님은 겸손을 귀하게 여기신다."[40]

따라서 참된 겸손에 대하여 존 비비어(John Bevere)는 이렇게 설명하고 있다: "하나님이 생각하시는 겸손은 매우 적극적이고 능동적인 인격의 특성이다. 참된 겸손은 하나님께 절대적으로 순종하고 의존하는 것이다. 모든 일에서 첫째가 하나님, 둘째는 다른 사람들, 셋째는 자기 자신을 생각하는 것이다. 겸손은 상냥한 말투나 자신을 비하하는 태도와는 전혀 관련이 없고, 하나님의 값없는 은혜의 산물인 능력 안에서 담대하고 끈질기게 사는 것과 관련 있다. … 우리는 모두 지도자요 선향 영향을 미치는 사람들로 부름 받았다. 당신은 어떻게 다른 사람을 인도하고 있는가? 겸손으로 무장하고 하나님의 능하신 손 아래로 들어가는가, 아니면 겉으로는 겸손하나 여전히 자신의 힘으로 행하고 있는가? … 참된 겸손은 삶의 문제를 우리 자신의 힘만으로 해결하려 하지 않고 우리의 염려를 하나님께 맡기는 것이다."[41] 그래서 벤자민 윌리엄스(Benjamin D. Williams)는 "겸손한 사람은 중심이 잡혔고 균형이 있으며, 통합되어 있고, 전체적이면서 건강하다. 육체적으로, 정서적으로, 그리고 영적으로도 건강하다. 겸손은 믿음, 소망, 사랑, 그리고 다른 모든 영적 덕성을 배양하는 토양이다. 이런 덕성은 높은 수준의 리더십에 합치한다"라고 말하고 있다.[42]

---

40) Os Hillman, *Change Agent(하나님의 통로)*, 서경의 역, 터치북스, 2013, p. 120.
41) John Bevere, *Relentless(존비비어의 끈질김)* 유정희 역, 두란노, 2012, pp. 178, 179, 209.
42) Robert Banks and Kimberly Powell, 128. 영적 리더의 겸손에 대하여 토저(A. W. Tozer)는 "진실하며 신뢰할 수 있는 리더는 이끌려는 욕망이 없는 사람입니다. 하지만, 성령이 주시는 참을 수 없는 내적인 열망과 외적인 상황의 이끌림 때문에 리더의 자리를 맡는 사람입니다. 모세와 다윗과 구약성경의 선지자들이 그러했습니다. … 저는 리더가 되려는 야망을 품은 사람은 리더가 될 자격이 없다는 것은 정당하며 확실한 원리라고 믿습니다. 진실한 리더는 하나님의 사람들 위에서 자신이 주인이 되려는 욕망이 없습니다. 그러나 겸손하며 온유하며 자기 희생적이고 전적으로 이끄는대로 순종할 준비가 된 사람입니다"라고 말하고 있다. Hans Finzel, *The Top Ten Mistakes Leaders Make(리더가 저지르기 쉬운 10가지 실수)*, 조기현 역, 프리셉트, 2001, p. 33.

(3) 절제(4절, 8절, 11절)

유다는 본 서신 4절에서 "우리 하나님의 은혜를 도리어 방탕한 것으로 바꾸고"라고 거짓된 지도자들의 특징이 모든 윤리적인 무절제한 삶이었던 것을 드러내 보여주고 있다. 즉 거짓된 지도자들은 구원은 하나님의 은혜로 받은 것이므로 율법의 요구에 관계없이 자신이 원하는 대로 육체의 욕망을 즐기는 방종한 생활에 빠졌다는 것이다. 본문 8절에서도 "꿈꾸는 이 사람들도 그와 같이 육체를 더럽히며"라고 성적인 무절제에 빠져 음행하는 자리에 들어갔던 것을 구체적으로 말씀하고 있으며 16절에서는 "그 정욕대로 행하는 자"라고 말하고 있다.

또한 유다는 11절에서 발람 선지자를 이런 무절제 즉, 탐욕과 정욕에 사로잡혔던 거짓된 지도자의 모형으로 언급하고 있다. 그는 물질적인 이득과 개인적인 성공을 위해 탐욕에서 예언을 하였고 이스라엘 백성들을 유혹하여 우상의 제물을 먹고 행음하게 하였던 사람으로 마침내 칼로 죽임을 당하는 비참한 최후를 맞이하였던 것을 성경은 기록해 놓고 있다(민 31:8). 따라서 유다서는 참된 영적 지도자는 절제의 삶을 살아가는 자임을 가르쳐 주고 있다.[43] 절제 혹은 자제력이 없는 리더는 마치 브레이크가 고장 난 자동차를 타고 내리막길을 달려가는 무모하고 어리석은 운전자와 다를 바가 없는 것이다.

절제에는 분노, 시기, 비난, 탐욕, 언어의 요용 등에 대한 정신적 절제

---

43) 미국의 제 16대 에이브러햄 링컨(Abraham Lincoln)은 분을 발하는 성격이 있었으나 공개적으로 화내지 않는 것을 습관으로 삼았다고 한다. 그는 분을 발하는 것을 절제하기 위하여 자신을 화나게 한 당사자에게 장문의 편지를 써서 분노가 가라앉을 때까지 반복해서 읽고서는 그 편지를 찢어버렸다고 한다. 이것은 분노를 절제하기 어려웠던 링컨 자신의 약점을 해결하기 위한 방법이었던 것이다. Gary McIntosh and Samuel D. Rima, Sr., *Overcoming the Dark Side of Leadership(리더십의 그림자)*, 김기호 역, 두란노, 2002, p. 140.

와 먹는 것과 관계있는 음식과 기호식품, 금전낭비, 성, 오락 등에 대한 육체적 절제가 있다. 그러나 절제하는 리더는 그 삶에서 불필요한 부분들을 제거하고 참으로 필요한 부분들에 더욱 힘쓰고 집중하게 하므로 사역의 효율성을 극대화하고 낭비와 부작용을 최소화시켜 나가므로 사역에 풍성한 결실을 가져오게 하는 사람이다. 그러나 경건한 지혜를 갈망하고 하나님의 임재를 구체적으로 두 번이나 체험했던 솔로몬은 경영능력이 뛰어난 리더로서 큰 성공과 부를 이룰 수가 있었지만 이 세상이 쾌락과 정욕과 부에 사로잡혀 하나님을 잊어버리고 무절제한 삶에 빠지므로 결국 그의 나라는 솔로몬 이후 두 쪽으로 나누어지고만 것을 볼 수 있다(왕상 3:5-15, 6:11-13, 9:1-9, 10:26-11:13).

따라서 존 맥아더는 절제에 대하여 이렇게 말하고 있다: "자제력있는 사람이 되려면 스스로를 훈련해야 합니다. … 한 가지 예를 들면, 저는 늘 가장 어려운 일부터 처리합니다. 이런 일처리 방식은 자기 훈련을 터득하는 데 도움이 됩니다. 항상 시간을 지키는 습관도 마찬가지입니다. 삶의 여러 요소들을 잘 정돈해야만 제 시각에 제 장소에 도착할 수 있습니다. 이것이 절제입니다. 절제는 다양한 일을 잘 관리할 수 있는 능력입니다."[44]

성경은 "마땅히 주의 종은 … 모든 사람에 대하여 온유하며"(딤후 2:24)라고 말씀하고 있는데, 여기에 온유는 "좋은 것은 기억하고 악한 것은 잊어버릴 수 있는 능력"을 말하고 있다.[45] 존 맥아더는 "지도자는 다른 사람들에게 당한 피해를 입에 올리거나 기억하지 않도록 스스로의 감정을 잘 통제해야 한다. 그런 말이나 생각은 생산적인 결과를 가져오지

---

44) John F. MacArthur Jr., *Truth Endures(최고의 설교)*, 이지혜 역, 국제제자훈련원, 2012, p. 190.
45) John F. MacArthur Jr., *The Master's Plan For the Church(하나님이 계획하신 교회)*, 조계광 역, 생명의 말씀사, 2009, p. 408.

못한다. 과거의 잘못을 기억하면 상처가 되살아날 뿐 아니라 분노가 솟구쳐 생각이 어두워질 뿐이다"라고 생각의 절제가 영적 리더의 중요한 자질임을 밝혀주고 있다.[46] 성경은 말씀과 성령의 온전한 다스림을 받게 될 때 절제의 열매를 맺을 수 있게 됨을 말씀하고 있다(엡 5:18, 골 3:16).

(4) 인내(22-23절)

유다는 영적 지도자들에게 인생의 나아가야 할 방향에 대하여 의심하고 있거나, 거짓된 지도자를 따르기로 선택하거나, 심지어 거짓된 지도자들에 대해서도 포기하지 말고 그리스도의 긍휼을 가지고 그들을 대하는 인내를 가져야 할 것을 명령하고 있다(22-23절). 초대교회의 영적 지도자로 사역했던 사도 바울도 자신이 오래 참음으로 사역하였음을 밝히면서(고후 6:6), "모든 겸손과 온유로 하고 오래 참음으로 사랑 가운데서 서로 용납하고"(엡 4:2)라고 권면하였으며, "모든 사람을 대하여 오래 참으라"(살전 5:14)고 명령하고 있다.

진정한 인내는 잘못하고, 할 수 없이 참는 것이 아니라, 자신이 정정당당하여 잘못한 것이 없고 어떤 행동을 할 수 있음에도 불구하고 하나님의 약속에 근거하여 덕을 세우기 위하여 참는 행동이다. 그래서 야고보서 1장 12절은 "시험을 참는 자는 복이 있도다. 이것에 옳다 인정하심을 받은 후에 주께서 자기를 사랑하는 자들에게 약속하신 생명의 면류관을 얻을 것임이니라"고 약속하고 있다.

종교개혁자 칼빈(Calvin)은 "만일 우리가 훌륭한 인내를 갖추고 있지 않으면, 우리는 우리의 달릴 노정의 반도 못가서 몇 천번이고 좌절되고

---

[46] Ibid.

말 것이다. … 사단은 교묘하게 움직여서 우리로 하여금 온갖 시험에 부딪치게 하여 용기를 잃게 하므로 실로 그리스도인은 굳건한 인내심에 의하여 지탱을 받지 않는다면 단 두 발도 떼어놓기 전에 반드시 피곤해지고 말 것이다. 그러므로 인내야말로 우리를 끊임없이 전진시키는 유일한 수단이다"라고 적절히 설명하고 있다.[47] 조직 신학자 존 머레이(John Murray) 역시 "인내란 하나님이 그 분의 구원목적을 이루기 위해 정하신 방법에 우리가 자신을 바치는 가장 강하고 집중적인 헌신을 말한다"라고 정의를 내린바 있다.[48]

그래서 월터 C. 라이트는 "성경적인 리더십은 관계다. 하나님께서 우리 삶에 목적을 가지고 인내하시면서 일하시는 것을 본으로 삼는, 장기간에 걸친 관계다. 리더십은 관심을 가지고, 공유하는 목적을 향해 사람들과 인내심을 갖고 동행하는 관계다"라고 말하므로 영적 리더의 결실있는 사역을 위해서는 모든 사람들의 약점과 결점에 대하여 인내심을 가져야 함을 언급하고 있다.[49] 이처럼, 하나님의 영광을 위해 일하는 진정한 영적 리더는 인내의 사람임을 성경은 증거해 주고 있으며, 끝까지 인내하며 사명에 충성하는 리더에게 "이기는 자와 끝까지 내 일을 지키는 그에게 만국을 다스리는 권세를 주리니"라고 주님과 함께 다스리는 축복에 참여하게 될 것을 약속하고 있다(약 5:11, 계 2:26).

---

[47] John Calvin, 신구약 칼빈성경주석: 히브리서, 10권, 성서교재간행사, 1980, p. 239.
[48] John Murray, *Redemption-Accomplished and Applied* (Grand Rapids: Eerdmans, 1955), pp. 192-193.
[49] Walter C. Wright, Jr., op. cit., p. 240. 일반적으로 교회의 영적 지도자인 목회자와 성도들 사이에 온전한 신뢰의 관계가 형성되기 위해서는 7년 이상의 시간이 소요된다고 한다. 즉, 성도들이 목회자를 알기 위해서 3년의 세월이 필요하고, 목회자의 사랑을 받기 위해서 2년이 필요하며, 목회자가 성도들의 신뢰를 얻기 위해서는 다시 2년이 필요하다는 것이다. 명성훈, *리더십 성장 마인드*, 교회성장연구소, 2002, p. 198.

(5) 분별력(3-4절)

초대교회의 영적 지도자로 사역했던 유다는 그 시대에 이미 거짓된 지도자들이 신앙 공동체 안에 은밀히 침투해 들어와 있었음을 분별하여 이들의 정체를 폭로하므로 그들의 잘못된 영향력을 차단하고자 하는 목적에서 본 서신을 기록하게 되었음을 3절과 4절이 이를 밝혀주고 있다. 이처럼, 유다는 원래 다른 기록목적을 가지고 있었으나 공동체가 직면한 더 큰 문제를 인식하고 급박한 문제 해결을 위한 구체적인 처방을 제시하고자 하였던 것은 유다에게 놀라운 영적 분별력이 있었다는 증거라고 말할 수 있을 것이다.

분별력이란 그리스도인이 주어진 상황에서 무엇을 해야 하며, 주어진 문제의 원인과 처방에 대한 하나님의 뜻을 이해하는 능력이다. 이 분별력은 주어진 상황을 꿰뚫어 볼 수 있는 통찰력과 관련이 있다. 그래서 어떤 목적과 수단, 방법을 선택함에 있어서 하나님께 합당하며, 공동체에 가장 선하고 유익한 것을 판단하게 되어지는 것이다. 제임스 민스(James E. Means)는 "영적 지도자는 사람을 설득하는 데 사용하는 방법을 선택할 때에도 분별력이 있어야 한다"고 말하고 있다.[50]

성경은 이 시대의 영적 리더들은 단순히 진리를 위한 싸움에 있어서 방어적이 되어서는 안되며, 능동적이고 공격적이 되어져야 하는데 이렇게 하기 위해서는 영적 무장(엡 6:10-17) 뿐만 아니라 다른 사람들을 영적으로 도와주기 위해서 영적 분별력을 가져야 함을 강조하고 있다(살전 5:20-22, 요한 1서 4:1-3). 따라서 분별력의 중요성은 성경전체를 통하여 기록되어져 있다(잠 2:3, 23:23, 고전 16:13, 빌 1:9, 히 5:14, 계 2:2). 사도 바울은 고린도 교회가 잘못된 길로 나아갈까 염려하여 고후 11장

---

50) James E. Means, op. cit., p. 136.

1-4절에서 두려움의 목소리를 발하고 있다. 그들의 분별력의 부족에 관하여 염려하면서, 바울은 사람들이 거짓 교사들에 의해 속임을 당할까 두려워하였던 것이다.

예수님 당시의 유대의 종교 지도자들과 엘리트 학자들조차도 영적 지각이 부족했던 것을 볼 수 있다. 왜냐하면, 주님께서는 천기는 분별하면서도 영적인 문제들을 분별하지 못하고 있는 그들을 책망하셨기 때문이다(마 16:1-4). 아무리 뛰어난 재능을 가졌다고 할지라도 분별력을 가지고 있지 않다면 그 사역은 비극적인 결말로 끝날 수밖에 없는 것이다. 그러므로 바울은 빌립보 교회 성도들이 "지극히 선한 것을 분별하며"라고 이를 위해 기도했던 것이다(빌 1:9-11).

비극적인 것은 오늘날의 신앙 공동체 안에서도 영적인 분별력이 결핍된 자들이 많다고 하는 사실이다. 그러한 사람들은 성경적인 교리를 이해하고 인식하는 것보다 문화적 추세들과 보조를 맞추는데 더욱 뛰어난 자들이다. 어떤 경우에는, 대부분의 교회들이 성경의 분명한 가르침들에 초점을 맞추는 것이 아니라 죄인들의 요구충족에 초점을 맞추는 것으로 나아가고 있다는 것이다. 스티븐 코비(Stephen Covey)의 언급처럼, "가장 중요한 것은 가장 중요한 일을 가장 중요하게 생각하는 것이다."[51]

존 맥아더는 "오늘날 교회 안에 온갖 오류가 침투해 들어온 이유는 영적 분별력을 잃은 탓이다. 요즘 교회는 무기력하고 혼란스러울 뿐 아니라 심지어는 배교로 치우치고 있다. 무기력한 신학, 확신없는 설교, 지나친 관용이 강력한 교리, 명확한 성경해설, 확실한 성경원리를 밀어냈다. 그로 인해 빚어진 결과는 참으로 비참하다. 최근 몇 십년 만에 비성경적인 은사주의, 세속적인 심리학, 신비주의, 성공 철학, 번영 신학, 구도자 중심의 복음 전도, 포스트모더니즘의 영향으로 생겨난 이머징 교회 속으로

---

51) Stephen Covey, *First Things First* (New York: Simon & Schuster, 1994), p. 75.

홍수처럼 밀려 들어왔다"라고 지적하고 있다.[52] 따라서, 영적 지도자에게는 사역현장에서 발생되고 있는 여러 가지 문제들에 대한 분별력을 가지고 우선순위를 바르게 설정하여 때를 놓치지 않고 적절한 시점에 대처해 나갈 수 있어야 함을 유다서는 일깨워주고 있다.

5. 영적 지도자의 특성(12-13절)

유다서는 영적 공동체의 연합과 성장을 와해시키고 자신들의 권력을 강화하여 기독 공동체의 리더로 행세하려고 하는 거짓 교사들의 리더십에 반대하여 그 시대의 그리스도인들에게 영적 교훈을 주고자 기록되어진 것이다. 따라서 유다는 거짓교사들의 잘못된 리더십을 비판하면서 그들의 삶의 특성을 6가지 은유들로 묘사하고 있다. 이것은 참된 영적 지도자들의 6가지 특성들에 대한 유용한 원리들을 제시해 주고 있다.

(1) 통합성: 애찬의 암초(12절)
[거짓지도자: 구성원들의 연합과 협력을 파괴하는 자들]

유다는 본 서신 12절에서 거짓된 지도자들은 눈에는 보이지 아니하나, 바다 속에 감추어져 있어 배가 항해할 때 부딪혀 난파할 수밖에 없는 암초와 같은 존재들임을 폭로하고 있다. 유다시대의 거짓된 지도자들은 자신들의 영향력을 사용하여 영적 공동체 속에 비밀리에 침투하여 그 공동체 구성원들의 식탁교제의 자리에 아무런 주저함도 없이 뻔뻔스럽게 참여하여 자신들의 식욕을 만족시켰을 뿐만 아니라, 교묘히 그 공동체를 분

---

52) John F. MacArthur Jr., *The Master's Plan For the Church*(하나님이 계획하신 교회), 생명의 말씀사, 2009, pp. 257-258.

열시키므로 무너뜨릴려고 하는 해를 끼치는 존재들이었다. 이들은 공동체 구성원들의 사명수행이나 연합 혹은 발전을 위해 일하는 것이 아니라 다툼과 분열을 일으키므로 결국 그 공동체를 파괴하는 결과만을 가져오고 있었음을 드러내 보여주고 있다.

구약시대 솔로몬 이후에 르호보암이 왕위에 올랐을 때, 백성들은 여로보암을 불러 새 왕에게 백성들의 무거운 멍에를 내려놓을 수 있도록 간청하게 하였으나 르호보암은 나이 많은 원로들의 조언을 무시하고 자기와 함께 성장한 젊은이들의 조언대로 강경책을 선택하므로 열두 지파 중 열하나를 잃어버리게 되는 자리에 들어가게 되어진 것은 르호보암에게는 구성원들의 연합과 화평을 도모하는 통합성이 없었기 때문에 이것의 결여로 자신의 영토와 권위를 잃게 되는 비극적인 결말을 자초했던 것을 볼 수 있다(왕상 11-12장). 이처럼 영적 리더는 언제나 따르는 구성원들의 형편과 사정을 면밀하게 살펴서 소통과 연합을 저해하는 요인을 해소해 나가는 일에 집중해야만 함을 일깨워 주고 있다.

웨인 헤이스팅스는 "분열을 일으키는 리더처럼 팀과 조직에 해가 되는 사람은 없다. 공포, 불안, 혼동은 인간관계와 팀을 갈갈이 찢어 놓는다. 그래서 서로 공유하던 비전과 가치를 쓰레기로 전락시킨다. 분열은 우리 편과 상대편으로 가르는 분위기를 조성해 직원들과 경영진을, 경영진과 간부들을, 간부들과 이사회를 분리시킨다. 분열은 말 그대로 전쟁인 것이다"라고 지적하고 있다.[53]

성경은 "평안의 매는 줄로 성령이 하나 되게 하신 것을 힘써 지키라 몸이 하나요 성령도 한 분이시니 이와 같이 너희가 부르심의 한 소망 안에서 부르심을 받았느니라"(엡 4:3-4)고 말씀하고 있으며, 예수님께서도 대제사장적인 기도 가운데서 "거룩하신 아버지여 내게 주신 아버지의 이름

---

53) Wayne A. Hastings, p. 76.

으로 그들을 보전하사 우리와 같이 그들도 하나가 되게 하옵소서"(요 17:11)라고 기도하셨다. 그러므로 부름받은 영적 리더들은 "각각 자기 일을 돌볼뿐더러 또한 각각 다른 사람들의 일을 돌아보아"(빌 2:4) 구성원들의 연합을 도모하여야만 한다.

한 걸음 더 나아가, 영적 리더는 구성원들 간에 원활한 소통이 이루어질 수 있도록 자유로운 의견교환이 좌절되지 않는 분위기를 조성해 나갈 수 있어야 하며, 구성원들이 이런 소통을 통하여 상호작용 하므로 가장 효과적인 결정과 온전한 협력이 이루어질 수 있도록 힘써야 한다. 그러나 제임스 민스(James E. Means)는 "형편없는 지도자는 반대 세력을 억압하고, 의견이 일치하지 않는 자를 속이며, 또한 법안을 억지로 통과시키려고 애를 쓴다. … 무능한 지도자는 인내하지 못하고 게을러서 의견의 일치를 위해 힘써 노력하지 않는다. 그런데 의견의 일치란 성경이 의미하는 바의 연합을 의미한다. … 그러므로 훌륭한 지도자들은 결정이 사람들의 삶에 영향을 미칠 때는 언제나 결정 과정에 사람들을 참여시킨다. 믿고, 책임을 맡기고, 미래를 구축하는 데 참여케 하는 사람들에게는 거대한 동기 부여의 능력이 영향을 미친다. 사람들은 결정 과정에서 그들이 제외되었을 때, 거의 동기 유발이 잘 되지 않는다"라고 적절히 지적하고 있다.[54]

(2) 이타성: 자기 몸만 기르는 목자(12절)
[거짓 지도자: 타인에 대한 무책임과 자신의 이익을 위해 이용하고 착취하는 이기주의자]

유다는 본 서신에서 거짓된 지도자들을 "자기 몸만 기르는 목자"라고

---

54) James E. Means, op. cit., pp. 183, 185. 232.

말함으로 그들은 자신들만 돌보는 거짓된 목자, 삯군 목자들임을 드러내 보여주고 있다. 이들은 공동체 구성원들을 돌보기는커녕 자신들의 이익만을 위하여 착취하고 이용만 하는 자들이었다(요 10:10, 12, 13). 에스겔 34장 8절에 "삯꾼 목자는 양을 돌보지도 먹이지도 않으며"라고 말씀하고 있으며, 본문 16절에서는 "이익을 위하여 아첨하느니라"고 이들의 특징을 묘사해 주고 있다.

성경적 리더십의 모델로서 소개되고 있는 목자는 주어진 양들을 인도하고, 보호하고, 돌볼 뿐만 아니라 그들을 위하여 자신을 삼가는 자이며(행 20:28), 더러운 이를 위하여 하지 않고 자원함과 즐거움으로 사역하는 자이며(벧전 5:2), 양들을 위하여 자신의 목숨까지도 버릴 수 있는 사람이다(요 10:11). 그러나 제임스 민스(James E. Means)는 "오늘날 다수의 교인들은 지도자들의 보살핌을 받기보다 이용당하고 있음을 느낀다. 사람들은 지도자의 장기판에서 이용물이 되거나, 또는 지도자의 왕국 건설에 필요한 벽돌을 쌓는 일을 한다고 생각하며 분개하는 것이다. 영적 지도자는 교인 개개인뿐 아니라, 전체의 영적 그리고 물질적 복지에 진정한 관심이 있어야 한다"고 조언하고 있다.[55] 그러므로 영적 리더가 직면하는 가장 큰 도전 중 하나는 자신이 구성원들에게 동기 부여를 통한 어떤 요구를 하기 전에, 먼저 리더 자신의 동기를 면밀히 살피고 조사해야 한다는 것이다.

만일에 리더가 자신의 사적인 이익을 추구하기 위한 것이라면 이것은 구성원들에게 리더 자신의 정직성과 존경심을 희생시키는 결과를 가져오게 되어지고, 구성원들의 온전한 지지를 받지 못하게 되어지므로, 따르는 자들이 갈수록 현저히 줄어들게 되어진다는 사실을 잊지 말아야 한다. 자아 중심적인 태도는 공동체 안에서 치명적인 파괴력을 발휘하므로 리더

---

55) Ibid., p. 61.

자신의 영혼뿐만 아니라 공동체의 단합된 정신을 무너뜨리는 결과를 초래하게 되어진다.

이처럼 영적 지도자는 구성원 개개인을 목적을 성취하는 수단으로 보지 않고 섬김과 동역의 대상으로 보면서, 그들의 복리를 위하여 힘쓰며 그들이 가지고 있는 은사와 잠재력을 개발하게 하므로 그들의 성장과 발전에 관심을 가지고 그들을 세워나가는 일에 자신을 헌신할 수 있어야 한다. 그래서 영적 리더는 구성원들이 더 나은 역할과 확장된 사역을 할 수 있도록 그들의 성공에 대하여 책임을 질 수 있어야 함을 일깨워 주고 있다. 그래서 존 맥스웰(John Maxwell)은 지도자는 자신에 대해, 자신의 사역에 대해, 자신의 자원에 대해, 그리고 자신이 인도하는 사람들에 대해 책임을 질 줄 알아야 한다고 역설하고 있다.[56]

월터 C. 라이트는 "목자란 바로 그 정의 자체가 양떼를 돌볼 임무를 맡은 종인 것이다. 이것은 책임과 섬김의 자리이지, 지위와 권력의 자리가 아니다. 양들이 목자를 위해 존재하는 것이 아니라 목자가 양들 때문에 고용된 것이다"라고 적절히 설명해 주고 있다.[57] 이럼에도 불구하고 거짓된 지도자는 자신의 이익을 위해 자신의 지위와 권력을 이용하므로 구성원들을 착취하고 자신의 유익만을 도모하게 됨을 지적해 주고 있다. 그러나 참된 영적 지도자는 구성원들의 성장과 공동체 전체의 유익과 공유된 사명 수행을 위해 자신에게 주어진 권한을 행사해야 하며, 먼저 자신의 사역의 동기를 면밀히 살펴서 자신과 구성원들에게 철저하게 정직해야 함을 가르쳐 주고 있다.

---

56) John Maxwell, *Developing The Leader Within You*(당신 안에 잠재된 리더십을 키우라), 강준민 역, 두란노, 1995, pp. 267-268.
57) Walter C. Wright, Jr., op. cit., pp. 54-55.

(3) 신뢰성: 바람에 불려가는 물없는 구름(12절)
   [거짓 지도자: 거짓 약속을 남발하면서 기만하는 자]

유다는 본 서신 12절에서 거짓된 리더들은 비를 줄듯이 잔뜩 기대감만 주면서 실제로는 메마른 땅에 단 한 방울의 비도 내려 주지 못하고 바람에 날려서 이리저리 떠돌아다니기만 하는 물없는 구름과 같다는 것을 가르쳐 주고 있다. 이처럼, 거짓된 지도자는 구성원들에게 미래를 약속하지만 그 약속을 지키지 아니하는 모습을 보여주고 있다. 그는 사람들에게 무엇을 줄듯이 약속은 많이 하므로 기대를 갖게 하지만 아무것도 사람들에게 제공해 주지 못하므로 실망을 주므로 말과 행동이 일치하지 아니하는 기만하는 자임을 유다는 폭로하고 있는 것이다. 이러한 지도자는 약속과 실행이 전혀 일치하지 아니하는 사람으로 사역하는 그 공동체 구성원들로부터 신뢰를 받지 못하게 되어지므로 협력을 이끌어 내는데 실패할 수밖에 없다.

게리 R. 콜린스(Gary R. Collins)는 "신실성은 탁월한 지도력과 효율적으로 변화를 일으키는 모든 것에 기초가 된다. 신실성이 결여되면 삶과 일, 가족과 회사뿐만 아니라 속해 있는 교회 등의 모든 곳에서 지속적으로 중요한 변화를 일으킬 수 없게 될 것이다"라고 말한 바 있다.[58] 그러므로, 신뢰는 구성원들 간의 연합과 협력에 결정적인 영향을 미치는 중요한 요소이다. 건강한 공동체로 성장해 가기 위해서는 공동체 구성원들이 리더를 신뢰할 수 있어야 하며, 리더가 그들을 신뢰한다는 것을 구성원들이 알아야만 한다. 왜냐하면 리더와 구성원 간에 신뢰가 높은 수준으로 형성되어 있지 아니하면 구성원들은 리더가 자신들을 이용한다는 생각을 갖게 되기 때문에 주어진 임무에 협력하고 헌신하고자 하는 동기가 낮아

---

[58] Gary R. Collins, *You Can Make a Difference*(파워리더), 최예자 역, 프리셉트, 2001, pp. 94-95.

질 수밖에 없기 때문이다.

그래서 월터 C. 라이트는 "최근의 연구 결과는 리더십과 신뢰감 사이에 직접적인 관련이 있음을 보여준다. 리더십은 신뢰의 관계다. 사람들은 신뢰하는 사람들의 말에 귀를 기울인다. 그리고 사람들은 존경하는 인격을 가진 자의 영향을 기꺼이 받아들인다"라고 리더에게 신뢰성이 있어야 함을 지적하고 있다.59) 그러나 이와는 반대로, "지도자가 탁월하게 인격이 고결한 자로 인식되지 않는다면, 그의 지도력은 오래 갈 수가 없다는 것이다. 정직성이 결여된 지도자는 결국은 그의 참 모습-조종자, 권력 강탈자, 이기적인 착취자-을 드러내고야 말 것이다. 추종자들은 그런 지도자를 거절한다."60)

드 프리 리더십 센터(De Pree Leadership Center)의 고문이었던 로버트 뱅크스(Robert Banks)는 "신실한 리더십은 기술, 더 나아가서는 고도의 처세가 아니다. 한 사람의 영적, 도덕적 중심에서 신실한 리더십이 나온다. 신실한 리더십을 이루는 근본적인 구성요소는 청렴결백, 섬기는 자세, 정의와 공평에 대한 관심, 그리고 약자의 입장에 서려는 기꺼움이다"라고 설명하고 있다.61) 제임스 쿠지스(James M. Kouzes)와 배리 포스너(Barry Z. Posner) 역시 그들의 저서 "신뢰성"(Credibility)에서 "신뢰는 리더십의 기초"라고 역설하면서, 사람들은 리더에게 훌륭한 인격, 즉 믿을 만한 신뢰성이 있음을 보기 때문에 리더들을 따른다는 것을 보여주고 있다.62)

이와 같이, 영적 지도자는 구성원들로부터 신뢰와 존경을 받게 되면

---

59) Walter C. Wright, Jr., op. cit., p. 38.
60) James E. Means, op. cit., p. 34.
61) Robert Banks and Kimberly Powell, op. cit., p. 36.
62) James M. Kouzes and Barry Z. Posner, *Credibility* (San Francisco: Jossey-Bass, 1993), p. 22.

1) 그 공동체를 올바른 방향으로 이끌 수 있는 지속적인 영향력을 발휘할 수 있게 되어지며, 2) 다른 사람들을 섬기기 위해 헌신할 수 있는 엄청난 에너지를 창출하게 되어지고, 3) 신뢰받고 있으면 의사 소통과 상호이해가 증진되며, 4) 구성원들로부터 최고의 능력과 열정을 이끌어내며, 5) 사역진행의 속도는 증가되며 비용은 절감되어지므로 사역의 생산성이 높아진다.[63]

(4) 모범성: 죽고 또 죽어 뿌리까지 뽑힌 열매없는 가을나무(12절)
[거짓 지도자: 아무런 쓸모없는 무익한 존재]

유다는 본 서신 12절에서 거짓된 지도자들은 영적으로 죽었기에 그들의 삶에 아무런 영적 열매를 맺지 못하므로 본받을 만한 삶의 모범을 보여주지 못하는 자들인 것을 깨우쳐 주고 있다. 그러나 참된 영적 지도자들은 물가에 심기운 나무가 시절을 쫓아 과실을 풍성히 맺는 것처럼, 모든 선한 일에 본받을 만한 열매를 맺는 자들임을 암시해 주고 있다.

일반적으로 사람들은 자신들이 좋아하는 사람을 주시하고 그 행동과 삶에 의해 영향을 받게 된다. 그러므로 영적 지도자의 행동과 삶이 어떤 열매를 맺고 있는가 하는 것은 참으로 중요한 부분이 아닐 수 없다. 그런데 유다는 거짓된 지도자에게는 따르는 구성원들에게 보여줄 바람직한 생산물이나 결실이 없음을 드러내 보여주고 있다. 이와는 달리, 참된 영

---

[63] 스티븐 코비(Stephen M. R. Covey)는 "신뢰를 회복하는 가장 빠른 방법은 자신에게든 타인에게든 약속을 잘 지키는 것이다"라고 말을 하면서 "잘못을 했어도 신속하게 인정하고 사과하면 앞으로 나아갈 수 있다. 그러나 잘못했을 때 인정하거나 사과하지 않으면 신뢰성과 신뢰에 큰 타격을 입는다. … 나중에 사과하는 것은 사과를 하지 않는 것보다는 낫지만 신뢰를 쌓거나 회복하는 데는 즉시 사과하고 고치는 것이 훨씬 더 효과적이다"라고 조언하고 있다. *The Speed of Trust*(신뢰의 속도), 김경섭, 정병창 역, 김영사, 2009, pp. 49, 273.

적 리더는 구성원들에게 "나도 저와 같이 되어야지"하는 모델로서 추구되어질 수 있는 모습을 보여주는 것이다.

월터 C. 라이트는 "리더는 리더십을 형성하려고 노력할 때 자신이 영향을 주고 싶어하는 그 사람에게 맞추어 그 모든 노력을 조정해야 한다"라고 조언하고 있는데 이는 리더에게 모범성이 있어야 함을 지적해 주고 있다.[64] 다시 말하면, 하나님의 말씀에 부합되는 인격과 원칙을 따라 살아가게 될 때에 따를 만한 가치가 있는 리더로서 인정을 받게 되어 진정한 의미에 있어서 리더십이 형성되어지는 것이다. 워렌 베니스(Warren Bennis)는 훌륭한 리더들은 인격과 정직, 성실성을 가진 사람들임을 말해 주고 있다.[65]

존 맥아더는 영적 리더들이 스스로에게 "이 일이 다른 그리스도인들에게 좋은 본보기가 될 것인가? 나는 지금 남들에게 본이 될 만한 일을 하고 있는가? 우리는 사소한 일에도 주의해야 한다. 여러분의 생활규범이나 식단, 여러분이 따로 정해놓은 공부시간 등은 삶의 모범을 찾는 사람들에게 영향을 미칠 수 있다. 나는 나보다 연약한 그리스도인들이 내 삶의 방식을 따르기 원하는가?" 이런 질문을 항상 던질 수 있어야 한다고 말하고 있다.[66]

따라서 존 맥아더는 "교회의 리더십만 온전하다면 어떤 어려움 속에서도 능히 살아남을 수 있다. … 사람들은 나에게 종종 지난 35년 동안 그레이스 커뮤니티 교회가 엄청난 성장을 이룬 비결이 무엇이냐고 묻는다. 그럴 때면 교회의 양적 성장은 하나님이 주권적으로 결정하시는 일이고, 또

---

64) Walter C. Wright, Jr., op. cit., p. 71.
65) Warren Bennis, *On Becoming a Leader* (Reading, Mass.: Addison-Wesley, 1989), pp. 40, 51.
66) John F. MacArthur Jr., *Truth Endures*(최고의 설교), 이지혜 역, 국제제자훈련원, 2012, p. 205.

교인 수를 영적 성장을 가늠하는 척도로 생각해서는 곤란하다고 대답한다. 하지만 우리 교회는 양적 성장뿐 아니라 영적 성장에서도 괄목할 만한 성과를 이루었다. 하나님이 우리 교회를 축복하신 이유는 무엇보다 교인들이 성경의 리더십에 충실한 데 있다고 확신한다"고 고백하면서,[67] "교회를 다스리는 최선의 길은 독재자가 아니라 본보기가 되는 것이다. 교인들 앞에서 모범을 보여 기꺼이 따라오게 하지 못하는 교회 지도자는 결국에는 큰 저항에 부딪히고 만다"고 말하고 있다.[68] 그러므로 모범을 보여주는 리더가 되기 위해서는 계속해서 연구하고 배우는 자리에 있어야 하며, 계속해서 새롭게 되어져야 하는 것이 리더십에 필수적이다. 이와 같이, 영적 리더의 가장 큰 자산은 구성원들에게 보여주는 솔선수범이며 이것이 그들로 하여금 따르도록 하는 감화를 주게 된다.

(5) 도덕성: 자기 수치의 거품을 뿜는 바다의 거친 물결(13절)
[거짓 지도자: 부끄러움을 모르고 주위의 사람들에게 계속해서 피해를 끼치는 후안무치한 자]

유다는 본 서신 13절에서 거짓된 지도자들은 거친 물결이 해변에 쏟아내는 더러운 쓰레기와 보기 흉한 잡동사니와 같이 부끄러운 삶의 추한 찌꺼기들을 끊임없이 쏟아내므로 주위의 사람들에게 계속해서 해를 끼치는 부도덕한 사람들인 것을 지적해 주고 있다. 따라서 해변에 서 있는 사람

---

67) John F. MacArthur Jr., *The Master's Plan For the Church*(하나님이 계획하신 교회), 조계광 역, 생명의 말씀사, 2009, p. 10. 5대째 목회자 집안에서 태어난 존 맥아더 목사는 29세 때 목회사역을 시작하였으며, 설교 이외의 모든 교회 업무를 사양한다는 조건으로 그레이스 커뮤니티 교회에 부임하여 450명이 출석하던 교회에서 말씀중심의 목회사역으로 1만명이 넘는 교회로 성장하게 되었다. 그는 오로지 교회는 진리의 말씀으로 충분하다는 것을 그 자신의 목회사역을 통하여 증거해 주고 있다.
68) Ibid. p. 324.

이 거친 물결의 물보라를 피하기 위해 애쓰는 것처럼, 영적 리더는 이런 부도덕성에 오염되거나 영향을 받지 않도록 그들의 악한 말과 행동을 피해야 할 것을 암시해 주고 있다. 이사야 57장 20절에서도 "오직 악인은 능히 안정치 못하고 그 물이 진흙과 더러운 것을 늘 솟쳐내는 요동하는 바다와 같으니라"고 표현하므로 이런 거짓된 리더들의 모습을 묘사해 주고 있다.

오늘 이 시대는 모든 것이 너무 빨리 변하기 때문에 무엇을 믿어야 하며 누구를 신뢰할 수 있을지에 대한 의문이 더해지고 있다. 이런 시대일수록 주변의 사람들에게 영적 영향력을 끼치려고 하는 리더에게는 성실과 높은 도덕성이 요청되어지는 것이다.

존 맥아더는 리더의 도덕성에 대하여 다음과 같이 설명하고 있다: "현대사회는 리더다운 리더가 턱없이 부족하여 어려움을 겪고 있다. 이 문제는 늦어도 1960년대 이후로 우리 문화의 기초를 야금야금 갉아먹어 온 급격한 도덕 붕괴와 밀접하게 맞물려 있다. 서구 사회는 정직, 품위, 명예, 충성심, 진실성, 순결 등의 성품과 같은 덕목을 더 이상 중시하지 않는다. 황금시간대에 방송되는 전형적인 텔레비전 프로그램만 보아도 세상이 그런 자질들을 어떻게 여기는지 대번 알 수 있다. … 안타깝게도 세상의 이런 모습이 곧 교회의 모습이기도 하다. … 세상의 기준이 점점 교회에 스며들고 있다. … 신약성경의 기준에서 얼마나 멀어졌는가! 사도 바울이 교회 리더들의 자격 요건으로 제시한 목록들을 살펴보라. 리더의 필수불가결하며 가장 첫 번째 자격으로 하나같이 꼽고 있는 요건이 '책망할 것이 없어야' 한다는 것이다(딤전 3:2,10, 딛 1:6-7). 바울이 사용한 이 헬라어 단어는 '나무랄 데 없다', 즉 흠잡을 데나 더러운 구석이나 트집잡힐 것이 없다는 뜻이다. … 이 말은 그리스도인으로서 자신의 증거에 오점이 될 만한 물의를 일으키지 않는 사람, 정직하고 성품이 반듯하며 심각한 도덕적 흠이 없는 사람을 가리킨다. 간단히 말해, 리더란 비난의 여지없이 진실하다는 평판을 얻어야 한다는 뜻이다."[69]

(6) 방향성: 영원히 예비된 캄캄한 흑암으로 돌아갈 유리하는 별들(13절)

[거짓 지도자: 진리에서 이탈하여 방향감각을 잃어버리고 목적없는 삶을 살다가 영원히 멸망의 자리에 떨어질 자]

유다는 13절에서 거짓된 지도자들은 유리하는 별들처럼 방향성을 상실하고 무목적적인 삶을 살다가 비참한 최후를 맞이하게 될 것을 가르쳐 주고 있다. 이 유리하는 별들은 자기 위치를 지키면서 일정한 방향을 제시해 주는 북극성과 같은 존재들이 아니라, 방향 감각 없이 이리 저리 움직이며 돌아다니는 방황하는 별들이다. 이와 같이, 거짓된 지도자들은 자신들의 삶도 방향 감각 없이 방황하는 삶일 뿐만 아니라, 주변의 다른 사람들에게도 올바른 인생 삶의 방향을 제시하지 못하는 그들의 삶의 특징을 묘사해 주고 있다.

이와는 대조적으로, 참된 영적 지도자는 구성원들에게 올바른 비전과 내일에 대한 소망과 공동체의 사명을 분명하게 제시해 주고 그 비전이 성취되어지도록 인도하는 자인 것을 가르쳐 주고 있다. 따라서 리더의 가장 중요한 책임이 바로 그 조직체의 올바른 비전을 분명하게 표현하는 것이다. 월터 C. 라이트는 "리더십은 사람들에게 그들이 하고 있는 일이 공동체의 공통된 사명에 어떻게 공헌하는지 보여 줌으로써 올바른 방향으로 사람들을 이끈다"라고 말하고 있다.[70]

그는 본문 13절의 언급이 거짓된 리더십에 대한 묘사임을 다음과 같이

---

69) John F. MacArthur Jr., *The Book on Leadership*(사람들이 따르고 싶은 리더의 조건), 윤종석 역, 디모데, 2005, pp. 212-214.
70) Walter C. Wright, Jr., op. cit., p. 39.

설명하고 있다: "이것은 인생의 무대를 가로질러 질주하다가 공연도 하지 않고 없어져 버리는 순간적인 흥분이다. 헌신도 없고 인내나 참을성도 없으며 사람들에게 장기간의 투자를 하지도 않는다. 리더십이 있었다는 흔적을 보여줄 만한 것이라고는 아무것도 없다. 그것은 에너지의 폭발로 리더에게 잠시 주의를 끌지만, 지속적인 변화를 가져오지 못한다."[71] 그러나 진정한 영적 지도자는 사람들을 그 공동체의 사명으로 향하게 하고, 그 사명을 성취해 나가기 위하여 구성원들이 효율적으로 협력하고 헌신하도록 이끌어 주는 자이다.

존 맥아더는 비전있는 영적 리더의 준비에 대하여 이렇게 조언하고 있다: "미래의 비전이 있다면 지금부터 계획과 준비를 갖춰 하나님이 기회의 문을 열어주는 즉시 비전을 실행할 수 있어야 한다. 계획도 세우지 않고 준비도 갖추지 못한 탓에 기회가 있어도 사역을 행하지 못하는 사람들이 적지 않다. 우리는 지금부터 철저히 준비해 기회가 찾아오면 즉시 행동에 돌입할 수 있어야 한다. 현대 선교의 개척자 윌리엄 케리는 본래 영국에서 신발을 만들고 수선하는 일을 했다. 그는 가게에 세계지도를 붙여 놓고 장사하는 동안 틈틈이 지도를 바라보며 울며 기도했다. 그는 그런 식으로 수년 동안 말씀을 연구하며 선교전략을 세웠다. 마침내 하나님은 그를 인도로 보내 복음을 전하게 하셨다. 케리는 인도선교를 개척했고, 그 덕분에 많은 선교사가 뒤를 이어 인도에 복음을 전할 수 있었다. 하나님은 비전을 가지고 충실히 미래를 준비했던 한 사람을 통해 놀라운 역사를 이루셨다. ... '하나님이 내게 무엇인가 할 일을 주실 때까지 기다릴 거야'라고 말하면서 아무런 목적이 없이 세월만 보낸다면 하나님은 아무 일도 맡기지 않으실 것이 분명하다. 하지만 오직 주님의 방식으로 주님의 일을 행하기 위해 준비하는 사람은 하나님이 조만간 비전을 이룰 수 있는

---

71) Ibid., pp. 293-294.

기회를 허락하실 것이다."[72]

이처럼, 비전은 영적 리더에게 목표와 방향을 분명히 하게 하므로 효과적인 준비를 가능케 하고, 구성원들에게도 꿈과 희망을 주므로 어렵고 힘들 때에도 인내하며 끝까지 사명을 완수할 수 있게 도와준다. 그러므로 영적 리더는 하나님이 기뻐하시는 비전을 명확히 하고 구성원들에게 그 비전이 공유되게 해야 하며 함께 헌신하면서 그 비전을 성취해 나갈 수 있도록 방향을 제시해 줄 수 있어야만 한다.

6. 영적 지도자의 사역의 원동력(20절-21절)

위임받은 공동체 구성원들을 섬기고 사역하게 되는 영적 지도자가 지치지 아니하고 끝까지 하나님의 사랑 안에서 자신을 지키면서 주어진 사명을 완수할 수 있도록 해주는 사역의 3가지 원동력을 유다는 가르쳐 주고 있다.

(1) 하나님의 말씀(20절)

유다는 섬기는 영적 리더들에게 "너희의 지극히 거룩한 믿음 위에 자신을 세우며"라고 권면하고 있다. 이것은 영적 지도자의 삶과 사역의 원리와 구체적인 내용을 담고 있는 하나님의 말씀은 영적 지도자가 소유해야할 가장 중요한 지식의 원천임을 드러내 보여주고 있는 것이다.

영적 지도자는 그 자신의 지식이나 능력으로 사역하는 자가 아니다. 주

---

[72] John F. MacArthur Jr., *The Master's Plan For the Church*(하나님이 계획하신 교회), 생명의 말씀사, 2009, pp. 181, 182.

님께서는 "나는 포도나무요 너희는 가지라 그가 내 안에, 내가 그 안에 거하면 사람이 열매를 많이 맺나니 나를 떠나서는 너희가 아무것도 할 수 없음이라"(요 15:5)고 말씀하셨다. 여기에 주님 안에 거한다고 하는 것은 바로 주님의 말씀 가운데 거하는 것을 의미한다. 그러므로 영적 리더는 자신의 영적 건강과 사역의 원동력이 되는 하나님의 말씀을 섭취하는데 시간을 투자하고 집중해야만 한다. 왜냐하면 영적 리더의 최대의 자산은 그를 통해서 역사하시는 하나님이신데, 이 하나님의 역사가 온전히 이루어지도록 하기 위해서는 하나님의 말씀이 영적 리더의 마음속에 풍성히 거하도록 해야 함을 주님이 친히 말씀해 주셨기 때문이다(요 15:7).

존 맥아더는 "하나님은 영적 지도자로 일하는 사람들이 성경의 진리로 충만한 순결한 생각을 유지하기를 바라신다. 영적 지도자는 허탄한 신화나 진리와 상반되는 거짓을 용납해서는 안 된다. 하지만 오늘날의 사회는 성경의 진리보다 헛된 이야기를 좇는 경향이 많다. 일부 신학계에서도 성경을 얼마나 잘 알고 있느냐 보다 학술적이고 세속적인 이론에 얼마나 능통한가를 학문 능력으로 판단하는 기준으로 삼는다. … 능력있는 사역자는 하나님의 말씀을 연구하는 데 몰두함으로써 항상 명료한 생각과 진리의 확신을 유지해야 한다. … 아무리 머리가 명석하고, 의사전달 능력이 아무리 출중하더라도 하나님의 말씀에 무지하고 경건한 삶을 살지 못하면 사역은 실패할 수밖에 없다. 사역의 성패는 진리의 지식과 경건한 삶에 달려 있다"라고 역설하고 있다.[73]

월터 C. 라이트 역시 "아는 것이 힘이다. 그리고 우리는 하나님을 알 수 있는 그 분의 말씀을 갖고 있다. 이 지식으로 무장되었을 때 우리는 세상에 할 말이 있는 것이다"라고 영적 리더 자신이 성장하고 사역에 끊임없이 힘을 공급받기 위해서는 지속적인 말씀에 대한 연구와 이해의 중요성

---

73) Ibid., pp. 262-263.

을 강조하고 있다.74) 그러나 오늘날의 현실은 그렇지 않다. 마이론 러쉬(Myron Rush)는 "너무나 많은 그리스도인 조직체들이 세상의 경영 철학을 받아들이는 것은 비극이다. 그들은 성경의 원리와 정반대되는 경영철학을 사용하여 하나님의 일을 성취하려고 한다"라고 경고하고 있다.75)

그러므로, 올바른 영적 리더십을 발휘하기 위해서는 영적 리더에게는 자기 자신을 제대로 살피고 사역의 내용과 방법들에 대하여 지속적으로 되돌아보는 성찰의 시간이 필요하다. 또한 영적 리더가 가져야할 내적 자질들과 특성들을 계속해서 발전시켜 나가야 한다. 이것을 위하여 하나님의 말씀을 정기적으로 읽고 연구하며 묵상하는 것이 요구되어진다. 그럴 때에 하나님의 말씀이 영적 리더의 사역에 필요한 통찰력을 가지고 올바른 방향설정을 가능하게 하므로 사역의 형통한 결실을 가져오게 될 것이다(수 1:7-8).

(2) 성령 안에서의 기도(20절)

유다는 두 번째로 "성령으로 기도하며"라고 영적 지도자는 성령 안에서 기도하므로 사역의 방향설정과 사명수행에 필요한 하나님의 능력과 인도하심을 받아야 함을 가르쳐 주고 있다. 영적 지도자의 사역에 그 때마다 필요한 지혜와 분별력을 얻기 위해서는 성령 안에서의 기도가 있어야 한다는 것이다.

영적 리더로서 사역하는 공동체에 해를 끼치지 아니하고 그 공동체의 진정한 유익을 가져오고 나아가야 할 올바른 방향을 분별하여 그 곳으로 인도하기 위해서는 성령 하나님의 인도하심 가운데서 이루어지는 참된 기도가 요청되어진다. 이 기도를 통하여 영적 리더는 하나님의 기뻐하시

---

74) Walter C. Wright, Jr., op. cit., p. 44.
75) Myron Rush, *Management: A Biblical Approach* (Wheaton: Victor, 1983), p. 11.

는 뜻을 분별하고 하나님의 인도하심을 받을 뿐만 아니라, 자신의 삶을 통해서 실천하고 구성원들에게도 적용할 수 있도록 일깨워 주어야 한다.

제임스 민스(James E. Means)는 "교회의 영적 지도자들은 하나님의 말씀과 기도의 사역에 대한 제일의 책임이 있다. 하나님께서 태초부터 의도하신 바는 뚜렷하다. 즉 그것은 선포된 하나님의 말씀과 중보 기도에 응하여, 성령이 그들에게 주시는 내적 확신에 의해 변화를 지향하도록 마음이 움직이고 동기가 유발되게 하는 것이다. … 만일 영적 지도자들이 사람들을 정치적으로 조종하는데 소모하는 시간을 반으로 줄이고, 사람들이 성령에 의하여 행동을 취하도록 하기 위하여 기도와 말씀의 사역에 다 두 배의 시간을 들인다면, 영적 지도자는 훨씬 더 효과적인 사역을 할 수 있지 않을까!"라고 그 중요성을 역설하고 있다.[76]

월터 C. 라이트는 "우리가 하나님의 지혜를 발견하고 하나님의 시각에서 모든 것을 볼 수 있게 되는 것은 바로 기도를 통해서다. 기도하는 가운데 하나님의 손 안에 우리의 중심을 세우며, 하나님의 손에서 발견하는 정체성과 안정성에서 우리는 영향을 주는 관계 속으로 다른 사람들을 들어오게 하는 능력을 얻는다"라고 기도의 중요성을 강조하고 있다.[77]

존 비비어(John Bevere)는 "기도는 영적인 세계에 눈을 뜨게 하고, 자연 세계 너머를 볼 수 있게 하며, 어떤 위험이나 공격이 자연 세계에 나타나기 전에 미리 발견할 수 있는 능력을 준다. … 성령님은 우리가 고뇌를 극복하고, 궁극적으로 당면한 상황을 해결하기 위해 구체적으로 기도하도록 인도 하신다"고 말하고 있으며,[78] 존 맥아더는 "성령 안에서 기도하는 것은 성령의 뜻에 일치되어지는 기도를 의미한다. 우리가 성령 안에서

---

76) James E. Means, p. 230.
77) Walter C. Wright, Jr., op. cit., pp. 44-45.
78) John Bevere, *Relentless*(존비비어의 끈질김), 유정희 역, 두란노, 2012, pp. 216, 219.

기도할 때 우리는 그에게 우리 자신을 복종시키며, 그의 지혜를 의지하며, 그의 뜻을 찾으며, 그의 능력을 신뢰한다"라고 그 의미를 설명하고 있다.[79] 그러므로 영적 리더는 성령 안에서 기도하므로 사람들을 이끌기 전에 먼저 하나님과의 영적 교제를 통하여 하나님의 인도하심을 받아야 하며, 이런 기도를 통하여 사람의 행동을 안에서부터 밖으로 변화시키는 성령의 초자연적인 능력을 체험할 수 있게 될 것이다.

(3) 예수 그리스도의 보상(21절)

유다는 세 번째로 "영생에 이르도록 우리 주 예수 그리스도의 긍휼을 기다리라"고 권면하므로 영적 지도자의 사역에 대한 평가와 보상은 이 세상에서 완전히 이루어지지 않고 영생에 이르게 되어지는 주님의 재림 때에 이루어질 것임을 암시해 주고 있다. 본문 21절에서 "기다린다"(프로스데코마이)는 단어는 "기다리다, 환영하다"는 뜻을 가지고 있으며, 큰 기대를 가지고 그렇게 하는 것을 의미한다.[80]

존 맥아더는 본문의 의미를 "주님의 재림을 간절히 기다리는 것"으로 해석하고 있으며(고전 1:7, 빌 3:20, 살전 1:10, 딤후 4:8, 딛 2:12-13, 벧전 4:7, 벧후 3:11-13),[81] 데이빗 월스(David Walls) 역시 "영생에 이르도록 우리 주 예수 그리스도의 긍휼을 기다리는 것은 아마 일차적으로 그리스도의 재림에 대한 소망을 가리킬 것이다"라고 설명하고 있다.[82]

예수님께서 "보라 내가 속히 오리니 내가 줄 상이 내게 있어 각 사람에

---

79) John MacArthur Jr., *The MacArthur New Testament Commentary: 2 Peter & Jude* (Chicago: Moody Publishers, 2005), p. 201.
80) Ibid.
81) Ibid.
82) David Walls, *Holman New Testament Commentary: I & II Peter, I, II & III John, Jude*(베드로전후서, 요한일, 이, 삼서, 유다서), 장미숙 역, 디모데, 2004, p. 372.

게 그가 행한 대로 갚아 주리라"(계 22:12)고 영적 지도자의 사역에 대한 최종 평가와 보상이 있을 것임을 약속해 주신 그대로, 그 위대한 미래의 날에 우리 몸의 부활과 영화를 경험할 때에 주님을 신뢰하면서 사역했던 영적 지도자들은 그리스도의 마지막 궁휼 즉 주님이 예비하신 상급과 하늘의 축복을 경험하게 될 것이고, 영생의 충만함을 즐기게 될 것을 확신하고 이를 기대하는 것이야 말로 영적 지도자의 사역의 원동력이 아닐 수 없다(롬 2:7, 딤전 6:12, 요1서 5:13).

존 맥아더는 "바울이 열심히 일했던 이유는 자신의 노력이 영원한 결과를 가져올 것을 알았기 때문이다. 다시 말해 그는 복음사역이 자신에게는 상급을, 자신의 말을 듣는 비그리스도인들에게는 영원한 운명의 변화를 가져다 줄 것을 알았다. 하나님의 일꾼이 열심을 낼 수 있는 근거이자 이유는 바로 영원한 천국과 영원한 지옥이 존재한다는 사실이다"라고 말하고 있다.[83] 존 비비어(John Bevere)의 언급대로 "하나님의 구속은 모두에게 똑같이 주어지며 우리의 행함이나 공적에 근거한 것이 아니지만, 하나님의 상급은 우리가 어떻게 순종하고 인내하고 그의 말씀을 잘 지켰는지에 따라 주어지는 것이다."[84]

제프 캘리과이어(Jeff Caliguire)는 "상급, 즉 인생의 궁극적인 목적을 분명히 하면 항상 힘찬 전진이 가능할 뿐 아니라, 모든 것을 포기하고 싶은 마음이 들 때에도 삶의 활력을 잃지 않을 수 있다"라고 적절히 말해주고 있다.[85] 이처럼, 영적 리더가 예수 그리스도의 궁극적인 보상인 상급을 바라보며 사역하게 될 때 사람들의 칭찬과 인정에 세상적인 보상에 매

Jude(베드로전후서, 요한일, 이, 삼서, 유다서), 장미숙 역, 디모데, 2004, p. 372.
83) John F. MacArthur Jr., *The Master's Plan For the Church*(하나님이 계획하신 교회), 생명의 말씀사, 2009, pp. 267-268.
84) John Bevere, *Relentless*(존비비어의 끈질김), 유정희 역, 두란노, 2012, p. 301.
85) Jeff Caliguire, op. cit., p. 206.

달리거나 그것을 추구하지 않게 될 것이며, 더 나아가, 사람들의 일시적인 오해나 왜곡된 비난에 좌절하지 않게 되어지고, 포기할 수밖에 없는 상황에서도 끝까지 인내하면서 사역의 과정을 완주할 수 있게 될 것이다.

7. 영적 지도자가 가져야 할 확신(24절-25절)

(1) 궁극적 구원의 확신(24절)

유다는 본 서신 24절에서 "능히 너희를 보호하사 거침이 없게 하시고"라고 영적 리더는 리더 자신과 그가 사역하는 모든 그리스도인들에 대한 궁극적인 구원의 확신이 있어야 함을 강조하고 있다. 부르심을 받은 영적 리더가 받은바 사명을 수행함에 궁극적인 실패가 없도록 하나님께서 안전하게 지키시고 보호하심으로 마침내 그 사역을 완성시켜 주신다는 확신을 가져야 한다는 것이다. 왜냐하면, 하나님은 완전히 신실하시고, 능력이 무한하시고, 무한히 사랑하시기 때문에, 그의 부르심을 받은 자가 구원받는 믿음에서 떨어지거나 복음으로부터 이탈하므로 그들의 죄 가운데서 다시 잃어버려지도록 내버려 두시지 아니하시고 주권적으로 끝까지 지키신다는 것을 성경이 약속하고 있기 때문이다(시 12:7, 잠 3:26, 요 6:37-40, 44, 10:28-29, 17:11-12, 롬 8:28, 38-39, 고전 10:13, 엡 1:9-11, 4:30, 빌 1:6, 벧전 1:3-5).

사도 바울이 마지막으로 기록한 디모데후서 4장 17-18절에서 "주께서 내 곁에 서서 나에게 힘을 주심은 나로 말미암아 선포된 말씀이 온전히 전파되어 모든 이방인이 듣게 하려 하심이니 내가 사자의 입에서 건짐을 받았느니라. 주께서 나를 모든 악한 일에서 건져내시고 또 그의 천국에 들어가도록 구원하시리니 그에게 영광이 세세무궁토록 있을지어다. 아멘"이라고 자신의 사역의 최종적인 승리와 궁극적 구원을 확신하면서 서신을 마무리하고 있음을 볼 수 있다. 히브리서 저자 역시 예수님께 대하여 "그러므로 자기를 힘입어 하나님께 나아가는 자들을 온전히 구원하실 수 있으니 이는 그가 항상 살아서 저희를 위하여 간구하심이니라"(히 7:25)고 이 사실을 말씀하고 있다.

월터 C. 라이트는 "예수 그리스도 안에서 우리를 지키실 분은 바로 하나님이시다. 오늘의 두려움과 걱정들은 우리가 하나님의 손 안에 있다는 진리 앞에 재조명되어야 한다. 우리의 삶은 우리의 지위나 성취에 의해 만들어지는 것이 아니라 예수 그리스도 안에서 하나님과 갖는 관계에 의해 만들어진다. 이것이 핵심이다. 따라서 크리스천 리더십은 우리가 하나님과 갖는 관계에 그 기본을 두고 있다"라고 적절히 말해주고 있다.[86] 따라서 존 맥아더는 영적 리더의 궁극적인 승리에 대하여 이렇게 말하고 있다: "요셉(창 39:1-4)과 모세(히 11:23-29)는 역경 속에서 타협하지 않는 삶을 사는 것을 배웠다. 왜냐하면 하나님께서 자신들을 보호하시며 번영하게 하실 것을 알았기 때문이다. 하나님의 신실하심은 변하지 않았다. 만일 하나님께서 여러분을 사회, 직장, 교회 또한 어떤 상황에서든 중요한 자리에 오르게 하기를 원하신다면 그 분은 그렇게 하실 것이다. 여러분의 책임은 하나님의 말씀에 순종하고 참된 순전함으로 살아가는 것이다."[87]

(2) 궁극적 성화의 확신(24절 하반절)

유다는 본 서신 24절 하반절에 "너희로 그 영광 앞에 흠이 없이 즐거움

---

86) Walter C. Wright, Jr., op. cit., p. 27.
87) John F. MacArthur Jr., *The Power of Integrity*(존 맥아더의 순전함), 정길호 역, 소망, 2011, p. 103.

으로 서게 하실 이"라고 부르신 영적 리더와 그리스도인들을 온전히 거룩하게 하셔서 영원한 하늘나라의 영광과 즐거움에 참여케 하시는 궁극적 성화에 대한 확신을 가져야 할 것을 두 번째로 강조하고 있다.

"흠이 없이"라는 단어는 "완전무결한"의 의미를 가지고 있으며 신자들이 언젠가 누리게 될 죄없는 상태를 묘사하고 있다. 이 용어는 제물의 순결을 언급할 때 사용되어진 것이다(엡 1:4, 5:27, 빌 2:15, 골 1:22, 히 9:14, 벧전 1:19). 영적 리더가 사역하고 있는 신앙공동체에 부름받은 구성원들은 하나님께서 그리스도의 의를 전가시켜 주시므로 지금 신분적으로 흠없는 존재가 되었지만(롬 4:6-8, 고전 1:30, 고후 5:21, 딛 3:7), 여전히 육적이고 죄악된 몸 안에 거하고 있기 때문에 계속해서 변화되어지고 성장하고 새로워져야 하는 성숙의 과제를 안고 있음을 성경은 가르쳐 주고 있다(엡 4:22-23, 빌 1:10-11, 골 1:28-29, 2:6-7, 3:1-2, 살전 4:1, 9-10, 5:12-22, 살후 3:6, 벧전 2:1-2, 11-12, 벧후 1:4-11, 3:18).

월터 C. 라이트는 "당신을 따르는 자들이 얼마나 많은가가 아니라 당신의 리더십 아래 각 사람이 얼마나 많이 성장하느냐에 의해 리더십이 측정된다"라고 이 변화의 중요성을 언급하고 있다.[88] 또한 제임스 맥그레고 번즈(James MacGregor Burns)는 "훌륭한 리더십은 변화시키는 리더십, 곧 그 과정 안에서 리더와 따르는 자 모두가 성장하는 그런 리더십"이라고 주장하는데, 양편의 밀접한 관계를 통하여 리더와 따르는 자 모두가 더 높은 성숙의 자리에 이르게 된다는 것을 말하고 있다.[89] 따라서 영적 리더는 구성원들이 의존적인 존재가 되도록 만드는 것이 아니라 그들의 성숙을 위해서 일하므로 또 다른 리더들로서의 역할을 할 수 있도록 돕는 자가 되어야 한다.

이러한 영적 리더의 사역은 그의 부르신 자들을 보존하시고 그 날에 성

---

[88] Walter C. Wright, Jr., op. cit., p. 76.
[89] Ibid., p. 79.

도들을 그의 보좌 앞에 흠 없이 서게 하실 것이라는 하나님의 약속 때문에, 반드시 성취되어질 것임을 믿을 수가 있는 것이다(고전 1:8-9). 왜냐하면 하나님의 권세는 무한하시고, 그의 영화로운 이름이 걸려 있기 때문이다. 따라서 이 약속을 믿고 그 하나님을 신뢰하면서 사역하는 영적 리더에게는 끊임없는 기쁨과 결코 다함이 없는 위로를 경험하게 될 것을 확신하면서 유다는 부름받은 영적 리더와 그의 성도들의 현재의 구원과 미래의 영화를 인하여 "우리 구주 홀로 하나이신 하나님께 우리 주 예수 그리스도로 말미암아 영광과 위엄과 권력과 권세가 영원 전부터 이제와 세세에 있을찌어다"(유 25)라고 찬양을 드리고 있는 것이다.

정신과 의사 빅터 프랭클(Victor Frankle)은 그가 쓴 "인간의 의미추구(Man's Search for Meaning)"에서 "희망과 용기의 상실은 사람에게 치명적인 영향을 미칠 수 있다"라고 말했다. 나치 강제 수용소에서 겪은 자신의 경험에서 그는 사람이 더 이상 살 이유를 갖지 않을 때, 고대할 미래가 없을 때, 그는 오그라들고 말라버린다고 말해주고 있다. "수용소에서 사람의 내적 힘을 회복하려는 시도가 성공하기 위해서는 무엇보다 먼저 그에게 미래의 목표를 보여줄 수 있어야 했다"라고 영광스러운 미래의 확신의 중요성에 대하여 언급한 바 있다.[90]

오늘 우리의 땅위의 삶이 고달프고 힘들다고 할지라도, 본문의 송영은 부름받은 영적 리더들에게 그 누구도 빼앗아 갈 수 없는 가장 위대한 소망, 가장 확실한 소망, 가장 영광스러운 소망, 가장 복스러운 소망(딛 2:13)이 있음을 분명히 말씀해 주고 있다. 이 소망을 가지고 영적 순례자의 길을 믿음으로 달려 나가 영광의 면류관을 사도 바울처럼 받을 수 있어야 할 것이다.

---

90) Michael Green (ed), *Illustrations for Biblical Preaching* (Grand Rapids: Baker Books, 1989), p. 194.

8. 결론

유다서의 말씀은 25절로 이루어져 있는 짧은 한 권의 성경이지만 절대 진리의 존재를 부인하고 받아들이지 아니하려고 하는 오늘날 포스트모더니즘 사상과 절대 진리를 교묘하게 왜곡하고 무너뜨리려고 하는 이단세력들과 자신의 이익을 위해 영적 공동체를 분열시키고 이용하려고 하는 거짓된 지도자들의 도전과 공격이 극렬해지고 있는 오늘의 시대에 영적 리더로 부름 받은 그리스도인들에게 가장 필요한 메시지를 담고 있는 진리의 보고가 아닐 수 없다.

월터 C. 라이트의 언급대로 리더십이 "지위와 역할에 관계없이 다른 사람들에게 영향을 주고 변화를 일으키는 모든 것"이라고 할 때,[91] 유다서는 부름 받은 모든 그리스도인들이 영적 리더로서의 공동체의 진정한 연합과 사명수행을 위하여 주어진 역할을 다하므로 복음의 영향력을 끼쳐서 하나님 나라 확장에 기여할 수 있기를 바라는 목적에서 기록되어진 것임에 틀림없다.

유다는 그가 쓴 서신을 통하여 가만히 들어온 거짓된 교사들을 위험하고 유해한 리더십의 모델로서 폭로하면서 섬기는 리더십으로서 참된 영적 리더십의 특징에 관하여 다양한 방법으로 체계적으로 서술하면서 묘사해 주고 있다. 따라서 유다서에 의하면 영적 리더는 단지 효율적으로 일하는 사람이 아니라 하나님의 뜻에 부합되는 올바른 일을 하는 사람이며, 목표달성을 위하여 수단 방법을 가리지 않는 사람이 아니라, 말씀의 원리를 따라 올바른 가치관에 따라 사역하는 사람임을 가르쳐 주고 있다.

제임스 민스(James E. Means)가 지적했듯이, "교회성장을 초래하는 여러 가지 요인 중 지도력과 직접 관련이 되지 않는 것도 있다. 그렇지만

---

91) Walter C. Wright, Jr., op. cit., p. 17.

건강하게 성장하는 교회의 공통 분모는 유능한 지도력이다."[92] 그러므로 본 서신 가운데서 유다는 이러한 영적 리더로서의 사역을 감당해 나가기 위해서는 지도자 개인의 정체성 확립이 무엇보다도 중요하며, 영적 지도자로서의 역할을 수행해 나가기 위해서는 긍휼과 평강과 사랑이 계속해서 증가되어져야 함을 강조하고 있다. 또한 거짓된 지도자들과는 달리 믿음과 겸손과 절제와 인내와 영적 분별력이 있어야하며, 불신앙과 교만과 탐욕을 경계해야 할 것을 반복적으로 역설하고 있다.

특히 본 서신은 자연으로부터 취한 6가지 은유들을 사용하여 거짓된 지도자들의 모습을 폭로하므로 참된 지도자들의 모습이 어떠해야 할 것을 교훈하여 주고 있으며, 마지막 때에 부르심을 받은 영적 리더들은 자신을 지키고 다른 사람들을 세워나가기 위해서는 3가지 사역의 원동력으로 무장해야 할 것을 요청하고 있다. 따라서, 본 서신에서 언급된 영적 리더의 사역의 3가지 원동력은 영적 리더가 갖추어야 할 5가지 내적 자질들과 영적 리더의 6가지 특성들을 배양해 나가는데 결정적인 역할을 하는 중요한 요인들로 보아야 할 것이다.

마지막으로, 본 서신의 결론부분은 영적 지도자의 사역의 궁극적 승리는 그를 부르신 홀로 하나이신 하나님께로부터 보장되어진 은혜와 축복의 결과인 것을 밝혀주면서 그 하나님께 찬양과 존귀와 영광을 올려드려야 할 것을 언급하는 것으로 마무리를 하고 있다.

결론적으로, "오늘날, 성경의 리더십 원리로 복귀하는 것보다 더 중요한 과제는 없다. 현대 교회나 선교현장은 물론 기독교 학교와 단체에 이르기까지 참된 지도자들을 찾기가 너무나도 어렵다. … 교회는 지도자의 수준을 뛰어넘을 수 없다. 목회자를 비롯한 교회 지도자들이 경건한 믿음, 순전한 인격, 성숙한 영성이라는 하나님의 높은 기준에 미치지 못하

---

[92] James E. Means, op. cit., p. 17.

면 교회 역시 실패할 수밖에 없다"는 존 맥아더의 경고에 귀를 기울여야 한다.[93] 그리해서, 이 시대에 부르심을 받은 모든 그리스도인들은 하나님이 쓰시기에 합당한 영적 리더로서의 사명과 역할을 온전히 수행해 나가므로 영적 리더로 부르신 하나님께서 약속하신 영원한 하늘나라의 상급과 축복에 참여할 수 있어야 할 것이다.

---

93) John F. MacArthur Jr., *The Master's Plan For the Church*(하나님이 계획하신 교회), 생명의 말씀사, 2009, p. 11.

참고도서(Reference List)

Banks, Robert and Kimberly Powell. *Faith in Leadership(믿음법칙)*. 김성웅 역, 생명의 말씀사, 2008.

Barclay, William. *The Letter of John and Jude(요한 유다서)*. 박근용 역, 기독교문사, 1974.

Bennis, Warren. *On Becoming a Leader*. Reading, Mass.: Addison-Wesley, 1989.

Bevere, John. *The Fear of the Lord(존 비비어의 경외)*. 유정희, 우수명 역, 터치북스, 2011.

_____. *Relentless(존비비어의 끈질김)*. 유정희 역, 두란노, 2012.

Burke, H. Dale. *How to Lead and Still have a Life(삶을 즐기는 리더십)*. 강주헌, 황진아 역, 가이드포스트, 2006.

Caliguire, Jeff. *Leadership Secrets of Saint Paul(사도바울의 리더십)*. 조계광 역, 생명의 말씀사, 2006.

Calvin, John. 신구약 칼빈성경주석: 히브리서. 10권, 성서교재간행사, 1980.

Collins, Gary R. *You Can Make a Difference(파워리더)*. 최예자 역, 프리셉트, 2001.

Covey, Stephen M. R. *First Things First*. New York: Simon & Schuster, 1994.

_____. *The Speed of Trust(신뢰의 속도)*. 김경섭, 정병창 역, 김영사, 2009.

Finzel, Hans. *The Top Ten Mistakes Leaders Make(리더가 저지르기 쉬운 10가지 실수)*. 조기현 역, 프리셉트, 2001.

Green, Michael (ed). *Illustrations for Biblical Preaching*. Grand Rapids: Baker Books, 1989.

Hastings, Wayne A. *Trust Me(마음을 움직이는 리더)*. 양승일 역, 생명의 말씀사, 2006.

Hawthorne, Gerald F. *Philippians*. Word Biblical Commentary, Vol. 43. Waco, Texas: Word Books, Publisher, 1983.

Hillman, Os. *Change Agent(하나님의 통로)*. 서경의 역, 터치북스, 2013.

Jennings, Eugene. *An Anatomy of Leadership*. New York: McGraw-Hill, 1972.

Kistemaker, Simon J. *New Testament Commentary: James and 1-3 John*. Grand Rapids: Baker Book House, 1986.

Kouzes, James M. and Barry Z. Posner. *Credibility*. San Francisco: Jossey-Bass, 1993.

MacArthur, Jr. John. *The MacArthur New Testament Commentary: 2 Peter & Jude*. Chicago: Moody Publishers, 2005.

_____. *The Book on Leadership(사람들이 따르고 싶은 리더의 조건)*. 윤종석 역, 디모데, 2005.

_____. *The Gospel According to Jesus(참된 무릎꿇음)*. 한동수 역, 살림, 2008.

_____. *The Master's Plan For the Church(하나님이 계획하신 교회)*. 생명의 말씀사, 2009.

_____. *The Power of Integrity(존 맥아더의 순전함)*. 정길호 역, 소망, 2011.

_____. *Truth Endures(최고의 설교)*. 이지혜 역, 국제제자훈련원, 2012.

Maxwell, John. *Developing The Leader Within You(당신 안에 잠재된 리더십을 키우라)*. 강준민 역, 두란노, 1995.

McIntosh, Gary and Samuel D. Rima, Sr. *Overcoming the Dark Side of Leadership(리더십의 그림자)*. 김기호 역, 두란노, 2002.

Means, James E. *Leadership in Christian Ministry(그리스도인 사역의 지도력)*. 주상지 역, 생명의 말씀사, 1991.

Morris, Leon. *The New International Commentary On the New Testament: The First and Second Epistles To the Thessalonians*. Grand Rapids: Eerdmans, 1959.

Murray, Andrew. *Humility(겸손)*. 채대광 역, 좋은씨앗, 2007.

Murray, John. *Redemption-Accomplished and Applied*. Grand Rapids: Eerdmans, 1955.

Nouwen, Henri. *In the Name of Jesus*. New York: Crossroad, 1989.

Rush, Myron. *Management: A Biblical Approach*. Wheaton: Victor, 1983.

Walls, David. *Holman New Testament Commentary: I & II Peter, I, II & III John, Jude(베드로전후서, 요한일, 이, 삼서, 유다서)*. 장미숙 역, 도서출판 디모데, 2004.

Wright, Jr., Walter C. *Relational Leadership(관계를 통한 리더십)*. 양혜정 역, 예수전도단, 2002.

Webb, Chris. *The Fire of the Word(하나님이 거하시는 책)*. 장택수 역, 예수전도단, 2013.

Yandian, Bob. *Leadership Secrets of David The King(다윗 섬김의 리더십)*. 강주헌 역, 경영정신, 2001.

Yukl, Gary. *Leadership in Organizations*. Englewood Cliffs, N J.: Prentice Hall, 1981.

명성훈. *리더십 성장 마인드*. 교회성장연구소, 2002.

이병철(편). *구약성서 신학사전. I*, 한국성서연구원, 1986.

Spiritual Leadership & Church Ministry

02

영적 리더십의 본질로서의 성령의 열매

The Fruit of the Spirit as the Essence of
Spiritual Leadership

영적 리더십의 본질로서의 성령의 열매
(The Fruit of the Spirit as the Essence of Spiritual Leadership)

1. 서론(Introduction)

모든 그리스도인은 한 사람도 예외 없이 자신이 소속한 가정과 교회에서, 그리고 직장과 사회의 여러 영역에서 이런 저런 형태의 리더로서 복음의 선한 영향력을 끼치며 삶을 살아가도록 하나님께로부터 사명을 받은 자들이다(마 5:13-16, 벧전 2:9).[1] 그런데, 성경은 영적 지도자는 섬기는 지도자임을 가르쳐 주고 있다. 택하신 백성들을 구원하시기 위하여 이 땅위에 찾아오신 예수님께서 섬기는 자로서의 모범을 친히 보여주셨고, 또한 이 섬기는 리더십을 실천할 것을 친히 말씀하셨다(막 10:42-45, 요 13:13-15).

---

[1] 캐나다 벤쿠버의 리전트 대학(Regent College)의 리더십 교수인 월터 C. 라이트(Walter C. Wright, Jr)는 모든 그리스도인은 리더로 부르심을 받았다는 사실을 그의 저서에서 역설하고 있다. *관계를 통한 리더십(Relational Leadership)*, 양혜정 역, 예수전도단, 2002, p. 20. 이 부분에 대한 구체적인 설명은 임영효, *실천신학*, 도서출판 영문, 2008, pp. 281-282를 참고하라.

미국에서 목회자와 교회를 섬기는 비영리 단체인 "다이나믹 케뮤니케이션"(Dynamic Communication, Inc.)의 총재인 폴 시다(Paul Cedar)는 "우리 교회, 사업, 가정이 규모가 크든 작든 간에 그것은 우선으로 생각해야 할 바가 아니다. 중요한 것은 하나님께서 우리에게 위임하신 능력과 자원을 어떻게 극대화하느냐는 것이다. … 달란트, 책임 그리고 은사는 다를지 모르지만, 그리스도인이라면 마땅히 추구해야 할 오직 한 가지 지도자 유형이 있다. 그것은 교회의 주님께서 우리에게 보여주신 것이다. 그 분은 이러한 지도자상을 우리에게 시범 보여 주셨고, 이렇게 되라고 명령하셨다. 이것이 섬기는 지도자의 모델이다"라고 말 한바 있다.[2]

놀라운 것은 예수님께서 이 섬기는 리더십을 처음부터 끝까지 실천하실 수 있었던 것은 성령의 충만함을 입어 사역하셨기 때문인 것을 복음서와 사도행전이 밝히 보여주고 있다(마 12:18, 눅 4:1, 14, 18, 요 3:34, 행 10:38). 또한 모든 시대에 영적 리더로 부름받은 그리스도인에게도 성령의 충만을 요구하고 있는 것은 주님의 섬기는 사역을 계속해서 수행해 나가도록 하기 위함임을 알 수 있다(행 1:1, 8, 2:4, 6:3, 11:24, 엡 5:18, 빌 3:3).

"세상의 가장 영향력있는 리더십 원리"라는 저서의 저자, 제임스 C. 헌터(James C. Hunter)는 섬기는 리더십은 "공동의 최선을 위해 설정된 목표를 향해 매진할 수 있도록 사람들에게 영향력을 발휘하는 기술[학습하거나 체득한 능력]인 동시에 사람들의 신뢰를 형성하는 인격"이라고 정의를 내리면서, "리더십은 개인의 인격을 행동으로 옮기는 일이며 리더십 개발과 인격개발은 결국 하나다. 인격은 올바른 일을 실행하는 것이다. 리더십 역시 동일하다"라고 말한 바 있다.[3] 로버트 클린턴(J. Robert

---

2) Paul Cedar, *Servant Leadership(섬기는 지도자)*, 김성웅 역, 도서출판 햇불, 1992, pp. 18-19.
3) James C. Hunter, *The World's Most Powerful Leadership Principle(서번트 리더십)*, 실전 매뉴얼 편, 김광수 역, 시대의 창, 2006, pp. 33, 53.

Clinton)은 "기독교 리더는 하나님이 주신 능력과 책임감으로 하나님께서 선택하신 백성을 감화시켜 그 분의 계획하심을 따르도록 영향력을 주는 사람이다"라고 리더십을 정의하고 있다.[4]

따라서 본 장에서는 영적 리더십은 섬기는 리더십이며, 모든 그리스도인은 하나님께서 세우신 일터에서 예수님을 본받아 섬기는 영적 리더로서의 사역을 하도록 부르심을 받았음을 전제로 하여, 섬기는 리더십의 본질로서의 성령의 9가지 열매에 대하여 살펴보고자 한다.

2. 성령 충만의 증거로서의 성령의 열매
(The Fruit of the Spirit as the Evidence of Fullness of the Spirit)

성경은 그리스도인이 성령의 충만을 사모하고 받아야 하는 3가지 중요한 이유를 가르쳐 주고 있다.

(1) 그리스도인다운 삶을 살아가기 위해서 성령의 충만을 받아야 한다.

에베소서 5장 18절에 "오직 성령의 충만을 받으라"고 말씀 하신 후에 19절에 "시와 찬송과 신령한 노래들로 서로 화답하며 너희의 마음으로 주께 노래하며 찬송하며"라고 성령 충만을 받게 될 때에 나타나지는 결과에 대해서 에베소서 6장 9절에 이르기까지 구체적으로 설명해 주고 있다. 성령충만을 받으므로 가정에서 부부사이의 관계, 자녀와의 관계, 직장에서의 윗사람과 아랫사람과의 관계가 그리스도인으로서 하나님 보시기에 합당한 모습으로 나타나 지므로 하나님께 영광을 돌려 드릴 수 있기 때문

---

4) Eddie Gibbs, *Leadership Next*(넥스트 리더십), 이민호 역, 쿰란출판사, 2010, p. 39.

에 성령의 충만을 사모하고 받아야 할 것을 말씀해 주고 있다.

(2) 그리스도인의 영적 성장의 궁극적인 목표는 예수님을 닮아가는 것인데, 이런 성화의 역사를 이루어 나가시는 분이 바로 성령님이시기 때문에 성령의 충만을 사모하고 받아야 한다.

고후 3:18에 "우리가 다 수건을 벗은 얼굴로 거울을 보는 것 같이 주의 영광을 보매 저와 같은 형상으로 화하여 영광으로 영광에 이르니 곧 주의 영으로 말미암음이니라"고 주님과 같은 형상으로 변화시켜 가시는 분이 바로 주의 영이신 성령님이시기 때문이다.

(3) 그리스도인이 영적 리더로서 하나님께로부터 받은 사명에 헌신하고, 쓰임 받는 삶을 살아가기 위해서 성령의 충만을 받아야 한다.

사도행전 1장 8절에 "오직 성령이 너희에게 임하시면 너희가 권능을 받고 예루살렘과 온 유대와 사마리아와 땅 끝까지 이르러 내 증인이 되리라"고 성령이 충만히 임하실 때에 비로소 주님이 우리에게 맡기시고자 하시는 증인의 사명에 온전히 충성하고 헌신하는 삶을 살아갈 수 있음을 주님께서 친히 말씀해 주셨다. 사도 바울은 롬 15:18에서 "그리스도께서 이방인들을 순종케 하기 위하여 나로 말미암아 말과 일이며 표적과 기사의 능력이며 성령의 능력으로 역사하신 것 외에는 내가 감히 말하지 아니하노라"고 이런 성령의 능력으로 하나님께서 자신에게 주신 사명을 감당해 나갈 수 있었음을 고백하고 있음을 볼 수 있다.

또한 사도행전 11장 24절에 "바나바는 착한 사람이요 성령과 믿음이 충만한 자라 이에 큰 무리가 주께 더하더라"고 초대교회에 주님께로부터 귀하게 쓰임 받았던 바나바가 안디옥교회 첫 번째 목회 사역자로서 풍성한 결실을 거둘 수 있었던 것도 성령이 충만했기 때문이었던 것을 말씀해 주고 있으며, 사도행전 20장 28절에서는 "너희는 자기를 위하여 또는 온 양 떼를 위하여 삼가라 성령이 저들 가운데 너희로 감독자를 삼고 하나님이 자기 피로 사신 교회를 치게 하셨느니라"고 영적 리더를 교회에 세우시고 사역케 하시는 분은 성령님이심을 가르쳐 주고 있다. 이처럼, 주님께로부터 부름받은 모든 그리스도인들은 사실상 주님이 세우신 그 사역의 영역에서 영적 리더로서 복음의 영향력을 끼치면서 사역하도록 하시기 위해서 자녀로 불러 주셨기 때문에 모든 그리스도인은 성령의 충만을 항상 사모하고 성령 충만한 상태에서 일할 수 있어야 할 것이다.

그러면 성령 충만의 의미가 무엇인가? 성령 충만이란 성령의 전적인 지배와 다스림을 받는 상태를 의미한다. 에베소서 5장 18절의 "오직 성령의 충만을 받으라"는 말씀은 명령형으로 성령 충만은 선택사항이 아니라 그리스도인이라면 반드시 받아야 될 필수적인 것으로 말씀하고 있다. 그러므로 만일에 그리스도인이 성령 충만하지 못하다고 하면 하나님의 명령에 불순종하는 죄가 되어진다는 것이다. 또한 이 명령은 현재 명령형으로 계속해서 성령 충만한 상태에 머물러 있도록 해야 된다는 것을 가르쳐 주고 있다.

한 걸음 더 나아가, 성령 충만의 구체적인 증거가 무엇인가? 방언을 말하고 귀신을 쫓아내고 이적 기사를 행하는 이런 은사를 받는 것은 성령 충만의 증거가 아니라, 이러한 은사들은 예수님을 구주로 믿고 영접할 때 받게 되는 것으로 독특한 역할을 수행해 나가는 몸의 지체가 되어졌다는 표식으로 주어진 것이다. 그러므로 은사를 받고서도 성령 충만하지 못한 경우들이 있을 수 있다는 것을 암시해 주고 있다.

그러면 성령 충만의 객관적인 증거는 무엇인가? 예수님께서는 산상보훈의 말씀 가운데 마태복음 7장 20절에 "이러므로 그들의 열매로 그들을 알리라"고 말씀하신 후에 21절에 "나더러 주여 주여 하는 자마다 다

천국에 들어갈 것이 아니요 다만 하늘에 계신 내 아버지의 뜻대로 행하는 자라야 들어가리라 그 날에 많은 사람이 나더러 이르되 주여 주여 우리가 주의 이름으로 선지자 노릇하며 주의 이름으로 귀신을 쫓아내며 주의 이름으로 많은 권능을 행치 아니하였나이까 하리니 그 때에 내가 그들에게 밝히 말하되 내가 너희를 도무지 알지 못하니 불법을 행하는 자들아 내게서 떠나가라 하리라"고 말씀해 주셨다. 참된 그리스도인과 거짓된 그리스도인을 분별하는 잣대는 표적과 기사가 아니라 그 사람이 삶 가운데서 어떤 열매를 맺고 있는가에 따라서 정확하게 판단되어질 수 있음을 말씀해 주신 것이다.

20세기 복음주의를 대표하는 신학자 가운데 한 사람인 J. I. 패커(Packer)는 "그리스도께서 성령님이 내주하시도록 은혜를 베푸신 목적은 과거에나 지금에나 신자의 삶 속에서 열매를 맺게 하시기 위해서이다. 하나님은 모든 신자에게 항상 '성령의 열매'(갈 5:22-23)를 요구하시고, 그런 열매를 맺을 수 있도록 그들 안에서 역사하신다. 성령 충만의 확실한 증표는 우리 삶 속에서 성령의 열매가 더욱 풍성해지는 것이다. 그 궁극적인 판단 근거는 특이한 경험이 아니라 윤리적인 행위이다"라고 적절히 말하고 있다.[5] 그는 더 나아가, 방언의 은사가 반드시 성령 충만을 나타내는 증표가 아니라고 말하면서 "성령 충만 정도는 과거 경험, 현재 마음 상태, 또는 특별한 현상으로 알 수 있는 것이 아니라 일상생활에 나타나는 행동과 성품으로 알 수 있다"라고 설명하고 있다.[6] 따라서 갈라디아서 5장 22절과 23절에서 말씀하고 있는 성령의 9가지 열매를 우리의 삶 속에서 더욱 풍성히 맺는 것이 바로 성령 충만의 확실한 증거가 되어진다는 것이다.

---

5) James I. Packer and A. M. Stibbs, *The Spirit Within You*(우리 안에 거하시는 성령님), 정다올 역, 생명의 말씀사, 2010, p. 118
6) Ibid., p. 126.

최근에 별세한 영국의 복음전도자요 설교자였던 존 스토트(John R. W. Stott)는 "20년 가량 나는 매일 아침 경건의 시간에 그것[성령의 열매]을 인용해 보고, 그것이 나의 삶에 이루어지도록 기도해 왔다. ... 내 생각으로는 이 본문[갈 5:22-23]이 모든 하나님의 백성에게 엄청나게 중요한 진리들을 담고 있는 것 같다"고 성령의 열매의 중요성을 언급한 바가 있다.[7]

원문상으로 볼 때, 갈라디아서 5장 22절과 23절의 성령의 열매는 단수 형태로 나타나고 있다. 따라서 성령의 9가지 열매들은 별개의 구분된 열매들이 아니라 한 성령님에 의해 나타나지는 다양한 삶의 특징이고 행동인 것을 가르쳐 주고 있다. 일반적으로 성경신학자들은 성령의 9가지 열매를 3종류로 구분하고 있다. 처음 세 가지 열매인 사랑과 희락과 화평의 열매는 대신관계 즉 하나님과의 관계에서 맺어야 하는 열매들로 구분하고 있고, 두 번째 세 가지 열매들인 오래 참음과 자비와 양선의 열매들은 대인관계 즉 다른 사람들과의 관계에서 맺어야 하는 열매들로 구분하고 있으며, 마지막 세 가지 열매인 충성과 온유와 절제의 열매들은 대아관계 즉 나 자신과의 관계에서 맺어야 하는 열매들로 구분하고 있다.

3. 리더가 맺어야 할 성령의 9가지 열매
(Ninefold Fruit that the Spiritual Leader should Produce)

(1) 사랑(Love)

이 사랑은 성령께서 그리스도인들에게 다양하게 부여해 주시는 여러

---

[7] John R. W. Stott, *The Contemporary Christian: Applying God's Word to Today's World*, (Downers Grove, Ill: InterVarsity Press, 1992), p. 146.

은사들과는 달리 하나님의 사랑으로 부름 받은 모든 하나님의 자녀들이 그 누구도 예외 없이 실천해야 한다는 점에서 은사가 아니라 성령의 첫 번째 열매로서 나타나지고 있다. 고전 12장 31절에서는 이 사랑을 "제일 좋은 길"(the most excellent way)로 표현하고 있는데, 이 사랑은 각종 은사들이 제대로 그 기능과 역할을 원활하게 이루어 나갈 수 있도록 가장 좋은 통로가 되어진다는 것이다. 이 사랑이 결핍되어질 때 고린도 교회처럼 분쟁과 분열이 발생되어지는 것임을 볼 수 있다.

그러므로 영적 지도자로 부름받은 그리스도인이 사역하는 공동체가 건강한 공동체로 연합과 성장을 이루어 나가기 위해서는 이 사랑의 통로가 잘 연결되어지도록 영적 리더는 사랑으로 충만해야 한다. 영적 리더에게 사랑이 결핍되어질 때 공동체 구성원들이 가지고 있는 은사들이 발휘될 수 없게 되기 때문에 그 공동체는 허약한 병든 공동체로 전락되어지고 말 것이다.

성경은 영적 지도자는 사랑의 동기에서 사역해야 함을 가르치고 있다. 주님께서 부활하신 후에 디베랴 바닷가에서 제자들과 조반을 함께 하신 후에 시몬 베드로에게 "네가 나를 사랑하느냐?"고 3번 질문하신 후에 "내 양을 먹이라"고 목양의 사명을 주셨다(요 21:15-17). 이것은 영적 리더십을 행사하기 위한 유일한 필수조건이 사랑임을 분명히 보여주신 것으로 영적 리더에게 무엇보다도 이 사랑의 열매가 지속적으로 풍성히 맺어져야 함을 깨우쳐 주고 있다.

마크 베일리(Mark L. Bailey)가 언급한 대로 "사랑은 하나님의 명령에 순종하는 것이다."[8] 요한 1서 2장 5절에 "누구든지 그의 말씀을 지키는 자는 하나님의 사랑이 참으로 그 속에서 온전케 되었나니"라는 말씀과 요

---

8) Mark L. Bailey, *To Follow Him: The Seven Marks of a Disciple*(제자도의 7가지 핵심), 개정판, 도서출판, 2011, p. 231.

한 1서 5장 3절에 "하나님을 사랑하는 것은 이것이니 우리가 그의 계명들을 지키는 것이라 그의 계명들은 무거운 것이 아니로다"라는 말씀과 같이 영적 지도자가 하나님의 말씀을 지키므로 사랑의 열매를 풍성히 맺게 되어질 때에 자신의 배우자와 직장의 구성원들을 말씀대로 사랑하게 되어지고 공동체 구성원들의 신뢰와 존경을 받게 되어질 것이다.

특별히 영적 리더에게는 그가 사역하는 구성원들을 인도하고 권면하므로 사역목표를 성취해 나가야 하는 사명이 주어져 있는데 이를 위해서는 언제나 사랑 안에서 진리를 말하고 권면하고 인도하는 역할을 감당해 나가야 함을 에베소서 4장 15절에서 "오직 사랑 안에서 참된 것을 하여 범사에 그에게까지 자랄지라"(speaking the truth in love, we will in all things grow up into him)고 가르쳐 주고 있다. 왜냐하면 사랑 안에서 말하고 권면할 때, 진리가 진리로 받아들여 질 수 있고 진정한 성장이 가능하게 되기 때문이다. 그러므로 예수님의 동생 유다는 영적 리더로서 그가 쓴 짧은 유다서에서 3번이나 "사랑하는 자들아"(유 3, 17, 20절)라고 사역 대상자들을 호칭하므로 자신이 거짓교사들과는 달리 주님의 아가페의 사랑으로 그들을 참으로 사랑하는 마음에서 권면하고 있음을 언급하고 있다. 사도 바울도 영적 리더로서 고전 4:14에서 그의 사역 대상자들을 "사랑하는 자녀"로, 고전 15:58에서는 "사랑하는 형제들"로, 고전 10:14과 고후 7:1, 12:19에서는 "사랑하는 자들"로 부르면서 사랑의 중심에서 그들을 대하고 권면하고 있음을 말씀하고 있다(cf. 빌 2:12, 살전 2:8).[9]

이와는 달리, 영적 지도자가 진리를 말하고, 바른 방향을 제시한다고

---

[9] 사도 요한도 그가 쓴 요한 1서에서 독자들을 향하여 "사랑하는 자들아"라고 6번이나 호칭하고 있으며(요1서 2:7, 3:2,21, 4:1,7,11), 요한 3서에서는 "사랑하는 자"라는 표현을 4번이나 사용하고 있다(요3서 1,2,5,11). 사도 베드로 역시 그가 쓴 서신들에서 여러 번 "사랑하는 자들아"라는 동일한 호칭을 사용하고 있다(벧전 4:12, 벧후 3:1,8,14,17).

할지라도 사랑을 잃어버리고 사랑의 영역에서 벗어나서, 자신의 이기적인 목적으로 또한 사랑이 아닌 미움의 감정에 사로 잡혀서 어떤 일들을 행한다고 할 때 그 모든 것은 아무런 의미가 없게 되어지고 결과적으로 아무런 성과가 없는 무가치한 것이 되고 만다는 것을 잊지 말아야 한다. 그래서 고전 16장 14절에 "너희 모든 일을 사랑으로 행하라"(Do everything in love)고 이 사랑 안에서 모든 사역이 진행되어져 나가야 함을 명령하고 있는 것이다.

오늘날 자녀들이 부모를 거역하고 대항하는 원인이 여러 가지가 있을 수 있지만, 그 중요한 이유 가운데 하나가 부모가 자녀를 가르치고 훈계하면서 진정한 사랑의 중심에서 가르치고 훈계하지 못한 결과일 수도 있다. 에베소서 6장 4절에 "또 아비들아 너희 자녀를 노엽게 하지 말고 오직 주의 교양과 훈계로 양육하라"고 말씀하고 있는 것도 사랑 안에서 자녀들을 양육해야 함을 나타내 보여주고 있다.

그러면, 영적 리더에게 사랑이 왜 필요한가? 18세기 미국의 대각성 부흥운동의 지도자였던 요나단 에드워드(Jonathan Edwards)는 "사랑은 모든 덕있는 행실을 산출하고 하나님을 향해서나 그 이웃을 향하여 모든 바른 의무들을 감당하고자 하는 마음을 가지게 하기 때문이다. 사랑이 없이는 진지한 덕행은 있을 수 없으며 모든 의무들이 완전하게 수행될 수 없다"고 그 이유를 말해주고 있다.[10] 그런데 요일 5장 1절에 "내신 이를 사랑하는 자마다 그에게서 난 자를 사랑하느니라(Everyone who loves the father loves his child as well)"고 리더가 섬기는 공동체 구성원들을 향한 이 사랑은 하나님을 사랑하는데서 비롯되어짐을 성경은 말씀하고 있다. 이것은 하나님을 사랑하는 것이 사람을 사랑하기 위한 은혜의 원천이

---

10) Jonathan Edwards, *Charity and Its Fruits(사랑의 열매)*, 서문강 역, 도서출판 엠마오, 1984, p. 19.

되어짐을 가르쳐 주고 있다(요일 3:16-19).

그러나 만일에 영적 리더에게 이 사랑이 상실되어진다면, 그가 행하는 모든 수고와 봉사와 큰 업적도 아무런 의미나 유익이 없음을 성경은 분명히 말씀하고 있기에 사랑의 열매는 필수적인 것임을 알 수 있다(고전 13:1-3). 요나단 에드워드는 "마음에 하나님을 향한 진지한 사랑이 없으면 우리가 아무리 큰일을 하고 아무리 큰 고난을 당한다 해도 소용이 없다는 것이 진리라면, 우리 자신은 그렇게 순전한 사랑을 마음에 가지고 있는지 자기성찰을 통하여 확인해 보아야 할 것이다"라고 지적하고 있다.[11]

고전 13장 5절에 "[사랑은] 자기의 유익을 구하지 아니하며"라는 말씀처럼, 영적 리더로 부르심을 받은 그리스도인에게 무엇보다도 이 사랑이 넘치게 될 때, 자신이 사역하는 공동체 구성원들의 유익을 진심으로 구하게 되어지고 맡은 바 사역을 제대로 감당해 나갈 수 있게 되어진다. 특별히 영적인 리더는 "다른 사람들의 영적인 유익을 구하는 자"(고전 10:24)로서 부르심을 받은 자이다. 따라서 이 사랑의 정신을 소유하게 되어질 때 다른 사람들의 영적인 복락과 행복과 유익을 온전히 추구하게 되어지고 이 일에 열매를 맺을 수가 있을 것이다(고전 10:33). 요나단 에드워드(Jonathan Edwards)는 다음과 같이 말하고 있다:

> 특별히 그리스도인의 사랑의 정신은 공적인 권세를 지닌 사람들에게 공공의 유익을 구하도록 할 것이다. 곧 행정부에 있는 사람들이나 모든 공직에 있는 사람들이 그 사랑을 가지면 그렇게 된다는 말이다. 그리스도인의 참다운 사랑의 정신을 가짐으로 그 관원은 공공의 안녕과 복지를 위한 아버지로서의 역할을 감당하게 될 것이다. 아버지가 자기

---

11) Ibid., p. 63.

사랑하는 가정의 유익을 위하여 일을 해 나가는 것같이 그는 공적인 유익을 위하여 배려와 관심을 가지는 것이다. ... 그리고 그리스도의 사랑을 가지고 있는 목회자들은 위대한 목자장이 자신에게 맡겨준 양 떼들을 위해, 그들이 잘 되는 것을 구하는 사람이다. 그들을 보살펴서 그들로 하여금 좋은 꼴을 먹게 하는 사람들이다. 사랑을 가진 목회자들은 그들 양떼들이 악한 이리와 짐승들에게서 보호를 입어야 한다는 것을 생각하고 지키는 것이다.[12]

그리고 영적 리더로 부름을 받은 그리스도인은 복음의 선한 영향력을 끊임없이 미치기 위해서는 사역의 과정에서 겪게 되는 어떤 시련 가운데서도 흔들림이 없이 든든히 설 수 있어야 하는데 사랑이 바로 이런 역할을 수행해 나가기 때문에 영적 지도자에게는 사랑이 흘러 넘칠 수 있어야만 한다. 고전 13장 7절과 8절에서 "[사랑은] 모든 것을 견디느니라"라고 사랑의 특성을 언급하고 있다. 여기에 모든 것을 견딘다는 것은 고난과 역경을 이기고 침착하게 견딘다는 의미이다. 즉 "사랑은 곤경이나 좌절, 그리고 절망까지 극복한다는 의미이다. 그러므로 용기 있고 의연하게 고난과 절망을 돌파하는 것, 그것이 바로 사랑의 다른 양상이라 할 수 있다."[13] 이처럼, 영적 지도자에게 하나님의 사랑이 충만할 때에 어떤 고난과 역경과 시련을 능히 이기고 승리할 수 있게 되어질 것이다.

이 사랑이야말로 공동체 구성원들이 서로를 수용하게 하고, 함께 연합하게 하며, 단단한 결속을 지속시키는 접합제 역할을 하는 것이다. 왜냐하면 성경은 "사랑 가운데서 서로 용납하고"(엡 4:2), "사랑 안에서 연합하여"(골 2:2), "이 모든 것 위에 사랑을 더하라 이는 온전하게 매는 띠니라"(골 3:14)고 말씀하고 있기 때문이다. 이 사랑은 언제나 기쁨과 위로와

---

12) Ibid., pp. 172-173.
13) 옥스퍼드 원어성경대전: 고진 제 10-16장, 제자원, 2006, pp. 297-298.

격려를 가져다주는 것이기에(몬 1:7), 이것이 영적 리더가 섬기는 공동체에 흘러넘치게 되어질 때 분열과 분쟁을 극복하게 되어지고 진정한 하나됨을 이루어 나갈 수 있게 되어진다.

영적 지도자의 풍성한 사랑은 그가 사역하는 공동체 구성원들에게 엄청난 영향을 끼치게 됨을 성경은 가르쳐 주고 있다. 사도 바울과 실루아노와 디모데는 데살로니가에서 함께 사역하면서 그들의 사역대상자들이었던 데살로니가 성도들에게 자신들의 목숨까지도 그들에게 주기를 즐겨했을 정도로 그들을 사랑했음을 밝히면서(살전 2:8), 그 데살로니가 공동체에 "또 주께서 우리가 너희를 사랑함과 같이 너희도 피차간과 모든 사람에 대한 사랑이 더욱 많아 넘치게 하사"(살전 3:12)라고 기원하고 있듯이, 영적 리더가 공동체 구성원들에 대한 사랑이 넘쳐날 때에 구성원들 사이에도 이 사랑이 풍성해지므로 공동체 구성원들이 자원하는 마음으로 사랑의 수고를 하게 되어짐을 보여주고 있다(살전 1:3, 4:9, 창 29:30). 이와 같이, 영적 리더의 사랑 충만한 사역은 건강하고 성장하는 공동체를 이루게 되어지는 결실을 맺게 한다는 것을 보여주고 있다.

구약의 영적 지도자였던 다윗은 사무엘 선지자로부터 기름부음을 받고 30세에 왕의 자리에 오르기까지 최소한 15년에서 18년의 세월동안에 혹독한 고난과 시련의 과정을 거쳤던 것을 볼 수 있다. 사울 왕의 추격으로 인하여 오랫동안 광야에서 지낼 수밖에 없었고, 여러 번 죽을 고비를 넘겼을 뿐 아니라 죽음 일보 직전까지 나아갔던 그였지만 하나님의 사랑과 이웃 사랑이 그의 심령 속에 흘러 넘쳤기 때문에 넉넉히 그 모든 역경과 고난을 극복할 수가 있었고 마침내 위대한 영광과 부요함으로 옷 입는 왕으로서 40년 동안 리더의 사역을 수행해 나갈 수가 있었던 것이다.

폴 시다(Paul Cedar)는 섬기는 리더는 예수님의 겸손함과 사랑하는 마음에서 시작된다고 말하면서 "내게는 준수하지도 박력있지도 않은 목사 친구가 한 명 있다. 그는 그저 그런 설교자이고 행정에는 장님과 같은 사람이다. 그러나 그가 유능한 지도자로 손꼽히는 것은 단 하나의 이유 때문이다. 그는 사람들을 사랑한다. 그는 예수님의 겸손함과 사랑하는 마음을 지녔다. 그는 누가 보아도 사랑의 동기를 가지고 사람들을 섬긴다. 그리고 그는 사랑함으로써 사랑받는다. 많은 사람들이 그를 사랑하고 믿고 따른다. 한 마디로 말해서 그의 태도는 올바르다"라고 예를 들고 있다.[14]

이와 같이, 영적 지도자에게 이 사랑이 충만하게 되어지면 자신이 섬기는 공동체 구성원들을 자신의 일부로 생각하게 되어지고, 그들의 진정한 유익을 구하게 되므로 모든 사람들에게 기회 있는대로 선을 행하는 결과를 가져오게 되어지며(갈 6:10), 지도자로서 역할을 수행해 나가는 과정에서 겪게 되는 모든 종류의 고난을 기쁨으로 감당하려는 마음을 가지므로 사역에 풍성한 결실을 거두게 될 뿐만 아니라 그를 세우신 하나님 앞에서 시들지 아니하는 영광의 면류관을 쓰게 되어질 것임을 성경은 약속하고 있다(벧전 5:4).

(2) 희락(Joy)

이 기쁨은 성령께서 주시는 것으로, 살전 1장 6절에서 "성령의 기쁨"으로 언급되어 지므로 성령이 이 기쁨의 원천과 수여자가 되심을 가르쳐 주고 있다.[15] 누가복음 10장 21절에 "이 때에 예수께서 성령으로 기뻐하사"라고 예수님께서도 성령이 주시는 기쁨으로 기뻐하셨던 것을 말씀하고 있다. 따라서 이 기쁨은 세상이 빼앗아 갈 수 없는 영적인 기쁨이다(요 16:22). 이 기쁨에 대하여, 복음주의 신학자 제임스 패커(J. I. Packer)는

---

14) Paul Cedar, op. cit., p. 31.
15) 신약에 기뻐하다는 동사는 72번 나타나며, 기쁨이라는 명사는 60번 나타나고 있을 정도로 "신약성경은 기쁨의 책이다." 윌리엄 바클레이, 성령의 열매, 이희숙 역, 종로서적, 1988, p. 85.

"기쁨은 만족스러운 삶의 핵심이다. ... 기쁨이 가득한 기독교는 변화시키는 복음의 능력을 가장 인상적으로 보여준다. 그러므로 효과적인 그리스도의 증인이 되기 바라는 사람은 누구나 영적 준비의 일환으로 기쁨의 기술을 연구하는 것이 좋다"라고 설명하고 있다.[16]

그러면 왜 이 기쁨이 영적 리더로 부르심을 받은 그리스도인에게 절대적으로 필요한 것인가? 느헤미아 8장 10절에 "여호와를 기뻐하는 것이 너희의 힘이니라"고 이 기쁨 자체가 영적 지도자의 사역의 힘과 능력이 되어지기 때문임을 밝혀주고 있다. 존 파이퍼(John Piper)는 "하나님을 기뻐하는 것이 우리 인생의 과업이 될 때 우리는 사랑의 사역을 위한 내적인 힘을 끝까지 공급받게 될 것이다"라고 적절히 언급하고 있다.[17] 종교 개혁자 존 칼빈(John Calvin)이나 조지 휘트필드(George Whitefield)나 청교도 목회자 리처드 백스터(Richard Baxter)같은 영적 지도자들은 모두가 이러한 기쁨을 가지고 있었고, 이 기쁨이 그들의 사역에 지속적인 힘을 주었기에 놀라울 정도로 열심히 일할 수 있었을 뿐만 아니라 한 사람의 생애에서 가능할 것 같지 않은 수많은 일들을 이루어 낼 수가 있었던 것이다.[18]

이 기쁨이 영적 지도력의 핵심이 될 수밖에 없는 것은 영적 리더가 즐거움으로 사역에 임하지 아니하면 사역하는 공동체 구성원들에게 유익을 끼칠 수 없기 때문이다. 히브리서 13장 17절에 "너희를 인도하는 자들에게 순종하고 복종하라 저희는 너희 영혼을 위하여 경성하시를 자기가 회계할 자인 것같이 하느니라 저희로 하여금 즐거움으로 이것을 하게 하고 근심으로 하게 말라 그렇지 않으면 너희에게 유익이 없느니라"고 말씀하

---

16) J. I. Packer, *God's Plan For You(당신을 향한 하나님의 계획)*, 정옥배 역, 두란노, 2002, p. 158.
17) John Piper, *Desiring God(여호와를 기뻐하라)*, 김기찬 역, 생명의 말씀사, 1998, p. 6.
18) Ibid.

고 있다. 존 파이퍼는 "목사가 양들을 감독하는 일을 기쁘게 하는 대신에 근심에 차서 하는 것이 유익이 없다면, 기쁨으로 자기 일을 하기를 추구하지 않는 목사는 자기 양을 돌보지 않는 사람이 된다. 자신의 기쁨을 추구하지 않으면서 사역하는 것은 자기 교인들의 유익을 추구하지 않는 것과 다름없다"라고 영적 지도자에게 기쁨이 있어야 함을 강조하고 있다.[19]

일평생 동안 3천명의 고아들을 돌보았고, 5만 번의 기도 응답을 받았다고 고백할 수 있었던 영국의 고아의 아버지 조지 뮬러(George Mueller, 1805-1898)는 그 자신의 자서전에서 다음과 같은 고백을 하고 있다:

> 나는 매일 해야 할 가장 크고 중요한 일이 주 안에서 내 영혼이 행복해지는 것임을 그 어느 때보다 분명하게 알았다. 첫째로 관심을 가질 것은 내가 주께 얼마나 봉사할 것인가, 내가 얼마나 주를 영화롭게 할 것인가가 아니라, 어떻게 내 영혼을 행복한 상태로 들어가게 할 것인가, 내 속사람이 얼마나 살질 것인가 였다. 왜냐하면 내가 회개하지 않은 사람 앞에 진리를 두려고 하고, 신자에게 유익을 주려고 하고, 괴로워하는 자를 건지려고 하고, 다른 방법으로 마치 이 세상에서 하나님의 자녀가 된 것처럼 행동하려 한다고 해도, 주 안에서 행복하지 않고 매일 내 속사람이 양분을 취하고 튼튼해지지 않으면 이 모든 것을 올바른 정신으로 행하지 못할 것이기 때문이다.[20]

중국의 선교사 허드슨 테일러(Hudson Taylor)도 자신은 결코 희생하지 않았다고 말하면서, "말할 수 없는 기쁨이 매일 하루 종일 나의 행복한 체험이었다. 하나님, 더욱이 나의 하나님이 살아있는 밝은 실재이셨으며

---

19) Ibid., p. 330.
20) Ibid., pp. 170-171.
21) Ibid., p. 327.

내가 행하는 것은 즐거운 봉사뿐이었다"라고 이 기쁨이 충만한 가운데서 그 선교 사역에 풍성한 결실을 거두었던 것을 회고하고 있다.[21] 이러한 예들은 이웃사랑과 봉사는 하나님의 기쁨이 넘쳐흘러 다른 사람들에게까지 확장되어지는 것임을 보여주고 있다. 따라서 존 파이퍼는 "인간의 가장 주된 목적은 하나님을 영원토록 즐거워함으로써 하나님을 영화롭게 하는 것이다. … 그러므로 희락의 추구는 모든 선행에 대한 본질적 동기이다. 그리고 당신이 충만하고 영속적인 희락의 추구를 포기한다면, 결코 사람들을 사랑하거나 하나님이 기쁘시게 할 수 없다"라고 역설하고 있다.[22] 이와 같이, 하나님을 기뻐하고 하나님 안에서 만족할 때 하나님께서는 최고의 영광을 받으시고 사역에 결실을 기대할 수 있기에 영적 리더는 그 삶 속에 기쁨의 열매를 풍성히 맺어야 한다.

빌립보 감옥 속에 투옥되었던 사도 바울과 실라가 한 밤중에 일어나 하나님을 찬미하는 이런 기쁨이 흘러넘쳤기 때문에 옥 터가 흔들리고 매인 것이 다 풀려지는 기적의 역사가 일어나게 되었고, 간수의 가족들이 주께로 돌아오는 선교사역의 풍성한 결실을 거둘 수가 있었음을 볼 수 있다(행 16:25-34). 신약시대에 데살로니가 교회의 구성원들에게 이런 기쁨이 있었기에(살전 1:6), 이웃을 사랑하는 사랑의 수고와 봉사(살전 1:3, 4:9)의 풍성한 열매를 맺을 수가 있었고, 그로 말미암아 더 풍성한 기쁨을 누릴 수가 있었던 것이다. 구약의 영적 지도자 모세 역시 하나님을 즐거워하는 이 기쁨이 흘러 넘쳤기 때문에 그는 "바로의 공주의 아들이라 칭함을 거절하고 도리어 하나님이 백성과 함께 고난 받기를 잠시 죄악의 낙을 누리는 것보다 더 좋아하고 그리스도를 위하여 받는 능욕을 애굽의 모든 보화보다 더 큰 재물로 여겼으니"(히 11:24-26)라고 성경은 기록하고

---

22) Ibid., pp. 12, 156.
23) Ibid., p. 141.

있는 것이다. 그래서 미국 보스턴 감독교회의 목회자였던 필립스 브룩스(Phillips Brooks)는 "다시금 나는 설교자가 자신의 일을 철저하게 즐기는 것이 그의 성공에 꼭 필요한 일이라고 생각한다"라고 말한바 있다.[23]

C. S. 루이스(Lewis)와 존 파이퍼가 찬양은 "기쁨의 완성"이라고 말하고 있듯이, 영적 리더는 기쁨의 열매를 풍성히 맺기 위해서는 시편의 다윗처럼 찬양의 사람이 되어져야 한다(시 71:23).[24] 예수님께서는 시편 8편 2절에 "주의 대적을 인하여 어린아이와 젖먹이의 입으로 말미암아 권능을 세우심이여 이는 원수와 보수자로 잠잠케 하려 하심이니이다"라는 말씀을 마태복음 21장 16절에서 인용하시면서 시편의 "권능"을 "찬미"로 변경하여 말씀하신 것은 찬양이 그리스도인의 삶에 영적 승리를 가져다 주는 무기임을 암시해 주고 있다. 또한 스가랴 2장 10절에 "여호와의 말씀에 시온의 딸아 노래하고 기뻐하라 이는 내가 임하여 네 가운데 거할 것임이니라"고 기쁨과 찬양이 있는 곳에 하나님의 임재가 함께 함을 깨우쳐 주고 있다.

성경은 "주 안에서 항상 기뻐하라"고 이런 기쁨의 열매를 풍성히 맺기 위해서는 주 안에 항상 거해야 함을 요구하고 있다(빌 4:4). 주 안에 거하는 것은 주님의 말씀 안에 거하는 것을 의미한다.[25] 이렇게 하나님의 말씀 안에 거하게 될 때 참된 기쁨이 주어지게 될 것을 성경은 말씀하고 있다(시 19:8, 119:111, 렘 15:16). 또한 기도의 자리에 나아갈 때 이 기쁨이 주어질 것을 말씀하고 있다(요 16:24, 삼상 1:10, 2:1, 에 9:22). J. I. 패커는 "'주 안에서 기뻐하라' 는 말씀은 그리스도의 사람이 된 것을 기뻐

---

24) Ibid., p. 16.
25) 존 파이퍼는 요한복음 15장 5절에서 '저가 내 안에 내가 저 안에 있으면"이라고 말씀이 7절에서는 "너희가 내 안에 거하고 내 말이 너희 안에 거하면"이라고 교체되어 있는데 이것은 주님이 우리 안에 거하실 때 그 분의 말씀으로 거하신다는 것을 보여주기 위한 것으로 설명하고 있다. John Piper, *When I Don't Desire God*(하나님을 기뻐할 수 없을 때), 전의우 역, IVP, 2005, p. 149.

하고 그리스도의 아버지를 자기의 아버지로 모시게 된 것, 하나님 아버지와 바른 관계를 맺고 그리스도를 중보로 하여 하나님의 영광의 후사가 되었다는 것, 그리스도의 선물인 구원과 영원한 생명을 소유하게 된 것을 즐거워하라는 뜻이다"라고 설명하면서[26] "이같이 기쁨이 넘쳐흐르면 우리가 살아가는 순례여행은 세상이 전혀 알지 못하는 만족과 열광적 기쁨을 경험하는 여행으로 바뀔 것이다. 이러한 경험에서 다른 사람을 섬기는 힘이 나올 것이다. 기쁨, 즉 주 안에서 기뻐하는 것은 따라서 그리스도인 삶의 기본적인 훈련, 영적 건강과 활력에 필수적인 것이다"라고 언급하고 있다.[27]

(3) 화평(Peace)

갈라디아서 5장 22절의 화평은 "에이레네"라는 단어로서 신약에서는 일반적으로 "평강"으로 번역되고 있다. 이 단어는 구약에서의 살롬의 번역으로 단순히 소극적으로 다툼이나 갈등이나 싸움이나 전쟁이 없는 상태를 의미하는 것이 아니라, 영적 행복(spiritual well-being), 안전(security), 번영(prosperity), 건강(health), 온전함(wholeness), 부요함(richness), 전인의 구원(salvation of total person), 조화(harmony), 안식(rest), 자유(freedom), 신뢰(trust)의 적극적인 의미들을 가지고 있는 독특한 단어이다.

이 평강은 어떤 환경이나 상황 가운데서도 하나님이 분명히 임재 하신다는 확신의 결과로서 주어지는 것이다. 어떤 리더가 화평의 열매를 많이

---

[26] J. I. Packer, *Hot Tub Religion*(제자에게 요구되는 기본적인 특성), 서문강 역, 여수룬, 1989, p. 165.
[27] J. I. Packer, *God's Plan For You*(당신을 향한 하나님의 계획), 정옥배 역, 두란노, 2002, p. 182.

맺는 사람인가? 평강의 열매를 많이 맺는 리더는 무슨 일을 만나든지 염려하지 않고 기도하는 사람이고 하나님과 영적으로 늘 교제하면서 살아가는 사람이 화평의 열매를 지속적으로 풍성히 맺을 수 있는 사람이다. 빌립보서 4장 6절과 7절에 "아무 것도 염려하지 말고 다만 모든 일에 기도와 간구로 너희 구할 것을 감사함으로 하나님께 아뢰라 그리하면 모든 지각에 뛰어난 하나님의 평강이 그리스도 예수 안에서 너희 마음과 생각을 지키시리라"고 말씀하고 있기 때문이다.

특별히 영적 리더로 부름받은 그리스도인들은 하나님께서 세우신 일터에서 주어진 사명에 헌신하고 풍성한 결실을 거두기 위해서는 무엇보다도 하나님의 주권을 굳게 믿고 기도하는 사람이 되어질 때에, 예상치 못한 문제들과 장애물들 앞에서 당황하지 아니하고 그 상황에 필요한 하나님의 인도하심과 도우심을 받아 전진해 나갈 수 있기 때문이다.

이사야 26장 3절에 "주께서 심지가 견고한 자를 평강에 평강으로 지키시리니 이는 그가 주를 의뢰함이니이다"라고 말씀하고 있는데 여기에 "평강에 평강"이란 충만한 평강, 넘치는 평강, 부족함이 없는 평강, 완전한 평강을 뜻하는 표현이다. 이런 평강을 평강의 하나님을 의뢰하고 그 하나님을 의지하는 자에게 선물로 허락하셔서 요동치 않고 평안 가운데 하나님의 인도하심과 도우심을 받아 승리하는 삶을 살 수 있게 되어지는 것이다.

미국 조지아 주 애틀란타 제일교회를 담임하고 있는 찰스 스탠리(Charles F. Stanley)목사는 "나는 하나님께서 어떤 상황도 해결하실 수 있고, 어떤 질문이나 문제에도 답을 제공하실 수 있음을 진정 확신한다. 만일 우리가 하나님을 신뢰한다면, 하나님께서는 어떤 종류의 위기에도 우리 각 사람을 도와주시기 위한 온 우주의 모든 자원을 다 완비하고 계신다. … 하나님은 나의 힘과 필요와 보호, 그리고 삶의 궁극적인 성공의 근원이라는 사실을 나에게 반복적으로 보여주기를 즐기신다. 내가 살아갈 미래의 매순간을 하나님께서 주관하신다는 것에 대해 나에겐 티끌만큼의 의심도 없다"라고 말을 한바가 있다.[28] 이런 믿음을 가진 그리스도인이라고 할 때, 삶과 사역의 어떤 어려운 상황에서도 당황하지 않고 그 하나님께 기도하고 그 하나님을 의지하므로 하나님께서 예비하신 방법으로 문제해결을 받고 그 마음에 평강의 열매가 풍성히 맺어지게 되어질 것이다.

또한 이 평안의 열매가 풍성히 맺어지는 사람이 어떤 어려운 상황 가운데서도 그 모든 상황을 하나님이 지켜보고 계시며 하나님이 주관하고 계신다는 확신을 가지게 되어지므로 결코 낙심하거나 좌절하지 아니하고 하나님이 주시는 영적 지혜와 분별력과 도우심을 힘입어 그 모든 난관들을 잘 극복해 나가게 되어지기 때문에 평강의 열매가 그리스도인 리더에게 없어서는 안 될 필수요소인 것을 이해할 수가 있다.

왜 오늘날 영적 지도자들이 사역의 현장에서 예상치 못한 어려움을 당했을 때 당황하고 낙심하고 좌절하게 되어지는가? 그것은 평안의 열매가 그 심령 속에 충만하지 못하기 때문이다. 그리고 이 평안의 열매가 없는 사람은 삶에 부딪혀 오는 여러 가지 스트레스와 불안과 초조와 긴장을 소화하고 극복해 내기가 어렵게 되어지므로 사역의 과정에서 온갖 종류의 정신적 육체적 질병에 시달리게 되는 엄청난 위기를 만나게 되어지기 때문에 영적 지도자의 건강을 위하여 무엇보다도 이 평안의 열매가 차고 넘칠 수 있어야만 할 것이다(잠 14:30).

미국 델라웨어 메디칼 센터와 토마스 제퍼슨 대학교의 의과대학 신경학과 임상교수인 배성호박사는 그가 쓴 "두뇌 프라이밍"이라는 책에서 다음과 같이 평강의 효능에 대하여 설명하고 있다: "하나님의 평강이 임하게 될 때에 우리의 신체에 놀라운 생리적 변화가 일어나서 실제로 병의

---

28) Charles F. Stanley, *Finding Peace*(인생에서 가장 값진 선물: 평안), 이남하 역, 요단, 2004, pp. 12-13.

회복과 치유의 역사가 일어날 수 있다. … 하나님의 평강이 충만히 임하게 되어지면 몸의 건강회복에 필요한 내분비기관의 여러 호르몬들이 활발히 분비되어지고 신진대사가 촉진되고 부교감신경계통의 활동이 촉진되므로 위산과다증이 줄어들어서 위궤양이 낫고, 혈압도 떨어지고, 변비도 없어지고 협심증도 줄어들고, 만성두통 같은 여러 통증을 수반하는 병이 실제로 치유되는 결과가 주어진다"고 설명을 하고 있다.[29] 이 하나님의 평강이 우리 몸의 건강과 질병치유를 위해서 참으로 중요한 역할을 한다는 것을 언급하고 있는 것이다.

그래서 마가복음 5장에서 12년 동안이나 혈루증을 앓고 있던 한 여인이 예수님의 옷자락에 손을 대므로 즉각적으로 병이 치유되어지는 기적이 일어났을 때, 주님께서는 "누가 내 몸에 손을 대었느냐?"고 물으신 후에, 말씀하시기를 "딸아 네 믿음이 너를 구원하였으니 평안히 가라 네 병에서 놓여 건강할지어다"(막 5:34)라고 전인적인 건강을 얻게 되었음을 선포해 주셨던 것을 볼 수 있다. 이때 예수님께서 "평안히 가라"는 말씀을 하셨는데 여기에 "평안히 가라"는 말씀은 "평안가운데서 삶을 살아가라"는 뜻으로 본문에 나타나는 평강과 동일한 단어를 사용하였던 것을 볼 수 있다.

오늘 영적 리더로 부름 받은 그리스도인들이 무엇보다도 하나님과 화목하고 그 하나님과 영적으로 올바르고 긴밀한 관계를 이루어 나갈 때에 그 삶 속에 여호와 살롬되시는 하나님의 평강이 언제나 흘러넘치게 될 것이다. 그리해서 이 평안의 열매를 풍성히 맺는 영적 지도자는 어떤 상황 가운데서도 최선을 기대하면서 소망을 가지고 믿음으로 과감하게 앞을 향해 나아가므로 사역에 풍성한 성과를 거두게 되어지는 것이다(약 3:18).

---

29) 배성호, 두뇌 프라이밍, 두레시대, 1996, p. 121.

그러나 영적 리더로 부름 받은 그리스도인들이 하나님께서 설정하신 삶의 원칙과 법을 거역하게 되어질 때, 자기중심적이 될 수밖에 없고 이 평강이 소멸되어지고 사라지는 결과를 초래하게 되어진다. 왜냐하면 악인에게는 평강이 없다고 성경이 말씀하고 있기 때문이다(사 48:22). 그러므로 영적 지도자로 부름 받은 그리스도인은 자신의 심령 속에, 그리고 자신의 사역 현장에 이 평강이 소멸되지 않도록 살피고 자신과 공동체를 돌아볼 수 있어야 한다. 성경은 하나님을 경외하는 자에게 이런 평강을 주시고 그의 사역에 축복을 허락하심을 말씀하고 있다(시 25:12-13).

또한 이 평강의 열매가 섬기는 가정 공동체와 교회 공동체와 사역 공동체 속에 풍성히 맺어지고, 이 평강이 흘러넘치는 공동체가 되어질 때 그 공동체는 안전과 번영과 건강과 조화와 안식과 자유와 신뢰가 넘치는 행복한 공동체로 자라갈 수 있다. 대하 20장 30절에 "여호사밧의 나라가 태평하였으니 이는 그 하나님이 사방에서 저희에게 평강을 주셨음이더라"고 하나님의 평강이 넘칠 때에 그 나라와 공동체가 태평을 누리게 되어짐을 말씀해 주고 있다.

따라서 참된 영적 지도자는 예수님처럼 맡겨주신 공동체 구성원들을 평강의 길로 인도할 수 있어야만 한다(눅 1:79). 왜냐하면 로마서 14장 17절에 "하나님의 나라는 먹는 것과 마시는 것이 아니요 오직 성령 안에서 의와 평강과 희락이라"는 말씀 그대로 하나님의 통치가 온전히 이루어지는 하나님의 나라의 특성이 바로 평강이 충만한 것이기 때문이다(롬 14:17). 빌립보서 4장 9절에 "너희는 내게 배우고 받고 듣고 본 바를 행하라 그리하면 평강의 하나님이 너희와 함께 계시리라"는 말씀과 시편 119편 165절의 "주의 법을 사랑하는 자에게는 큰 평안이 있으니 저희에게 장애물이 없으리로다"라는 말씀 그대로 이런 평강이 충만한 상태를 유지해 나가기 위해서는 그리스도인에게 주어진 말씀의 원리와 그 내용들을 끊임없이 삶 속에 적용하고 행하는 실천이 필요함을 잊지 말아야 할 것이다.

이러한 화평의 열매를 풍성히 맺게 될 때에 그의 사역 현장에는 성령 안에서 하나 되어지는 진정한 연합과 온전한 결속이 이루어지게 되어진다(엡 2:14, 4:3). 역대하 14장 6절에 "여호와께서 아사에게 평안을 주셨으므로 그 땅이 평안하여 여러 해 싸움이 없은지라 저가 견고한 성읍들을 유다에 건축하니라"고 영적 지도자에게 평강이 충만히 임하게 될 때에 그가 사역하는 공동체도 평강의 공동체가 되어지고 분쟁과 갈등과 다툼이 없을 뿐만 아니라 사역에 놀라운 진보와 발전이 이루어지게 됨을 보여주고 있다.

또한 신약시대에도 사도행전 9장 31절에서 "그리하여 온 유대와 갈릴리와 사마리아 교회가 평안하여 든든히 서가고 주를 경외함과 성령의 위로로 진행하여 수가 더 많아지니라"고 초대교회의 경이적인 성장의 배경에는 그 신앙 공동체가 평안(에이레네)을 가졌기 때문임을 가르쳐 주고 있다. 이런 평안의 공동체가 되어 성장해 나가기 위해서는 무엇보다도 영적 지도자가 하나님의 평강으로 충만해야 함을 일깨워주고 있다. 그리고 데살로니가전서 5장 13절에서는 "너희끼리 화목하라"고 말씀하고 있는데 이는 "너희들 자신들 안에서 평강을 지속적으로 유지하라"는 의미로서 영적 공동체의 지도자와 그 구성원 모두에게 주어지는 명령으로 기록되어져 있다. 개로드(Garrod)는 "어떤 교회도 그 구성원들이 서로 화목하지 못하고서는 결단코 영적으로 자라갈 수 없다"고 적절히 말한바 있다.[30] 이처럼, 영적 공동체가 온전한 역할과 사명을 다하기 위해서는 평강이 충만하여 화목하고 연합하는 공동체가 되어져야 하는데, 이런 공동체를 세워나가기 위해서는 영적 리더에게 먼저 평강이 충만히 임할 수 있어야 하고 이 열매를 풍성히 맺을 수 있어야 할 것이다.

주님께서 이 땅위에 찾아오심도 이 평강을 충만히 부어주시기 위해서

---

30) G. W. Garrod, *The First Epistle to the Thessalonians*, (London: Macmillan, 1899), p. 135.

성육신하신 것임을 성경은 말씀하고 있다(눅 2:14). 따라서 이 주님이 주신 "화평의 복음"(행 10:36)을 전하고 가르치는 영적 지도자에게 평강의 열매가 풍성히 맺어질 수 있어야만 할 것이다. 왜냐하면 이 화평을 쫓지 아니하고, 화평이 없는 자는 주님을 볼 수 없기 때문이다(히 12:14).

(4) 오래 참음(Patience)

오래 참음은 "불행과 고생을 겪는 중에 끈기 있고 용기 있게 참다" 혹은 "타인들의 공격과 상해를 받는 중에 인내하다" "복수함에 있어서 온화하며 더디다"는 의미를 가지고 있다.[31] 프루머(Plummer)는 "자기가 받은 손해나 악한 행위에 대하여 화를 내지 않고 보복하려고 하지 않고 오래 참는 것"이라고 말하고 있다.[32] 따라서 오래 참음은 짜증이나 분노에 직면할 때 보복이나 성냄에 쉽게 굴복하는 것을 거절하는 훌륭한 자질로 "꾸준히 참는 것"을 의미한다.[33]

윌리엄 바클레이(William Barclay)는 다음과 같이 설명하고 있다. "마크로두미아[오래참음]는 사람이나 사건에 대한 어떤 태도를 나타낸다. 아무리 자기와 함께 있는 사람이 불합리하게 보일지라도 그 사람들에 대한 인내심을 결코 잃지 않는 태도를 이 단어는 나타내 보여 준다. 아무리 자기와 함께 있는 사람들이 말을 잘 듣지 않고 사랑스럽지 않을지라도 결코 그들에 대한 소망을 잃지 않는 태도를 이 단어는 표현하고 있다. 아무리 상황이 어둡게 보일지라도, 아무리 사건의 전모를 알 수 없을지라도, 아무리 하나님의 징계가 아플지라도, 결코 소망과 믿음을 잃지 않으며, 패

---

31) 성서원어대전: 헬 한 완벽사전 (III), 이병철 편, 한국성서 연구원, 1989, p. 722.
32) William Barclay, Flesh and Spirit(성령의 열매), 이희숙 역, 종로서적, 1988, p. 101 에서 재인용.
33) Edmond D. Hiebert, 1 & 2 Thessalonians, (Chicago: Moody Press, 1992), p. 253.

배를 받아들이지 않는 사건들에 대한 태도를 이 단어는 나타내 보여 준다."[34] 따라서 오래 참음은 "핍박 하에서도 조용히 남아 있는 것"을 의미하고, 분노가 지배하는 것을 허용하지 않으며, 또한 자신의 마음을 상하게 하는 사람에게 끊임없이 사랑을 베풀어 주는 것이고, 아무리 많은 상처를 받고, 아무리 다른 사람의 짐을 대신 져야 하고 그럼에도 불구하고 다른 사람들로부터 격려의 말을 거의 듣지 못한다고 할지라도 아무런 불평 없이 목표를 향하여 전진해 나가는 것을 의미한다.[35]

이 오래 참음은 하나님의 공유적 속성에 해당되는 하나님의 성품(출 34:6, 시 103:8, 롬 2:4, 벧전 3:20, 벧후 3:9)으로 하나님의 자녀로 부르심을 받은 그리스도인들에게 요구되어지고 있으며, 특별히 영적 리더의 사역에 있어서 필수적으로 갖추어야 할 요소로 성경은 말씀하고 있다. 디모데전서 1장 16절은 주님이 먼저 사도 바울에게 오래 참으심을 보여 주신 것은 사도 바울도 영적 리더로서 그가 사역하는 대상자들에 대하여 오래 참음의 본을 보여 주기 위함이었음을 언급하고 있다. 따라서 사도 바울은 자신이 사도된 증표로 이 오래 참음을 가장 먼저 소개하고 있으며(고후 12:12), 에베소 교회 장로들에 대한 고별설교 가운데서도 시험을 참고 주를 섬겼다고 고백했던 것을 볼 수 있다(행 20:19, cf. 고후 6:3-7, 딤후 3:7). 이러한 사도 바울이었기에 그의 제자 디모데를 향하여서도 영적 리더로서 오래 참음의 열매를 맺어야 할 것을 권면하였던 것을 볼 수 있다(딤후 2:24, 4:2).

디모데후서 2장 10절은 영적 리더로 부르심을 받은 그리스도인은 공동체 구성원들의 영적 성장과 온전한 성화를 위하여 모든 것을 참는 자세로 사역에 임해야 함을 일깨워 주고 있으며, 히브리서 12장 2절에서는 영적 리더가 사역의 마지막 단계의 풍성한 결실과 승리를 소망하면서 사역한

---

34) William Barclay, *Flesh and Spirit*(성령의 열매), 이희숙 역, 종로서적, 1988, p. 101.
35) 한영철, *성령의 열매에 관한 주석적 연구*, 도서출판 알돌기획, 1997, pp. 213-214.

다고 할 때, 오래 참음의 자리에 머물러 있어야 함을 깨우쳐 주고 있다. 이와 같이, 참된 영적 지도자는 이 땅위에서의 인정과 보상보다 주님 앞에서의 인정과 상급에 초점을 맞추고 사역하는 자이기에 오래 참음의 열매가 필요한 것이다(롬 8:25). 더욱이, 영적 지도자의 사역의 과정에는 그를 대적하는 악한 자들의 모함과 괴롭힘과 마귀의 공격과 시험이 있을 뿐만 아니라 사역대상자들의 영적 미성숙으로 인한 여러 가지 문제들이 발생될 수 있기 때문에 오래 참는 사역의 자세가 무엇보다도 필요하게 되어지는 것이다. 이러한 사역이기에 사역의 과정에서 주어지는 여러 가지 시련과 어려움들을 잘 견디고 인내하는 자에게 주님께서는 생명의 면류관을 약속해 주신 것이다(약 1:12).

히브리서 12장 1절에 "이러므로 우리에게 구름같이 둘러싼 허다한 증인들이 있으니 모든 무거운 것과 얽매이기 쉬운 죄를 벗어버리고 인내로써 우리 앞에 당한 경주를 경주하며 믿음의 주요 또 온전케 하시는 이인 예수를 바라보자"는 말씀은 오래 참음이 영적 리더의 사명완수의 필수 조건임을 시사해 주고 있다. 존 파이퍼는 "인종차별과 낙태 같은 사회정의 문제, 온 세상의 잃어버린 자들 가운데 교회를 세우는 일 같은 세계 선교 문제, 그리고 사람들을 그리스도에게로 인도하고 변함없이 사랑하는 것 같은 개인 경건 및 복음화 문제, 이런 문제들은 넘치는 에너지만으로는 해결되지 않는다. 오랫동안 참고 견디는 사람들에 의해 해결된다. 스프린터가 아니라 마라토너들이 필요하다는 것이다"라고 중요한 사역들에 있어서 풍성한 결실을 거두기 위해서는 오래 참음의 열매가 영적 리더들에게 반드시 있어야 할 것임을 지적해 주고 있다.[36] 그는 오래 참음으로 사역의 풍성한 결실을 거두었던 세 사람의 영적 리더들을 다음과 같이 소개하고 있다:

---

36) John Piper, *The Roots of Endurance*(인내), 신원섭 역, 좋은 씨앗, 2005, p. 10.

54년 동안 줄곧 한 교구만을 섬겼던 신실하고 복음주의적인 영국국교회 목사 찰스 시므온(1759-1836). 그는 사역을 시작한 이후 예배당 좌석을 차지하고 앉았던 교구민들의 냉대와 무시를 20년간 고스란히 견뎌내야 했다. 영국하원의원으로 신실한 복음주의자였던 윌리엄 윌버포스(1759-1833). 그는 흑인노예무역과의 20년에 걸친 투쟁 끝에 처음으로 승리를 맛보았던 1807년까지, 그리고 이후로 노예제도 자체가 불법으로 선포되기까지의 26년 동안(그가 사망하기 3일 전) [총 46년을] 오랜 수고와 시련을 인내로 살아 냈다. 한때는 그 자신 흑인노예 중계상이기도 했으나 '하나님의 놀라운 은혜'로 구원을 받아 '나같은 죄인 살리신'이라는 찬송시까지 지은 존 뉴턴(1725-1807). 그가 보여준 인내의 삶은 시므온과 윌버포스에게 시련을 이겨낼 수 있는 동력을 제공해 주었다. ... 그들은 18세기 후반에서 19세기 초반에 이르는 격동의 시기를 가장 건강하게, 가장 행복하게, 그리고 가장 영향력있게 살아낸 그리스도인들이다.[37]

이처럼, 기독교 역사상에 위대한 사역의 발자취를 남긴 영적 리더들은 모두가 인내로 결실의 자리에 이르게 되어졌음을 보여주고 있다.

구약의 지도자 모세는 하나님의 보내심으로 애굽에서 열 가지 재앙들을 선포하는 것으로 그의 사역을 시작하였는데, 그 재앙들이 몇 주나 몇 달이 아니라 몇 년에 걸쳐 이루어졌다고 말하는 주석가들도 있다. 그 후에 모세는 이스라엘 백성들을 인도하여 광야에서 40년을 보내면서 끊임없는 불평과 타락과 반역을 겪는 가운데서도 결국 약속의 땅 가나안에 들어가게 될 것을 조금도 의심하지 아니하고 나아갈 수 있었던 것은 하나님의 주신 약속에 대한 확신이 있었기 때문이었다. 오늘날의 영적 지도자들에게도 이런 확신과 그 확신에서 나오는 인내가 있어야만 한다.

---

37) Ibid., pp. 7-8.

이 세상에 존재하고 있다는 자체가 문제를 안고 있다는 것을 지도자는 한시도 잊어서는 아니 된다. 사실 문제가 있다는 것은 내가 살아있다는 가장 확실한 증거이고 성장해 가고 있다는 증거이기도 한 것이다. 영적 지도자는 문제들을 무시해서는 아니 되지만 그 문제들로 인하여 염려와 낙심에 사로잡히지 않도록 모든 문제들을 하나님께 감사하므로 가져갈 수 있는 믿음을 가지고 인내하면서 나아갈 때 하나님의 방법으로 넉넉하게 그리고 풍성하게 해결되는 축복의 역사가 일어나게 될 것이다(빌 4:6-7).

미국의 리더십의 전문가 스티븐 코비(Stephen Covey)는 "진정한 탁월성은 값싸게 얻어지는 것이 아니다. 타고난 재능은 접어 두고라도 연습과 인내, 지구력이라는 일정한 대가를 치러야 한다"고 말하고 있다.[38] 캘빈 쿨리지(Calvin Coolidge)는 오래 참음의 끈기의 중요성에 대하여 다음과 같이 적절히 설명하고 있다:

> 끈기를 대신할 수 있는 건 없다. 재능도 끈기를 대신할 수는 없다. 재능이 있음에도 불구하고 성공하지 못한 사람이 얼마나 많은지 모른다. 천재성도 대신할 수 없다. 열매 없는 천재성은 역사의 뒤안길로 사라질 뿐이다. 교육도 대신할 수 없다. 세상은 교육받은 낙오자들로 넘친다. 오직 끈기와 결심만이 모든 것을 가능케 한다. '계속해서 전진하라'는 슬로건은 인류의 많은 문제를 해결해 왔고 앞으로도 그럴 것이다.[39]

더욱이, 사랑의 동기에서 사역을 하게 되어진 영적 리더라고 할 때 공동체 구성원들에 대하여 오래 참음의 열매를 풍성히 맺을 준비가 되어있

---

38) Stephen R. Covey, *Principle-Centered Leadership(원칙 중심의 리더십)*, 김경섭, 박창규 역, 김영사, 2001, p. 491.
39) Calvin Coolidge, *The New Encyclopedia of Christian Quotations*, comp. Mark Water, (Grand Rapids: Baker Books, 2000), p. 726.

는 사람이라고 볼 수 있다. 왜냐하면 고전 13장 4절에서 "사랑은 오래 참고"라고 말씀하고 있기 때문이다. 또한 오래 참음으로 인내하게 될 때에 영적 리더 자신이 영적으로 자라가는 결과를 가져오게 되는 것으로 리더의 영적 성장에 필수적인 것임을 성경은 밝혀주고 있다(약 1:4).

그러면, 오래 참음의 대상이 누구인가? 데살로니가전서 5장 14절에서 "모든 사람을 대하여 오래 참으라"고 말씀하고 있는데, 공동체 구성원 모두에 대하여 예외 없이 참아야 할 것을 명령하고 있다. 매튜 헨리 (Matthew Henry)는 "만일 분쟁이나 상해의 조짐이 야기되기 시작한다면 참아야 하며, 우리의 분노를 억눌러야 한다. 적어도 우리는 우리의 화를 절제하는데 실패해서는 안 된다. 이 의무는 모든 사람에게 비록 상대가 선하든지 악하든지, 귀하든지, 천하던지를 불구하고 행하여야 한다. 우리는 우리의 요구나 기대를 너무 강조해서는 안되며, 또한 우리의 울분을 폭발시키거나 또한 우리의 짐에 대해 불평해서도 안될 것이다. 다만 모든 일에 최선을 다하고, 모든 사람을 좋게 생각하도록 애써야 한다"고 말한 바 있다.[40] 이처럼, 오래 참음은 성령 충만하여 하나님의 사랑에 사로잡힌바 될 때에 비로소 나타나질 수 있는 열매임을 알 수 있다.

아시아경제신문 사장이며, 언론인이자 리더십 전문가인 신현만은 다음과 같이 말하고 있다:

> 감투만 쓴다고 해서 저절로 리더가 되는 것이 아니다. 진정한 리더로 성장하기 위해서는 감수의 크기, 양보의 크기, 희생과 인내의 크기도 함께 키워야 한다. 양보한 것이 아깝지 않고, 감수하는 것이 억울하지 않아야 한다. 그럴 수 있는 내공이 자라야 한다. 그래서 간부, 임원이 되고 사장이 되면, 일의 고단함보다 외로움이 더욱 견디기 어려운 법

---

40) Matthew Henry, *Galatians, Ephesians, Philippians, Colossians and I & II Thessalonians*. Korean Trans. Ky Dok Kyo Moon Sa, 1979, pp. 552-553.

이다.

직책과 직급이 올라갈 때마다 기꺼이 양보하고 감수할 수 있는 내공도 한 단계씩 업그레이드 되지 않으면 스트레스와 울분을 극복하기 힘들 수도 있다. 리더가 이 스트레스를 시도 때도 없이 발산해 버린다면 조직이 타격을 받을 것이고, 억지로 참는다면 속으로 곪아들어 깊은 내상을 입게 된다. 결국 그릇을 키우는 수밖에 없다. 양보와 감수를 훈련해야 한다. 얼마나 잘 훈련하고 소화해 내느냐에 따라 올라갈 수 있는 자리의 한계가 달라진다. 쉽지 않은 일이다. 아무나 할 수 없는 일이다. ... 리더가 되려면 꼭 치러야 할 대가, 그것은 바로 양보와 감수다.[41]

윌리엄 바클레이(William Barclay)는 "모든 사람을 대하여 오래 참는 것은 아마 모든 것 중에 가장 어려울 것이다. 왜냐하면 어리석은 것을 기꺼이 받아 주어야 하는 것은 우리들 대부분의 사람들에게 가장 어려운 교훈이기 때문이다"라고 적절히 말해주고 있다.[42] 그래서 야고보는 "너희도 길이 참고 마음을 굳게 하라 주의 강림이 가까우니라"(약 5:8)고 말씀하고 있다.

(5) 자비(Kindness)

자비라는 단어의 형용사인 "크레스토스"는 "도덕적으로 선하고 영예로운 것, 모든 사람에게 친절함을 베풀 수 있는 능력"을 의미했고, 이 단어의 명사형인 "자비(크레스토테스)"는 우정(friendship), 친절함(kindness), 온화함(mildness)의 의미를 가지고 있다.[43] 고린도전서 13장 4절에서는

---

41) 신현만, 『능력보다 호감부터 사라』, 위즈덤하우스, 2011, pp. 183-184.
42) William Barclay, *The Letters to the Philippians, Colossians and Thessalonians*, (Edinburgh: The Saint Andrew Press, 1975), p. 207.
43) 『성서원어대전: 신학사전 (II)』, 이병철 편, 한국성서 연구원, 1985, p. 358.

"사랑은 온유하며"라고 번역하고 있으나 원문상으로는 갈라디아서 5장 22절의 "자비(크레스토테스)"라는 명사의 동사형을 사용하고 있기 때문에 "사랑은 자비(친절)하며"라고 번역해야 한다. 이렇게 자비 혹은 친절은 사랑의 본질적인 특성으로 묘사되어 지고 있다. 이 자비(크레스토테스)는 로마서 2장 4절에서는 "인자하심"으로 로마서 11장 22절에서는 "인자"로 번역되고 있다. 친절이란 "타인을 향한 관심과 이해, 격려의 표현"으로 요약할 수 있으며, "타인에 대한 예의를 갖추는 것"을 의미한다.[44]

존 맥아더(John F. MacArthur)는 "자비는 다른 사람들에 대한 부드러운(친절한, 동정심 많은) 관심(tender concern)과 관련이 있다. 그것은 연약함이나 확신의 부족과는 아무런 관계가 없고, 주님이 자신을 다루듯이 다른 사람들을 친절히 대우하려는 진정한 욕구이다"라고 설명하고 있다.[45] 웨인 그루뎀(Wayne Grudem)은 "하나님의 자비는 불행과 환난 중에 있는 사람들을 향한 하나님의 선하심을 의미한다"라고 정의하고 있다.[46]

특히, 고린도후서 6장 6절에서는 하나님의 일군(사역자)에게는 이 자비가 있어야 함을 언급하고 있으며, 골로새서 3장 12절에서는 모든 그리스도인은 긍휼과 자비와 겸손과 온유와 오래 참음을 옷 입어야 함을 명령하고 있다. 따라서 영적 리더로 부르심을 받은 그리스도인은 그 삶과 사역에서 이 자비를 나타내 보여주어야 함을 가르쳐 주고 있다.

누가복음 6장 35절은 원수라고 할지라도 그를 선대하고 그의 필요를 조건없이 공급하는 것이 자비로우신 하나님의 자녀가 취해야 할 행동임

---

44) James C. Hunter, op. cit., p. 108.
45) John F. MacArthur, *The MacArthur New Testament Commentary: Galatians*, (Chicago: Moody Press, 1987), p. 168.
46) Wayne Grudem, *Systematic Theology: An Introduction to Biblical Doctrine*, (Grands Rapids: Zondervan Publishing House, 1994), p. 200.

을 주님께서 말씀하셨고, 역대하 30장 9절에서는 자비는 원래의 자리로 회복되어지도록 허락하는 행동으로 귀결되어짐을 묘사하고 있다. 시편 145편 8절에서는 하나님의 자비하심이 노하기를 더디하심과 연결되어 있음을 보여주고 있다. 이처럼 자비는 조건없는 공급과 회복과 분노의 지연의 행동으로 나타나진다는 것을 가르쳐 주고 있다.

그리고 에베소서 4장 32절에서 "서로 인자하게 하며(크레스토스) 불쌍히 여기며 서로 용서하기를 하나님이 그리스도 안에서 너희를 용서하심과 같이 하라"는 말씀과 골로새서 3장 12절의 자비는 13절에서 용서하는 행동으로 표현되어지고 있는 것을 고려할 때, 자비는 불쌍히 여김(긍휼)과 용서의 행동으로 나타나진다는 사실을 가르쳐 주고 있다(참고, 시편 51:1, 78:38, 사 54:8, 애 3:22). 윌리엄 바클레이(William Barclay)는 "하나님의 이런 친절[자비] 속에 구원의 능력이 있다. 이것은 우리 구세주 하나님의 친절[자비]이다(딛 3:4). 이것은 과거의 죄를 용서하시는 친절이다. 성령께서는 하나님의 친절로 미래의 선을 위하여 사람들에게 힘을 주신다. 이것은 죄인을 용서할 뿐만 아니라 죄인을 선한 사람으로 변화시킨다. … 그리스도인은 이 친절[자비]로 서로 죄를 용서해야 한다. 이 용서는 하나님께서 우리를 용서하신 것을 본받은 것에 불과하다"라고 말하고 있다.[47] 이와 같이, 영적 리더에게 이 자비가 있을 때에 구성원들의 과오와 실수를 너그럽게 용서하므로 그를 선한 사람으로 변화시켜 미래의 선을 행할 수 있는 자리로 이끌 수가 있게 될 것이다.

에베소서 2장 7절에 "그리스도 예수 안에서 우리에게 자비하심(크레스테스)으로써 그 은혜의 지극히 풍성함을 오는 여러 세대에 나타내려 하심이니라"는 말씀은 자비가 그리스도의 은혜의 풍성함을 드러내는 것으로 연결되어 있음을 보여주고 있다. 그런데 은혜는 받을 자격이 없는 사람들

---

47) William Barclay, *Flesh and Spirit*(성령의 열매), 이희숙 역, 종로서적, 1988, p. 111.

에게 거져 주시는 것으로, 호의(good-will), 친절(kindness), 자애, 인자(loving-kindness), 용서(forgiveness) 등의 의미들을 가지고 있다. 따라서 자비는 이런 은혜의 다양한 의미들을 드러내는 것과 밀접한 관계를 가지고 있음을 알 수 있다.

이상의 의미들을 고려할 때, 영적 리더가 사역하는 공동체의 구성원들에 대한 친절하고 동정심 있는 자비가 없는 지도력은 폭력이 되기 십상임을 알 수 있다. 지도력이 증대될수록 구성원들에 대한 배려와 관심도 증대되어야 한다. 영적 지도자가 함께 일하는 구성원들을 배려하고 존중함으로써 그들은 놀랄 만한 생산성과 창의력을 발휘하게 되어진다는 사실을 기억해야 한다.

이런 지도자의 자비의 행동은 예수님처럼 섬기는 자로서의 사역자세로 나타나질 수 있어야 한다. 섬기는 자세는 다른 사람을 우선적으로 생각하고 배려하는 자세이다. 그러므로 지도자는 자신이 사역하는 대상자들이 참으로 원하는 바가 무엇인지를 바로 이해하여 그들의 진정한 필요를 채워줄 수 있는 사역이 되어져야 한다. 미국의 영성 신학자였던 헨리 나우웬(Henri J. Nouwen)은 말하기를 "리더십에 대한 커다란 착각은 광야의 고난을 겪어보지 않은 사람이 다른 사람들을 광야에서 벗어나도록 인도할 수 있다는 것이다. 리더십을 발휘하려는 사람은 다른 사람을 이해하려고 해야 하며 그 이해된 것을 다른 사람들과 함께 나눌 필요가 있다"라고 언급한바 있다.[48]

또한 영적 지도자는 할 수 있는대로 공동체 구성원들의 훌륭한 점들을 찾아 많은 사람들이 보는 앞에서 칭찬할 수 있도록 노력해야 한다. 특히 교회의 사역자는 예수님께서 교회를 자신의 신부로 묘사하고 있는 점을 잊지 말아야 한다. 예수님께서 그의 교회를 거룩하게 하고 영광스러운 교

---

48) 헨리 나우웬, *상처입은 치유자*, 최원준 역, 두란노, 1999, p. 101.

회로 만드시기 위하여 자기 자신을 조건 없이 내어 주시는 아가페의 사랑으로 대하셨던 것처럼 교회의 지도자는 구혼자가 자신의 애인에게 하듯 교회 지체들을 대하려는 배려의 자세로 시종 여일하게 대할 수 있어야 한다(엡 5:25-27).[49] 헨리 나우웬은 다음과 같이 말하고 있다: "크리스챤 리더십의 처음이자 끝이 되는 핵심은 남을 위해 자신의 생명을 내어주는 것이다. 진정한 순교란 우는 사람들과 함께 울고 웃는 사람들과 함께 웃는 것에서부터 시작하며, 고통스럽거나 즐거운 자신의 경험들을 다른 사람들이 마음껏 이용할 수 있도록 하여 그들이 스스로의 상태를 분명히 인식하고 이해할 수 있도록 돕는 것이다."[50]

더 나아가 교회의 진정한 성장과 진보는 갈등이 치유되고 잊혀질 때만이 가능하며, 교회의 구성원들은 지도자가 자신의 마음을 알아주고 감동을 줄 때만 지도자를 따르게 되어진다는 사실을 유념해야만 한다. 그러므로 교회 지도자는 구애자의 심정으로 자비함으로 구성원들을 대할 수 있을 때 진정한 의미에서 영향력을 끼칠 수 있을 것이다.

미국의 심리학자 윌리엄 제임스(William James)가 "인간의 내면에는 인정받고자 하는 욕구가 숨어있다"고 말한 바와 같이, 영적 리더는 사역 대상자들에게 그들의 수고와 봉사에 대하여 인정과 감사를 표시하며, 격려하고 예의를 갖추므로 원만한 관계를 유지해 나갈 수 있어야 한다.[51] 미국 위치타 주립대학의 경영학 교수인 제럴드 그레엄(Gerald Graham)은 자신의 조사결과 직장에서의 가장 강력한 동기부여방법은 "관리자의 개인적이고 즉각적인 인정"임을 발표하면서 직원들에게 동기를 부여하는 가장 효과적인 방법 5가지로 1) 관리자의 개인적인 감사 인사, 2) 관리자

---

49) 존 맥스웰 외 29인, *효과적인 평신도 사역을 위한 30가지 양육전략*, 김창대 역, 기독신문사, 2001, pp. 343-351의 "교인의 호의를 사라"는 부분을 참고하라.
50) 헨리 나우웬, op. cit., pp. 100-101.
51) James C. Hunter, op. cit., p. 108.

의 서면 감사, 3) 실적에 따른 승진, 4) 공개적인 칭찬, 5) 사기진작 회의임을 밝혀 주고 있다.[52] 리더십의 전문가인 제임스 C. 헌터는 "리더로서 존중을 표현하고 신뢰를 형성하는 가장 효과적인 방법은 사람들에게 어느 정도의 책임을 위임함으로써 그들의 성장과 자기개발을 돕는 것이다. 적정 수준의 위임은 당사자의 기술과 능력을 인정하고 존중한다는 의미다"라고 말하고 있다.[53]

(6) 양선(Goodness)

존 맥아더는 "양선은 아름다움과 능동적인 친절(자비)로서 알려지는 도덕적이고 영적인 탁월함(moral and spiritual excellence)과 관련이 있다"고 정의하고 있다.[54] 윌리엄 바클레이는 양선이란 "사람이 마땅히 주어야 할 것 이상의 것을 베푸는 행위와 남에게 이익을 주는 것"이라고 말하면서,[55] 자격이 없는 사람에게나 자신의 행위로 획득하지 않은 것을 너그럽게 베푸는 관대한 행위로 설명하고 있다. 따라서 이 열매는 이웃에게 선을 베푸는 행위로서, 영적 리더로 부름받은 그리스도인은 섬김(봉사)의 열매를 풍성히 맺어야 함을 가르쳐 주면서 이를 위해서는 성령의 주신 은사를 따라 전문성을 개발해 나가야 함을 일깨워주고 있다.

사도행전 10장 38절에서는 "하나님이 나사렛 예수에게 성령과 능력을 기름 붓듯 하셨으매 저가 두루 다니시며 착한 일을 행하시고 마귀에게 눌

---

52) Ibid., pp. 222-223.
53) Ibid., p. 113.
54) John F. MacAthur, op. cit., p. 168. 양선(아가소쉬네)은 "선한 사람의 특질 혹은 도덕적인 탁월함을 의미한다." 이병철, *성서원어 헬 한 완벽사전 (I)*, 브니엘 출판사, 1988, p. 187. 양선은 신약에서 4회 사용되고 있는데, 갈 5:22, 롬 15:14, 엡 5:9, 살후 1:11에 나타나고 있다.
55) William Barclay, *Flesh and Spirit(성령의 열매)*, 이희숙 역, 종로서적, 1988, p. 118.

린 모든 자를 고치셨으니 이는 하나님이 함께 하셨음이라"고 예수님께서 이 땅위에서 행하신 사역을 "착한 일을 행하신 사역"으로, 마가복음 10장 45절에서는 "섬기는 사역"으로 언급하고 있다. 초대교회 당시 영적 지도자였던 바나바에 대하여 성경은 "바나바는 착한 사람이요 성령과 믿음이 충만한 자라 이에 큰 무리가 주께 더하더라"(행 11:24)고 바나바는 그 삶과 사역에서 양선의 열매를 지속적으로 맺었던 것을 소개하고 있다.

사도 바울도 자신의 사역을 "섬기는 사역"과 "봉사의 사역"으로 언급하고 있다(행 20:19, 21:19). 또한 사도 바울은 교회 장로의 자격으로 "오직 나그네를 대접하며 선을 좋아하며"라고 양선의 열매를 맺는 자가 영적 리더의 자격이 있음을 언급하고 있다(딛 1:8, 참고, 딤전 3:1-7). 초대교회 다비다와 같은 여성도는 선행과 구제하는 일이 심히 많았던 양선의 열매를 풍성히 맺었던 대표적인 사람으로 이를 통해서 그 지역의 많은 사람들이 주께로 돌아오는 풍성한 전도의 열매를 맺었던 여성 리더였음을 보여주고 있다(행9:36-42). 또한 로마교회 그리스도인들은 이 양선과 모든 지식이 풍성하여 서로 조언하고 권면하며 인도하고 가르칠 수 있는 이런 영적 지도력을 발휘하고 있었음을 사도 바울이 인정하고 칭송하고 있는데, 영적 리더에게는 이런 양선의 열매와 복음진리에 대한 이해가 있어야 함을 암시해 주고 있다(롬 15:14).

그러면 이 양선의 열매를 언제 맺어야 하는가? 데살로니가전서 5장 15절에서는 "항상 선을 따르라"고 어떤 상황 가운에서도 양선의 열매를 지속적으로 맺어야 함을 명령하고 있다. 에드먼드 히버트(Edmond D. Hiebert)는 본문에서 "선을 따르라"는 명령은 바람직한 그리스도인의 행위의 방향을 나타내 보여 준다고 말하면서 다음과 같이 설명하고 있다: "진정한 그리스도인의 자비(kindness)는 악을 선으로 갚는 것이다. 그러므로 선(아가소쉬네)은 단순히 착함의 윤리적 이상(理想)을 언급하는 것이 아니라 해로운 것 보다 유익하고 도움이 되는 행위들을 가리키고 있다. 신자들은 이런 친절한 행위들을 공공연한 적대행위를 직면할 때에라도 그들의 끊임없는 추구로 삼아야만 한다."[56]

매튜 헨리(Matthew Henry)는 "우리는 어떻게 하면 우리의 의무를 다하고, 하나님을 기쁘시게 할 수 있는지 늘 연구해야 한다. 타인들이 우리에게 선으로 대하든지 악으로 대하든지 어떤 환경에서도 그렇게 하고자 연구해야 한다. 타인들이 우리에게 어떻게 대하든지 그들에게 선을 행하여야 한다. 우리는 항상 타인들의 행복을 더하여 주기 위한 도구가 되어야 하며 타인들에게 자비를 베풀도록 노력해야 한다. 그러나 먼저 우리들 자신 가운데 이 행복이 이루어지기 위하여 힘써야 하고 그 다음 '기회있는 대로 모든 이에게' 그렇게 해야 한다(갈 6:10)"라고 말한다.[57]

이 양선의 열매를 효과적으로 맺기 위해서는 성령께서 주신 은사를 따라 사역의 전문성을 개발해 나가야 함을 성경은 가르쳐 주고 있다. 시편 78편 72절에 "이에 저가[다윗이] 그 마음의 성실함으로 기르고 그 손의 공교함으로 지도하였도다"라고 구약의 영적 지도자였던 다윗 왕은 영성과 전문성을 겸비한 치리자로서 40년 동안 사역하였던 것을 말씀해 주고 있다. 전문성이란 성령님이 은사로 주신 것을 최선을 다해 준비한 상태를 의미한다. 구약시대에 성막을 세우는 일에 쓰임받았던 브살렐과 오홀리압은 성령께서 주시는 은사를 통하여 전문성을 개발하므로 선한 일에 온전히 쓰임받았던 사람들이었고, 예루살렘 성전 건축에 쓰임받았던 히람은 "지혜와 총명과 재능을 구비한 자"로서 전문성을 통하여 봉사의 사역을 성공적으로 수행했던 인물이었다(왕상 7:14). 구약시대에 성전의 일에 수종들었던 재능있는 자가 모두 1760명이었다고 기록되고 있다(대상 9:13).

사도 베드로는 하나님께서 그리스도인을 부르신 목적이 "그의 기이한

---

56) Edmond D. Hiebert, op. cit., p. 255.
57) Matthew Henry, op. cit., p. 553.

빛에 들어가게 하신 이의 아름다운 덕을 선포하게" 하기 위함인 것을 말씀하고 있다(벧전 2:9). 여기에 아름다운 덕은 헬라어로 "아레테"라는 단어로서 탁월성(excellency)이라는 의미를 가지고 있다. 이사야 42장 12절 말씀에 "여호와께 영광을 돌리며 섬들 중에서 그의 찬송을 전할지어다"라는 말씀 가운데 영광과 찬송이라는 단어를 70인 역에서 헬라어로 번역하면서 아레테라는 단어를 사용하게 되어진 것이다. 따라서 "아름다운 덕을 선전한다"는 말씀은 하나님의 행하신 위대한 행위들, 하나님의 탁월하신 성품들을 선포하고 드러내는 삶을 살도록 하기 위해서 그리스도인에게 특별한 신분을 부여해 주셨다는 것이다. "신앙인들에게도 잘 준비된 전문성이 필요하다. 이것이 주는 힘으로 사회에 선한 영향력을 끼쳐야 한다. 실제로 잘 준비된 크리스천이 그의 전문성으로 의료계, 법조계, 방송계에서 열심히 일할 때 일반 사람보다 훨씬 큰 영향을 사회에 미칠 수 있다."[58] 그러므로 영적 리더로 부름받은 그리스도인은 자신의 삶을 통하여 어떤 분야에서 무엇을 하든지 최선을 다함으로 하나님의 위대하심과 탁월하심을 드러내어야 한다는 특명을 받은 자들이다. 즉 전문성을 개발하고 배양해 나갈 때에 사역의 현장에서 양선의 열매를 탁월하게 맺으므로 하나님께 영광을 돌릴 수 있게 될 것이다.

"서번트 리더십"의 저자 제임스 C. 헌터는 "리더십이란 공동의 최선을 위해 타인에게 영향력을 행사하는 과정이다. 또한 리더십은 타인의 욕구 충족을 위해 기꺼이 나를 희생하는 것을 의미한다. … 타인을 위해 봉사하겠다는 의지만 있으면 누구든 권위를 형성할 수 있다"라고 양선의 열매가 리더로서의 권위형성에 결정적으로 영향을 미치게 됨을 역설하고 있다.[59] 이와 같이, 다른 사람들에게 복음의 선한 영향력을 행사하기 위해

---

58) 권호, *비상, 영성과 전문성으로 날아올라라!* 생명의 말씀사, 2010, p. 129.
59) James C. Hunter, op. cit., pp. 76-77.

서는 리더 자신이 먼저 그들에게 봉사해야 하고 사랑의 수고를 행할 수 있어야 한다. 그럴 때에 진정한 의미에서 영적 권위를 가지고 지도력을 발휘할 수 있게 되는 것이다.

성경은 영적 리더로 부르심을 받은 그리스도인은 "선한 일을 위하여 지으심을 받은 자"(엡 2:10)이기에 선한 일을 열심히 하는 하나님의 친 백성(딛 2:14)이 되어야 하며, 범사에 선한 일의 본을 보일 수 있어야 할 것을 명령하고 있다(딛 2:7). 그래서 히 10장 24절에서는 "서로 돌아보아 사랑과 선행을 격려하며"라고 말씀하고 있고, 히 13장 16절에서는 "오직 선을 행함과 서로 나눠주기를 잊지 말라 이 같은 제사는 하나님이 기뻐하시느니라"고 말씀하고 있으며, 갈라디아서 6장 9절은 "우리가 선을 행하되 낙심하지 말지니 피곤하지 아니하면 때가 이르매 거두리라"고 권면하고 있다. 이처럼, "양선이 적용되어지는 곳에서는 결과적으로 일이 더욱 잘 되고 더욱 건강해지고 더욱 온전해지며 완전해진다. 그리고 대부분의 경우에 있어서 그것들은 하나님을 존귀케 하고 영광스럽게 한다."[60] 따라서, 행동하는 사랑으로서 양선의 열매를 풍성히 맺는 자에게 "영광과 존귀와 평강"이 있게 될 것이고(롬 2:10), "착하고 충성된 종아"(마 25:11)라는 주님의 인정과 칭찬과 예비하신 상급을 받게 될 것을 성경은 약속하고 있다(눅 6:35, 요 5:29, 잠 19:17).

(7) 충성(Faithfulness)

존 맥아더는 "충성은 성실(loyalty)과 신뢰할 수 있음(trustworthiness)과 관련된 성령의 열매의 나타남이다"라고 정의하고 있다.[61] 이 단어는

---

60) 한영철, 성령의 열매에 관한 주석적 연구, 도서출판 알돌기획, 1997, p. 243.
61) John F. MacAthur, op. cit., pp. 168-169.

정직(honesty), 신실(faithfulness), 신뢰(trustworthiness), 충성(fidelity, loyalty)으로 번역되어질 수 있다.[62] 이 충성은 원어상으로 "믿음"(피스티스)이라는 단어를 사용하고 있다. 따라서 이 충성은 믿음을 끝까지 지키면서 하나님과 이웃에게 신실함으로 본분을 다하는 것임을 알 수 있다. 즉 믿음이 있는 자가 받은바 직분에 신실하게 헌신하는 충성의 열매를 맺게 됨을 암시해 주고 있다.

성경은 하나님을 신실하신 하나님(신 7:9)으로 묘사하고 있으며, 이러한 성품을 하나님의 자녀들에게도 요구하고 계심을 말씀하고 있다. 구약시대의 유다 왕 여호사밧은 그 시대 레위 사람들과 제사장들과 이스라엘 족장들 중에서 사람을 세워 충의(faithfully)와 성심(wholeheartedly)으로 맡은 바 일을 행하도록 명령하였던 것을 볼 수 있다(대하 19:8-9). 이러한 충성의 열매의 핵심인 신뢰는 정직과 성실로 이루어져 있으며, 이 정직과 성실은 상호간에 밀접한 관계를 가지고 있음을 성경이 가르쳐 주고 있다(시 25:21, 왕상 3:6).

성경은 이런 충성된 영적 리더들을 열거하고 있다. 믿음의 조상 아브라함은 그의 마음이 하나님 앞에 충성됨을 보시고 하나님께서 그와 더불어 언약을 맺으셨고(느 9:7-9), 구약의 하나님의 사람 모세도 영적 리더로서 충성의 열매를 맺었는데 하나님께서 "모세는 나의 온 집에 충성됨이라"(민 12:7)고 말씀하실 수가 있었다. 다윗은 사울 왕의 신하의 위치에 있었을 때, "충실한 자"라는 인정을 받았고(삼상 22:14), 왕이 되었을 때 그 마음에 성실함(integrity)으로 이스라엘 백성들을 목양했음을 말씀하고 있으며(시 78:72), 하나님께 성실했을 뿐만 아니라(왕상 3:6), 그가 지도자로서 범죄 했을 때 자신의 심령에 정직한 영을 새롭게 해 달라고 간구하

---

62) William Barclay, *Flesh and Spirit*(성령의 열매), 이희숙 역, 종로서적, 1988, pp. 119-120.

였던 것을 볼 수 있다(시 51:10). 히스기야 왕에 대해서는 "히스기야가 그 조상 다윗의 모든 행위와 같이 여호와 보시기에 정직히 행하여 ... 저가 어디로 가든지 형통하였더라"고 기록해 놓고 있다(왕하 18:3,7). 다니엘 역시 "이는 그가 충성되어 아무 그릇함도 없고, 아무 허물도 없음이었더라"(단 6:4)고 그 시대의 영적 리더로서 충성의 열매를 맺었음을 말씀하고 있다. 구약의 의인 욥에 대해서는 "그 사람은 순전하고 정직하여 하나님을 경외하며 악에서 떠난 자더라"고 그의 신실함을 증거하고 있다(욥 1:1).

신약에 와서 구주되시고 주님이신 성자 예수님도 그 이름이 "충신과 진실"로 소개되고 있으며(계 19:11), 성부 하나님께 충성하셨다고 말씀하고 있다(히 3:2). 사도 바울은 유언과도 같은 마지막 서신에서 "내가 선한 싸움을 싸우고 나의 달려갈 길을 마치고 믿음(충성)을 지켰으니"라고 고백하였고(딤후 4:7), 그의 제자 디모데도 영적 리더로서 "신실한 아들"이라고 사도 바울로부터 인정을 받았으며(고전 4:7), 바울의 동역자들이었던 에바브라와 두기고는 "신실한 일군"으로 칭함을 받았던 것을 볼 수 있다(골 1:7, 4:7). 또한 실루아노와 오네시모 역시 "신실한 형제"로 불리움을 받았으며(골 4:9, 벧전 5:12), 안디옥 교회에서 사역하였던 지도자 바나바는 "착한 사람이요 성령과 믿음(충성)이 충만한 자라 이에 큰 무리가 주께 더하더라"(행 11:24)고 기록되어질 정도로 성령 충만하여 양선과 충성의 열매를 풍성히 맺는 리더였기에 그의 사역의 결과로 많은 사람들이 주께로 돌아오는 전도의 풍성한 결실을 거둘 수가 있었던 것을 말씀하고 있다.

이와 같이, 성경에 소개되고 있는 모범적인 영적 리더들의 공통점이 바로 그들의 삶과 사역에 신실함의 열매를 풍성히 맺었음을 볼 수 있으며 이것이 영적 지도력의 핵심이었음을 보여주고 있다. 시스템이론에 크게 기여한 바 있는 피터 셍게(Peter Senge)는 다음과 같이 설명하고 있다.

"장래에는 앞서 나가는 사람들, 자기 자신과 소속된 단체를 근본적으로 변화시키기 위해 성심껏 헌신하는 사람들이 리더가 될 것이다. 그들은 지속적으로 새로운 능력과 재능을 계발하고 지식을 섭렵하여 단체를 이끌어 나간다. 그들은 특정한 누군가가 아니라 단체에 속해 있는 사람들 중에서 생겨난다."[63] 그러므로, 건강하고 성장하는 공동체를 이루어 나가기 위해서는 리더의 신뢰성이 먼저 확보되어지지 않으면 안 된다. 데이비드 닐먼의 언급대로 "신뢰는 성장의 속도를 높이는 원동력이다. 또한 기업과 개인의 모든 것을 바꿀 수 있는 힘이다. 신뢰가 높으면 성공은 빨라지고 커지며 비용은 낮아진다."[64]

맥스 드 프리(Max De Pre)에 따르면 "사람들은 그들의 리더가 자신의 청렴함과 성실함을 조직을 향한 충성심으로 발전시키는 것을 보면서 신뢰를 쌓아 나간다."[65] 이와 같이, 신뢰는 어느 날 갑자기 이루어지는 것이 아니라, 지속적으로 진실을 말하고 약속을 지킬 때에 형성되어지는 것이다. 그러나 영적 리더가 약속에 신실하지 못하고 행동에 일관성이 없을 때 이 신뢰는 상실되어지고 마는 것이다. 성경은 "정직한 자의 성실은 자기를 인도하거니와 사특한 자의 패역은 자기를 망케 하느니라"(The integrity of the upright guides them, but the unfaithful are destroyed by their duplicity)(잠 11:3)고 말씀하고 있다. 그래서 미국의 리더십의 전문가 스티븐 M. R. 코비(Stephen M. R. Covey)는 "신뢰를 회복하는 가장 빠른 방법은 자신에게든 타인에게든 약속을 잘 지키는 것

---

63) Peter M. Senge, "leading Learning Organizations: The Bold, the Powerful, and the Invisible," in *The Leader of the Future,* Ed. Frances Hesselbein, Marshall Goldsmith and Richard Beckhard, (San Francisco: Jossey-Bass, 1996), p. 45.
64) Stephen M. R. Covey, *The Speed of Trust*(신뢰의 속도), 김경섭, 정병창 역, 김영사, 2009, p. 7.
65) Max De Pre, *Leading Without Power,* (San Francisco: Jossey-Bass, 1997), p. 127.

이다"라고 말하고 있으며,66) 제임스 C. 헌터는 신뢰를 형성하는 첫걸음은 "정직과 성실 위에서 행동하는 것"이라고 강조하고 있다.67) 미국 풀러신학대학원의 리더십 교수인 에디 깁스(Eddie Gibbs) 역시 "포스트모던 시대에는 정당하게 권위를 행사하지 않는다면 리더십은 불가능하다. 그런데 이 권위는 리더라는 지위나 직함에서 나오는 것이 아니다. 권위는 인품과 능력, 존경과 일관성 위에 쌓아 올린 신뢰에서 비롯된다"라고 이 충성의 열매가 리더십의 핵심인 것을 강조하고 있다.68)

그러나, 리더를 신뢰하지 못하는 조직에서는 어떤 화려한 비전이나 계획도 무용지물이 될 수밖에 없고, 신뢰 없이는 협력자나 추종자가 생겨날 수 없기에 이 신뢰가 효율적 리더십의 궁극적인 필요조건이 되어지는 것이다. 또한 조직 구성원들에 대한 험담이나 중상모략, 편 가르기와 같은 행동들을 삼가는 것 역시 충성의 열매의 다른 형태라고 볼 수 있을 것이다.

따라서 교회의 직분을 맡아 사역하는 영적 리더가 되려고 하면 "모든 일에 충성된 자"가 되어야 한다는 기준을 성경은 제시하고 있다(딤전 3:11). 주님은 충성되고 지혜있는 종에게 주인이 그 집사람들을 맡긴다고 말씀하셨다(마 24:45). 또한 성경은 지극히 작은 것에서부터 충성의 열매를 맺어야 함을 말씀하고 있으며(눅 16:10), 진실한 자들(충성된 자들)이 승리하게 될 것이며(계 17:14), 충성의 열매를 지속적으로 풍성히 맺는 자에게 생명의 면류관을 주시고(계 2:10), 충성한대로 보상해 주실 것을 약속하고 있다(계 22:12).

---

66) Stephen M. R. Covey, op. cit., p. 49.
67) James C. Hunter, op. cit., p. 121.
68) Eddie Gibbs, *Leadership Next*(넥스트 리더십), 이민호 역, 쿰란출판사, 2010, p. 98.

(8) 온유(Gentleness)

온유는 "겸손하고 타인에 대해 동정심이 있으며 하나님과 그 말씀에 복종함"을 의미한다.[69] 존 맥아더는 "온유는 온화함(gentleness)의 의미를 가지나 유순함(meekness)으로 더욱 번역 되어진다"라고 말하면서 이것은 "복수나 보복의 어떤 욕구가 없는 가운데 모든 모욕(무례)에 참을성 있게 수용하는, 겸손하고 너그러운 자세(humble and gentle attitude)"라고 정의하고 있다.[70] 그리고 그는 "신약에서 온유는 3가지 태도를 묘사하기 위하여 사용되어지고 있다: 하나님의 뜻에 대한 복종(골 3:12), 가르침 받을 수 있음(약 1:21), 그리고 다른 사람들에 대한 고려(엡 4:2)"라고 설명하고 있다.[71]

원래 이 단어는 잘 훈련되어 길들여진 말이나, 온순하게 길들여져서 주인의 명령을 이해하고 복종하게 되어진 사냥개에 대해서 사용되어진 것이며, "오류를 범한 부하에게 가차없이 대할 수 있으나 동정어린 부드러움으로 대하는 사령관을 묘사하는데 사용되는 것이다."[72] 따라서 이 온유는 겸손(마 11:29, 엡 4:1-2, 골 3:12)과 순종(약 1:20-21, 시 25:9, 사 61:1)과 관용(고후 10:1, 딛 3:2)과 밀접한 관계를 가지고 있음을 알 수 있다. 윌리엄 바클레이는 온유는 교만과 노여움과 반대이며, 이 온유의 근본적 의미는 자제(self-control)임을 언급하면서[73] 다음과 같이 설명하고

---

69) Bruce B. Barton, Linda K. Taylor, David R. Veerman, and Neil Wilson, *Life Application Bible Commentary: Galatians*(갈라디아서), 김진선 역, 성서유니온선교회, 2006, p. 298.
70) John F. MacAthur, op. cit., p. 169.
71) Ibid.
72) William Barclay, *The Beatitudes and The Lord's Prayer for Everyman*(팔복 주기도문 강해), 문동학, 이규민 역, 크리스챤 다이제스트, 1987, p. 48.
73) William Barclay, *Flesh and Spirit*(성령의 열매), 이희숙 역, 종로서적, 1988, pp. 126, 132, 133.

있다: "이것은 우리 본성의 감정적인 부분을 완전히 조정(control)하는 것이다. 우리가 온유를 가지고 있을 때 모든 사람을 완전히 예의를 갖고 대할 수 있고, 원한을 품지 않고 책망할 수 있고, 관대하게 다른 사람과 논의할 수 있고, 적의를 품지 않고 진실을 직면할 수 있고, 분을 내어도 범죄치 않을 수 있고, 양순하게 되면서도 약해지지 않을 수 있다. 온유는 우리 자신과 우리 이웃과의 관계가 그 안에서 온전하고 완전한 것이 될 수 있는 미덕이다."[74]

성경은 온유의 열매를 풍성히 맺었던 사람들을 소개하고 있다. 구약에서 믿음의 조상 아브라함은 그의 조카 롯에게 "우리는 한 골육이라 나나 너나 내 목자나 네 목자나 서로 다투게 말자 … 네가 좌하면 나는 우하고 네가 우하면 나는 좌하리라"고 그를 배려하고 존중하므로 다른 사람의 이익을 자신의 이익보다 먼저 생각하고 배려했던 위대한 온유의 사람이었던 것을 말씀하고 있다(창 13:8-9). 구약시대에 가장 온유한 인물은 이스라엘의 영도자 모세였다. 그는 자기 아내 십보라가 죽었을 때 고대 이디오피아 거민들 중 한 사람이었던 이방 사람 구스 여인과 재혼을 하였고 이로 인하여 미리암과 아론으로부터 격렬한 비난을 받게 되었지만 모세는 그 고소자들에 대항하여 자신을 전혀 변호하지 않았다. 그 대신에 그는 하나님 앞에 무릎을 꿇었고 마침내 하나님께로부터 변호를 받았던 영적 지도자로서 "이 사람 모세는 온유함이 지면의 모든 사람보다 승하더라"(민 12:3)고 진정한 온유의 사람으로 평가를 받았던 것을 기록해 놓고 있다. 또 다른 온유의 사람으로 다윗을 들 수 있다. 그는 선지자 사무엘로부터 기름부음을 받고 자신이 왕이 될 것을 알았지만 사울 왕으로부터 온갖 미움과 핍박과 고난을 당하는 가운데서도 복수를 할 수 있는 기회조차도 하나님께 맡기고 온유함으로 승리할 수 있었던 진정한 영적 지도자

---

74) Ibid., p. 133.

였던 것을 볼 수 있다.

신약에서는 만왕의 왕이시고 만주의 주이신 예수님께서는 근본 하나님의 본체였지만 자신을 낮추시고 죽기까지 복종하신 가장 놀라운 온유의 모범을 보여주셨다(빌 2:6-8). 예수님은 "나는 마음이 온유하고 겸손하니 나의 멍에를 메고 내게 배우라 그러면 너희 마음이 쉼을 얻으리니"라고 친히 말씀하셨고(마 11:29), 겸손하여서 작은 나귀새끼를 타시고 예루살렘 성에 입성하셨던 것을 볼 수 있다(마 21:5). 또한 예수님 이후 가장 위대한 사역의 발자취를 남겼던 사도 바울 역시 수많은 고난과 시험과 잘못된 비난과 오해 가운데서도 "그리스도의 온유와 관용으로" 고린도교회 구성원들을 넓은 마음으로 대하였던 영적 지도자였음을 그의 서신이 보여주고 있다(고후 6:11, 10:1).

A. W. 핑크(Pink)는 온유함은 "그들의 동료에 의해 받게 되는 모욕과 무례함을 끈기있게 견디어 내게 하며, 성도들 중 지극히 작은 자로부터의 교훈과 훈계를 기꺼이 받아들이게 하고, 자신보다도 다른 사람들을 더욱 더 높이 평가하게 한다. 온유함은 그리스도인에게 그들을 흥분시키게 하는 자에 대한 분노를 견디어 낼 수 있게 한다. 즉, 그는 다른 사람들이 흥분하였을 때에 냉정을 유지한다. ... 그러나 온유함을 약함과 혼동해서는 안 된다. 참된 온유는 언제나 하나님의 뜻에 복종하는 것이었다. 그러나 그것은 불의에 굴복하거나 악과 타협하지 않는다"라고 적절히 설명하고 있다.[75]

그러면 이러한 온유함을 그리스도인이 어떻게 소유하게 되어지는가? 해돈 로빈슨(Haddon Robinson)은 "우리가 하나님 앞에서 살면서 하나님이 우리를 보시는 것처럼 스스로를 보고 우리의 감추어진 죄들을 고백할 때, 이것은 우리의 태도를 변화시킨다. 이러한 고백이 있을 때, 우리는

---

75) A. W. Pink, *An Exposition of the Sermon on the Mount*(산상수훈, 상), 지상우 역, 엠마오 출판사, 1986, p. 29.

사람들에게 비방을 받더라도 화를 내거나 분노를 품지 않을 것이다. ... 이 변화된 태도로부터 온유함과 복종의 의식과 관대한 마음과 하나님이 우리 삶 속에서 용서하신 것들에 대한 깊은 깨달음이 온다"라고 말하고 있다.[76] 마틴 로이드 존스(D. Martyn Lloyd-Jones)는 "우리는 모든 것, 곧 우리 자신, 우리의 권리, 우리의 대의, 우리의 장래의 전체를 하나님의 손에 일임해야 한다. 그리고 우리가 부당하게 고통을 당하고 있다고 생각될 때 특히 그러해야 한다. ... 무엇보다도 주님을 바라보아야 한다. 그런 다음 스스로 겸손해져서 우리의 사람됨이 부족할 뿐 아니라 철저할 정도로 불완전함을 부끄럽게 고백해야 한다. 그런 다음 우리의 모든 문제거리의 원인이 되는 자아와 절교해야 한다. 그래야만 자기 희생으로 우리를 사신 주께서 들어오셔서 우리를 전부 소유하실 수 있다"라고 조언하고 있다.[77]

성경은 영적 지도자는 이런 온유로서 사역에 임해야 함을 강조하고 있는데, "마땅히 주의 종은 다투지 아니하고, 모든 사람을 대하여 온유하며"(딤후 2:24), 거역하는 자를 온유함으로 징계해야 하며(딤후 2:25), 관용을 모든 사람에게 알게 해야 하며(빌 4:5), 온유한 심령으로 범죄한 자들을 바로 잡아 주어야 하며(갈 6:1), 오직 겸손한 마음으로 자기보다 남을 낫게 여겨야 함(빌 2:3)을 일깨워주고 있다.

이런 온유함을 소유하게 될 때, 영적 리더로 부르심을 받은 그리스도인은 겸손과 순종과 관용의 자세를 지닐 수 있게 되어지며, "사랑과 순종하는 겸손함으로 하나님의 인도와 섭리를 잘 받아들이는 사람, 그리고 어떠한 일이든지 분개하거나 불평하지 않으며 삶이 가져다주는 모든 일을 기

---

76) Haddon Robinson, *The Christian Salt and Light Company*(빛과 소금으로 사는 법), 김문철 역, 나침판, 2006, p. 76.
77) D. Martyn Lloyd-Jones, *Studies on the Sermon on the Mount*(산상 설교집, 제 1 집), 문창수 역, 아가페 출판사, 1974, p. 93.

꺼이 받아드리는 사람, 하나님의 방법이 항상 최선의 길인 것을 확신하며, 하나님께서는 모든 일이 합력하여 선을 이루도록 역사하신다는 것을 확신하는 사람"이 되어질 수 있을 것이다.[78]

성경은 이런 온유한 자에게 하나님은 함께 하시고(사 57:15), 은혜와 구원을 베푸시며(잠 3:4, 약 4:6, 벧전 5:5, 시 149:4), 소원을 들어주시고(시 10:17), 붙드시며(시 147:6), 높여주시고(벧전 5:6, 잠 15:33, 29:23), 지도해 주시며(시 25:9), 땅을 차지하게 하시고[79] 풍부한 화평(great peace)으로 즐거워하게 하실 것(시 37:11, 마 5:5)을 약속하고 있다. 오브리 맬퍼스(Aubrey Malphurs)는 "예수님은 당시의 제자들을 비롯해 오늘날의 우리에게도 리더십이란 결국 다른 사람을 사랑하기 때문에 겸손히 섬기는 것임을 가르치신다. … 그리스도인 리더는 권력을 남용해서 사람들을 억압하거나 이용하지 말고 겸손하게 사람들을 섬겨야 한다"고 말하고 있다.[80]

---

78) William Barclay, op. cit., p. 46.
79) 온유한 자가 땅을 소유하게 되어진다는 것은 (1) 온유한 자가 하나님의 나라의 일부가 되어 예수 그리스도와 함께 다스리게 되어진다(존 맥아더). (2) 온유한자가 만족한 삶을 살게 될 것이며, 그리스도 안에서 이미 자신을 모든 것을 소유한 자로 바라보게 되며, 새 하늘과 새 땅에서 감사하게 될 것을 의미한다(D. A. 카슨). (3) 온유한 자는 그가 지상에서 소유한 것이 많든 적든지 간에 그것을 더욱 더 기쁘게 누리게 되어지며 자신이 가지고 있는 것만으로 만족하게 된다는 의미이다(시 37:16, 잠 15:16). 아담은 타락하기 전에 땅에 대한 영적인 권리를 가지고 있었으나 타락으로 하나님께서 아담과 그의 후손들이 가지게 될 권리를 몰수하셨는데 그리스도께서 택하신 자들에게 되돌려 주셨다는 의미로서 사도 바울처럼 "아무것도 없는 자 같으나 모든 것을 가진 자"(고후 6:10)라고 고백하게 되어졌음을 의미한다. 더 나아가, 천국을 상징한 가나안 땅을 소유하는 것처럼 온유한 자가 천국을 소유하게 되어졌음을 의미한다(A. W. 핑크). (4) 온유한 자는 땅위의 하나님의 나라의 모든 축복에로 들어갈 수 있으며, 도래하는 하나님의 나라에 들어갈 수 있는 자격이 있게 된다는 의미이고, 이 세상이 절대 줄 수 없는, 그리고 이 세상이 절대로 빼앗아 갈 수 없는 평화를 소유하게 되며, 자신을 잘 다스리므로 삶을 위대하게 만드는 능력을 소유하게 된다는 의미이다(윌리엄 바클레이).
80) Aubrey Malphurs, *Being Leaders(리더가 된다는 것은)*, 안정임 역, 국제제자훈련원, 2008, pp. 47-48.

(9) 절제(Self-Control)

절제(엥크라테이아)는 죄악된 인간의 욕심과 정욕을 통제할 수 있는 능력을 의미하는 것으로 "절제는 제어하는 욕구와 욕망과 관계가 있다."[81] 이 절제는 육체적 충동들을 통제하며 균형있는 삶을 유지해 나가는 상태를 말하는 것이다(고전 7:9, 9:25). "절제의 반대는 무절제와 불균형이다."[82] 맥시 더남(Maxie Dunnam)은 다음과 같이 설명하고 있다:

절제는 기쁨이 없는 금욕주의도 아니며, 자존심으로 가득한 오만도 아니다. 그것은 건전한 균형을 추구하는 것이다. … 무절제는 두 가지로 드러난다. 하나는 자신의 일부가 전체를 지배해 버리는 것인데, 예를 들면, 알콜 중독과 다른 중독증 같은 것이다. 중독된 사람은 한 가지 중독된 욕망에만 지배를 받는다. … 그 한 가지의 욕망이 다른 모두를 소모해 버린다. … 자신의 일에 성공하고자 하는 욕심 때문에 가정에서 갈등을 갖거나 가족이 전부이다 보니 개인의 성취욕과 갈등하거나, 서로 갈등을 갖는 욕망으로 고통받는 사람은 누구나 상당한 기간 동안 무절제를 경험하게 된다. … 무절제는 자신의 일부가 자기 자신의 전체를 단순히 지배하는 것만이 아니다. 그것은 자아의 분열일 수도 있다. 우리가 자신을 제대로 알지 못한다면 우리는 이리저리 마구 끌려다니게 될 수 있다. 한 가지가 지나쳐 우리를 망치는 것이 아니라, 여러 가지가 너무 과하여 우리를 해체해 버리는 것이다. 우리의 삶이 너무 많은 욕구들로 가득 찰 때 우리는 무절제의 늪으로 빠진다. 우리는 중심을 찾아서 삶의 질서를 잡지 못하기 때문에 우선 순위를 갖기 어렵고 결국 우리는 파멸하게 된다. … 절제하는 사람은 자신을 안다. 그

---

81) John F. MacAthur, op. cit., p. 169.
82) Maxie Dunnam & Kimberly Dunnam Reisman, *The Workbook on Virtues and the Fruit of the Spirit*(성령의 열매와 생활), 박재승 역, 도서출판 세복, 2001, p. 93.

는 무엇이 중요한지 알기에 우선순위와 목표를 세운다. 절제하는 사람은 보상이 늦어지는 것도 이해하여 그가 원하는 것을 위해 기꺼이 희생할 줄 안다. 절제하는 사람은 목표달성을 위해 해야 할 것과 하지 말아야 할 것을 현명하게 결정한다. 절제하는 사람은 그들 마음에 질서를 위해, 기꺼이 취사 선택하고 그것에 헌신한다. 절제는 균형을 찾는 기술이다.[83]

그러므로 이 절제는 욕망의 통제와 올바른 습관 배양(규모있는 삶)과 우선순위의 설정과 밀접한 관계를 가지고 있음을 알 수 있다. 또한 이 절제는 육체의 일과 육체의 욕망과 정욕에 대한 자제(self-control), 자기 훈련(self-discipline), 자기 부정(self-denial)의 의미를 내포하고 있다. 존 파이퍼는 "절제라는 표현에는 분열된 자아의 싸움이 전제되어 있다. 즉 자아가 즐기기보다는 다스려야 하는 욕망을 만들어 내고 있다는 뜻이다. 예수님께서는 '자기를 부인하고' '자기 십자가를 매일 지고' 당신을 따라야 한다고 말씀하셨다. 우리의 자아는 매일 부인해야 할 또는 다스려야 할 욕망들을 만들어 내고 있다"라고 이 절제의 필요성을 설명하고 있다.[84]

구체적으로 영적 리더로 부르심을 받은 그리스도인이 절제의 열매를 맺어야 할 필요성이 무엇인가? 육체의 정욕과 욕심을 제어하지 아니할 때 다툼과 분쟁에 자리에 들어가게 되어지며(약 4:1), 육신의 일을 도모하게 되어지고(롬 13:14), 사단의 시험을 받게 되어지며(고전 7:5), 기도의 응답을 받지 못하게 되어지고(약 4:3), 색욕을 쫓게 되어지며(살전 4:5), 규모없이 행하게 되어지고(살후 3:6), 영혼에 손상을 받게 되어지며(벧전 2:11), 언어생활에 실수하게 되어지고(잠 10:19), 원망 불평하게 되고 자

---

[83] Ibid., pp. 93-94.
[84] John Piper, *Life as a Vapor*(오늘을 헛되이 보내지 말라), 정현 역, 도서출판 디모데, 2006, pp. 142-143.

기 자랑과 아첨의 자리에 들어가게 되며(유 16), 범죄하는 자리에 들어가게 됨(약 1:15)을 경고하고 있기 때문이다.

그러나 절제의 열매를 지속적으로 맺게 되어질 때 근신함과 의로움과 경건함으로 이 세상에서 살아갈 수 있게 되어지고(딛 2:12), 예수님과 같이 유익한 습관을 형성하게 되어지며(눅 22:39), 영성개발이 이루어지고(벧후 1:6), 사역에 승리하게 되어진다(고전 9:25). 그래서 성경은 절제하지 못하는 마지막 때(딤후 3:3)에 부름받은 영적 리더의 자격으로 절제의 열매를 요구하고 있다(딤전 3:2, 딛 1:8).

이 절제의 열매를 풍성히 맺었던 신약시대의 위대한 영적 지도자 사도 바울은 에베소 교회 장로들에게 행한 그의 고별 설교 가운데서 "내가 아무의 은이나 금이나 의복을 탐하지 아니하였고 너희 아는 바에 이 손으로 나와 내 동행들의 쓰는 것을 당하여 범사에 너희에게 모본을 보였노니"(행 20:33-34)라고 말하므로 영적 리더로 부름받은 그리스도인은 공동체 구성원들에게 범사에 모본을 보이기 위해서 욕심을 제어하고 절제해야 함을 일깨워주고 있다. 이런 절제의 중요성에 대하여 찰스 스펄전(C. H. Spurgeon)은 "나의 서재를 채우거나 모임을 조직하거나 특별한 프로그램을 계획한다 해도 나 자신 가꾸기를 소홀히 한다면 헛된 일입니다. 책과 고뇌, 조직들은 다만 나의 거룩한 소명을 위한 작은 도구에 불과하기 때문입니다. 나의 영과 혼, 몸이 바로 거룩한 봉사를 위한 가장 중요한 도구입니다. 나의 영적 능력과 나의 내적인 생활이 바로 전쟁을 위한 도끼요 무기인 것입니다"라고 영적 리더의 궁극적인 성공은 자기 자신을 얼마나 제대로 잘 관리하는데 있음을 지적한 바 있다.[85] 따라서 영적 리더로 부르심을 받은 그리스도인은 하나님께서 주신 은사와 사명을 따라 사역

---

85) C. H. Spurgeon, *Lectures to My student*(목회자 후보생들에게), 생명의 말씀사, 1982, p. 10.

에 결실을 거두기 위해서는 자신의 잠재력이 제대로 발휘되지 못하게 방해하는 파괴적인 습관과 행위를 변화시켜서 사명 수행에 적합한 규모있는 습관과 행위를 유지해 나갈 수 있도록 자기 훈련에 더욱 힘쓰지 않으면 안 된다는 것이다. 이것이 바로 절제의 열매를 맺어야 하는 가장 중요한 이유이다.

사도 바울은 고린도전서 9장 25절에서 "이기기를 다투는 자마다 모든 일에 절제하나니 저희는 썩을 면류관을 얻고자 하되 우리는 썩지 아니할 것을 얻고자 하노라"고 승리에 초점을 맞추는 영적 리더는 모든 일에 절제하는 자기통제의 열매를 지속적으로 맺어야함을 깨우쳐 주고 있다. 그리고 그 다음 26절에서 "그러므로 내가 달음질하기를 향방없는 것같이 아니하고 싸우기를 허공을 치는 것같이 아니하여 내가 내 몸을 쳐 복종하게 함은 내가 남에게 전파한 후에 자기가 도리어 버림이 될까 두려워 함이로라"고 고백하므로 그가 하나님의 은혜를 항상 사모하고 추구하였지만 동시에 자기 훈련의 중요성을 인식하고 직접 실천하였던 영적 지도자였음을 보여주고 있다. 이와는 대조적으로 초대교회 당시 거짓교사들은 정욕에 사로잡혀 무절제한 삶을 살아가므로 하나님의 은혜를 색욕거리로 바꾸는 불행스러운 자리에 들어가게 되었던 것을 유다서가 드러내 보여주고 있다(유 4,7,10,11,16,18).

존 파이퍼는 철저한 절제의 열매를 맺기 위해서는 자신에게 부정적인 영향을 끼치는 것들에 대해서 단지 아니라고 말하는데서 그치는 것이 아니라 그리스도의 더 강한 능력과 즐거움 가운데 있는 믿음으로 아니라고 말해야 하며, 그리스도가 더 강한 능력과 즐거움을 주는 것이라는 믿음을 가지고 절제력을 발휘할 때에 그리스도께서 영광을 받으시게 된다고 역설하고 있다.[86] 윌리엄 바클레이는 "자기 훈련은 힘을 얻는 방법이다. 자

---

[86] John Piper, *Life as a Vapor*(오늘을 헛되이 보내지 말라), 정현 역, 도서출판 디모데, 2006, pp. 143-144.

기 숙달은 능력에로 가는 길이다. 그리고 자기를 다스리는 사람은 진실로 사람들 가운데 왕이다. … 왜냐하면 사람이 자신을 다스릴 때만이 또한 다른 사람을 다스릴 수 있기 때문이다"라고 절제의 중요성을 깨우쳐 주고 있다.[87] 참으로 절제의 열매를 맺는 그리스도인만이 그의 행동과 삶이 욕망의 지배를 받는 것을 피할 수 있는 사람이다.

4. 결론(Conclusion)

리더십의 본질로서의 성령의 9가지 열매들은 능력있는 리더의 자질 가운데 성품이 근본적인 것임을 보여주고 있다. 따라서 성숙한 성품이 없이, 카리스마만 있거나 이름만 가지고 있는 리더는 리더로 불릴 자격이 없으며, 성품과 역량은 서로 나누어져 있는 것이 아니라, 함께 있을 때에야 제 기능을 발휘하게 되고 성과를 거두게 되어짐을 가르쳐 주고 있다.

앤디 스탠리(Andy Stanley)의 지적대로 "건강하고 오래된 관계는 온전한 성품이 존재한다는 증거다. 갈등 많고 단명한 관계는 성품 결손의 증거다. 갈등 많고 오래된 관계도 마찬가지이다. 모든 대인관계는 성품의 직접적인 영향을 받는다."[88] 이와 같이, 성품에 문제를 가진 사람이 영적 리더가 되면 관계에서 갈등을 일으키고 고통을 주기 때문에 결국 사역하는 그 공동체 전체에 부정적인 영향을 끼치게 되어지고, 하나님의 영광을 가릴 뿐 아니라 복음을 전파하는 데도 방해가 되어질 수밖에 없다.

오늘날 세계적인 리더십 훈련기관(J.D. Hunter Associates, LLC)의 책임자로 있는 제임스 C. 헌터는 사랑이 섬기는 리더십의 본질임을 밝혀주

---

87) William Barclay, op. cit., p. 53.
88) Andy Stanley, *Louder than Words*(성품은 말보다 더 크게 말한다), 윤종석 역, 도서출판 디모데, 2005, p. 37.

고 있다. 그는 리더십의 8가지 본질을 1) 인내(자제력의 표현-오래 참음), 2) 친절(타인을 향한 관심과 이해, 격려의 표현-자비), 3) 겸손(자만심, 거만함, 가식없이 보이는 것 또는 진실하게 행동하는 것-온유), 4) 존중(사람을 소중한 존재처럼 대하는 것-자비), 5) 무욕(타인의 욕구를 충족시킴-양선), 6) 용서(적대감을 극복하는 것-자비), 7) 정직(속이지 않는 것-충성), 8) 헌신(선택에 충실한 것-충성)으로 설명하고 있는바, 이 모든 본질들은 성령의 9가지 열매들과 일치되어지고 있음을 알 수 있다.[89]

이런 성령의 9가지 열매들은 고린도전서 13장 4절에서 7절까지의 사랑의 여러 가지 특성들과도 일치되어지고 있다.[90] 즉 "사랑은 오래참고(오래 참음), 사랑은 온유하며(자비), 시기하지 아니하며(화평), 사랑은 자랑하지 아니하며(온유), 교만하지 아니하며(온유), 무례히 행치 아니하며(자비), 자기의 유익을 구치 아니하며(양선), 성내지 아니하며(화평), 악한 것을 생각지 아니하며(자비), 불의를 기뻐하지 아니하고(충성), 진리와 함께 기뻐하고(희락), 모든 것을 참으며(오래 참음), 모든 것을 믿으며(충성), 모든 것을 바라며(절제), 모든 것을 견디느니라(충성)." 또한 신약성경 중 빌립보서는 성령의 9가지 열매들 중 처음 3가지 열매들(사랑, 희락, 화평)을 구체적으로 설명하고 있다면, 베드로전서는 그 다음 3가지 열매들(오래 참음, 자비, 양선)과 관련이 있으며, 유다서는 마지막 3가지 열매들(충성, 온유, 절제)의 중요성을 깨우쳐 주고 있다고 볼 수 있을 것이다.

예수님께서 섬기는 리더로서 사역을 완수하실 수 있었던 것은 성령의 9가지 열매들을 가장 온전히 맺으신 분이셨기 때문임을 복음서가 이를 보여주고 있다. 그러므로 예수님과 같이 그 삶 속에 성령의 9가지 열매들

---

89) James C. Hunter, op. cit., pp. 96-128.
90) 폴 시다(Paul Cedar)는 고전 13장 4-7절은 섬기는 지도자에 대한 실천적이고 현실적인 정의이며, 예수 그리스도의 삶 즉 성숙한 섬기는 지도자의 모습을 묘사하고 있는 것으로 설명하고 있다. op. cit., pp. 35-36.

을 풍성히 맺는 사람이 예수님을 참으로 닮은 사람이고, 그 사람이 영적 리더로서의 자격을 갖춘 사람임을 알 수 있다. 이렇게, 예수님의 성품을 닮은 인격이야말로 리더십의 핵심이라고 할 때, 영적 리더의 성품개발은 필수적인 것이다. J. I. 패커(Packer)가 언급한 대로 "성령의 열매 자체는 일련의 행동, 반작용의 습관"이라고 한다면, 더욱이 영적 지도자에게 이런 거룩한 습관의 형성이 참으로 중요하다고 하지 않을 수 없다.[91]

그러나, 이런 성품의 9가지 열매들은 그리스도인 스스로가 자력으로 개발하거나 마스터할 수 있는 기술이 아니라 오직 성령의 충만과 지배를 받을 때에 지속적으로 개발되어질 수 있는 영적 리더의 필수적인 성품인 것을 성경은 깨우쳐 주고 있다. 폴 시다(Paul Cedar) 역시 "섬기는 지도자의 궁극적인 목적은 자신을 따르는 사람들을 사랑하고 그들이 예수님을 쫓도록 격려하며 그들이 영적으로 성숙한 자가 되기까지 양육하는 것이다"라고 말하면서, "우리들은 모두 예수 그리스도와 다른 사람들의 종으로 부름 받는다. … 그래서 우리는 섬기는 지도자 직분을 실천할 필요가 있는 것이다. … 우리가 종으로서 다른 사람을 인도하려면 우리의 마음이 성령의 인격으로 임하시는 예수 그리스도로 충만해야 하고 그 분의 지배를 받아야 한다. 섬기는 지도자는 태도[마음]에서부터 시작된다. … 섬기는 지도자가 되는 것은 자연스럽게 이뤄지는 일이 아니라 여기에는 초자연적인 것, 바로 하나님의 임재와 능력이 필요한 것이다"라고 적절히 정리해 주고 있다.[92]

그러므로 영적 리더로 부름 받은 그리스도인이 예수 그리스도의 종으로서, 육의 사람이 죽어지고 성령으로 충만하여 그 삶 속에 성령의 열매들을 지속적으로 풍성히 맺어갈 때 예수님을 닮게 될 것이고, 예수님처럼

---

91) J. I. Packer, *Keep in Step with the Spirit*(성령을 아는 지식), 서문강 역, 새순출판사, 1986, p. 144.
92) Paul Cedar, op. cit., pp. 108, 124, 128.

섬기는 리더로서의 역할과 사명을 다할 수 있게 될 것이다. 영국의 복음주의 신학자 존 스토트(John R. W. Stott)가 20년 가량 매일 아침 경건의 시간에 성령의 9가지 열매들이 자신의 삶 속에서 이루어지도록 기도하면서, 중요하게 생각 했듯이, 영적 리더로서의 온전한 자격을 갖추어 나가는 것이야말로 오늘날 모든 그리스도인들에게 주어진 중차대한 과제요 책임임을 인식해야만 할 것이다.

참고문헌(Reference List)

Bailey, Mark L. *To Follow Him: The Seven Marks of a Disciple*(제자도의 7가지 핵심). 개정판, 도서출판, 2011.

Barclay, William. *The Letters to the Philippians, Colossians and Thessalonians*. Edinburgh: The Saint Andrew Press, 1975.

_____. *The Beatitudes and The Lord's Prayer for Everyman*(팔복 주기도문 강해). 문동학, 이규민 역, 크리스챤 다이제스트, 1987.

_____. *Flesh and Spirit*(성령의 열매). 이희숙 역, 종로서적, 1988.

Barton, Bruce B., Linda K. Taylor, David R. Veerman, and Neil Wilson. *Life Application Bible Commentary: Galatians*(갈라디아서). 김진선 역, 성서유니온선교회, 2006.

Coolidge, Calvin. *The New Encyclopedia of Christian Quotations*. comp. Mark Water, Grand Rapids: Baker Books, 2000.

Cedar, Paul. *Servant Leadership*(섬기는 지도자). 김성웅 역, 도서출판 햇불, 1992.

Covey, Stephen R. *Principle-Centered Leadership*(원칙 중심의 리더십). 김경섭, 박창규 역, 김영사, 2001.

_____. *The Speed of Trust*(신뢰의 속도). 김경섭, 정병창 역, 김영사, 2009.

De Pre, Max. *Leading Without Power*. San Francisco: Jossey-Bass, 1997.

Dunnam, Maxie., & Kimberly Dunnam Reisman. *The Workbook on Virtues and the Fruit of the Spirit*(성령의 열매와 생활). 박재승 역, 도서출판 세복, 2001.

Edwards, Jonathan. *Charity and Its Fruits*(사랑의 열매). 서문강 역, 도서출판 엠마오, 1984.

Garrod, G. W. *The First Epistle to the Thessalonians*. London: Macmillan, 1899.

Gibbs, Eddie. *LeadershipNext*(넥스트 리더십). 이민호 역, 쿰란출판사, 2010.

Grudem, Wayne. *Systematic Theology: An Introduction to Biblical Doctrine*. Grands Rapids: Zondervan Publishing House, 1994.

Henry, Matthew. *Galatians, Ephesians, Philippians, Colossians and I &II Thessalonians*. Korean Trans. Ky Dok Kyo Moon Sa, 1979.

Hiebert, Edmond D. *1 & 2 Thessalonians*. Chicago: Moody Press, 1992.

Hunter, James C. *The World's Most Powerful Leadership Principle(서번트 리더십)*. 실전 매뉴얼 편, 김광수 역, 시대의 창, 2006.

Lloyd-Jones, D. Martyn. *Studies on the Sermon on the Mount(산상 설교집, 제1집)*. 문창수 역, 아가페 출판사, 1974.

MacArthur, John F. *The MacArthur New Testament Commentary: Galatians*. Chicago: Moody Press, 1987.

Malphurs, Aubrey. *Being Leaders(리더가 된다는 것은)*. 안정임 역, 국제제자훈련원, 2008.

Packer, J. I. *Keep in Step with the Spirit(성령을 아는 지식)*, 서문강 역, 새순출판사, 1986.

_____. *Hot Tub Religion(제자에게 요구되는 기본적인 특성)*. 서문강 역, 여수룬, 1989.

_____. *God's Plan For You(당신을 향한 하나님의 계획)*. 정옥배 역, 두란노, 2002.

Packer, James I., and A. M. Stibbs. *The Spirit Within You(우리 안에 거하시는 성령님)*. 정다올 역, 생명의 말씀사, 2010.

Pink, A. W. *An Exposition of the Sermon on the Mount(산상수훈, 상)*. 지상우 역, 엠마오 출판사, 1986.

Piper, John. *Desiring God(여호와를 기뻐하라)*. 김기찬 역, 생명의 말씀사, 1998.

_____. *The Roots of Endurance(인내)*. 신원섭 역, 좋은 씨앗, 2005.

_____. *When I Don't Desire God(하나님을 기뻐할 수 없을 때)*. 전의우 역, IVP, 2005.

_____. *Life as a Vapor*(오늘을 헛되이 보내지 말라). 정현 역, 도서출판 디모데, 2006.

Robinson, Haddon. *The Christian Salt and Light Company*(빛과 소금으로 사는 법). 김문철 역, 나침판, 2006.

Senge, Peter M. "leading Learning Organizations: The Bold, the Powerful, and the Invisible," in *The Leader of the Future*. Ed. Frances Hesselbein, Marshall Goldsmith and Richard Beckhard, San Francisco: Jossey-Bass, 1996.

Spurgeon, C. H. *Lectures to My student*(목회자 후보생들에게). 생명의 말씀사, 1982.

Stanley, Andy. *Louder than Words*(성품은 말보다 더 크게 말한다). 윤종석 역, 도서출판 디모데, 2005.

Stanley, Charles F. *Finding Peace*(인생에서 가장 값진 선물: 평안). 이남하 역, 요단, 2004.

Stott, John R. W. *The Contemporary Christian: Applying God's Word to Today's World*. Downers Grove, Ill: InterVarsity Press, 1992.

Wright, Walter C. Jr. 관계를 통한 리더십(*Relational Leadership*). 양혜정 역, 예수전도단, 2002.

권 호. 비상, 영성과 전문성으로 날아올라라! 생명의 말씀사, 2010.
배성호. 두뇌 프라이밍. 두레시대, 1996.
신현만. 능력보다 호감부터 사라. 위즈덤하우스, 2011.
이병철. 성서원어 헬 한 완벽사전 (I). 브니엘 출판사, 1988.
존 맥스웰 외 29인. 효과적인 평신도 사역을 위한 *30가지 양육전략*. 김창대 역, 기독신문사, 2001.
한영철. 성령의 열매에 관한 주석적 연구. 도서출판 알돌기획, 1997.
헨리 나우웬. 상처입은 치유자. 최원준 역, 두란노, 1999.
성서원어대전: 신학사전 (II). 이병철 편, 한국성서 연구원, 1985.
성서원어대전: 헬 한 완벽사전 (III). 이병철 편, 한국성서 연구원, 1989.
옥스퍼드 원어성경대전: 고전 제 10-16장. 제자원, 2006.

Spiritual Leadership & Church Ministry

03

성경교육의 중요성
-딤후 3:15-17을 중심으로-

The Importance of Bible Education

성경교육의 중요성
(The Importance of Bible Education)
-딤후 3:15-17을 중심으로-

1. 서론

성경연구의 중요성에 대하여 존 맥아더는 다음과 같이 말하고 있다. "목회자[교회사역자]의 생각과 말이 성경과 일치하려면 성경공부에 많은 시간을 할애하지 않으면 안 된다. 성경은 일생을 다 바쳐 부지런히 연구해도 그 풍성한 진리를 겨우 깨닫기 시작했다고 할 정도로 끝이 없는 진리의 보고다. 하지만 안타깝게도 오늘날은 가만히 앉아서 생각하기를 싫어하는 세대다. 이 세대는 재미있는 오락만을 추구한다. 그럼에도 불구하고 목회자는 하나님의 말씀을 연구하고 이해하고 분명하게 전달하는데 심혈을 기울여야 한다."[1] 그는 "사역의 핵심은 경건이다. 아무리 머리가 명석하고, 의사전달 능력이 아무리 출중하더라도 하나님의 말씀에 무지하고 경건한 삶을 살지 못하면 사역은 실패할 수밖에 없다. 사역의 성패

---

1) John F. MacArthur, *The Master's Plan of the Church*(하나님이 계획하신 교회), 조계광 역, 생명의 말씀사, 2009, p. 260.

는 진리의 지식과 경건한 삶에 달려있다"라고 역설하고 있다.[2]

구약에서 소개되고 있는 아브라함은 모든 믿는 자들의 믿음의 조상으로 불리워지고 있다(롬 4:11). 그런데 이 아브라함에 대하여 구약성경 창세기 18장 19절에 보면 "내가 그로 그 자식과 권속에게 명하여 여호와의 도를 지켜 의와 공도를 행하게 하려고 그를 택하였나니 이는 나 여호와가 아브라함에게 대하여 말한 일을 이루려 함이니라"(창 18:19)고 하나님께서 이 아브라함을 선택하신 목적이 아브라함으로 하여금 그의 자녀들과 그의 권속에게 하나님의 말씀을 가르쳐 지켜 행하게 하므로 열방이 아브라함과 그의 후손으로 말미암아 복을 받게 하기 위함임을 분명히 언급하고 있다. 따라서 아브라함이 이 말씀을 쫓아 그의 자녀들과 권속들에게 하나님의 말씀을 바로 전하고 가르친 결과로 그의 후손인 다윗은 하나님의 마음에 맞는 사람으로 마침내 그의 자손으로 메시야되신 예수 그리스도가 오심으로 하나님의 뜻을 다 이루는 축복의 통로가 되어진 것을 성경은 말씀해 주고 있다(행 13:22-23).

이처럼 성경교육은 하나님의 영광과 사실상 택하신 하나님의 백성들의 행복을 위한 만복의 근원되신 하나님의 계획이요 하나님의 명령임을 성경은 가르쳐 주고 있다(신 6:1-2, 8:1,6, 10:12-13). 그러나 이 하나님의 준엄하신 명령을 무시하고 도외시했을 때에 이스라엘 백성들에게는 말할 수 없는 고난과 역경과 시련이 주어졌던 것을 또한 성경이 깨우쳐 주고 있다(대하 36:11-21, 렘 6:8, 8:9, 42:1-44:30).

참으로 성경교육은 택하신 하나님의 백성들의 생사화복을 결정하는 가장 중요한 관건이 되어지며, 영원하신 하나님의 계획과 목적을 이루는 요체가 되어지기 때문에 부활하신 주님께서도 승천하시기 직전에 제자들에게 주신 선교명령에서도 "내가 너희에게 분부한 모든 것을 가르쳐 지키게

---

2) Ibid., p. 264.

하라"고 열방을 제자삼는 선교사역의 완성이 이로 말미암아 이루어질 것임을 친히 말씀해 주셨던 것을 볼 수 있다(마 28:19-20). 따라서 성경교육은 구약시대뿐만 아니라 신약시대에도 아니 주님오실 때까지 지속되어져야만 하는 가장 중요한 교회와 모든 그리스도인들의 최우선적인 책임이요 사명인 것이다.

그러나 오늘날의 상황은 어떠한가? 미국의 복음적 개혁주의 신앙의 저명한 강해설교자 제임스 몽고메리 보이스(James M. Boice)는 "우리는 교회에서 무엇을 해야 할까? 성경을 배우는 것이 가장 중요하다. 건전한 성경교육보다 신자의 성장과 교회의 건강에 더 중요한 것은 없다. 하지만 안타깝게도 오늘날에는 진지한 성경교육이 점점 자취를 감추고 있다. 복음주의 교회들조차 예외가 아니다. 성경교육대신 얕은 통속 심리학, 자기계발 훈련, 흥미위주의 자극제, 각종 오락이 더 큰 비중을 차지하고 있다. 성경에 대한 무지는 참으로 심각한 수준이다"라고 진단을 내리고 있다.[3]

그러므로 이러한 성경교육의 중요성을 염두에 두면서, 본 장에서는 성경교육의 필요성과 성경교육의 내용인 성경 자체의 독특한 역할과 독특한 권위와 그 성경이 행하는 중요한 사역이 무엇이며, 성경교육의 목표가 무엇이어야 함을 디모데후서 3장 15-17절을 중심으로 살펴보고자 한다.

---

[3] James Montgomery Boice, *Living by the Book*(말씀을 사랑할 때 나에게 일어나는 일), 조계광 역, 규장, 2010, p. 139.

2. 성경교육의 필요성

(1) 성경교육은 하나님의 준엄한 명령이기 때문이다(신5:31-33, 6:1, 7, 11:19, 잠 22:6, 겔 3:17-21, 마 28:20, 벧후 3:18).

미국 시카고의 무디 성경신학원(Moody Bible Institute)에서 11년간 교수로 활동하였던 게리 브레드펠트(Gary Bredfeldt)는 "하나님의 백성을 인도하는데 있어서도 가르치는 일은 실제적이고 지속적인 변화를 가져오는 가장 강력한 수단이 된다. 성경은 하나님의 길과 뜻 안에서 하나님의 백성들을 가르치도록 기록된 책이다. 가르치지 않으면 하나님의 백성들은 방자해 진다. 잠언 29장 18절 말씀은 리더의 중요성을 강조한다. '묵시가 없으면 백성이 방자히 행하거니와' 이 말씀은 비전을 가진 리더가 되라는 의미인가? 아니다. 이것은 하나님의 백성들이 경건한 삶을 살도록 하나님의 계시된 말씀을 가르치라는 소명이다. 이 구절의 요지는 전체 구절을 현대어 번역 성경으로 읽으면 가장 잘 이해할 수 있다. '계시가 없으면 백성은 방자해지나, 율법을 지키는 사람은 복을 받는다.' 다시 말해서, 하나님의 말씀을 가르치지 않으면 백성들은 방자해지는 것이다!"라고 성경교육의 절대 필요성을 강조한바 있다.[4]

왜 하나님께서는 성경교육을 명령하셨는가? 그것은 이 세상에서 영원히 존재하는 것은 오직 하나님의 말씀뿐이며(벧전 1:24-25), "천지는 없어질지언정 내 말은 없어지지 아니하리라"(마 24:35)고 하신 예수님의 말씀은 결코 과장이 아니기 때문이다. 인간이 땅위에서 소유할 수 있는 모든 것들 즉 물질이나 명예나 권세나, 행할 수 있는 어떤 위대한 연구나

---

4) Gary Bredfeldt, *Great Leader Great Teacher*(위대한 교사 위대한 리더), 손덕호 역, 프리셉트, 2008. p. 59.

업적일지라도 하나님의 말씀에 부합되지 않는 것들은 언젠가는 사라질 수밖에 없는 것들이기에, 하나님의 말씀에 절대적인 관심을 기울이고 말씀에 근거하는 삶과 사역이 되어져야 하기 때문이다(요일 2:17). 또한 이 성경말씀은 무의미하고 가치없는 말씀이 아니라 생명이 되는 말씀이기 때문에(신 32:47), 하나님의 사람 모세는 성경기록을 마치게 될 때 "내가 너희에게 증언한 모든 말을 너희의 마음에 두고 너희의 자녀에게 명령하여 이 율법의 모든 말씀을 지켜 행하게 하라"(신 32:46)고 명령하였던 것이다.

미국 달라스 신학대학원 총장을 역임한 찰스 스윈돌(Charles R. Swindol)은 성경적 진리의 올바른 교육의 중요성을 다음과 같이 말하고 있다: "교회에 필요한 것은 성경적 진리를 올바르고 명확하게 가르치는 것, 그리고 진정 그 말씀대로 사는 것이다. 전염성있는 교회는 사람을 귀히 여기고 그들의 삶을 성장시키는 데 시간을 투자하는 배려깊은 사람들로 구성된다. 그것이 하나의 목표가 되어야 한다. 그렇지 않으면 교회는 박제된 것과 다름없는 배부른 그리스도인들로 가득한 낡고 먼지 쌓인 박물관이 되고 만다. 교회가 재생산하지 못할 때 교회는 죽는다."[5]

(2) 성경교육은 주님의 주된 사역으로 선교사역의 완결부분이 되어지기 때문이다(마 4:23, 7:28-29, 13:54, 28:19-20, 눅 3:23, 19:47, 21:37, 요 18:20, 행 1:1, 2:42, 5:42, 8:35, 11:26, 15:35, 18:11, 20:20, 28:31, 고전 4:17).

게리 브레드펠트(Gary Bredfeldt)는 "가르침은 대위임령의 일부이며, 하나님의 축복을 받는 사람에게 필수적인 것이다. 하나님의 말씀을 공식

---

[5] Charles R. Swindoll, *The Church Awakening: An Urgent Call for Renewal*(교회의 각성), 유정희 역, 두란노, 2012, p. 98.

적으로 가르치는 사람만이 리더는 아니다. 소그룹이나 일대일로도 가르칠 수 있다. 집에서 여러분의 자녀들에게, 혹은 교회에서 다른 가정의 자녀들에게 가르칠 수도 있다. 어디에서 가르치건 간에 하나님의 손은 하나님의 말씀을 성실하게 가르치고자 하는 사람들에게 임한다. 하나님의 말씀을 가르치는 일은 여러분의 리더십 사역 가운데 하나님이 인정해 주시는 일이다"라고 말하고 있다.[6]

(3) 성경교육은 모든 선한 사역을 행할 능력을 구비시켜 주는 것이 되어지기 때문이다(롬 15:14, 고전 1:5-7, 골 1:28, 3:16, 딤전 4:6, 딤후 2:15, 3:17, 히 5:12-14, 딛 3:8).

청교도인 토마스 왓슨(Thomas Watson)은 "다른 책들을 읽으면 마음이 따뜻해지지만, 이 책[성경]을 읽으면 마음이 변화된다"라고 말한 바 있다.[7] 이처럼, 하나님의 말씀은 그리스도인의 인격의 어느 한 부분만이 아니라 전인을 사로잡고 변화시킴으로 하나님의 사람으로 합당한 삶을 살아가게 하는 능력을 가지고 있다.

제임스 몽고메리 보이스는 "우리는 스스로 올바른 길을 볼 수 없다. 이 세상은 칠흑처럼 어두우나 우리 안에는 빛이 없고, 잘못된 방향으로 인도하는 길들이 많기 때문이다. 그래서 하나님의 말씀이 길을 비추고 우리 앞에서 밝히 빛나야만 올바른 길을 볼 수 있다. 성경은 우리에게 올바른 길을 찾게 한다. 또한 우리가 가야할 길을 알려줄 뿐만 아니라 그 길대로 행할 능력을 준다"고 말하고 있다.[8] 그래서 존 맥아더(John MacArthur Jr.)는 "하나님의 말씀에 대한 지식으로 하여금 우리의 생각을 지배하게

---

6) Gary Bredfeldt, op. cit., p. 55.
7) Thomas Watson, *A Body of Divinity* (Edinburgh: Banner of Truth, 1958), p. 29.
8) James Montgomery Boice, op. cit., pp. 148-149.

하는 것이 의로운 삶의 비결입니다. 여러분의 사고를 지배하는 것이 여러분의 행동을 지배할 것입니다. ... 하나님의 말씀에 대한 지식은 '모든 신령한 지혜와 총명' (골 1:9)에 다다릅니다"라고 적절히 말해주고 있다.[9)]

이처럼, 성경을 접하고 가르침 받은 결과로 주어진 열매들에 대하여 토머스 카힐(Thomas Cahill)은 "성경이 없었다면 노예폐지운동, 감옥개량운동, 반전운동, 노동운동, 민권운동도 없었을 것이고, 토착민과 가난한 자들의 인권운동, 남아공의 아파르트헤이트 반대운동, 폴란드의 연대운동, 대한민국과 필리핀, 심지어 중국같은 극동 국가들의 언론자유와 민주화운동도 없었을 것이다. 현대의 이런 운동들은 모두 성경의 언어를 구사했다"라고 말하고 있다.[10)]

(4) 성경교육은 하나님의 뜻을 분별하여 성취하는 결과를 가져오는 가장 중요한 관건이 되어지기 때문이다(창 18:19, 시 40:8, 호 4:6, 롬 10:2, 12:2, 고전 2:13, 빌 1:9-10).

유진 피터슨(Eugene Peterson)은 "성경을 펼쳐서 한 장씩 넘길 때마다, 생각지도 못했던 곳에서 성경이 우리를 일깨우고, 놀라게 하고, 성경이 보여주는 현실로 들어가게 하고, 하나님의 제시하는 조건대로 그 분과 관계하도록 우리를 이끄는 것을 발견하게 된다"라고 성경이 하나님의 뜻을 분별하게 하고 하나님과의 올바른 관계를 형성하게 함을 언급하고 있다.[11)]

---

9) John MacArthur Jr., *Colossians and Philemon* (Chicago: Moody, 1992), pp. 29-30.
10) Thomas Cahill, *The Gift of the Jews: How a Tribe of Desert Nomads Changed the Way Everyone Thinks and Feels* (Anchor Books: Nan A. Talese, 1999), p. 248.
11) Eugene H. Peterson, *Eat This Book: A Conversation in the Art of Spiritual Reading(이 책을 읽으라)*, 양혜원 역, IVP, 2006, p. 28.

빌 하이벨스(Bill Hybels)는 "하나님은 친절하심으로 성경 말씀을 통해 무수히 많은 속삭임들을 우리 평생에 제공하신다. 우리는 어떤 상황에 대해서는 속삭임을 직접 귀로 듣지 못하기도 하지만 하나님은 말씀을 통해 우리가 알고 싶은 것들, 즉 하나님과 그 분의 성품, 그 분이 우리에게 주신 소명의 삶을 온전히 알도록 보여 주셨다. 이 말씀을 통해 얻을 수 있는 엄청난 힘을 우리는 기억하지 못한 채, 인생을 그럭저럭 헤쳐 나간다"라고 성경교육이 제대로 이루어지지 아니할 때 주어지는 손실을 말해주고 있다.[12]

기독교 역사상 가장 위대한 기도의 사람으로 알려진 E. M. 바운즈(Bounds)는 "하나님의 뜻을 행하는 것, 그리고 우리 안에 하나님의 말씀이 거하도록 하는 것은 효과적이고 능력있는 기도를 위해 반드시 필요한 일이다. 그러나 이렇게 질문을 던질 수도 있을 것이다. 그렇다면 과연 우리가 어떻게 하나님의 뜻을 알 수 있단 말인가? 그 대답은 하나님의 말씀을 연구함으로써, 우리 마음속에 그 말씀을 새김으로써, 우리 안에 그 말씀이 풍성하게 거하도록 함으로써 가능하다"라고 역설한 바 있다.[13]

캐나다 바이블 칼리지에서 신학을 가르치고 있는 고든 스미스(Gordon T. Smith)는 "성령께서는 우리의 마음과 정신에 그 말씀을 어떻게 구체적으로 적용할 것인가를 전달해 주신다. 이는 만약 우리가 그리스도의 말씀이 우리 안에 풍성히 살아 있게(골 3:16) 하지 않는다면, 성령의 충만함(엡 5:18)을 받을 수 없다는 것을 뜻한다. ... 우리의 마음이 성경에 완전히 젖어야 비로소 우리는 무수한 소음들 가운데에서 성령의 목소리를 인식할 수 있는 것이다. . ... 만약 성경 연구를 게을리 해 왔다면, 우리는 좋은 선택을 하지 못하게 될 것이다. ... 성경을 연구하게 되면 우리의 마음

---

12) Bill Hybels, *The Power of a Whisper*(주의 음성), 캐런 채 역, 국제제자훈련원, 2011, p. 165.
13) E. M. 바운즈, *거침없이 기도하라*, 임종원 역, 브니엘, 2014, p. 199.

이 새로워지게 되고, 그것을 통해서 신자는 세상 속에서의 하나님의 뜻과 그분의 목적을 좀 더 완전하게 이해할 수 있게 된다. 이는 또한 우리가 우리 삶 속에서 중요한 결정을 내려야 하는 시기에 최고의 것을 분별하도록 도와준다"라고 말하고 있다.[14]

이와 같이, 성경을 바르게 깨닫지 못하게 되어질 때 잘못된 순종의 길로 나아가게 되어지기 때문에 결국 하나님의 뜻에 대한 불순종이 될 수밖에 없는 것이다. 따라서 하나님의 뜻을 올바르게 분별하여 따르기 위해서는 성경연구와 올바른 교육이 선행되어져야 한다.

19세기에 글래스고와 런던에서 목회했던 주목받은 설교자요, 성경 주석가였던 아돌프 사피어(Adolph Saphir)는 "성경은 하나님이 우리에게 가까이 다가오는 것에 대한 대체물이 아니다. 성경은 그 유일한 통로다. ... 하나님은 자신을 말씀 안에서(그리스도 안에서 그리고 성령에 의해) 계속해서 우리에게 계시한다"라고 말한바 있다.[15]

(5) 성경교육은 하나님의 택하신 백성들이 진정한 행복을 누리며 살아가는 데 필요하기 때문이다(신 10:12-13, 28:1-6, 시 119:11, 36, 50, 67, 80, 92-93, 98-100, 105, 121-122, 133, 143, 153, 159, 165, 173, 잠 10:21, 22:12, 24:5, 28:2,9, 호 4:6, 암 8:11).

종교개혁자 존 칼빈(John Calvin)에 의하면, 성경은 우리에게 선한 일을 행하게 하고, 행복하게 살게 하는데 완전한 길을 가르쳐 준다.[16] 하나

---

14) Gordon T. Smith, *Listening to God in time of Choice*(분별의 기술), 박세혁 역, 사랑플러스, 2002, pp. 74-75.
15) Adolph Saphir, *The Hidden Life: Thoughts on Our Communion with God* (New York: Carter, 1877), pp. 93, 123.
16) Calvin's Commentaries, Vol. 10, *Corinthians and Timothy, Titus & Philemon*, (Philadelphia: Eerdmans, 1964), p. 330.

님의 말씀은 이 말씀을 가까이 하는 자에게 온갖 재앙과 불행으로부터 벗어날 수 있는 결정적인 경고를 줄 뿐만 아니라, 믿는 자라고 할지라도 속이고 무너뜨리려고 하는 마귀를 물리치고 이길 수 있게 하는 무기가 되어진다(시 19:10-11, 고전 6:18, 출 20:13, 15, 16, 딤전 6:9-10, 요일 2:14, 마 4:4, 7, 10). 그러므로, 존 파이퍼(John Piper)는 "내주하는 하나님의 말씀에는 수많은 문제들이 생기기도 전에 그것을 해결하며, 수많은 상처가 생기기도 전에 그것을 치료하며, 유혹의 순간에 수많은 죄를 죽이며, 수많은 날을 '송이꿀'로 달콤하게 하는 능력이 있다"고 말하고 있다.[17]

또한 하나님의 말씀을 받아들일 때에 이 기쁨이 넘치게 될 것을 성경은 말씀하고 있다. 왜 그런가? 이 말씀 자체가 우리에게 기쁨을 가져다 주는 것이기 때문이다. 시편 19편 8절에 "여호와의 교훈은 정직하여 마음을 기쁘게한다"고 말씀하였고, 예레미야 15장 16절에 "내가 주의 말씀을 얻어 먹었사오니 주의 말씀은 내게 기쁨과 내 마음의 즐거움이오나"라고 말씀하고 있다. 또 시편 119편 111절에 "주의 증거로 내가 영원히 기업을 삼았사오니 이는 내 마음의 즐거움이 됨이니이다" 이렇게 하나님의 말씀이 우리의 삶에 진정한 기쁨과 즐거움을 준다는 것을 분명히 말씀하고 있다. 예수님은 요한복음 15장 11절에서 "내가 이것을 너희에게 이름은 내 기쁨이 너희 안에 있어 너희 기쁨을 충만하게 하려 함이라"고 말씀하고 있기 때문이다(요 17:13 참고). 그래서 바울과 바나바로부터 주님의 말씀을 받았던 비시디아 안디옥 지역의 초신자들은 사도행전 13장 52절에 "제자들은 기쁨과 성령이 충만하니라"고 이 기쁨이 그들의 심령 속에 차고 넘쳤던 것을 초대교회 역사가 이를 증거해 주고 있다.

존 파이퍼는 "예수께서 경험하시는 기쁨이 곧 제자들이 경험하는 기쁨이 되는데, 그렇게 전달되는 통로는 바로 그분의 말씀이다"라고 말하면

---

17) John Piper, *When I Don't Desire God*(말씀으로 승리하라), 전의우 역, IVP, 2010, p. 74.

서,18) "우리는 성경을 통해 말씀하시는 예수님의 음성에 귀를 기울여야 한다. 그래야 그분의 기쁨-하나님의 아들의 초자연적 기쁨-이 우리의 기쁨이 되고 그 기쁨이 충만해질 수 있다(요 15:11). 이것이 영광에서 영광에 이르는 변화의 길이다(고후 3:18) 만물의 완성으로 가는 길이다. 초자연적인 길이다"라고 역설하고 있다.19)

예수님은 "내가 온 것은 양으로 생명을 얻게 하고 더 풍성히 얻게 하려는 것이라"고 말씀하셨다(요 10:10). 그런데 예수님은 요한복음 6장 63절에서 "내가 너희에게 이른 말은 영이요 생명이라"고 말씀하심으로 우리에게 생명을 풍성하게 주는 것이 바로 말씀 그 자체임을 가르쳐 주고 있다. 존 파이퍼(John Piper)는 "우리가 떡으로 얻는 생명은 연약하고 짧지만 말씀으로 얻는 생명은 견고하며 영원하다. 하나님의 말씀이 이러한 생명을 창조하고 유지해 준다"라고 말하고 있다.20)

뉴잉글랜드의 청교도들의 후예로서 청교도 신학과 신앙을 물려받았던 영국의 비국교도 목회자 옥타비우스 윈슬로우(Octavius Winslow)는 "우리는 이 세상에서 살아가는 유한한 피조물이지만, 불멸의 영혼을 소유하고 있다. 따라서 다른 어떤 책보다도 성경에 수천 배나 더 많은 관심을 기울여야 한다. 아직 기회가 남아 있을 때 성경을 배우고 믿고 사랑하고 그 말씀에 복종하라. 그것은 구원받는 것만큼이나 중요하다. 성경은 우리에게 필요한 것, 곧 다른 무엇보다도 더 절실하게 필요한 영광과 영예와 불멸과 영생을 제시한다. … 그러나 정작 우리의 교회에서는 성경을 얼마나 연구하고, 우리의 가정에서는 성경을 얼마나 읽고, 자녀들에게는 성경을 얼마나 가르치는지 궁금하다. 성경과 친밀히 교제하지 않는 삶은 하나님

---

18) John Piper, *A Peculiar Glory*(성경과 하나님의 영광), 윤종석 역, 두란노, 2016, pp. 364-365.
19) John Piper, *Reading the Bible Supernaturally*(존 파이퍼의 성경읽기), 홍종락 역, 두란노, 2017, p. 313.
20) Ibid., p. 19.

없이 세상을 살아가고 있다는 것을 입증하는 확실한 증거이다"라고 말하고 있다.21)

존 맥아더는 "하나님의 백성들이 망하는 것은 하나님의 말씀의 지식과 순종의 부족이지 프로그램들이나 방법들의 부족 때문이 아니다(호 4:6). 하나님의 백성들이 실패하는 것은 약한 프로그램들(weak programs) 때문이 아니라 약한 가르침(weak teaching) 때문이다"라고 말씀교육의 중요성을 역설한 바 있다.22)

잠언 4장 20절에서 22절에 "내 아들아 내 말에 주의하며 내가 말하는 것에 네 귀를 기울이라 그것을 네 눈에서 떠나게 하지 말며 네 마음속에 지키라 그것은 얻는 자에게 생명이 되며 그의 온 육체의 건강이 됨이니라"고 하나님의 말씀을 마음속에 간직하는 것이 영육의 건강을 지키는 결과를 가져오며, 그것이 잠언 4장 23절에서 마음을 지키는 것이 되어짐을 깨우쳐주고 있다. 그래서 미국의 유명한 설교자 찰스 스탠리(Charles F. Stanley)도 다음과 같이 역설하고 있다: "하나님의 말씀을 읽고, 그 분의 진리를 마음에 두며, 그 분의 지시에 귀를 기울이는 것은 우리의 형통과 성공에 꼭 필요한 일이다. 성경을 무시하거나 사양하거나 멀리하기로 선택한다면 우리는 실패를 자초하게 될 것이다. 하나님의 말씀이라는 든든한 기초 없이 설사 어느 정도 성공을 거둔다 해도, 우리는 바람에 날려가고 말 것이다. 폭풍은 오게 마련이다. 우리의 삶을 하나님의 진리라는 반석 위에 짓지 않았다면, 그 삶은 신체적, 정서적, 정신적, 영적으로 무너지고 만다."23) 칼빈(Calvin)도 "하나님의 말씀이 길을 비춰 주지 않으면

---

21) Octavius Winslow, *The Precious Things of God*(그리스도인이 누리는 보배로운 선물), 조계광 역, 지평서원, 2012, p. 234.
22) John F. MacArthur, *The MacArthur New Testament Commentary: Ephesians*, (Chicago: Moody Press, 1986), p. 154.
23) Charles F. Stanley, *10 Principles for Studying Your Bible*(성경을 내 것으로 만드는 10가지 원리), 윤종석 역, 디모데, 2010, p. 94.

인간은 일평생 어둠과 안개에 휩싸여 비참하게 방황할 수밖에 없다"라고 말한바 있다.[24]

미국의 개혁주의 조직신학자요 변증학자인 R. C. 스프룰은 다음과 같이 말했다. "성령께서는 어떤 방법으로 우리 안에서 우리가 하나님의 자녀라고 증언하실까? 성령께서는 말씀을 통해 우리에게 증언하셨다. 말씀에서 멀어질수록 우리의 [구원의] 확신은 더욱 줄어들 것이다. 하나님의 말씀 안에 더 많이 거할수록 영감을 주어 성경을 기록하게 하셨을 뿐 아니라, 기록된 말씀을 깨닫게 하시는 성령께서 말씀을 통해 우리가 진정 하나님의 것이라는 사실, 곧 우리가 그분의 자녀라는 사실을 더욱 분명하게 확신할 수 있게 도와주신다."[25]

(6) 성경교육은 마지막 때에 죄와 사단과 비 진리의 세력들을 이길 수 있는 무장을 시키는 결과를 가져오기 때문이다(행 20:29-32, 살전 5:21, 딤전 4:1-5, 유 20-21).

게리 브레드펠트(Gary Bredfeldt)는 "성실하고 정확하게 하나님의 말씀을 가르치는 리더가 없으면 하나님의 백성들은 목자없는 양같이 된다. 가르침이 없으면 백성들은 방향을 잃고 굶주리게 되며, 거짓 교사들의 교묘한 유혹에 빠지게 된다. 베드로는 베드로후서 2:1-2에서 이 문제에 대해 분명하게 말한다. 베드로는 이 본문에서 독자들에게 '멸망케 할 이단'을 가르칠 자들을 경고하고 있는데, 진리에 대한 명백한 이해 없이 어떻게 멸망케 할 이단을 분별할 수 있겠는가? 베드로는 이제 막 성장하기 시

---

24) John Calvin, *A Commentary on the Psalms of David*, Vol. III (Oxford: Thomas Tegg, 1840), p. 265.
25) R. C. Sproul, *Can I Be Sure I'm Saved?(구원의 확신)*, 조계광 역, 생명의 말씀사, 2012, p. 119.

작한 교회가 진리에 대해 확신을 가지지 못한 것을 보고 마음이 편치 못했을 것이 분명하다"라고 말하고 있다.26)

베드로전서 5장 8절에서 9절에 "근신하라 깨어라 너희 대적 마귀가 우는 사자와 같이 두루 다니며 삼킬 자를 찾나니 너희는 믿음을 굳건하게 하여 그를 대적하라"27)고 말씀하고 있는데, 그리스도인이 마귀를 대적하는 가장 최선의 방법은 믿음을 굳건히 하는 것임을 가르쳐 주고 있다. 주경신학자 키스테메이커(Simon J. Kistemaker)는 베드로전서 5장 9절의 믿음을 신자 개인의 주관적인 믿음으로도 볼 수 있지만 본문에서의 믿음은 객관적인 믿음으로 "기독교회의 가르침들" 즉 복음진리의 말씀으로 해석하고 있다.28) 따라서 예수님께서 광야에서 마귀에게 시험을 받으실 때, 예수님께서 하나님의 말씀을 인용하시면서 마귀의 유혹을 물리치시고 마귀를 대적하셨던 것처럼 오늘날의 그리스도인들도 객관적인 믿음인 복음진리의 말씀 위에 굳게 서게 될 때 마귀를 대적할 수 있게 될 것이다(마 4:1-11).

데이비드 잭맨(David Jackman)은 "사도들은 하나님의 말씀의 꾸준한 선포와 해설이 거짓된 가르침을 배격하고 진정한 제자도를 고양시킬 유일한 방법임을 잘 알았다. 목회서신들은 그런 사실을 언급한 내용으로 가득하다(딤전 1:3, 2:7, 3:2, 4:1,6,13, 5:17, 딤후 1:13, 14, 2:2, 4-6, 14, 15, 24-26, 3:14-17, 4:1-5, 딛 1:9-11, 2:1, 7, 8, 15, 3:8). 후대의 더 일반적인 서신들이 특히 그러하다(가령, 벧후 1:12-15, 2:1,2, 요이 9,10, 유 20)"라고 말하고 있다.29)

---

26) Gary Bredfeldt, op. cit., p. 60.
27) 여기에 '대적하다'(안시스테미)라는 단어는 "대항하다, 저항하다, 견디다, 반대하다"는 의미를 가지고 있는 단어이다.
28) Simon J. Kistemaker, *New Testament Commentary: Exposition of the Epistles of Peter and of the Epistle of Jude* (Grand Rapids: Baker Book House, 1987), pp. 202-203.
29) David Jackman, *Opening Up the Bible*(왜 성경인가?), 김진선 역, 성서유니온, 2014, p. 302.

또한 이 하나님의 말씀이 우리 안에 거하게 되어질 때 죄와 사탄을 이기게 되어질 것을 성경이 말씀하고 있다. 시편 119편 11절에 "내가 주께 범죄치 아니하려 하여 주의 말씀을 내 마음에 두었나이다"라고 고백하고 있으며, 요한1서 2장 14절에 "청년들아 내가 너희에게 쓴 것은 너희가 강하고, 하나님의 말씀이 너희 안에 거하시며 너희가 흉악한 자를 이기었음이라"고 말씀하고 있다. 주경신학자 알프레드 플루머(Alfred Plummer)는 "이 하나님의 말씀을 소유하는 것이 그들의 강함의 비밀이며 그들의 승리의 원천이다"라고 설명하고 있다.30) 그래서 영국이 낳은 세계 최고의 설교자라고 불리던 찰스 스펄전 목사는 "성경이 나를 죄로부터 막아주지 않는다면 죄가 나를 성경으로부터 멀어지게 할 것이다"라고 말을 한바가 있다.31)

올바른 성경 이해와 영적 무장을 위해서 유진 피터슨(Eugene H. Peterson)은 제대로의 성경교육 없이 성경을 그냥 읽게 내버려 두는 것의 위험성에 대하여 다음과 같이 언급하고 있다: "성경을 어떤 사람의 손에 쥐어 주면서 '그것을 읽으라' 고 명령하는 것으로는 충분하지 않다. 그것은 자동차 열쇠 한 묶음을 청소년의 손에 쥐어 주고 자동차를 한 대 주면서 '운전해라' 라고 말하는 것만큼이나 어리석은 일이다. 그리고 그만큼 위험한 일이다. 기술의 작은 부분을 손에 넣고는 그것을 무식하게 사용해서 자신의 목숨은 물론이고 주변 사람들의 목숨까지 위태롭게 할 수 있기 때문이다. 혹은 기술이 주는 권력에 도취되어 그것을 무자비하게 폭력적으로 사용할 수도 있다. … 따라서 성경을 나누어 주면서 사람들에게 그것을 읽으라고 촉구할 때, '독자여 주의하라' 라고 반드시 말해야 한다."32)

---

30) Alfred Prummer, *The Epistles of John*, Cambridge Greek Testament for Schools and Colleges series (Cambridge: At the University Press, 1896), p. 49.
31) 박종신, *성경암송에 길을 묻다*, 성경암송학교, 2014, p. 92에서 재인용.
32) Eugene H. Peterson, op. cit., pp. 142-143.

(7) 성경교육은 사람의 제일되는 본분인 하나님을 영원토록 즐거워함으로서 하나님을 영화롭게 하는 목적을 이루게 하기 때문이다(시 119:62, 111, 164, 171-172, 잠 2:10, 전 12:13, 빌 1:9-11).

미국의 대각성 운동을 주도했던 칼빈주의 신학자요 청교도 목회자였던 조나단 에드워즈(Jonathan Edwards, 1703-58)는 그의 설교 "그리스도인의 순례"(The Christian Pilgrim)에서 "하나님은 이성을 가진 피조물에게 최고의 선이시다. 그리고 그를 기뻐하는 것만이 우리의 영혼이 만족할 수 있는 유일한 행복이다"라고 단언했으며, 히포의 어거스틴(Augustine of Hippo, 354-430)은 "당신위에 세워지고, 당신에게 근거를 두고, 당신으로 인한 기쁨이 진정으로 행복한 삶입니다. 그것만이 진정한 행복이고, 다른 행복은 없습니다"라고 말을 한바 있다.33)

그러면 하나님을 기뻐하고 하나님으로 인한 기쁨이 무엇인가? "우리의 말이 우리 인격의 일부이듯 그 분의 말씀도 하나님의 일부이다"34)라고 할 때, 하나님을 기뻐한다는 것은 하나님의 말씀을 기뻐하는 것이고, 하나님으로 인한 기쁨은 하나님의 말씀으로 인한 기쁨을 의미하는 것이다. 따라서 성경교육은 이러한 참된 기쁨을 지속적으로 누릴 수 있게 하므로 인간의 제일되는 존재 목적을 성취하게 하는 결과를 가져오게 하는 것이다. 시편 119편의 시인은 하나님의 말씀으로 참된 즐거움을 얻게 되어졌고(111절), 하나님께 감사하게 되어졌고(62절), 하루에 일곱 번씩 하나님을 찬양하게 되어졌음(164절)을 고백하고 있음은 이 사실을 증거해 주고 있다.

존 파이퍼(John Piper)는 "예수님께서 '네 주인의 즐거움에 참예할지

---

33) Alister E. McGrath, *Christianity Spirituality: An Introduction(기독교 영성 베이직)*, 김덕천 역, 대한기독교서회, 2006. pp. 169, 269.
34) James Montgomery Boice, op. cit., p. 144.

어다'(마 25:23)라고 말씀하신 것은 우리를 행복한 하나님과 영원을 보내라는 초대인 것이다. 예수님께서 사시고 죽으신 것은 그의 기쁨(하나님의 기쁨)이 우리 안에 있어 우리 기쁨이 충만하게 하기 위해서이다(요 15:11, 17:13). 그러므로 복음은 '행복한 하나님의 영광의 복음'인 것이다"라고 복음진리의 말씀을 통하여 구원이 주어진 목적이 무엇임을 밝혀 주고 있다.[35] 이와 같이, 창조의 목적대로 이런 하나님을 영원토록 기뻐할 수 있는 삶의 제일되는 목적을 이루어 나가기 위해서는 성경교육이 절대적으로 필요하다는 사실을 성경은 가르쳐 주고 있다.

(8) 그리스도께서 그리스도인 가운데 사시는 수단이 성경이기에 이 성경교육은 필수적인 것이 되어진다(딤후 3:14, 벧전 2:2, 벧후 3:18).

19세기 스코틀랜드에서의 개혁주의 신앙의 강력한 버팀목 역할을 했던 목회자 휴 마틴(Hugh Martin)은 "그 분의 말씀이 우리 안에 거하는 것이 곧 그리스도께서 우리 안에 거하시는 것입니다"라고 말한바 있다(요 15:4, 요이 9).[36] 그는 성경의 중요성에 대하여 다음과 같이 적절히 설명하고 있다: "그리스도의 임재에서 성령이 가장 중요한 동인이라면, 복음의 말씀인 성경은 그리스도께서 자기 백성 안에 사시는 수단이라고 할 수 있습니다. ... 우리는 복음진리를 계시하는 말씀이 없다면, 그리스도에 대해 아무 것도 알 수 없습니다. 하나님은 사람으로 오신 그리스도 예수 안에서 나타나십니다. 보이지 않고 가까이 다가갈 수 없는 하나님께서 그리스도를 통해 우리에게 다가오시고 자신을 나타내시는 것입니다. 그러나 만일 기록된 말씀(복음)이 없다면, 하나님을 볼 수 없을 뿐만 아

---

35) John Piper, *The Pleasures of God*(하나님의 기쁨), 이재기 역, 은성, 1994, p. 28.
36) Hugh Martin, *The Abiding Presence*(그리스도의 임재), 황의무 역, 지평서원, 2010, p. 227.

니라 그리스도 역시 볼 수 없고 다가갈 수도 없으며 알 수도 없을 것입니다(요 1:18)."37) 싱클레어 퍼거슨(Sinclair B. Ferguson) 역시 "그리스도 안에 거한다는 것은 주님의 말씀이 우리의 마음에 풍성히 임하고 우리의 의지를 다스리며 우리의 감정을 개혁한다는 것이다"라고 적절히 언급하고 있다.38)

요일 2장 24-25절에서는 "너희는 처음부터 들은 것을 너희 안에 거하게 하라 처음부터 들은 것이 너희 안에 거하면 너희가 아들의 안과 아버지의 안에 거하리라 그가 우리에게 약속하신 것이 이것이니 곧 영원한 생명이니라"고 처음부터 들은 것 즉 복음진리의 말씀이 우리 속에 자리 잡게 되어질 때 그 말씀을 통하여 성자 예수님과 성부 하나님과의 교제를 가지게 되어지고 하나님과의 연합을 이루게 되어진다는 것을 말씀해 주고 있다. 사이먼 J. 키스터메이커(Simon J. Kistemaker)는 "만일에 믿는 자가 하나님의 말씀을 소중히 간직하고 아들과 아버지와 친밀한 교제를 경험한다면, 그는 영생을 얻게 되어진다. 아들과 아버지와 교제를 가지는 것이 영생을 가지는 것이다"라고 말하고 있다.39)

(9) 그리스도인의 영적 성장이 성경연구로 말미암아 주어지는 것이기에 성경교육은 필수적인 것이다(롬 10:17, 벧전 2:2, 벧후 3:18, 딤후 3:14).

21세기 기독교 복음주의를 대표하는 목회자요, 베들레헴 신학교의 총장인 존 파이퍼(John Piper)는 고후 3장 18절을 설명하면서, 성경을 성령

---

37) Ibid., pp. 225-226.
38) Sinclair B. Ferguson, *In Christ Alone*(오직 그리스도 안에서), 신호섭 역, 지평서원, 2012, p. 180.
39) Simon J. Kistemaker, *New Testament Commentary: James and I-III John* (Baker Book House, 1986), p. 284.

의 감동으로 초자연적으로 읽을 때에 예수 그리스도의 형상으로 변화되는 역사가 일어난다고 역설하면서 다음과 같이 말하고 있다.

> 성경이 인간의 변화와 하나님의 영광에 기여하도록 하나님이 계획하신 방식은 이렇다. 우선 성경이 하나님의 영광을 드러낸다. 하나님이 허락하시면, 성경을 읽는 사람들이 이 영광을 본다. 영광을 보는 것이 하나님의 은혜를 덧입어 다른 무엇보다 하나님을 음미-하나님을 귀하게 여김, 하나님께 소망을 둠, 하나님을 우리의 최고의 상으로 느낌, 모든 것을 만족시키는 선으로 그분을 맛봄-하도록 이끈다. 그리고 이 음미함이 우리 삶을 변화시킨다. … 이런 식으로 하나님은 성경이 그분의 백성을 변화시키도록 계획하셨다. 그리스도의 영광이 드러난다. 눈이 열린다. 그리스도를 '나의 빛, 나의 부, 나의 구원'으로 보고 음미한다. 그리고 그렇게 봄으로써 생겨난 '주권적 기쁨'이 '허망한 기쁨들'을 몰아내고 그 자리를 대신한다. 어거스틴은 주의 말씀을 읽음으로 주의 영광을 보고 변화를 받아 영광에서 영광에 이르렀다. … 그리스도의 영광을 보는 것이 가능한 이유는 오로지 하나님이 영감된 성경을 통해 그분의 특별한 영광을 우리에게 드러내시기 때문이다.[40]

이와 같이, 고후 4장 4절에서는 복음을 "그리스도의 영광의 복음"이라고 언급하므로 성경을 대하게 될 때 성경 가운데서 그리스도의 영광을 보게 되어 지므로 주님의 형상으로 변화되는 역사가 일어나게 됨을 가르쳐 주고 있다.

19세기 복음으로 미국사회를 변화시켰던 칼빈주의 복음전도자요 청교도 신앙의 설교자였던 D. L. 무디는 "나는 내 성경책을 덮고서 믿음을 위해 기도해야 한다고 생각하곤 했습니다. 하지만 믿음을 얻기 위해서는 말

---

40) John Piper, *Reading the Bible Supernaturally*(존 파이퍼의 성경읽기), 홍종락 역, 두란노, 2017, pp. 194, 221, 245.

씀을 연구해야 한다는 사실을 나는 알게 되었습니다"라고 성경연구의 중요성을 언급한 바 있다.[41] 그래서 찰스 스윈돌(Charles R. Swindol)은 "성도들에게 필요한 목회자는 열심히 공부하고, 열심히 기도하고, 균형잡힌 식사를 잘 준비한 다음, 성경을 펼쳐 그들 스스로 말씀을 공부하는 법을 가르쳐 주는 목자다"라고 말하고 있다.[42] 일생 동안 5만번의 기도응답을 받았다고 간증할 수 있었던 영국의 기도대장 조지 뮬러(George Muller)도 "영적 생활의 활력은 우리의 생활과 생각에서 성경이 어떤 위치에 있는지와 정확하게 일치할 것이다"라고 성경이 영적인 면에서의 성장에 결정적인 영향을 끼친다는 사실을 강조한바 있다.[43]

예수님은 요한복음 15장 5절에서 "나는 포도나무요 너희는 가지니 그가 내 안에 내가 그 안에 거하면 사람이 열매를 많이 맺나니 나를 떠나서는 너희가 아무것도 할 수 없음이라"고 말씀하셨다. 이 말씀에 대하여, 존 맥아더는 "그러면 어떻게 우리가 그리스도 안에 거하고 그가 우리 안에 거하실 수 있는가? 그것은 '말씀 안에 있음으로써' 가능하다. 다른 대안이나 기발한 수법이나 지름길이란 전혀 없다"라고 답변하고 있다.[44] 예수님이 말씀하신 열매는 성령의 9가지 열매를 풍성히 맺음으로 그리스도의 성품을 닮아가는 것(갈 5:22-23)과 예배하는 심령으로 하나님을 찬송하는 것(히 13:15)과 선한 일을 행하는 것(골 1:10)과 다른 사람들을 주님께로 인도하는 것(요 4:35-36)을 의미하는데, 이런 열매들을 풍성히 맺는 비결은 말씀 안에 거함으로 가능한 것임을 성경은 말씀하고 있다.

---

41) Stanley and Patricia Gundry, *The Wit and Wisdom of D. L. Moody* (Chicago: Moody Press, 1974), p. 40.
42) Charles R. Swindoll, op. cit., p. 124.
43) George H. Guthrie, *Read the Bible for Life(삶을 위한 성경읽기)*, 홍종락 역, 성서유니온선교회, 2013, p. 19.
44) John F. MacArthur, Jr., *How to Get the Most From God's Word(성경, 이렇게 믿어라)*, 김태곤 역, 생명의 말씀사, 2000, p. 213.

데이비드 잭맨(David Jackman)은 "만약 우리가 그리스도인으로서 살아가며 성장하기를 원한다면, 그리스도 안에 있는 그리고 기록된 말씀 속에 있는 하나님의 객관적인 진리가 우리 마음과 생각을 영구적인 집으로 삼아 정착할 수 있도록 해야만 한다"고 지적하고 있다.[45] 따라서 존 맥아더는 다음과 같이 간증하고 있다: "내 인생에서 구원받은 일 다음으로 위대한 사건은, 하나님의 말씀을 연구하는 방법을 알게 된 것이다. 나는 성경을 통해 예수 그리스도의 영광을 더 오래도록 더 열렬하게 살펴보면 볼수록, 하나님의 성령이 내 삶을 더욱더 그리스도의 형상으로 변화시키신다는 것을 발견했다. 지름길은 전혀 없다. 만일 자라고, 성숙하며, 마침내 변화되고자 한다면, 반드시 하나님의 말씀을 먹어야 한다."[46]

그렉 호킨스와 캘리 파킨슨은 "어떻게 해야 약한 믿음에서 벗어나 강한 믿음으로 나아갈 수 있을까?"라는 질문을 가지고 영적 성장의 핵심 요소를 찾기 위하여 미국의 1000 교회를 대상으로 조사한 결과 다음과 같은 결론을 내렸다고 한다. "성경묵상만큼 영적 성장에 큰 영향을 끼치는 것은 없다. 그래서 영적 성장의 다양한 수준에 있는 사람들이 그리스도와의 관계에서 성장하도록 돕기 위해 교회가 꼭 해야 할 일이 하나 있다면 그것은 바로 그들에게 성경을 읽도록 권장하고 읽는 법을 가르치는 것이다."[47] 따라서 맥스 루케이도(Max Lucado)는 "영적 성장의 열쇠는 교회 출석이나 영적 활동을 늘리는 것이 아니다. 단순히 교회에서 바삐 활동한다고 해서 그리스도 안에서의 성장이 이루어지는 게 아니다. 성경을 읽고 믿을 때 비로소 진정한 성장이 나타난다. 황금기를 원하는가? 성경책을 펴서 밤낮으로 묵상하라. 하나님의 말씀에 관해 생각하고 또 생각하라.

---

45) David Jackman, *The Message of the John's Letters*(요한서신 강해), 김일우 역, IVP, 2003, p. 107.
46) Ibid., p. 203.
47) Greg L. Hawkins and Cally Parkinson, *Move: What 1000 Churches Reveal about Spiritual Growth* (Grand Rapids: Zondervan, 2011), p. 19.

성경책을 당신의 길잡이로 삼으라. 의문이 생길 때마다 성경책을 펴라. 성경책을 당신 인생의 가장 중요한 기준점으로 삼으라. 남들의 의견이나 문화의 제안에 따라 삶의 방향을 정하면 우왕좌왕하게 되어 있다"라고 언급한바 있다.[48]

(10) 하나님이 쓰시기에 합당한 그리스도인들을 세워나가기 위해서는 성경교육이 필수적이다(딤후 2:15).

"목회자들의 목회자"라고 불리워지고 있는 미국의 워렌 위어스비(Warren W. Wiersbe)는 "우리가 성경을 더 많이 알면 알수록, 우리는 하나님의 인격을, 하나님의 뜻을 그리고 하나님을 위해 어떻게 일해야 하는지를 더 잘 알 수 있게 되는 것입니다. 사역 가운데에서 수많은 그리스도인 지도자들과 친분을 쌓게 된 특권을 얻은 나의 경험과 그리스도인 일대기에 대한 나의 연구들 모두는 한결같이 하나님의 말씀과 더불어 살아가는 그리스도인들이 이 세상 가운데 그 분의 역사하심을 이루기 위해 하나님께 사용되었다는 사실을 나에게 확신시켜 주고 있습니다"라고 이 사실을 말해 주고 있다.[49]

존 파이퍼(John Piper)는 "우리 안에 거하는 예수님의 말씀은 우리가 단순히 자연적 욕망의 지배를 받지 않고 하나님의 영광을 위해 열매를 맺는 데 헌신된 사람이 되게 한다"라고 말하면서 "당신이 알고 있는 영적인 마음을 지닌 모든 사람들- 아주 일관되게 하나님과 동행하며 하나님의 성령과 조화를 이루며 살아가는 것처럼 보이는 모든 사람들- 가운데 성경에 잠기지 않은 사람이 있는가? 그들은 존 번연과 같지 않은가? 혹시

---

48) Max Lucado, *Glory Days(예수의 유산)*, 정성묵 역, 두란노, 2016, p. 50.
49) Warren W. Wiersbe, *On Being a Servant of God(하나님의 일꾼과 사역)*, 최용수 역, CLC, 2012, p. 263.

그들을 찌른다면 성경이 흘러나올 것이다"라고 역설하고 있다.[50] 따라서, "성경을 진지하게 그리고 개인적으로 섭취하지 않고는 진정한 영성형성이 있을 수 없다. 책임있게 성경을 읽고 그 내용에 반응하는 일은 제자훈련의 핵심 커리큘럼이다."[51]

3. 성경의 독특한 역할

본문 디모데후서 3장 15-17절은 하나님의 말씀만이 가지고 있는 영적 변화의 능력을 정확하고도 간결하게 설명해 주고 있다. 이 본문은 하나님의 말씀이 구원과 성화와 사역에 있어서 필요한 진리를 계시하는 독특한 역할을 수행한다는 사실을 가르쳐 주고 있다.

(1) 성경은 구원을 위한 가르침을 제공한다(딤후 3:15)

성경은 타락한 인간을 구원하는 진리의 원천이다(시 19:7, 막 4:14-20, 요 3:16, 5:24, 39, 행 16:31, 롬 1:16-17, 10:9-10, 17, 약 1:18). "말씀의 진리는 예수 그리스도 안에서 믿음과 결합하고 성령에 의해 역사되어질 때 영적 생명에 이르게 되어진다."[52] 본문 15절에 "그리스도 예수 안에 있는 믿음으로 말미암는 구원(salvation through faith in Christ Jesus)"이라는 표현은 예수 그리스도를 주와 구주로 믿고 신뢰하는 것으

---

50) John Piper, *When I Don't Desire God*(말씀으로 승리하라), 전의우 역, IVP, 2010, pp. 41, 68.
51) Dallas Willard, *The kingdom Life*(제자도와 영성형성), 홍병룡 역, 국제제자훈련원, 2010, p. 347.
52) John MacArthur, Jr. *The MacArthur New Testament Commentary: 2 Timothy* (Chicago: Moody Press, 1995), p. 138.

로 구원의 자리에 이르게 됨을 가르쳐주고 있다. 이렇게 구원의 원천과 수여자가 되시는 그리스도 예수의 구속사역을 구체적으로 설명하고 있는 성경이야말로 구원의 책이 아닐 수 없다. 따라서 1600년 전에 살았던 예루살렘의 키릴(Cyril of Jerusalem)은 "성경이 없으면 거룩하고 신령한 믿음의 비밀이 단 하나도 전해질 수 없다. 매혹적인 말과 교묘한 주장에 현혹되지 말라. 성경에서 내가 전하는 말을 뒷받침해 줄 증거를 찾지 못한다면 이런 말을 하고 있는 나조차도 선뜻 믿지 말라. 우리가 믿는 구원은 교묘한 추론이 아니라 성경을 통해 입증되어야 한다"고 성경만이 구원의 진리의 원천임을 분명히 언급하였다.[53]

존 스토트(John R. W. Stott)는 "성경은 본질적으로 구원의 안내서이다. 성경의 목적은 인간들이 그들 자신의 경험적 연구에 의해 발견할 수 있는 과학적인 사실을 가르치고자 하는 것이 아니라 어떤 우주의 탐험도 발견할 수 없고 오직 하나님만이 계시하실 수 있는 구원의 사실들을 가르치고자 하는 것이다. 전체 성경은 하나님의 구원계획을 드러낸다"고 설명하고 있다.[54] 미국의 개혁주의 설교자 리처드 필립스(Richard D. Phillips)는 "성경은 우리 죄를 용서하심으로 죄로 죽었던 우리를 그리스도 안에서 살리기 위해 하나님이 행하신 일에 대해 기록하고 있는 것입니다. ... 성경의 메시지는 예수 그리스도를 통한 하나님의 구원 역사이며, 성경의 목적은 그 메시지를 믿고 받아들이는 개인에게 그 구원을 실제로 전달하는 것입니다"라고 성경기록의 목적을 설명하고 있다.[55] 그래서 청

---

53) Don Kistler, ed., *Sola Scriptura: The Protestant Position on the Bible*(오직 성경으로), 조계광 역, 지평서원, 2011, p. 53.
54) John R. W. Stott, *Guard the Gospel: The Message of 2 Timothy* (London: Inter-Varsity Press, 1973), p. 103.
55) Richard D. Phillips, *Hebrews*(히브리서), 전광규 역, 부흥과 개혁사, 2010, p. 243. 리차드 필립스는 그의 주석 p. 246에서 하나님의 말씀을 통하여 자신이 처한 위험을 깨닫고, 하나님께 대한 반역의 죄를 자각하고 주님 앞에 엎드리는 구원의 역사의 구체적인 예로서 유명한 찬송가 "나 같은 죄인 살리신"을 지은 존 뉴톤의 예를 들고 있다.

교도 신학자였던 옥타비우스 윈슬로우(Octavius Winslow)는 "성경을 믿지 않거나 무시하는 것은 곧 영생에 이르는 유일한 길을 거부하는 것이다"라고 말한바 있다.56)

"딤후 3:15-17절까지의 본문은 구약성경이 분명히 구원에 이르는 지혜를 준다는 사실을 보여주고 있다. 창세기로부터 말라기까지 구약성경은 하나님의 거룩과 위엄과 사랑을 드러내 보여주고 있으며, 그를 신뢰하고 그의 은혜와 자비를 의지하는 자들에게 용서와 구속을 베푸심을 드러내 보여주고 있다. … 구약의 제사들은 유대인들을 구원하지 못했으며 죄는 죽음을 요구한다는 사실을 보여주었다. 옛 언약 하에서 행해진 모든 제사들은 오고 있는 구원자, 예수 그리스도의 궁극적이고, 완벽하고 완전한 제사를 묘사하고 있었다(히 7:27, 9:11-12). 예수님의 죽음 이전에도 구원은 장차 십자가상에서 이루어질 완전한 희생제사에 근거하는 믿음을 통한 은혜로만이 가능한 것이었다."57)

어떤 율법사 즉 한 서기관이 일어나서 예수님을 시험하여 말하기를 "선생님, 내가 무엇을 하여야 영생을 얻으리이까?" 질문했을 때, 주님께서는 "율법에 무엇이라 기록되었으며 네가 어떻게 읽느냐?"라고 말씀하셨다. 이것은 주님께서 영생에 관한 진리의 원천은 오직 성경이라는 사실을 분명히 드러내 보여주신 것이다(눅 10:25-26). 그러므로 말씀의 진리는 항상 성령에 이끌린 진정한 구도자를 구원의 자리에 이르게 한다. 이 구원은 타락한 인간의 행위로서가 아니라 그리스도 예수 안에 있는 믿음을 통해서 은혜로 주어지는 것임을 성경이 밝혀주고 있다(롬 3;19-28, 10:9-10, 엡 2:8-9).

주님은 불신앙의 유대인들에게 "나를 보내신 아버지께서 친히 나를 위하여 증언하셨느니라 너희는 아무 때에도 그 음성을 듣지 못하였고 그 형

---

56) Octavius Winslow, op. cit., p. 235.
57) John MacArthur, Jr. op. cit., pp. 138-139.

상을 보지 못하였으며 그 말씀이 너희 속에 거하지 아니하니 이는 그가 보내신 이를 믿지 아니함이라 너희가 성경에서 영생을 얻는 줄 생각하고 성경을 연구하거니와 이 성경이 곧 내게 대하여 증언하는 것이니라"고 말씀하셨다(요 5:37-39). 이것은 구약성경이 그 아들에 대한 증거를 하고 있기 때문에 구약성경을 참으로 믿는 사람이라면 아들을 믿고 영생의 자리에 이르게 될 것임을 말씀하신 것이다. 그래서 주님은 "모세를 믿었더라면 또 나를 믿었으리니 이는 그가 내게 대하여 기록하였음이라"(요 5:46)고 말씀하셨다.

주님께서 부활하신 후 두 제자가 낙담과 실의에 빠져 엠마오로 향하고 있었을 때, 예수님께서 친히 나타나셔서 "모세와 모든 선지자의 글로 시작하여 모든 성경에 쓴 바 자기에 관한 것을 자세히 설명"하셨을 때(눅 24:27), 두 제자는 "우리에게 말씀하시고 우리에게 성경을 풀어 주실 때에 우리 속에서 마음이 뜨겁지 아니하더냐"(눅 24:32)라고 고백하면서 즉시 예루살렘으로 돌아가 주님의 부활을 증거하였던 것은 예수님처럼 제대로의 성경교육이 이루어질 때 예수 그리스도의 부활과 주되심을 믿게 되어지는 구원의 역사가 일어나게 되어짐을 증거해 주고 있다. 사도 바울도 "이같이 율법이 우리를 그리스도께로 인도하는 초등교사가 되어 우리로 하여금 믿음으로 말미암아 의롭다 함을 얻게 하려 함이라"(갈 3:24)고 언급한 바 있다.

에베소서 2장 1절에서 10절은 인간의 구원은 하나님의 주권적인 은혜(엡 2:5)에 의한 것임을 천명하면서, 이 구원은 1) 죄로부터의 구원이며(엡 2:1-3), 2) 하나님의 크신 사랑으로 인한 구원이며(엡 2:4), 3) 생명을 얻게 하는 구원이고(엡 2:5), 4) 하나님의 영광을 위한 구원이며(엡 2:6-7), 5) 믿음을 통한 구원이고(엡 2:8-9), 6) 선한 행위를 낳는 구원(엡 2:10)임을 밝혀주고 있다.

(2) 성경은 성화를 위한 가르침을 제공한다(딤후 3:16-17)

성경은 하나님의 감동으로 된 것이기 때문에 인간의 영혼을 소생시키고 인간의 삶을 변화시키는 특별한 능력을 가지고 있음을 가르쳐 주고 있다(시 19:7). 본문 디모데후서 3장 16절의 마지막 부분에 "유익하니"라는 언급은 하나님의 기록된 말씀의 충족성을 설명해 주고 있다. "유익하다"는 단어는 "이익이 있는, 생산적인, 충분한"이라는 의미를 가지고 있다.[58]

성경의 성화적인 역할에 대하여 베드로전서 2장 2절에 "갓난 아기들 같이 순전하고 신령한 젖을 사모하라 이는 그로 말미암아 너희로 구원에 이르도록 자라게 하려 함이라"고 영적으로 새로 태어난 그리스도인이라고 하면 그 누구든지 순전하고 신령한 젖 즉 어떤 불완전함이나 결점이나 거짓이 없는 하나님의 말씀을 먹음으로 영적으로 자라가야 함을 언급하고 있다. 하나님의 말씀의 젖을 먹게 될 때, 그리스도인의 영적 성장 즉 성화의 결과를 가져오게 될 것임을 가르쳐 주고 있다.[59]

제임스 몽고메리 보이스(James M. Boice)는 "하나님을 아는 지식과 은혜 안에서 성장하고, 죄를 멀리하며, 올바른 길을 걷다가 마침내 하늘에 계신 하나님 앞에 이르고자 한다면, 진지한 말씀의 학도가 되어야 한다. ... 성령님이 성경을 도구삼아 하나님의 자녀를 살아나게 하고, 깨우치고, 능력을 주어 예수 그리스도의 사역을 통해 완성된 구원의 복음을

---

58) Ibid., p. 152.
59) 범죄 타락한 인간의 구원에는 신분의 구원으로서의 즉각적인 구원(칭의)과 수준의 구원으로서의 점진적인 구원 즉 성화의 과정이 있다. "성화는 믿는 자들 안에서 역사하시는 성령님의 지속적인 작용이다. 그 작용은 우리의 성품, 감정, 행동이 그리스도의 형상을 따르게 함으로써 우리를 거룩하게 만든다. 칭의는 단번에 일어나는 사건이다. 그러나 성화는 지속되는 과정이다." 존 맥아더, *구원이란 무엇인가? 부흥과 개혁사*, p. 162.

믿고 그 분의 가르침대로 살아가게 하는 사역을 행하신다"라고 성경이 그리스도인의 성화에 결정적인 역할을 한다는 사실을 언급하고 있다.[60]

여호수아 1장 8절과 시편 19편의 말씀은 하나님의 백성들의 모든 영적 필요들을 충족시키는 성경의 절대적인 충족성을 나타내 보여주고 있다. 시편 19편 1절에서 6절까지는 하나님의 창조의 말씀을 찬양하면서 일반계시를 다루고 있으며, 7절에서 13절까지는 다윗은 하나님의 구속의 말씀을 찬양하면서 특별계시인 **하나님의 말씀의 탁월함**을 노래하고 있다. 특히 7절에서 9절까지 그는 말씀을 6가지 다른 명칭(하나님의 율법, 증거, 교훈, 계명, 경외하는 도, 법도)으로 언급하면서, **하나님의 말씀의 6가지 특징들**을 설명하고 있다. 즉,

(1) **완전하여(perfect)**-소극적으로는 흠이 전혀 없는 것을 의미하며 적극적으로는 세상의 어떤 법이나 교훈과도 달리, 필요한 모든 것을 가지고 있는 하나님의 말씀의 충족성을 나타낸다. 따라서 하나님의 말씀이 인간의 영혼을 소성시키기에 충분할 정도로 완전하다는 것을 보여주고 있다. "이것은 삶의 모든 분야를 완전히 포함하기 위해서 모든 방면을 갖추고 있다는 의미이다."[61] "복음은 그 부분 부분과 전체가 모두 온전하다. 복음에 무엇을 첨가한다는 것은 죄악이며, 이것은 변형한다는 것은 반역이며, 여기서 무엇을 뺀다는 것은 중죄에 해당한다."[62] 따라서 하나님의 특별계시로서의 하나님의 말씀은 결함도 없고 부족함도 없기 때문에 이외의 어떤 다른 것을 필요로 하지 않는다는 것을 가르쳐주고 있다.

(2) **확실하여(trustworthy)**-"견고하다, 충실하다, 의심할 바 없다"는 의미

---

60) James Montgomery Boice, op. cit., pp. 6, 124.
61) H. C. Leupold, *Barnes' Notes on the Old Testament Commentary*(반즈 성경주석: 시편), (상), 명종남 역, 크리스챤서적, 1993, p. 327.
62) C. H. Spurgeon, *The Treasury of David*(스펄전의 시편 강해), 제 2 권, 안효선 역, 생명의 말씀사, 1997, p. 96.

로 하나님의 말씀은 그 내용에 있어서 전혀 의심할 여지가 없는 믿을만한 것임을 드러내 보여주고 있다. "어떤 사람이 주저함이 없이 세울 수 있는 기초가 된다는 의미이다."[63] "이 불확실한 세상에 살면서 확고히 의지할 대상이 있다는 것은 얼마나 축복된 일인가! 우리는 흘러내리는 모래와 같은 사람의 억측과 공론을 버리고 확실한 하나님의 계시를 의존해야 한다."[64]

(3) **정직하여(right)** - "올바르다, 곧다"는 의미로서 하나님의 말씀에는 결코 거짓이 없고 하나님이 기뻐하시는 의로운 삶이 무엇인지를 제시해 주고 있기에 세상의 거짓된 교훈과 달리 인생들이 마땅히 가야할 옳은 길과 목적지로 인도해 주는 것임을 보여준다. "인간을 위한 곧은 경로를 제시해 주기 때문이다."[65] "의사가 올바른 약을 주고 상담가가 적절한 권고를 해주듯이, 하나님의 말씀도 그러하다."[66]

(4) **순결하여(radiant)**[67] - "깨끗하다, 빛나게 하다"라는 의미로 본문에서는 후자의 의미로 볼 수 있다. 하나님의 말씀에 더러운 것이나 혼잡스러운 것이나 그릇된 것이 전혀 없다는 뜻이다. 왜냐하면 하나님의 말씀은 거룩하신 하나님으로부터 나온 것이기 때문이다. "하나님의 말씀은 철저히 정화된 산물로서 불순물이 전혀 섞이지 않은 것으로 그 안에 불건전한 요소가 전혀없는 것이다."[68] "말씀에는 오류가 없다. 사람들의 어떤 죄악

---

63) H. C. Leupold, op. cit., p. 327.
64) C. H. Spurgeon, op. cit., p. 97.
65) H. C. Leupold, op. cit., p. 328.
66) C. H. Spurgeon, op. cit., p. 98.
67) "이 말의 히브리어는 '분명하다' 라는 뜻이다. 하나님의 말씀은 불투명하거나 애매하지 않고 투명하고 명료하다. 이 말은 성경의 명백성을 강조한다. 성경의 근본 진리는 쉽게 이해할 수 있다." John MacArthur, *The Inerrant Word*(성경 무오성에 대한 도전에 답하다), 조계광 역, 생명의 말씀사, 2017, p. 42.
68) H. C. Leupold, op. cit., p. 328.

도 이 말씀을 오염시킬 수는 없다."[69] 리처드 스톡(Richard Stock)은 "여호와의 계명은 사물이나 사건의 성질을 드러나게 하고 눈이 제 역할을 하게 한다"고 말하고 있다.[70]

(5) 정결하여(pure)–순금과 같이 전혀 불순한 것이 섞이지 않은 100% 순수한 것을 가리키며(출 25:11), 도덕적 윤리적으로 흠이 없는 상태(전 9:2)를 가리킨다. 하나님의 말씀은 그것을 주신 하나님의 선하신 성품에 맞는 아무런 흠이 없고 순수하며 완전한 것임을 드러내 보여준다. "이것은 죄를 사랑하는 마음을 씻어내고, 마음을 성결케 하는 것을 말한다."[71] "이 말은 성경에 불결하거나 더럽거나 불완전한 것이 조금도 없다는 것을 의미한다. 성경은 부패한 것이 전혀 없기 때문에 오류도 없다."[72]

(6) 진실하여(sure, true)–이 단어 '에메트'는 진리로 번역될 수 있는 용어로서 하나님의 말씀은 어떤 다른 이방종교의 법 조항들과는 달리 영원히 변하지 않는 유일한 진리의 표준이 되어진다는 의미이다. 또한 '에메트'는 신뢰성이라는 의미를 가지고 있어 "하나님의 말씀은 전적으로 신뢰할 수 있다"는 사실을 내포하고 있다.[73] "어떤 오류(error)나 허구(fiction, 꾸며낸 이야기)나 허위진술(falsehood)이나 기만(deceit)이 없는 진리의 말씀"이라는 의미이다.[74] "곧 성경은 그의 심판과 같이 확실하여

---

69) C. H. Spurgeon, op. cit., p. 98.
70) Ibid., p. 121.
71) Ibid., p. 98.
72) John MacArthur, *The Inerrant Word*(성경 무오성에 대한 도전에 답하다), 조계광 역, 생명의 말씀사, 2017, p. 45.
73) H. C. Leupold, op. cit., p. 328.
74) William S. Plumer, *Psalms: A Critical and Expository Commentary with Doctrinal and Practical Remarks* (Carlisle, Pennsylvania: The Banner of Truth Trust, 1867), p. 258.

잘못된 것도 없고 고칠 것도 없는 참된 것이다"는 뜻이다.[75]

"이 표현은 성경의 역사적 실수나 과학적인 오류나 사실에 관한 부정확한 진술을 비롯해 그 어떤 종류의 결함도 용납할 만한 여지를 전혀 남기지 않는다. 성경의 정확성과 충족성을 이보다 더 철저하고 결정적으로 진술한 말은 어디에도 없다. … 성경에는 그 어느 것 하나도 진실하지 않은 것이 없다. 한 마디로 성경은 진리다."[76] 예수님께서는 "그들을 진리로 거룩하게 하옵소서 아버지의 말씀은 진리니이다"(요 17:17)라고 말씀하심으로 이 사실을 증거 하셨다.

또한 그 **말씀이 믿는 자의 삶에 가져다주는 6가지 효능들**을 소개하고 있다. 즉, 그 말씀은

(1) 영혼을 소성케하고-하나님의 말씀이 영혼에 생명을 부여할 뿐만 아니라 영혼의 양식으로서 사람의 영혼을 새롭게하고 구원함을 의미한다. 이는 하나님의 말씀이 죄악으로 인하여 타락하고 황폐케 된 인간을 살리고 회복시키고 온전하게 변화시키는 능력이 있음을 나타내고 있다(사 55:10-11, 딤후 3:16-17, 히 4:12-13).

예수님은 "진리를 알지니 진리가 너희를 자유케 하리라"(요 8:32)고 말씀하셨다. 비록 자연계시가 하나님을 증거하나 죄로 인해 심령이 어두워지고 부패하고 타락한 인간을 하나님께로 인도하기에는 절대 불완전한 것이지만 특별계시인 하나님의 말씀은 인간의 영혼을 살리고 구원의 자리로 나아가게 한다(히 4:12). "이것은 사람이 죄를 지어 타락한 모습을 원래의 모습으로 회복시키는 것을 말한다. 하나님의 말씀이 주는 실제적인 효과는 사람으로 그 원래의 모습으로 돌아오게 하고, 하나님께 돌아서게 하며, 거룩하게 하는 것이다. … 우리가 말씀에 가까이 할수록

---

75) 박윤선, *성경주석: 시편*, 성문사, 1957, p. 172.
76) John MacArthur, op. cit., p. 46.

우리의 사역은 더욱 성공적이 될 것이다. … 사람의 타락한 영혼을 철학이나 이성으로 고치려고 해보라, 당신의 모든 노력이 웃음거리가 되고 말 것이다. 그러나 하나님의 말씀으로 사람에게 다가가면 곧 변화를 가져온다."77)

(2) 우둔한 자로 지혜롭게 하고-하나님의 말씀은 믿고 따를 수 있는 신뢰할 수 있는 것이기에 길을 잃고 방황하는 어리석은 인생들이 나아가야 할 길을 바로 깨닫고 그 길로 행할 수 있는 지혜를 제공해 준다는 것이다. 시편기자는 "내가 주의 증거를 묵상하므로 나의 명철함이 나의 모든 스승보다 승하며(시 119:99)"라고 했으며, 사도 바울은 "성경은 능히 너로 하여금 그리스도 예수 안에 있는 믿음으로 말미암아 구원에 이르는 지혜가 있게 하느니라"(딤후 3:15)고 디모데에게 가르쳤다.

실로 세상의 상대적 가치와 교묘한 철학, 사상 등은 사람들의 마음을 현혹하여 어리석음의 길로 이끌어 가지만, 신실하고 확실한 하나님의 말씀은 그것을 굳게 붙드는 자로 하여금 바른 분별력을 가지고 참된 지혜의 길로 나아가게 한다는 것을 가르쳐 주고 있다.

(3) 마음을 기쁘게 하고-하나님의 말씀은 진정 사람의 마음에 참 만족을 준다는 것이다. "분명히 깊이가 있고 만족스러운 기쁨을 의미한다."78) "성경의 샘에서 흘러나오는 것과 같은 진실된 위로는 세상에는 없다. 기쁨을 얻고 싶으면 조용히 말씀을 묵상하라."79) "어떻게 기쁨을 유지하며 주의 임재 안에서 충만한 기쁨 가운데 살아갈 수 있는가? 하나님의 말씀 안에 거함으로써만이 가능하다. 예수님은 '내가 이것을 너희에게 이름은

---

77) C. H. Spurgeon, op. cit., pp. 96-97.
78) H. C. Leupold, op. cit., p. 328.
79) C. H. Spurgeon, op. cit., p. 98.

내 기쁨이 너희 안에 있어 너희 기쁨을 충만하게 하려 함이니라'(요 15:11)고 말씀하셨다."[80] 예레미야 선지자도 "만군의 하나님 여호와시여 나는 주의 이름으로 일컬음을 받는 자라 내가 주의 말씀을 얻어 먹었사오니 주의 말씀은 내게 기쁨과 내 마음의 즐거움"(렘 15:16)이라고 고백하였으며, 사도 요한은 "우리가 이것을 씀은 우리의 기쁨이 충만하게 하려 함이라"(요일 1:4)고 말씀하였다.

(4) 눈을 밝게 하며-사람들이 하나님의 말씀에 근거하여 무엇이 옳고 그른 것인지 선악을 분별할 수 있게 된다는 것이다. "해를 바라보면 눈이 멀게 되지만, 계시의 빛을 보면 볼수록 우리는 깨우침을 받는다."[81] "눈을 밝게 한다"는 것은 하나님의 계시를 이해할 수 있게 만든다는 의미로서 하나님의 계시외의 다른 것으로서는 인간이 참된 진리를 이해할 수 없으며 선악을 분별할 수 없다는 사실을 가르쳐주고 있다. 따라서 하나님의 말씀은 인간의 영적인 지식을 밝혀주는 유일한 등불이 되어진다는 것을 보여주고 있다(잠 6:23).

(5) 영원까지 이르며-현존하는 이 세상은 장차 폐하여 지고 지나가고 마는 것이지만(요일 2:17), 하나님은 영원하시기에 하나님의 말씀 또한 영원히 없어지거나 변하지 않는다는 것이다(마 5:18). 예수님은 "천지는 없어질지언정 내 말은 없어지지 아니하리라"(마 24:35)고 말씀하셨고, 사도 베드로는 "모든 육체는 풀과 같고 그 모든 영광은 풀의 꽃과 같으니 풀은 마르고 꽃은 떨어지되 오직 주의 말씀은 세세토록 있도다"(벧전 1:24-25)라고 말씀하고 있다.

---

80) David E. Ross, 묵상하는 그리스도인, 예수전도단, 2005, pp. 233-234.
81) C. H. Spurgeon, op. cit., p. 98.

(6) 완전한 의를 산출한다−하나님의 말씀은 그 내용에 있어서도 그릇된 것이 전혀 없고, 그 말씀이 인간에게 주어진 목적에 있어서도 의롭다는 뜻이다. 즉 하나님의 말씀은 인간의 영혼을 소성케 하기 위해 주어진 것(7절)이라는 목적의 측면에서, 그리고 구원으로 나아가도록 인도하는 과정과 구원방법의 측면에서 절대 의롭다는 것이다. "하나님의 심판은 모두 공정하고, 이것을 변명해야 할 필요가 전혀 없다. 율법에 나타난 여호와의 심판, 그리고 역사가 증거하는 그분의 심판은 진리이다. 그분의 능력을 대적할 자가 없을 뿐 아니라, 그분의 공의를 비난할 자도 없다."[82] 하나님의 말씀은 질적인 면에서 그 기원이 하나님이시기에 의로우며, 그 목적이 선한 것이므로 의로운 것이다. 양적인 면에서 모든 하나님의 말씀의 내용들은 하나도 빠짐없이 의로운 것들이다.

그리고 10절에서 13절까지는 **하나님의 말씀이 가져다주는 6가지 축복들**을 찬양하고 있다. 즉

(1) 부유하게 하고−금은 통화의 기준이 되고 부의 상징으로 세상의 금을 추구하는데는 범죄가 따르고 비극으로 끝나는 경우가 많지만 하나님의 말씀은 영혼의 부요를 가져다 주는 것이다. 하나님의 말씀이 이 세상의 그 어떤 것보다도 가장 귀한 최상의 가치를 가지고 있는 것임을 밝히고 있다. 칼빈(Calvin)은 "만약에 우리가 세상의 모든 재물보다 율법을 더 좋아하지 않는다면 우리는 그것을 제대로 귀하게 여기는 것이 아니다"라고 말하고 있다.[83] 어거스틴은 "주여, 나로 성경을 가장 사랑하게 해 주십시오"라고 기도하였다고 한다.[84]

하나님의 말씀은 우리의 영혼을 부요하게 한다. 하나님의 말씀을 통하여 우리의 영혼이 멸망에서 구원을 받을 뿐만 아니라 영원한 영광에까지

---

82) C. H. Spurgeon, op. cit., p. 99.
83) John Calvin, 구약성경주석: 시편 I, 성서교재간행사, 1980, p. 487.
84) C. H. Spurgeon, op. cit., p. 124.

들어갈 수 있는 준비를 하게 하기 때문이다. 토마스 왓슨(Thomas Watson)은 "성경은 우리에게 부유하게 되는 길(신 28:5, 잠 3:10)과 장수하는 길(시 34:12)과 하늘나라에 가는 길(히 12:28)을 가르쳐 준다. 그렇다면 우리가 성경을 읽는 시간을 가장 감미로운 시간으로 생각해야 할 것이다. 우리는 선지자와 함께 이렇게 고백해야 한다: '내가 주의 말씀을 얻어 먹었사오니 주의 말씀은 내게 기쁨과 내 마음의 즐거움이오나'(렘 15:16)"라고 말하고 있다.[85]

(2) 기쁘게 하고-송이꿀은 벌집에서 흘러넘치는 꿀덩어리를 가리키는 것으로 꿀의 달콤함이 사람의 마음을 즐겁게 해주는 것으로 송이꿀은 최고의 즐거움을 상징하는 말이다. 하나님의 말씀을 인간 세상에서 가장 사람의 마음을 끄는 것인 정금과 사람의 마음에 즐거움을 주는 송이꿀에 비유함으로써(시 119:72,103, 잠 8:10, 겔 3:3), 하나님의 말씀이 이 세상의 그 어떤 것보다도 인간에게 가장 큰 기쁨과 만족과 유익을 준다는 사실을 언급하고 있는 것이다. "하나님의 증거를 바로 이해하는 데서 솟아나는 쾌락은 진정 즐거운 것이다. 이 즐거움과 비교하면 이 세상에서 즐기는 쾌락은 한심하고 경멸스러운 것이다. 하나님의 진리를 아는 자는 가장 감미로운 즐거움을 누린다."[86]

그러므로, 항상 기쁨을 유지하고 주님의 임재 안에서 충만한 기쁨 가운데 살아가려면 하나님의 말씀 안에 거함으로써만이 가능하다. 왜냐하면 예수님께서 "내가 이것을 너희에게 이름은 내 기쁨이 너희 안에 있어 너희 기쁨을 충만하게 하려 함이니라"(요 15:11)고 말씀하고 있기 때문이다.

---

85) Ibid.
86) Ibid., p. 100.

(3) **경고를 받게 하고**-하나님의 말씀이 지닌 교훈적 기능을 증거하고 있다. 이 하나님의 말씀을 통해서 무엇이 옳고 그른지를 교훈받게 되며 이로써 악하고 그릇된 행동을 삼가게 되어지므로 파멸의 자리에 나아가지 않게 되어진다는 것이다.

(4) **보상을 받게 하고**-성경은 구원받은 하나님이 백성들이 하나님의 말씀을 지켜 행할 때에 분명한 상급을 약속하고 있다(막 9:41, 고전 3:10-15, 계 22:12). 이 상은 금세와 내세에서 받는 상이다(시 29:11, 92:12-15, 잠 1:33, 3:1-2, 13:13, 22:4, 사 48:18). "온전한 상은 우리가 이 세상에서 수고하는 동안에 주어지는 것이 아니다. 그것은 우리가 이 땅에서의 수고를 다 마친 다음에 받게 되는 것이다."[87]

(5) **깨닫게 하고**-시인은 하나님께 인간이 스스로는 자기 허물을 깨달아 회개할 능력이 없음을 고백하면서 말씀을 통해 영안을 밝게 하여(8절) 자신의 숨은 허물을 깨달아 회개할 수 있게 해달라고 간구하고 있다. 여기서 "숨은 허물"은 13절의 고범 죄와는 달리 무심코 자신이 알지 못하는 가운데 지은 무의식적인 죄를 가리킨다(레 4:13, 욥 6:24, 19:4). 하나님의 말씀은 자신의 생각과 모든 행위와 삶을 점검하고 살펴볼 수 있는 거울의 역할을 하는 것이다. "말씀을 가장 잘 아는 자가 자신을 가장 잘 아는 자이다."[88]

(6) **보호해준다**-큰 죄과 즉 고의로 죄를 짓지 않도록 지켜주는 기능이 있다. 시인은 "내가 주께 범죄치 아니하려 하여 주의 말씀을 내 마음에 두

---

87) Ibid., p. 101.
88) Ibid.

었나이다"(시 119:11)라고 고백하였으며 "나의 행보를 주의 말씀에 굳게 세우시고 아무 죄악이 나를 주장치 못하게 하소서"(시 119:133)라고 간구하고 있는데, 이는 하나님의 말씀의 보호의 기능을 말해주고 있다.

예수님께서는 요한복음 17장의 대제사장적 기도 가운데, 15절에서 "악에 빠지지 않게 보전"되어지기를 간구하신 후에 17절에서 "그들을 진리로 거룩하게 하옵소서 아버지의 말씀은 진리니이다"라고 기도하심으로 하나님의 말씀은 믿는 자들의 성화를 가져오는 복된 도구가 되어짐을 친히 말씀해 주셨다. 이 진리의 말씀을 통해 하나님의 자녀들은 경고와 책망과 격려와 인도를 받으면서 하나님의 완전한 형상이신 예수 그리스도를 닮아가는 성화의 자리에 나아가게 되어지는 것이다. 따라서 말씀을 경시하고 멀리하는 그리스도인이라고 할 때 죄를 이기고 온전한 성화의 자리에 나아가는 것이 어렵게 될 수밖에 없는 것은 "악에 빠지지 않게 보전"되어지는 것은 진리의 말씀으로 가능하기 때문이다(시 119:9-11, 요일 2:14).

제임스 몽고메리 보이스(James M. Boice)는 "거룩 안에서 성장하는 것은 성경연구를 통해서만 이루어진다"라고 말하고 있다.[89] 이와 같이, "성경은 우리의 삶의 변화에 있어 주된 지침의 역할을 하며, 우리 안에 있는 낡고 부패한 것을 모두 뜯어내고 우리를 그리스도 예수 안에 있는 새롭고 거룩하고 살아있는 것으로 리모델링한다(롬 13:11-14, 엡 4:20-25, 골 3:8-11)."[90]

그래서 영국 최초의 목사들 가운데 한 사람인 윌리엄 글래드스톤(William Gladstone)은 "이 시대에 세계적인 인물 95명을 알고 있다. 그

---

89) James M. Boice, *The Gospel of John: An Expositional Commentary*(요한복음 강해), IV, 서문강 역, 크리스챤 다이제스트, 1988, p. 587.
90) Dallas Willard, op. cit., p. 339.

중 87명이 성경에 순종한 사람이다"라고 말했으며, 미국 독립선언서의 기초를 잡았던 토머스 제퍼슨(Thomas Jefferson)은 "성경을 열심히 정독하는 사람은 더 나은 시민, 더 나은 아버지, 더 나은 남편이 될 것이다"라고 말했다.[91]

미국의 설교자 찰스 스탠리는 "당신이 말씀 안에 있으면 하나님은 매주 당신의 마음속에 성경을 넣어 주신다. 그리고 당신의 삶을 빚어 뭔가 완전히 놀라운 것을 만들어 내신다. 분명히 말하지만, 하나님의 진리를 배우는데 들인 시간은 낭비가 아니다. 그 분은 당신이 가능할 줄로 꿈도 꾸지 못했던 방식들로 당신을 쓰려고 계획하고 계신다. 그러나 먼저 당신이 말씀으로 연단되어야 한다. 당신과 내가 진리를 깨닫고 그 진리대로 하나님께 변화받기 시작하면 우리의 삶은 누구도 부정할 수 없게 예수 그리스도를 닮게 된다"라고 말하고 있다.[92]

이와 같이, 구원받은 자의 성품과 감정과 행동을 변화시켜 그리스도의 형상을 본받게 하는 성화의 자리에 이르게 하는 방편은 1) 읽고 묵상하는 하나님의 말씀(행 20:32, 딤후 3:16-17, 벧전 1:22, 2:2, 요일 2:3,5). 2) 기도(시 105:3, 요 16:24, 행 2:1-4, 4:24-33, 빌 4:6-7, 골 4:12-13). 3) 고난(약 1:2-4, 벧전 1:6-7, 요 15:2, 고후 1:4-5, 빌 3:10, 벧전 5:10). 4) 사랑(엡 3:17-19, 4:15-16, 5:1-2, 요일 4:17). 5) 교제(롬 1:11-12, 16:3-16, 21-23, 고전 12:18-27, 엡 4:16, 몬 1:6). 6) 전도(마 28:19-20, 눅 10:17, 행 13:52). 7) 예배(시 73:17, 고후 3:18, 계 1:10) 등으로 성경에서 언급되어지고 있다.

---

91) 배창돈, *기적의 제자훈련*, 국제제자훈련원, 2008. p. 125.
92) Charles F. Stanley, op. cit., pp. 99-100.

4. 성경의 독특한 권위

(1) 영감되고 오류없는 성경(딤후 3:16)[93]

성경은 하나님의 뜻이 전달되어진 특별계시이고 그 전달의 방편이 바로 영감이다. "영감은 신구약 성경을 완성시키기 위해 하나님이 인간 기자들에게 메시지를 계시하시는 과정에서 작용한 성령의 역사다."[94] 그러므로 성경이 하나님의 감동으로 기록되어졌다는 것은 하나님의 말씀의 독특한 권위를 나타내 보여주고 있다. "하나님의 감동으로 되었다"는 것

---

93) 성경이 영감되었다는 것은 (1) 성경은 인간이 거부할 수 없는 절대적 권위를 가지고 있다는 것이고(차별성 혹은 권위성[Authority]), (2) 오류가 없는 진리의 말씀이라는 의미이며(무오류성[Inerrancy]), (3) 서로 모순과 충돌이 없는 일관성을 가지고 있다는 의미를 가지고 있다(통일성[Unity]). 그리고 "유익하니"(딤후 3:16)라는 단어는 "이익이 있는, 생산적인, 충분한"이라는 의미를 가지고 있으므로 이 단어는 성경의 충족성[Sufficiency]을 설명해 주고 있으며, 딤후 3:15절은 성경의 명료성[Clarity]과 필요성[Necessity]을 언급하고 있는 것으로 볼 수 있다. 일반적으로 성경의 고유한 4가지 속성으로 **권위성, 충족성, 명료성, 필요성**을 언급하고 있다.
권위성이란 성경이 권위의 문제와 관련하여 세상의 그 어떤 권위에도 의존하지 않으며 그 어떤 사람의 증언도 필요하지 않다는 것을 의미한다. 따라서 과학이나 개인적 경험이나 어떤 교회기관이나 단체의 가르침을 성경보다 우선시해서는 안 된다는 것을 가르치고 있다. 성경이 권위성을 가지고 있다는 것은 "우리에게 성경이 말하는 모든 것을 믿고 성경이 명령하는 모든 것에 순종해야 할 윤리적 의무를 부과한다"[John M. Frame, 기독교윤리학, 244]. **충족성**이란 하나님의 영광과 인간의 구원과 신앙과 생활에 필요한 모든 말씀이 성경에 충족하고도 완전하게 기록되었기에 더 이상 성경과 동등한 위치를 차지하는 인간의 전통과 새로운 계시가 필요하지 않다는 것을 의미한다. 그러므로 새로운 계시, 혹은 새로운 교리라고 주장하는 어떤 것도 거짓된 것으로 배제되어야 함을 가르쳐 주고 있다(계 22:18-19). **명료성**은 예수 그리스도의 구원메시지는 성경에 분명하게 드러나 있어 그 누구라도 성령의 인도하심 가운데서 성경을 읽을 경우 이해할 수 있다는 것을 의미한다. **필요성**은 일반계시나 인간의 개인적 경험이나 인간의 추론으로서는 구원의 하나님을 알 수 없고, 구원에 대한 이해와 보존과 전파를 위해서는 성경이 반드시 필요하다는 것을 의미한다.
94) John F. MacArthur, Jr., *How to Get the Most From God's Word*(성경, 이렇게 믿어라), 김태곤 역, 생명의 말씀사, 2000, p. 38.

은 "하나님에 의해서 불어넣어졌다(breathed out by God)" 혹은 "하나님이 친히 숨을 내쉬어 만드신 것"이라는 의미이다.[95]

하나님께서는 때때로 받아쓰게 하실 정도로 인간 저자들에게 자신의 말씀들을 불어넣으셨다. 하나님께서 예레미야에게 "보라 내가 내 말을 네 입에 두었노라"(렘 1:9)고 말씀하신 것과 다윗이 "여호와의 영이 나를 통하여 말씀하심이여 그 말씀이 내 혀에 있도다(삼하 23:2)라고 증언한 것이 이런 사실을 드러내 보여주고 있는 구체적인 실례이다. 그러나 성경 자체가 보여주고 있는 바대로, 하나님의 말씀의 진리는 하나님께서 택하신 인간 도구들의 마음과 영혼, 그리고 감정들을 통하여 흘러내리도록 간섭하였던 것을 시편같은 말씀들이 이를 보여주고 있다. 어떤 형식으로 하나님의 말씀이 주어졌던지에 관계없이, 하나님께서 그의 택하신 사람들을 통하여 하나님의 거룩한 진리에 대한 정확한 기록을 위하여 초자연적으로 간섭하셨다는 것이다.

종교개혁자 칼빈은 성경의 진리성이 교회나 어떤 사람의 결정에 의해 확립되는 것이 아니라 하나님의 말씀 자체가 그 사실을 입증하고 있다고 지적하고 있다. "교회의 판결에 의지하지 않는 한 이것이 하나님께로부터 난 것인지 어떻게 확신할 수 있는가? 이는 마치 이런 질문이나 같다. 빛과 어둠, 백과 흑, 단맛과 쓴맛을 구별하는 법을 어디서 배울 것인가? 사실 성경의 진리성은 성경 자체에 더할 나위 없이 명백히 드러나 있다. 희거나 검은 것들 자체에 색깔이 드러나고 달거나 쓴 것들 자체에 맛이 드러나는 이치와 같다."[96]

미국 퓨리탄 리폼드 신학교 학장이며 조직신학 교수인 조엘 비키(Joel

---

95) Sinclair B. Ferguson, *From the Mouth of God*(성경, 하나님의 말씀), 생명의 말씀사, 2015, p. 25.
96) John Calvin, *Institutes of the Christian Religion*, F. L. Battles 번역, T. McNeill 편집 (Philadelphia: Westminster Press, 1960), I. vvii, 2.

R. Beeke)는 "만일 하나님께서 성경이 형성되는 과정에 일점일획까지 친히 감독하지 않으셨다면(마 5:18 참고), 우리는 신앙과 실천의 문제에 관하여 '하나님이 이렇게 말씀하셨다'라고 권위있게 선언하지 못할 것이다. 성경을 온전히 신뢰하기 위해서는 성경이 한 치도 틀림없는 진리라는데 대해 확신해야 한다"라고 역설하고 있다.[97] 미국 리폼드 신학대학원 총장인 리건 던컨 3세는 "우리가 성경이 무오하다고 믿는 이유는 성경이 영감으로 기록되었기 때문이다"고 말하고 있다.[98]

하나님이 창조하신 에덴동산에서 첫 인류가 타락하게 되어진 것은 하나님의 말씀을 의심하게 하는 마귀의 음성에 귀를 기울임으로 타락하게 된 것이다. 이처럼 하나님의 말씀에 거짓이나 오류가 있다고 가정하게 되어지면 불신앙에 빠져들게 되고, 인본주의로 전락될 수밖에 없다. 오늘 이 시대의 교회개혁을 위한 가장 시급한 과제가 있다면 그것은 종교개혁의 원리인 오직 성경의 원리를 실질적으로 회복하고 교회의 신학과 목회와 성도들의 삶과 사역에 궁극적인 권위를 가진 규범으로서 제시하는 것이다. 따라서 오늘날 교회에 참으로 필요한 것은 하나님의 인격적인 말씀으로서 성경에 초점을 맞출 수 있도록 체계적으로 성경을 가르치는 것이다.

그러므로, 성경을 기록하기 위하여 선택된 사람들에 의해서가 아니라 하나님에 의해서 영감되어졌다는 것이 가장 중요한 사실이다. 왜냐하면, 하나님에 의해 영감되지 아니한 것은 오류가 있을 수밖에 없기 때문이다. 그래서 존 맥아더는 "성경은 첫째로 그리고 무엇보다도 하나님께로부터 온 것이며 하나님에 대한 것이며 타락한 인류에 대한 하나님의 자아계시

---

[97] Don Kistler, ed., *Sola Scriptura: The Protestant Position on the Bible*(오직 성경으로), 조계광 역, 지평서원, 2011, pp. 195-196.
[98] John MacArthur, *The Inerrant Word*(성경 무오성에 대한 도전에 답하다), 조계광 역, 생명의 말씀사, 2017, p. 114.

이다. 성경은 창세기로부터 요한계시록에 이르기까지 하나님은 그의 진리와 그의 성품, 그의 속성들, 그리고 하나님의 형상으로 창조하신 인간의 구속을 위한 그의 거룩한 계획을 나타내 보여 주셨다. 따라서 성경은 인간 지혜나 인간의 통찰력의 모음집이 아니라 성경은 하나님의 진리 즉, 하나님 자신의 말씀이다"라고 적절히 말해주고 있다.[99]

출애굽기 9장 16절에서 하나님은 바로에게 "내가 너를 세웠음은 나의 능력을 네게 보이고 내 이름이 온 천하에 전파되게 하려 하였음이니라"고 말씀하셨는데, 이 부분을 사도 바울은 로마서 9장 17절에서 "성경이 바로에게 이르시되 내가 이 일을 위하여 너를 세웠으니 곧 너로 말미암아 내 능력을 보이고 내 이름이 온 땅에 전파되게 하려 함이라"고 기록하므로 성경이 말하는 것은 바로 하나님이 말씀하시는 것으로 설명하고 있다. 즉 성경은 바로 하나님의 말씀이라는 사실을 깨우쳐 주고 있다. 따라서 시편 119편 89절은 "여호와여 주의 말씀은 영원히 하늘에 굳게 섰사오며"라고 말씀하고 있다. 사도 베드로 역시 "먼저 알 것은 성경의 모든 예언은 사사로이 풀 것이 아니니 예언은 언제든지 사람의 뜻으로 낸 것이 아니요 오직 성령의 감동하심을 받은 사람들이 하나님께 받아 말한 것임이라"(벧후 1:20-21)고 선언하고 있다. 성경의 어떤 메시지도 사람들 자신의 지혜나 의지에 의해 이루어졌거나 말하여진 것이 아니라 성경이 계시되고 기록되어지는 통로가 되어진 경건한 사람들이 성령에 의해 신적으로 가르쳐지고 전달되어진 것이다.

"모든 성경(graphe)은 하나님의 감동으로 된 것으로"라는 언급 중 모든 성경은 구약뿐만 아니라 신약성경까지를 포함하는 명칭이다.[100] 디모

---

99) John MacArthur, Jr. *The MacArthur New Testament Commentary: 2 Timothy* (Chicago: Moody Press, 1995), p. 143.
100) 본문 16절에서의 모든 성경(*pasa graphe*)은 신구약성경 전체를 가리키는 반면, 본문 15절의 성경(*hiera grammata*)은 구약성경을 가리킨다. John MacArthur, Jr. *The*

데전서 5장 18절에 "성경(graphe)에 일렀으되 곡식을 밟아 떠는 소의 입에 망을 씌우지 말라 하였고 또 일꾼이 그 삯을 받는 것은 마땅하다 하였느니라"는 말씀 가운데 앞 부분은 구약 신명기 25장 4절로부터의 인용이고, 뒷 부분은 주님께서 누가복음 10장 7절에서 직접하신 말씀의 인용으로 디모데전서 5장 18절의 "성경에 일렀으되"는 신구약 전체를 가리키는 용어임에 틀림없다. 그러므로 디모데후서 3장 16절의 모든 성경이란 신구약 성경 전체를 의미하는 표현인 것이다. 또한 사도 베드로가 기록한 마지막 서신인 베드로후서 3장 16절에서 "또 그 모든 편지에도 이런 일에 관하여 말하였으되 그 중에 알기 어려운 것이 더러 있으니 무식한 자들과 굳세지 못한 자들이 다른 성경(graphas)과 같이 그것도 억지로 풀다가 스스로 멸망에 이르느니라"고 사도 바울의 편지들을 성경으로 언급하고 있는 것 역시 이를 뒷받침해주고 있다.

예수님은 지상 사역동안에 성경의 신적 권위에 대한 강력하고도 명백한 증거를 주셨는데, "성경은 폐하지 못하나니"(요 10:35)라고 분명하게 말씀하셨다. 또한 예수님은 마태복음 5장 18절에서는 "진실로 너희에게 이르노니 천지가 없어지기 전에는 율법의 일점일획도 결코 없어지지 아니하고 다 이루리라"고 말씀하셨고, 누가복음 16장 17절에서는 "그러나 율법의 한 획이 떨어짐보다 천지가 없어짐이 쉬우리라"고 성경의 신적 권위를 선언하신바가 있다. 그래서 시편 119편 160절에서는 "주의 말씀의 강령은 진리이오니 주의 의로운 모든 규례들은 영원하리이다(All your words are true; all your righteous laws are eternal)"라고 말씀하고 있다.

MacArthur New Testament Commentary: 2 Timothy (Chicago: Moody Press, 1995), pp. 138, 144. George W. Knight III, *The New International Greek Testament Commentary: The Pastoral Epistles* (Grand Rapids: Eerdmans, 1992), p. 448 을 참고하라.

찰스 스펄전(Charles Haddon Spurgeon)은 다음과 같이 하나님의 말씀만이 믿을 수 있는 진리라는 사실을 역설하고 있다: "경건하지 못한 사람들은 거짓되지만 하나님의 말씀은 진리이다. … 하나님의 말씀은 처음부터 항상 진리였으며 오랜 역사를 거치는 동안에도 늘 변함없는 진리였다. 하나님의 말씀은 우리가 처음 믿을 때부터 진리였고, 심지어 우리가 그 말씀을 믿기 전부터 진리였다. … 성경은 창세기나 요한계시록이나 똑같이 진리이고, 모세오경 역시 사복음서와 마찬가지로 하나님의 영감으로 기록되었다. 하나님의 계시와 섭리를 기록하고 있는 성경에는 오자 정정 표기를 명시할 필요가 전혀 없다. 하나님은 후회하거나 취소할 내용, 곧 수정하거나 바꿔야 할 것이 아무것도 없으시다."[101]

성경의 무오설에 대하여 "로마의 클레멘트(Clement, AD 30-100)는 '신성한 말씀'을 '성령의 참된 말씀'이라고 하면서 '그 안에는 불의나 가짜가 기록되지 않았다'고 했다. 이레니우스(Irenaeus, AD 120-202)는 성경의 저자들은 '모든 주제에 대해 완전한 지식으로 충만했으며 그릇된 말을 할 수 없었다'라고 했다. 오리겐(Origen, AD 185-254)은 '신성한 말씀들은 성령님의 온전한 영감으로 되어 있으며 율법이든 복음서든 사도들의 글이든 영감의 원천인 신의 진리로 말미암지 않은 구절은 전혀 없다'고 했다."[102]

성경의 영감에 대하여 존 맥아더는 다음과 같이 말하고 있다. "구약의 모세오경은 적어도 680번 정도 신적 영감에 대한 주장을 담고 있으며, 역사서에서는 418번, 시가서에서는 195번, 선지서에서는 1307번 정도 발견되어진다. 신약은 구약으로부터 300회 이상 직접 인용을 하고 있고 간

---

101) James Montgomery Boice, op. cit., p. 201.
102) Kevin DeYoung, *Taking God at His Word*(성경, 왜 믿어야 하는가), 장택수 역, 도서출판 디모데, 2015, pp. 156-157.

접 인용은 1000회에 이르고 있는데, 이들 중 거의 대부분에서 그 인용구절들이 하나님 자신의 말씀이라는 사실을 선언하거나 함축하고 있다. 특히 신약의 히브리서에서는 '옛적에 선지자들을 통하여 여러 부분과 여러 모양으로 우리 조상들에게 말씀하신 하나님이 이 모든 날 마지막에는 아들을 통하여 우리에게 말씀하셨으니'(히 1:1-2)라고 언급하고 있다. 여기에 '선지자들을 통하여 … 우리 조상들에게 말씀하신'이라는 부분은 구약성경을 가리키고, '이 모든 날 마지막에는 아들을 통하여 우리에게 말씀하셨으니'라는 부분은 신약성경을 의미하는 표현이다."[103]

성경이 하나님의 감동으로 되어졌다는 것은 성경에는 절대적 권위성이 있다는 것을 선언하는 것이다. 이 점에 대하여, 케빈 드영(Kevin DeYoung)은 다음과 같이 말하고 있다.

> 모든 종교가 권위에 의존한다. 사실 모든 학문과 인간이 탐구하는 모든 영역이 권위에 의존한다. 우리가 깨닫든지 그렇지 않든지 간에 우리는 누군가 또는 무언가에 최종 권위를 부여한다. 예를 들면 부모님, 문화, 공동체, 감정, 정부, 관련 전문가가 검토한 논문, 여론조사, 인상, 성경이 그런 대상이다. 우리에게는 주장하는 진리에 대한 최종 결정권자로 여기는 사람이나 대상이 있다. 그리스도인에게 최종 권위자는 구약성경과 신약성경이다. … 성경의 가르침보다 열등한 것에 최종 권위를 둠으로써 성경을 등한시해서는 안 된다. … 성경에 최종 권위를 부여하려면 시대의 요구나 일부 주장 때문에 그래야 할 것 같더라도 결코 성경의 일점일획이라도 변경해서는 안 된다.[104]

성경은 40여명의 다양한 인간 저자들(왕, 사사, 예언자, 목자, 어부, 의

---

103) John MacArthur, Jr. op. cit., p. 146.
104) Kevin DeYoung, *Taking God at His Word*(성경, 왜 믿어야 하는가), 장택수 역, 도서출판 디모데, 2015, pp. 103, 106.

사, 학자, 세리 등)이 1500여 년이라는 기나긴 세월 동안에 각기 다른 장소와 다른 상황에서 특정한 목적을 가지고 기록된 66권의 책들로 구성되어져 있다. 그럼에도 불구하고 이 66권의 성경이 통일성과 일관성을 지니고 있는 한 권의 책이 되어질 수 있는가? 이 질문에 대한 해답은 성경의 궁극적인 저자가 하나님이시라는 사실이 성경이 유기적 통일성과 일관성을 가지고 있다는 것을 가르쳐 주고 있다. 왜냐하면 성경의 궁극적인 저자이신 하나님께 모순이나 불일치가 있을 수 없기 때문에 하나님의 감동으로 된 성경에도 모순이나 불일치가 있을 수 없다는 것이다. 따라서 성경본문 가운데 겉보기에 모순과 불일치가 있는 것처럼 보이는 부분들도 성경 전체의 가르침에 비추어서 그 본문이 기록된 역사적 정황과 저자의 기록목적이나 전후 문맥과 단어들의 의미를 면밀하게 검토하면서 해석하게 될 때 해소가 되어질 수 있는 것이다.

성경은 궁극적으로 스스로 한 저자이신 하나님으로부터 말미암은 통일체임을 제시하고 있다.105) 성경영감에 대한 성경 자신의 증거는 성경의 통일성에 대해서도 적용될 수 있다. 즉 성경의 통일성은 성령의 영감과 관련되어 진다. 그러므로 성경은 그것의 모든 부분들이 함께 가리키는 하나의 중심적인 메시지, 곧 예수 그리스도 안에서 믿음으로 말미암는 구원(눅 24:25, 44-48)이라는 메시지를 가지고 있다. "만일 한 저자가 성경의 형성에 책임이 있다면, 다시 말해서 성경전체를 썼다면, 우리는 성경의 중심적인 메시지내의 어떠한 대칭(symmetry)이나 조화(harmony)를 생각해 낼 수 있을 것이다. 이런 의미에서 볼 때 성경의 모든 책들은 하나의 오케스트라에 비유될 수 있을 것이다."106)

---

105) James I. Packer, "Upholding the Unity of Scripture Today." in *Journal of the Evangelical Theological Society,* Vol. 25, 1982, pp. 409-414. D. A. Carson, "Unity and Diversity in the New Testament." in *Scripture and Truth,* (Grand Rapids: Zondervan, 1983), pp. 65-100.
106) William W. Klein, op. cit., p. 91.

이러한 성경의 통일성은 성경해석과 적용에 있어서 중요한 의미들을 수반한다. 소극적인 의미에서 성경주석과 해석에 있어서 성경 안에서 내적인 모순을 발견할 수 없다는 것이다. 적극적인 의미에서 해석에 있어서 믿음의 유비(the analogy of faith)[107]라는 원리를 사용할 수 있다는 것을 의미한다. 성경에 대한 가장 훌륭한 해석자는 성경 자체이다. 이는 성경은 성경으로 해석해야한다는 것을 의미한다. 그러므로 성경의 한 구절은 다른 구절의 의미를 명료화하기 위해 사용되어져야 한다.[108]

존 스토트는 성경의 통일성에 대하여 다음과 같이 말하고 있다. "인간의 견지에서 보면 성경은 각양각색의 저자들이 동원된 논문집과 같이 보인다. 그러나 하나님의 견지에서는 전 성경이 하나의 마음에서 흘러나왔다. 그것은 하나님의 마음을 표시하는 하나님의 말씀이어서 유기적인 통일성을 가졌다. 그렇기 때문에 우리는 하나님이 말씀하셨고, 하나님이 말씀하실 때 자기모순을 범하지 아니하였다는 확신을 가지고 성경에 임하지 않으면 안된다."[109]

독일의 경건주의 신학을 계승한 루터교 목사 게르하르트 마이어

---

[107] "믿음의 유비"란 성경이 성경을 해석해야 한다는 원칙이다. 이것은 성경의 어느 부분도 성경의 다른 부분이 명백히 가르쳐 주고 있는 것과 모순을 일으키는 방식으로 해석될 수 없음을 의미한다. 이것은 다음과 같은 2가지 중요한 해석학적 원칙을 제시하고 있다: (1) 성경의 불분명한 구절은 분명한 구절의 관점에서 해석되어야 한다. (2) 신약의 저자가 구약의 본문을 해석할 때마다 이 해석은 참되다. 그러므로 "그리스도인들에게 믿음의 유비는 불분명한 본문은 분명한 본문의 관점에서 이해할 수 있고, 신약은 구약에 대한 바른 이해를 제공한다는 것을 말한다. 그러나 그것은 또한 성경의 어떤 부분의 의미도 성경 전체의 문맥에서 이해되어야 한다는 것을 잘 나타내고 있다. 이 원칙은 때때로 정경적 해석(canonical interpretation)이라고 불린다." Dan McCartney, op. cit., pp. 160-161. 이 정경적 해석의 훌륭한 예로 아가서를 들 수 있는데 그 구체적인 설명은 Dan McCartney, op. cit., p. 162를 참고하라.
[108] Robert L. Thomas, "A Hermeneutical Ambiguity of Eschatology: The Analogy of Faith," in *Journal of the Evangelical Theological Society,* Vol. 23, 1980, pp. 45-53.
[109] 존 스토트, *성경연구입문*, p. 222.

(Gerhard Maier)는 "성경의 통일성의 가장 강력한 근거는 그것의 원저자이신 하나님에게서 찾을 수 있다. 더 자세히 말하면, 성경전체에 기운을 불어넣고 그것을 하나의 통일체로 형성하신 분은 하나님의 거룩한 영이시다(딤후 3:16). 사실상 성경 내의 모순성에 대한 주장은 인간 증인들을 성경의 결정적인 저자들로 삼고 원저자이신 하나님을 밀어내는 데에서 비롯된다. 그런 모순들을 주장하는 것은 어떤 모순을 하나님 자신 안으로 집어 넣으려는 행위이지만, 통일성은 하나님의 특징이시다"라고 역설한바 있다.[110]

미국 리폼드 신학대학원의 조직신학교수인 존 M. 프레임(John M. Frame)은 다음과 같이 성경의 최종성(Finality)[111]에 대하여 설명하고 있다.

> 하나님이 정경에 더 많은 책들을 추가하시는 것은 그리스도의 완성된 사역에 무언가를 추가하는 것이 되고 이는 결코 이뤄질 수 없는 것이라 성경은 가르친다. 따라서 오늘날 정경은 인간이 감히 그것에 어떠한 것도 추가하지 못한다는 의미일 뿐만 아니라 하나님 자신도 정경에 더 많은 책을 추가하시지 않을 것이라는 의미에서도 마감되었다. 그러나 정경의 마감이 일반계시의 종식을 의미하지는 않는다. 하나님은 아직도 일반계시를 통해서, 하나님의 말씀을 우리 마음에 깨닫게 하는 성령의 사역을 통해서 그리고 성경 자체를 통해서 우리와 소통하신다.

---

110) Gerhard Maier, *Biblische Hermeneutik(성경해석학)*, 송다니엘, 장해경 역, 영음사, 2014, p. 226.
111) 최종성이란 성경계시는 성육신하신 예수 그리스도의 구원사역의 성취로 완성되었으므로 더 이상의 새로운 구원의 계시가 주어지지 않는다는 것을 의미한다(히 1:1-2, 요 1:1-18). 바빙크는 "그리스도 안에서 하나님의 계시가 완성되었다"라고 말하고 있다. Herman Bavinck, *Reformed Dogmatics*, Vol. 1, ed. John Bolt, trans. John Vriend (Grand Rapids: MI: Baker Academic, 2003), p. 491. "그 분[예수님]은 하나님의 완전하고 최종적인 구속의 행위인 동시에 하나님 자신의 완전하고 최종적인 계시다. 사도들의 가르침은 그리스도가 하신 말씀을 기억하는 것이고(요 14:26), 성령이 설명하시는 모든 것도 예수님이 누구시고, 무엇을 성취하셨는지를 가리킨다(요 16:13-15)." Kevin DeYoung, op. cit., p. 65.

성경의 기록은 최종적이지만 하나님은 매일 성경을 통해서 계속해서 우리에게 말씀하신다.[112]

유다서에서는 "성도에게 단번에 주신 믿음의 도를 위하여 힘써 싸우라"(유 3)는 권면을 하고 있다. 여기에, "단번에 주신 믿음의 도"라는 언급은 성경의 최종성(Finality)과 충족성(Sufficiency)을 드러내 보여주고 있는데, 성경은 더 이상의 보완이나 보충이 필요하지 않는 완전하고 완벽한 계시임을 가르쳐 주고 있다. 그래서 성경의 마지막 책인 요한계시록의 마지막 22장에서 "내가 이 두루마리의 예언의 말씀을 듣는 모든 사람에게 증언하노니 만일 누구든지 이것들 외에 더하면 하나님이 이 두루마리에 기록된 재앙들을 그에게 더하실 것이요 만일 누구든지 이 두루마리의 예언의 말씀에서 제하여 버리면 하나님이 이 두루마리에 기록된 생명나무와 및 거룩한 성에 참여함을 제하여 버리시리라"(계 22:18-20)고 경고하고 있다.

이럼에도 불구하고, 모든 성경이 영감되었고 오류가 없다는 사실을 거부하는 것은 죄로 인하여 어두워지고 정확한 판단을 할 수 없는 인간 스스로를 하나님의 말씀위에 올려놓고 하나님의 말씀인지 아닌지를 구절구절마다 판단하게 하는 심판자의 자리에 서는 것을 의미하는 것이다. 그러나 모든 성경이 영감되었기에 오류가 없다는 것은 성경이 완전하고 신적 권위를 가지고 있으며, 믿고 따라야 할 진리의 말씀이며, 따라서 인간 삶에 절대적 유익을 가져다준다는 사실을 가르쳐 주고 있다. 따라서 헨리 스미스(Henry Smith)는 "하나님의 말씀을 항상 우리 앞에 두어 규칙으로 삼아야 한다. 말씀이 가르치는 것 외에는 아무것도 믿지 말고, 말씀이 권고하는 것 외에는 아무것도 사랑하지 않으며, 말씀이 금지하는 것 외에는

---

112) 존 M. 프레임, 성경론(The Doctrine of the Word of God), 김진운 역, 개혁주의신학사, 2014, p. 237.

아무것도 미워하지 말고, 말씀이 명령하는 것 외에는 아무것도 행하지 말아야 한다"라고 말하고 있다.113) 존 맥아더 역시 "성경은 모든 사람들에 대한 절대적 권위다. 그것은 무흠하고 무오하며, 또한 절대적인 권위를 갖고 있다. 성경은 우리 모두가 어떻게 살아야 하는지에 관한 최후의 결정이다"라고 적절히 언급하고 있다.114)

5. 성경의 사역

앞서 설명했듯이, 성경은 하나님의 뜻을 따라 성화의 삶을 살아가는데 그리스도인들이 항상 필요로 하는 모든 진리, 모든 원리, 모든 기준, 그리고 모든 경고를 주고 있다는 것은 참으로 놀라운 선물이요 축복이 아닐 수 없는 것이다. 사도 바울은 본문 디모데후서 3장 16절에서 성경이 4가지 영역(교훈과 책망과 바르게 함과 의로 교육하기)에서 유익하다고 선언하고 있다.

주경신학자 윌리엄 D. 바운스(William D. Bounce)는 성경의 4가지 사역에 대하여 처음 두 사역인 교훈과 책망은 올바른 교리(orthodoxy)에 대한 것이고 나머지 두 사역인 바르게 함과 의로 교육함은 올바른 실천(orthopraxy)에 대한 것으로 분류하고 있다. 그는 본문의 4개의 전치사 구들은 구조상 교차대구법적임을 밝히면서 "(a) 성경은 교리를 긍정적으로 가르치고, (b) 이단을 정죄한다. 마찬가지로 성경은 (b') 부적절한 행위를 교정하고 (a') 긍정적으로 의로운 행위를 교육한다"라고 설명하고 있다.115)

---

113) Don Kistler, ed., op. cit., p. 243.
114) John F. MacArthur, Jr., *How to Get the Most From God's Word*(성경, 이렇게 믿어라), 김태곤 역, 생명의 말씀사, 2000, p. 91.
115) William D. Bounce, *Word Biblical Commentary: Pastoral Epistles*(목회서신), Vol. 46. 채천석, 이덕신 역, 솔로몬, 2009, p. 1075.

(1) 교훈의 사역: 진리를 가르치는 성경(딤후 3:16)

본문에서의 "교훈(*didaskalia*)"은 가르침(teaching)의 과정이나 방법에 대한 것이 아니라 가르침의 내용에 대한 것으로 그리스도인이 영적으로 자라가는 데 꼭 필요한 요소를 가리킨다. 신약성경의 다른 부분에서와 마찬가지로, 본문에서도 하나님의 말씀을 통하여 신자들에게 주어진 거룩한 가르침 혹은 교리를 언급하는 것이다.[116] 또한 이 단어는 "개인이나 단체에게 하나님의 말씀을 체계적으로 가르치는 사역을 의미한다."[117]

"주의 교훈과 훈계"(엡 6:4) 가운데서 자라가기 위하여, 하나님의 감동으로 된 성경은 하나님의 자녀들이 하나님께서 살아가기를 원하시는 대로의 삶을 살아가는 데 필요한 포괄적이고 완전한 진리의 체계를 제공해 준다. 하나님께서는 그의 자녀들이 이 땅위의 삶을 살아가는 동안 필요로 하는 모든 지혜를 제공받고 안내를 받도록 하시기 위하여 하나님의 무오류의 완전한 말씀을 주셨다. 따라서 성경을 떠나서 제대로 살아갈 수 있거나 온전히 사역할 수 있거나 효과적으로 증거할 수 있는 그리스도인은 존재하지 않는다. 존 맥아더는 다음과 같이 역설하고 있다:

> 회심 후에 조차도 그리스도인의 자기 자신의 지혜에 대한 신뢰는 성경에 대한 올바른 이해와 주님의 뜻을 따라 살아가는 삶에 심각한 방해가 되어진다. "너는 마음을 다하여 여호와를 신뢰하고 네 명철을 의지하지 말라"(잠 3:5)는 말씀은 구약의 성도들뿐만 아니라 신약의 그리스도인들에게도 동일하게 적용되어지는 진리의 말씀이다. ... 영적인 진

---

116) John MacArthur, Jr., *The MacArthur New Testament Commentary: 2 Timothy* (Chicago: Moody Press, 1995), p. 154.
117) John F. MacArthur Jr., *The Master's Plan For the Church*(하나님이 계획하신 교회), 생명의 말씀사, 2009, p. 281.

리를 알지 않고 영적인 삶을 살아갈 수 있으리라 기대하는 것은 전적으로 어리석고 잘못된 것이다. 성경적으로 가르침 받지 못한 신자들과 특별히 성경적으로 가르쳐지지 못한 교회에 있는 자들은 거짓교사들에게 쉬운 먹이감이 되고 만다. 그들은 영적 어린아이들로서 "사람의 속임수와 간사한 유혹에 빠져 온갖 교훈의 풍조에 밀려 요동"할 수밖에 없는 자들로 전락되어지는 것이다(엡 4:14). 하나님은 오늘날도 호세아 선지자의 시대에서와 같이 "내 백성이 지식이 없으므로 망하는도다"(호 4:6)라고 말씀하고 계신다. 이러한 이유로 인해서 그리고 하나님을 영화롭게 하기 위해서는 규칙적이고 조직적인 그리고 철저한 하나님의 말씀에 대한 연구가 오늘날의 하나님의 자녀들에게 필수적인 것이다.[118]

이 교훈의 사역의 목표에 대하여 제이 E. 아담스는 "성경에서 모든 교훈의 목표는 사람들을 변화시키고 그리스도인들을 하나님께 더 가까이 나가도록 돕는 것이다. 그러나 흔히 성경의 교리를, 따라서 살아야 할 진리가 아닌 단지 알아야 할 사실로서만 가르치기 때문에 그런 변화가 일어나지 않는다"라고 말하고 있다.[119]

미국의 설교자 찰스 스탠리는 다음과 같이 조언하고 있다: "우리는 이 땅에서 사는 동안 역경들을 만난다, 그것은 피할 수 없는 현실이다. 우리는 타락한 세상에서 살고 있다. 비극이 닥친다. 슬픔이 쌓인다. 죄가 우리의 마음을 잡아끈다. 좌절이 우리를 유혹하여 포기하게 한다. 하나님이 하라고 부르신 일을 등지게 한다. 이제 당신에게 도전하고 싶다. 그런 길로 가지 말라. 대신 하나님의 말씀 속에서 가르쳐 주신 길로 가라. 그 분의 진리를 공부하라. 그 진리를 삶에 적용하는 법을 가르쳐 달라고 기도

---

118) Ibid., p. 155.
119) Jay E. Adams, *How To Help People Change*(사람을 변화시키는 성경의 힘), 송용자 역, 부흥과 개혁사, 2009, p. 158.

하라. 그리고 그 말씀을 마음에 두라. 그러면 낙심이 찾아올 때 '네 뒤에서 말소리가 네 귀에 들려 이르기를 이것이 바른 길이니 너희는 이리로 가라 할 것'(사 30:21)이다."[120]

성경의 교훈적 사역에 관하여 로마서 15장 4절에서 "무엇이든지 전에 기록된 바는 우리의 교훈을 위하여 기록된 것이니 우리로 하여금 인내로 또는 성경의 위로로 소망을 가지게 함이니라"고 말씀하고 있다. 이것은 교훈적 사역의 결과로 참된 소망을 가지게 되어짐을 가르쳐 주고 있다. 제이 E. 아담스의 설명대로 "소망은 성령님이 믿는 자들에게 성경 속에 있는 하나님의 약속을 이해하고 신뢰하도록 빛을 비추실 때 피어난다."[121]

따라서, 제대로의 교훈을 위해서는 성경의 사용이 정확해야 하며 그 상황에 적절해야만 한다. 아무리 의도가 좋다고 할지라도, 어떤 본문에 대한 해석이나 적용이 올바르지 못하게 되어지면 신앙공동체와 그리스도인들에게 혼란과 손해를 끼치게 되어지는 또 다른 문제들을 일으키게 되어진다.

예수님께서 광야에서 사단에게 시험을 받으실 때, 주님 자신이 성육신 하신 말씀으로 이 기록된 성경과는 상관없는 다른 말씀을 하셨더라도 아무런 문제가 없었을 것임에도 불구하고, 이미 기록된 구약성경에서 적절하고도 정확하게 인용하셔서 답변하심으로 승리하셨던 것을 볼 수 있다. 이것은 주님을 따르는 자들을 위한 것으로 그리스도인들도 마귀의 시험이나 속임수에 대하여 사용해야 할 영적 무기로서의 하나님의 말씀을 적절하고도 정확하게 인용하고 사용할 수 있는 준비를 해야 할 것을 깨우쳐 주시기 위함이었던 것이다. 그러므로, 사도 바울이 디모데를 향해 권면했듯이, 성경을 연구하고 가르치는 성경교사들은 "진리의 말씀을 옳게 분별

---

120) Charles F. Stanley, op. cit., pp. 73-74.
121) Jay E. Adams, op. cit., p. 124.

하며 부끄러울 것이 없는 일꾼으로 인정"을 받을 수 있도록 더욱 말씀을 묵상하고 연구하는 일에 매진해 나가야 할 것이다(딤후 2:15).

(2) 책망의 사역: 오류를 깨우치는 성경(딤후 3:16)

그리스도인들의 삶에서 하나님의 말씀이 가지는 두 번째 사역은 책망(reproof)의 사역이다. "책망"이라는 단어는 개인의 잘못된 행위와 거짓된 교리를 깨우치기 위한 꾸짖음의 의미를 가지고 있다.[122] "책망은 누군가에게 그의 죄가 무엇인지 알게 해 주고 회개로 부르는 것을 뜻한다."[123]

"교훈"(딤후 3:16)과 함께 "책망의 사역은 거짓과 죄와 잘못된 믿음과 불경건한 행위를 드러내는 거룩한 진리에 대한 정확한 지식과 이해로서 신자들을 구비시키는 사역의 일부이다."[124] "책망은 행동을 다르게 하라고 우리를 깨우쳐주고, 사람들의 눈에 띄지 않거나 우리가 일부러 무시하는 부분들을 드러내 꾸짖어준다. 하나님의 영은 하나님의 말씀을 사용하여 우리 안의 죄나 어리석은 모습을 드러내신다."[125] "규칙적이고 주의 깊은 성경연구는 무엇보다도 교정과 자백과, 거절, 그리고 순종을 가져올 목적으로 신자의 삶 속에 있는 죄를 드러내는 진리의 기초를 형성한다."[126]

히브리서 저자는 "하나님의 말씀은 살아있고 활력이 있어 좌우에 날선

---

122) Thomas D. Lea and Hayne P. Griffin, Jr., *The New American Commentary: 1, 2 Timothy, Titus*, Vol. 34. (Nashville Tennessee: Broadman Press, 1992), p. 237.
123) Jay E. Adams, op. cit., p. 201.
124) John MacArthur, Jr. op. cit., p. 157.
125) Charles R. Swindoll, *Swindoll's New Testament Insights on 1 & 2 Timothy, Titus(디모데전후서, 디도서)*, 윤종석 역, 디모데, 2012, p. 292.
126) John MacArthur, Jr. op. cit., p. 158.

어떤 검보다도 예리하여 혼과 영과 및 관절과 골수를 찔러 쪼개기까지 하며 또 마음의 생각과 뜻을 판단하나니 지으신 것이 하나도 그 앞에 나타나지 않음이 없고 우리의 결산을 받으실 이의 눈앞에 만물이 벌거벗은 것 같이 드러나느니라"(히 4:12-13)고 성경을 신자의 삶 속의 죄를 드러내는 거룩한 검으로 말하고 있다. 성경은 정확하게 그리고 철저히 신자들의 마음과 생각과 전 삶을 꿰뚫는다. 성령의 조명으로 읽는 말씀의 특정 구절을 통하여 그리스도인들은 날카롭게 그리고 깊이 관통하는 말씀의 책망을 듣게 되어진다. 따라서 성경 자체가 죄를 깨닫게 하고 책망하는 역할을 하고 있다(약 2:9).

하나님의 말씀을 연구하고, 하나님을 예배하고, 하나님의 백성들과 교제하고자 하는 열망이 시들어지는 것은 고백되지 아니하고 버리지 아니한 죄의 구체적인 증거라고 볼 수 있다. 존 맥아더는 "성경은 옳고 참된 것을 세우고 증진시키는 사역뿐만 아니라 죄악되고 거짓된 것들을 찢고 멸하는 부정적인 사역 또한 가지고 있다. 의학에서처럼, 감염과 오염은 치료가 시작되기 전에 먼저 제거되어져야 한다. ... 하나님의 백성들의 잘못 행함을 책망하는 것은 그들을 의로 세우는 것을 돕는 것 못지않게 목사의 책임이다"라고 말하고 있다.[127]

그래서 사도 바울은 본문의 언급(딤후 3:15-17)에 이어 디모데후서 4장 1절과 2절에서 "하나님 앞과 살아 있는 자와 죽은 자를 심판하실 그리스도 예수 앞에서 그가 나타나실 것과 그의 나라를 두고 엄히 명하노니 너는 말씀을 전파하라 때를 얻든지 못 얻든지 항상 힘쓰라 범사에 오래 참음과 가르침으로 **경책하며 경계하며 권하라**"고 명령하였던 것이다. 이 세 가지 요소(경책, 경계, 권함) 가운데 "경책하다"는 단어는 바로 본문의 "책망"이라는 명사의 동사형이다. 이와 같이, 성경은 말씀으로 사역하는

---

127) Ibid.

자가 필요한 경우 책망을 해야 할 것을 요구하고 있다(딤전 5:20, 딛 1:9). 제이 E. 아담스는 "사역자는 오직 성령님의 능력으로만 다른 사람들을 효과적으로 책망할 수 있다. 그리고 그것을 통해 성령님의 사역자가 된다"라고 말하고 있다.[128)]

"성경은 모든 생각, 원리, 행위, 그리고 믿음이 측정되어지는 측량줄이다."[129)] 그리해서 하나님의 말씀은 우리로 죄에서 떠나게 하고 의를 향하게 한다. 그러나 하나님의 말씀으로 책망을 하기 위해서는 책망하는 사역자가 먼저 하나님의 말씀을 확고히 붙들고 스스로 지켜 행하는 자리에 머물러 있을 때에 말씀을 비방하고 그 말씀에 어긋나는 삶을 살아가는 자들을 온전히 책망할 수 있음을 성경이 가르쳐 주고 있다(딛 1:9). 더 나아가, 말씀의 사역자가 책망을 해야 할 때, 겸손과 사랑으로 해야만 한다(고전 4:14). 주님께서 그의 불순종하는 자녀들을 책망하시고 징계하실 때 사랑 가운데서 하신다고 할 때(히 12:5-11), 그의 자녀들이 다른 형제 자매들을 책망할 때 더더욱이 겸손과 사랑 가운데서 해야 하지 않겠는가? 제이 E. 아담스는 "오류투성이인 회심자들에게 바울은 마음을 찌르는 비수 같은 말을 거의 하지 않는다. 바울의 서신서들은 대부분 눈물로 젖어 있다. 바울은 분명하게 썼다. 그러나 결코 우월감이나 권위의식에서 한 말이 아니었다. 오히려 항상 온유함으로 말했다. 바울의 말은 그 말을 해야 하는 것이 얼마나 가슴 아프고 슬픈지를 잘 보여 준다. 그러나 바울은 결코 임기응변적인 조치를 취하지 않는다"라고 책망하는 자의 자세를 말해주고 있다.[130)]

이러한 책망은 죄로 인하여 깨뜨려진 하나님과의 관계를 회복함으로

---

127) Ibid.
128) Jay E. Adams, op. cit., p. 191.
129) John MacArthur, Jr. op. cit., p. 159.
130) Jay E. Adams, op. cit., p. 236.

생명의 길로 인도하기 위한 것임을 성경은 분명히 말씀하고 있다(사 59:1-2, 잠 6:23, 히 12:8-10). 따라서 모든 그리스도인들은 말씀의 격려하는 사역과 마찬가지로 책망하는 사역에 대해서도 감사해야만 한다. 왜냐하면, 그리스도인들이 죄와 불의와 거짓을 미워하고 떠나지 않는다면 의와 사랑과 진리를 참으로 구하는 것은 불가능하게 될 것이기 때문이다.

(3) 바르게 함의 사역: 교정하고 치유하는 성경(딤후 3:16)

"바르게 함(correction)"이라는 단어는 "어떤 것을 원래의 그리고 적절한 상태로 회복시키는 것 혹은 무언가를 다시 서게 만드는 것"을 의미하는 것으로 신약성경에서 본문에서만 사용되고 있다.[131] 바르게 함은 "책망에서 한 걸음 더 나아가 회복이나 개혁을 뜻한다. 책망이 우리의 죄나 어리석은 모습을 드러내 준다면, 바르게 함은 우리에게 그러한 잘못을 바로잡는 방법을 보여준다."[132] "만일에 책망이 부정적인 방법이라면, 뒤따르는 바르게 함의 사역은 회복의 목표에 초점을 맞추는 적극적인 방법이다."[133]

"세속 헬라문헌에서 이 단어는 떨어진 어떤 대상을 바르게 놓는 것과 어떤 사람이 넘어진 후에 자신의 발로 일어서는 것을 도와주는 것을 의미하는 것으로 사용되었다. 이것은 신자들 가운데서 잘못된 믿음과 죄악된 행위가 드러난 후에 성경이 거룩한 교정을 통하여 그들을 다시 바로 세우는 것을 의미한다."[134] 그러므로, 이 단어는 수리(repairing), 교

---

131) John MacArthur, Jr. op. cit., p. 160.
132) Charles R. Swindoll, op. cit., p. 292.
133) Philip H. Towner, *The Letters to Timothy and Titus* (Grand Rapids: Eerdmans, 2006), p. 591.
134) John MacArthur, Jr. op. cit., p. 160.

정(correcting), 회복(restoring), 재건(rebuilding)을 뜻하며, 사람에게 사용되어 개선을 위한 변화를 암시한다.[135]

싱클레어 B. 퍼거슨(Sinclair B. Ferguson)은 "바르게 함"이라는 말은 "수리하거나 재건할 필요가 있는, 즉 어떤 것을 고치는 것을 뜻한다. … 치과교정전문의의 비유가 이해에 도움이 된다. 그는 건강하게 씹을 수 있는 치아로 교정하는 일을 한다. 그리고 사람들의 외모를 개선시키기도 한다. 우리 삶이 하나님의 말씀으로 바르게 될 때도 마찬가지다. 즉 우리의 성품도 매력적으로 변한다. 이와 같이, 하나님의 말씀은 고치고 치유하며 회복시킨다. 우리의 감정과 성정을 정결케 한다. 우리의 영적 건강과 활력을 회복시킨다"라고 언급하고 있다.[136]

"바르게 함은 성경의 부정적인 책망을 받아들이는 자들을 위한 적극적인 대비책이다."[137] 사도 베드로는 "그러므로 모든 악독과 모든 기만과 외식과 시기와 모든 비방하는 말을 버리고 갓난 아이들 같이 순전하고 신령한 젖을 사모하라 이는 그로 말미암아 너희로 구원에 이르도록 자라게 하려 함이라"(벧전 2:1-2)고 말씀하고 있다.

제이 E. 아담스는 성경의 바르게 함의 사역에 관하여 다음과 같이 설명하고 있다: "바르게 함은 변화의 핵심적인 단계이다. 바르게 함의 단계에서 생각과 삶이 비성경적인 방식에서 성경적인 방식으로 옮겨가기 시작하기 때문이다. 성경은 하나님, 다른 사람들, 자신에 대한 잘못된 생각과 그 생각을 따라오는 죄악된 삶에서 진리와 거룩함으로 이동하는 데 유익하다. 바르게 함은 하나님이 우리를 일으켜 세워 먼지를 털어 내고 방향을 돌려 올바른 방향으로 가도록 밀어 주는 것이다. 물론 성령님의 능력

---

135) Raymond F. Collins, *The New Testament Library: 1 & 2 Timothy and Titus* (Louisville, Kentucky: Westminster John Knox Press, 2002), p. 264.
136) Sinclair B. Ferguson, op. cit., pp. 224-225.
137) John MacArthur, Jr. op. cit., p. 160.

안에서 역사하는 성경을 통해서 말이다."[138])

구약의 시인은 기록하기를 "청년이 무엇으로 그의 행실을 깨끗하게 하리이까 주의 말씀만 지킬 따름이니이다. 내가 전심으로 주를 찾았사오니 주의 계명에서 떠나지 말게 하소서 내가 주께 범죄하지 아니하려 하여 주의 말씀을 내 마음에 두었나이다"라고 고백하였던 것을 볼 수 있다(시 119:9-11). 사도 바울도 "지금 내가 여러분을 주와 및 그 은혜의 말씀에 부탁하노니 그 말씀이 여러분을 능히 든든히 세우사 거룩하게 하심을 입은 모든 자 가운데 기업이 있게 하시리라"(행 20:32)고 말씀의 바르게 함의 효력을 확신가운데서 말씀하였다. 하나님의 은혜의 말씀에 맡겨질 때 그리스도인의 가장 약한 부분들이 교정을 통하여 가장 강한 부분들로 변화되어지는 것이다. 존 맥아더는 다음과 같이 설명하고 있다:

> 예수님께서 "나는 참 포도나무요 내 아버지는 농부라 무릇 내게 붙어 있어 열매를 맺지 아니하는 가지는 아버지께서 그것을 제거해 버리시고 무릇 열매를 맺는 가지는 더 열매를 맺게 하려 하여 그것을 깨끗하게 하시느니라"(요 15:1-2)라고 말씀한 그대로, 그의 백성들이 주님께 대한 봉사에 있어서 효과적이 되도록 하기 위해서 죄악된 것들뿐만 아니라 무익한 것들까지 제거하셔야만 한다. 그 자체로서는 좋은 것이며 필요한 것으로 여겨질찌라도 우리의 영적 성장과 봉사에 방해가 되는 것들은 가져가실 수도 있다. 왜냐하면 그러한 것들이 주님께서 우리가 행하기를 원하시는 일로부터 시간과 주의와 노력을 빼앗을 수 있기 때문이다. 이런 교정이 때로 즐거워 보이지 않고 슬퍼 보일 수 있지만 나중에는 이로 말미암아 연단받은 자들은 의와 평강의 열매를 맺게 되어진다고 성경은 말하고 있다(히 12:11). … '책망'(딤후 3:16)과 같이, 영적으로 성숙한 그리스도인들 특히 목사들과 교사들이 이 말씀의 바

---

138) Jay E. Adams, op. cit., p. 255.

르게 함의 통로가 되어질 수 있다(딤후 2:25). 사도 바울은 "형제들아 사람이 만일 무슨 범죄한 일이 드러나거든 신령한 너희는 온유한 심령으로 그러한 자를 바로잡고 너 자신을 살펴보아 너도 시험을 받을까 두려워하라"(갈 6:1)고 권면하고 있다. 엄청난 재앙을 당했음에도 불구하고 욥은 그의 친구 엘리바스에게 "그러므로 의인은 그 길을 꾸준히 가고 손이 깨끗한 자는 점점 힘을 얻느니라"(욥 17:9)고 확신 가운데서 말한바 있다.[139]

따라서 세례요한이 자신의 책망의 말을 듣고 돌이키고자 했던 자들에게 죄악된 습관을 버리고 올바른 삶으로 회복되어져야 함을 구체적으로 제시했던 것과 같이 오늘날의 사역자들도 성경 말씀을 통해 사역대상자들이 죄를 버리고 돌이킴으로 그들을 교정하고, 회복시키는 사역을 지속적으로 이루어 나가야 할 것이다(눅 3:8-14).

(4) 의를 위하여 훈련시키는 사역: 성숙한 삶으로 나아가게 하는 성경(딤후 3:16)

딤후 3:16에 "의로 교육하기에 유익하니"라는 말씀 가운데 "교육"으로 번역되어진 *paideia* 라는 단어는 "원래 어린아이를 양육하고 훈련시킨다는 의미를 가지고 있지만 어떤 종류의 훈련을 의미하는 것으로 사용되어지게 되었다."[140] 이 단어는 원래 "교화(civilization)에 이르는 절제(self-control), 경건(piety), 올바름(uprightness), 진지함(seriousness)

---

[139] John MacArthur, Jr. op. cit., p. 160.
[140] John MacArthur, Jr. op. cit., p. 161. '파이데이아' 는 목회서신에서 4번 나타나는데, 2번은 대적자들을 바르게 하는 것을 묘사하는 것으로(딤전 1:20, 딤후 2:25), 다른 2번은 경건한 삶(딛 2:12)과 의(딤후 3:16)의 훈련(딛 2:1)을 묘사하는 것으로 나타난다." William D. Bounce, op. cit., p. 841.

의 덕들을 획득하는 결과를 가져오는 것"을 의미하는 것이었다.[141]

성경에서 이 단어는 "훈계"(딤후 2:25), "교훈"(엡 6:4), "징계하심"(히 12:5), "징계"(히 12:7, 11)로 번역되고 있다. 따라서 "올바른 삶으로 이끄는 도덕적 훈련(moral training that leads to righteous living)"을 성경이 제공한다는 의미를 가지고 있다.[142] 즉 의로 교육한다는 것은 성장이 있는 성화의 자리에 나아가도록 계속적인 영적 성장을 이룬다는 의미이다.

본문에서는 부정적인 의미로서는 "책망"이라는 단어가 앞에 나타나고 있기 때문에, 광범위한 의미로, 그리고 보다 적극적인 의미로서의 "훈련(training)"을 가리킨다고 볼 수 있다. 따라서 이 용어는 교육과 세움의 의미에 집중되어 있는 단어로서 새로운 습관을 개발하는 것을 의미한다.[143] 왜냐하면 단순히 과거의 잘못된 삶을 청산하는, 옛 사람을 벗어버리는 것으로 충분한 것이 아니라 새로운 성경적 삶을 살아가는 새 사람을 입는 적극적인 삶의 패턴을 확립하도록 도와 줄 수 있어야 하기 때문이다(엡 4:21-24, 골 3:1-25). 상담신학자 제이 E. 아담스는 "습관은 우리로 무언가를 의식하지도 못한 채 자동적으로 능숙하고 편안하게 할 수 있게 해주는 하나님의 복이다"라고 말하고 있다.[144] 그러므로, 하나님을 기쁘시게 하는 성경적인 습관과 삶의 방식으로 전환시켜 가는데 있어서 성경은 절대적으로 중요하고 효과적임을 본문은 밝혀주고 있다.[145]

본문에서의 "의(디카이오쉬네)"는 인간이 예수 그리스도를 구주와 주

---

141) Philip H. Towner, op. cit., p. 591.
142) Thomas D. Lea and Hayne P. Griffin, Jr., op. cit., p. 237.
143) 성경적 상담학의 창시자인 제이 E. 아담스는 일반적으로 새로운 삶의 패턴을 형성하는데 40일 정도가 걸리는 것으로 언급하고 있다. Jay E. Adams, op. cit., p. 338.
144) Jay E. Adams, op. cit., p. 335.
145) "습관" 혹은 "삶의 방식"에 대한 성경적인 언급은 고전 8:7, 엡 4:22, 히 5:14, 10:25 등을 참고하라.

님으로 믿고 신뢰할 때 주어지는 "칭의의 의"(롬 3:22, 4:3-4, 10:3)가 아니라 말씀을 통하여 역사하시는 성령으로 말미암아 그리스도의 형상을 적극적으로 닮아가는 "성화의 의"이다(고후 3:18).[146] "칭의 즉 그리스도를 구주로 신뢰할 때 선포되는 의에 대한 선언이 즉각적이고 한 번에 모든 것을 이루는 행위인 반면, 성화는 성령님이 하나님의 말씀을 통해 점진적으로 우리를 빚어 그리스도의 형상에 이르게 하시는 지속적으로 이루어지고 진행되는 과정이다."[147] 그래서 켄트 휴즈(R. Kent Hughes)와 브라이언 채플(Bryan Chapell)은 "믿음에 의해 믿는 자에게 주어진 의는 하나님의 말씀의 훈련에 의해 실현 되어진다"라고 말하고 있다.[148] 그러므로 의로 교육한다는 것은 그리스도를 닮아가고 그리스도를 온전히 따르는 그리스도의 성숙한 제자가 되게 하는 것을 의미한다. 이렇게 의로 교육을 받은 자는 자신의 몸을 하나님이 기뻐하시는 거룩한 산 제물로 드리는 영적 예배자의 삶을 날마다의 삶 속에서 살아가게 되어진다(롬 12:1).

사도 베드로가 "갓난 아이들 같이 순전하고 신령한 젖을 사모하라 이는 그로 말미암아 너희로 구원에 이르도록 자라게 하려 함이라"(벧전 2:2)고 권면한 것처럼, 하나님의 말씀은 우리가 흔히 이해하지 못하는 방식으로 우리를 양육하는 결과를 가져오게 됨을 성경은 말씀하고 있다. 그래서 제임스 M. 몽고메리는 "하나님의 백성이 원수나 인생의 많은 시련에도 흔들리지 않고 항상 굳센 믿음을 가질 수 있는 방법은 오직 기도하

---

146) Raymond F. Collins는 본문에서의 의는 칭의에 대한 바울의 생각을 드러내는 것이 아니라 "하나님과 다른 사람들과의 올바른 관계"를 나타내는 것으로 설명하고 있다. op. cit., p. 265. George W. Knight III는 본문의 의는 "올바른 행위"(right conduct)의 의미로 사용되었다고 말하고 있다. *The New International Greek Testament Commentary: The Pastoral Epistles* (Grand Rapids: Eerdmans, 1992), p. 449.
147) Jay E. Adams, op. cit., p. 309.
148) R. Kent Hughes and Bryan Chapell, *Preaching The Word: 1-2 Timothy and Titus* (Wheaton, Illinois: Crossway, 2012), p. 261.

며 성경을 익히는 것뿐이다"라고 말하고 있다.[149] 그러므로 그리스도인들은 의로 교육받기 위하여 "하나님이여 사슴이 시냇물을 찾기에 갈급함 같이 내 영혼이 주를 찾기에 갈급하니이다"(시 42:1)라고 부르짖을 수 있어야 하며, 사도 바울처럼, "우리가 다 수건을 벗은 얼굴로 거울을 보는 것 같이 주의 영광을 보매 그와 같은 형상으로 변화하여 영광에서 영광에 이르니 곧 주의 영으로 말미암음이니라"(고후 3:18)는 확신을 가지고 성경을 대할 수 있어야 할 것이다.

6. 성경교육의 목표: 선한 사역을 위한 온전한 구비(딤후 3:17)

성경 영감의 궁극적인 목표는 하나님의 사람으로 하여금 모든 선한 사역을 위하여 온전히 구비되어지도록 하기 위함임을 밝혀주고 있다. 성경은 불신자에게 놀라운 가치를 가지고 있는데 이는 성경이 계시하는 구주와 주님을 신뢰하기 위해 나아오는 자들을 구원의 자리로 인도하기 때문이다. 그러나 바울은 여기서 성령의 인도로 하나님의 말씀의 진리들을 연구하고 선포하는 교사와 설교자들을 위한 성경의 특별한 가치에 대하여 말하고 있을 뿐만 아니라 모든 그리스도인들이 선한 일을 행하는데 필요한 모든 것을 성경에서 발견할 수 있다는 사실을 언급하고 있다.

본문 17절에서 사도 바울은 신약에서 오직 디모데에게만 사용하였던 "하나님의 사람"을 언급하고 있다(딤전 6:11). 구약성경에서는 하나님의 말씀을 선포했던 사람에게 사용되었던 칭호로 사용되기도 했다. 따라서 본문에서 하나님의 사람은 일차적으로는 디모데와 모든 크리스천 리더들을 지칭한다고 볼 수 있지만 일반적으로 모든 그리스도인들을 가리키는

---

[149] James Montgomery Boice, op. cit., p. 193.

표현이다.150) 에드먼드 히버트(D. Edmond Hiebert)는 "여기에 하나님의 사람이라는 표현은 공적인 칭호가 아니고 하나님께 속한 것으로 여겨지는 모든 신자를 의미한다. 왜냐하면 바울이 그 말씀과 관련한 사역자들에 관하여 말하고 있는 것이 아니라 일반적으로 성경의 사역과 관련하여 말하고 있기 때문이다"라고 설명하고 있다.151) 따라서 하나님의 사람은 무엇보다도 성경의 사람이며 하나님의 말씀에 의해 온전히 구비되어진다는 것을 가르쳐 주고 있다.

"온전하게 하며"라는 단어는 "완전한, 유능한, 철저하게 구비된"이라는 의미로서152) "그들이 행하도록 부름받은 모든 것에 있어서 완전하고 능하며 유능한 사람들을 지칭하고 있다."153) 즉 요구되어지는 일을 온전히 해낼 수 있을 만큼 훈련과 전문기술을 제대로 갖춘 사람을 세우는 것이 성경교육의 목적이라는 것이다. 바울은 "너희도 그[그리스도] 안에서 충만하여졌으니"(you have been made complete)라고 골로새 성도들에게 말한바 있다(골 2:10). 성경의 진리들을 주의깊게 연구하며 신실하게 믿고 순종하는 말씀사역자들과 그리스도인들은 그 믿음을 실천하고 변호하는 일에 굳게 설 수 있을 것이다.

---

150) William D. Bounce, op. cit., p. 1077. 제이 아담스(Jay E. Adams)는 본문에서의 "하나님의 사람"은 "하나님을 표현하고 나타내는 자"를 의미하는 것으로 말하면서 "하나님의 사람은 하나님을 대표하는 자, 하나님을 위해 말하는 자, 성령님의 마음을 아는 자, 성경으로 사역하는 자로서 일한다"라고 설명하고 있다. op. cit., p. 97. William Hendriksen은 하나님의 사람은 "모든 신자"를 뜻하는 단어로서 선지자 제사장 왕의 삼중의 직분을 부여받았기에 이 호칭이 주어진 것으로 말하고 있다. *New Testament Commentary: 1 & 2 Timothy and Titus* (London: The Banner of Truth Trust, 1957), p. 303. John R. W. Stott 역시 "모든 그리스도인"으로 해석하고 있다. op. cit., p. 103.
151) D. Edmond Hiebert, *Everyman's Bible Commentary: Second Timothy* (Chicago: Moody Press, 1958), p. 102.
152) William D. Bounce, op. cit., p. 1077.
153) John MacArthur, Jr. op. cit., p. 162.

하나님의 말씀은 제자를 온전하게 하는 기반이 된다. 여기서 온전함은 기술 이상의 것이다. 가르치고, 책망하고, 교정하고, 훈련하는 일을 모두 포함하는 과정이 온전함을 이룬다. 이런 변화의 과정은 성령으로부터 온다. 그것은 고통과 좌절을 수반할 수도 있고, 우리 마음에 역사하는 하나님의 말씀과 함께 시작한다. 성경은 우리에게 올바른 것을 말해 준다. 우리가 길을 벗어날 때, 성경은 그것이 잘못임을 알려주고 우리를 바른 길로 되돌려 준다. 그리고 우리에게 우리의 마음과 우리의 습관, 곧 우리의 성품을 새롭게 해주는 새로운 생각을 품는 훈련을 하라고 격려한다. 하나님의 말씀이 필요한 이유는 그것이 언어라는 도구를 사용해 하나님의 생각이 우리의 생각이 되게 하기 때문이다. 우리는 예수님이 믿었던 것을 믿을 수 있고, 그 분이 세상을 보았던 방식으로 세상을 볼 수 있고, 심지어는 그 분이 느꼈던 대로 느낄 수도 있다.[154]

"모든 선한 일을 행할 능력을 갖추게 하려 함이라"[155]는 말씀은 "하나님의 사람의 삶을 통하여 사람들을 구원의 자리로 인도하고, 그들을 올바른 삶과 주님께 대한 신실한 봉사를 위하여 구비시키는 하나님의 말씀의 능력을 증거하게 될 것임을 드러내 보여주고 있다. 하나님의 사람 자신이 그 말씀에 의해 구비되어질 때 그는 그의 보살핌 하에 있는 신자들을 구비시킬 수 있게 되어지고 그 신자들은 모든 선한 일들을 행할 수 있는 능력을 갖추게 되어진다는 것을 가르쳐 주고 있다."[156]

"하나님께서는 그리스도인들을 선한 일들을 위하여 창조하셨고, 그 선한 일들을 행하도록 그들을 부르시기 때문에(엡 2:10, 딛 3:1, 딤후 2:21),

---

154) Dallas Willard, op. cit., p. 138.
155) "능력을 갖추게 한다"는 것은 "온전히 구비되어 진다"(having been fully equipped)는 의미이다.
156) John MacArthur, Jr. op. cit., p. 162.

하나님은 그들이 하나님께서 그들에게 무엇을 원하시는지를 알고 각 상황 속에서 요청되어지는 그 특정한 선한 행위를 행할 수 있도록 구비되어지도록 하기 위하여 그들을 가르칠 성경을 주셨다."157) 그러므로, 하나님께서 우리를 만드신 것처럼 우리 역시 하나님의 일을 행하도록 되어져야 한다(엡 2:10). "때가 아직 낮이매 나를 보내신 이의 일을 우리가 하여야 하리라 밤이 오리니 그 때는 아무도 일할 수 없느니라"(요 9:4)는 주님께서 하신 말씀 그대로 모든 선한 일을 행할 수 있도록 신자들은 구비되어져야 한다.

미국 달라스 신학교의 총장을 역임한 찰스 R. 스윈돌(Charles R. Swindoll)은 "모든 선한 일을 행할 능력을 갖추라는 하나님의 부르심에 당신은 얼마나 우선순위를 두고 있는가? 나도 바울과 함께 당신에게 권하고 싶다. 시간만 허비하는 활동들일랑 그만두고 성경교육을 받는 일에 전력을 다하라. 성경을 듣고, 읽고, 공부하고, 암송하고, 묵상하라. 그리고 그대로 살라. 이렇게 다 하면 당신의 끝이 좋아질 것이다"라고 성경연구와 성경교육의 중요성을 강조한 바 있다.158)

제임스 M. 보이스(James M. Boice) 역시 다음과 같이 말하고 있다: "하나님을 믿는다는 것은 곧 그 분의 말씀에 복종하는 것을 의미한다. 따라서 성경을 배우지 않고는 참 신앙생활이 이루어질 수 없다. 성경공부는 이따금 시간이 있을 때 하거나 휴가 기간에 조금 해도 되는 사소한 일이 아니다. 성경공부는 신앙생활의 열정을 모두 기울여야 할 중대 사안이다. 오직 하나님의 말씀을 배움으로써 하나님께 복종하고 예수님을 따르는 법을 알 수 있기 때문이다. 성경을 통해 우리에게 말씀하시는 하나님을 알고 싶으면, 매일, 체계적으로, 종합적으로, 헌신적으로, 기도하면서 성

---

157) George W. Knight III, *The New International Greek Testament Commentary: The Pastoral Epistles* (Grand Rapids: Eerdmans, 1992), p. 450.
158) Charles R. Swindoll, op. cit., p. 294.

경을 연구해야 한다. ... 성경을 규칙적으로 연구하지 않으면 어떤 결과가 나타날까? 이 경우, 영적인 일에 게으르고 하나님께 무관심해지는 결과가 빚어질 뿐 아니라 유혹에 쉽게 노출되어 쉽게 죄를 짓게 된다."[159]

모든 그리스도인들의 선한 사역을 위한 구비에 있어서 성경이 부족함이 없고 충족하다는 것에 대하여 돈 키슬러(Don Kisler)는 "설령 성경이 믿음과 행위에 필요한 모든 것을 담고 있다는 사실, 곧 성경이 충족성을 증언하는 가르침이 성경 안에 분명히 드러나 있지 않다고 하더라도, 하나님의 성품을 생각한다면 그런 결론에 도달하지 않을 수가 없다. 하나님은 모든 것이 충만하신 하나님이시다. 그러므로 그 분과 관련된 것도 모두 온전히 충분하다. 하나님의 자기 계시를 기록하고 있는 성경도 그 분의 백성에게 단 한 가지도 부족한 것이 없이 온전하기는 마찬가지이다"라고 말하고 있다.[160] 결론적으로, 존 맥아더는 다음과 같이 언급하고 있다:

> 우리의 목적이 사람들을 예수 그리스도 안에 있는 구원하는 믿음으로 인도하는 것이든, 신자들에게 하나님의 말씀을 가르치는 것이든, 교회의 오류를 반박하기 위한 것이든, 잘못된 신자들을 교정하고 다시 세우는 것이든, 신자들을 올바르게 살아가도록 하는 것이든, 우리의 사역의 최상의 그리고 충족한 원천은 하나님의 말씀이다. 그 하나님의 말씀은 우리에게 가르칠 정보를 제공해 줄 뿐만 아니라 우리를 그 진리의 모델들로 살아갈 수 있도록 형성시켜 주는 것이다. 오늘 우리 시대에 그렇게 많은 복음주의 목회자들이 지금까지 역사 속의 많은 그리스도인들처럼, 이러한 근본 진리를 잊어버렸는지 놀라지 않을 수 없다. 모든 시대에 모든 지역에 있는 각 교회는 그 말씀을 설교하고, 가르치고, 이행하는데 전적으로 헌신해야만 하며, 그리해서 그 말씀을

---

159) James Montgomery Boice, op. cit., pp. 204-205.
160) Don Kistler, ed., op. cit., p. 246.

계시하신 은혜로우시고 주권적인 하나님을 기쁘시게 하고 높일 수 있어야만 한다. 성령의 확신시키고 책망하는 능력을 통하여, 성경은 인간이 구원받기 위하여, 또한 이 세대의 삶에서 올바르게 살아가도록 구비되어지기 위하여, 그리고 앞으로 올 세대에 "잘 하였도다 착하고 충성된 종아, 네 주인의 즐거움에 참여할지어다"라는 음성을 듣기 위하여 필요로 하는 모든 영적 진리와 도덕적 원리를 위한 하나님 자신의 대비책이다(마 25:21).[161]

7. 결론

퓨리탄 리폼드 신학교 학장인 조엘 비키(Joel R. Beeke)는 오늘 이 시대의 상황을 이렇게 진단하고 있다: "현대인은 불행과 불안과 우울과 절망에 시달리고 있다. 오늘날은 물질은 풍요롭지만 영혼은 어두운 시대, 곧 영적 빈곤과 죽음의 시대이다. 현재 미술과 음악과 문학과 철학에서 발견되는 공허함과 황폐함과 추함은 현대와 현대 이후 시대의 인간이 처한 슬픈 현실을 반영하고 있다. 문화적으로 황폐하고 쇠락한 이 시대에 성경적인 기독교를 버리고 하나님의 말씀이 가르치는 윤리를 외면하는 문화적 현상이 널리 나타나고 있는 것은 결코 우연한 일이 아니다."[162] 그러면 이러한 시대에 성경적인 기독교로 굳게 설 수 있는 방법이 무엇인가? 그것은 올바른 성경교육을 회복하는 데 있다.

게리 브레드펠트(Gary Breadfeldt)는 "비전을 제시하는 계획도 중요하고, 사명을 외치는 것도 유익하고, 목적이 이끄는 전략도 교회의 수적 성장에 매우 귀중할 수 있지만 만일 그 가운데 가르침이라고 하는 핵심 과

---

161) John MacArthur, Jr. op. cit., p. 163.
162) Don Kistler, ed., op. cit., p. 237.

제가 없다면 교회는 큰 대가를 치르게 될 것이다. 왜냐하면 궁극적인 목적은 수적 성장이 아니라 예수 그리스도의 성숙한 제자가 되는 것이기 때문이다. … 영적 성숙은 하나님의 말씀을 헌신적으로 가르칠 때 이루어진다"라고 성경교육의 중요성을 강조하고 있다.[163] 오늘날 미국교계에서 복음중심의 삶과 목회와 저술로 주목받고 있는 제라드 C. 윌슨(Jared C. Wilson) 목사는 북미의 대형 교회 중 하나인 윌로크릭 커뮤니티 교회가 그 동안 해오던 제자훈련 프로그램에서 문제점을 발견하고 그 대안을 찾는 가운데 "영적 성장을 촉진하는 일등급 촉매제는 다름 아닌 성경공부라는 사실을 발견했다"라고 소개하면서, "하나님의 말씀은 그리스도인을 온전하게 만든다. 당신의 교회에 성경공부가 홍수를 이루게 하라"고 강력하게 권면한바 있다.[164] 미국 덴버신학교의 마크 영(Mark Young) 총장 역시 "많은 젊은 세대들이 화려한 사역만 추구하는 대형 교회와 스타 목회자에 대한 기대를 버렸다"고 말하면서 "목회자들이 성경교육의 중요성을 깨달아야 한다"고 지적하고 있다.[165]

리디머 신학교의 조직신학 교수인 싱클레어 B. 퍼거슨(Sinclair B. Ferguson)은 "성경을 읽고 공부하며 묵상하는 것은 우리에게 가장 절실한 훈련 프로그램이다. 뿐만 아니라, 이것은 엄청난 투자다. 성경공부는 우리의 성품과 생활양식을 변화시킨다. 생각해보라. 운동선수와 음악가들이 이 땅의 성공을 추구하느라 얼마나 많은 시간과 에너지를 투자하는가? 그렇다면 쇠하지 않을 상을 위해서는 더욱 열심히 훈련에 임해야 하지 않겠는가!"라고 역설하고 있다.[166]

---

163) Gary Bredfeldt, op. cit., p. 15.
164) Jared C. Wilson, *Gospel Wakefulness*(복음에 눈뜨다), 안정임 역, 예수전도단, 2013, p. 299.
165) 국민일보, 2013년 7월 30일자, 국민일보 기독교연구소 인터뷰기사.
166) Sinclair B. Ferguson, op. cit., p. 226.

그러므로, 오늘날의 그리스도인들은 자신이 알고 있는 진리를 잘 보존해 나가야 하고(골 3:16), 동시에 하나님의 무진장의 진리를 계속하여 배우고 가르치기를 힘써야 한다(딛 2:3). 왜냐하면 가르칠 때에 가르치는 자가 가장 효과적으로 배우게 되어지고, 지속적으로 자라가게 되어지기 때문이다(딤전 4:6). 또한 욥과 같이 "내가 깨닫지 못하는 것을 내게 가르치소서(Teach me what I cannot see)"라고 기도해야 한다(욥 34:32). 욥은 그의 자녀와 종들과 가축들과 건강과 자신의 명성까지도 잃어버린 하나님의 사람으로 하나님께서 자신에게 그와 같은 재앙을 허락하신 이유를 이해할 수 없었고, 따라서 그의 고통스러운 상황을 인내할 수 있고, 그것으로부터 영적으로 유익을 얻을 수 있도록 그가 필요로 하는 것들을 하나님께서 그에게 가르쳐 주실 것을 소원하였던 것이다. 그러나, "성경에 기록된 놀라운 진리를 알고 싶으면 눈을 열어 그것을 보게 해달라는 기도만으로는 부족하다. 우리 스스로 성경을 주의 깊게 연구해야 한다."[167)]

이 시대의 부름받은 그리스도인들은 사도 바울이 에베소 교회에 보낸 서신 가운데서 그리스도인의 영적 무장에 대하여 설명하면서 그 첫 번째 무장과 마지막 무장이 바로 말씀이었던 것을 잊지 말아야 한다. 왜냐하면 말씀의 진리를 이해하고 삶과 사역 가운데 적용하지 않고서는 진정한 의미에 있어서 승리와 결실을 보장받을 수 없기 때문이다.

오늘날의 성경교사들 역시 사도 바울처럼, "유익한 것은 무엇이든지 공중 앞에서나 각 집에서나 거리낌없이 여러분에게 가르치고, ... 이는 내가 꺼리지 않고 하나님의 뜻을 다 여러분에게 전하였음이라"(행 20:20, 27)라고 고백할 수 있도록 가르치는 것에 전념하므로 말씀 양육사역에 최선을 다 할 수 있어야 할 것이다(골 1:28-29, 딤전 4:13). 이는 하나님께서 말씀의 사역을 통해 역사하실 뿐만 아니라 창조의 궁극적 목적을 성취

---

167) James Montgomery Boice, op. cit., p. 49.

하기 위해 말씀사역을 사용하고 계시기 때문이다.

하나님의 말씀의 진리들은 그리스도인들이 계속적으로 자신들의 마음과 영혼에 저장해 나가야 하는 영적 재산이다. 은행 구좌에 저축되어진 돈과 같이, 저장되어진 거룩한 진리들은 그리스도인이 시험에 직면할 때나 도적적인 선택을 해야 할 때나, 우리의 삶을 위한 하나님의 구체적인 뜻과 인도를 구할 때에 즉각 사용할 수 있는 영적 재산이다. 그러므로 그리스도인들은 먼저 자신의 마음속에 주님의 말씀이 풍성히 거하게 하므로 말미암아 "모든 지혜로 피차 가르치며 권면"할 수 있어야 한다(골 3:16).

"오늘날 이토록 기독교회가 성장한 시기에도 권면이나 교훈이 별 능력을 나타내지 못하는 이유는 경건의 동인이 되는 성경연구가 부족하기 때문이라고 할 수 있다. 성경연구가 부족한 상황에서는 사람들이 권면도 받지 않고 교훈도 받지 않는다. 권면과 교훈이 거절되면 어느덧 기독교회는 쇠약해지고 만다"는 경고에 귀를 기울여야 할 것이다.[168] 존 맥아더가 지적한 대로, "말씀을 충실히 전하고 가르치는 것이 [목회] 사역철학의 핵심이 되어야 한다. 그 외의 사역 방법은 하나님의 말씀을 인간의 지혜로 대체하는 것에 지나지 않는다. ... 하나님의 말씀을 높이고, 그 진리를 그 분의 백성의 삶에 적용하고, 모든 결과를 온전히 그 분에게 맡기는 것보다 하나님을 더욱 영화롭게 할 수 있는 방법은 없다."[169] 따라서 오늘날의 성경교사로 부름받은 그리스도인들은 순교를 앞두고 사도 바울이 남긴 마지막 유언과도 같은 디모데후서에서 성경교육의 중요성과 그 보상에 관하여 딤후 4장 1-5, 7-8, 18에서 언급하고 있음을 명심하면서 이 사역에 최선을 다하여야 한다.

---

168) 조병수, 리더가 리더에게 들려주고 싶은 이야기, 합신대학원출판부, 2010, p. 250.
169) John F. MacArthur Jr., *The Master's Plan For the Church*(하나님이 계획하신 교회), 생명의 말씀사, 2009, pp. 444, 464.

이런 성경교육을 실시하기 위해서는 성경교육자 자신이 하나님의 말씀을 깊이있게 이해하고 체계적으로 연구하는 자리에 나아갈 수 있어야 한다. 사도 바울은 제자 디모데에게 "너는 진리의 말씀을 옳게 분별하며 부끄러울 것이 없는 일꾼으로 인정된 자로 자신을 하나님 앞에 드리기를 힘쓰라"(딤후 2:15)고 명령하였던 것을 기억하여 실천하여야 한다.[170] 왜냐하면, 이 사역은 결코 쉽지 아니한 일이며 지속적인 노력과 많은 수고가 요구되어지는 것이기 때문이다. 이점에 대하여, 싱클레어 B. 퍼거슨(Sinclair B. Ferguson)은 다음과 같이 말하고 있다.

> 빅토리아 시대의 유명한 목사 알렉산더 맥클라렌은 매일 아침 일찍 자신의 서재에 들어갈 때 부드러운 슬리퍼 대신 무거운 부츠를 신곤 했다. 하나님의 말씀을 연구하는 것이 힘든 일이라는 것을 스스로에게 상기시키기 위함이었다. '나쁜 신학의 절반은 땀 흘리지 않은 탓이다' 라는 오래된 격언이 있다. 이 말처럼 나쁜 신학의 절반은 성경에서 하나님이 실제로 하시는 말씀이 무엇인지를 파악하기 위해 노력하거나 시간을 들이거나 필요한 훈련을 하지 않은 결과다. 성경공부의 가치는 땀 흘림의 여부에 달려 있다. 어떤 그리스도인들은 성경공부가 힘들어지면 영적이지 않다고 생각하는 것 같다. 보다 직접적이고 하늘에서 곧바로 내려오며 공부할 필요가 없는 계시(이를테면 예언이나 방언)에 매료되는 사람이 많은 것도 그 때문이다. 그러나 성경은 게으른 사람에게 그 풍성함을 드러내지 않는다.[171]

---

170) "옳게 분별하며"라는 단어는 "orthotomeo"인데 "밭고랑을 똑바로 경작하는 것" 혹은 "석공이 돌을 똑바로 자르는 것" "천을 똑바로 재단하는 것" "곧은 길을 만들어 내는 것"을 의미한다. 또한 "힘쓰라"는 동사는 "열성적으로 노력하라"는 의미를 가지고 있다. 따라서 성경교육자는 말씀의 세계로 들어가는 평탄하고 신뢰할만한 통로를 만들기 위한 열성적인 노력을 기울여야 함을 가르쳐 주고 있다.
171) Sinclair B. Ferguson, op. cit., pp. 97-98.

그러므로, 사도 바울은 디모데에게 "내가 말하는 것을 생각해 보라 주께서 범사에 네게 총명을 주시리라"(딤후 2:7)고 복음 진리의 말씀은 단지 읽는 것만으로는 충분하지 못하고 이 말씀을 깊이 생각해 보아야 할 것을 당부하고 있는 것을 볼 수 있다. 여기에 "생각하라"는 말씀은 현재 명령형으로 하나님의 말씀은 "계속해서 깊이 숙고하고, 음미하고, 검토하고, 묵상하므로 터득되어야 한다"는 것을 깨우쳐주고 있으며, 누구든지 하나님의 말씀을 성급하게 읽어서는 그 말씀이 포함하고 있는 모든 진리를 이해할 수 없을 것임을 가르쳐주고 있다. 이와 같이, 깊이있는 묵상으로 말씀을 연구하게 되어질 때 주님께서 모든 것을 이해할 수 있는 총명 즉 이해력과 분별력과 통찰력을 주실 것임을 약속해 주고 있다.

스펄전은 이렇게 말했다. "성경의 언어로 말하고, 주님의 말씀이 정신에 촉촉이 배어들어 핏속에 성경이 흐르고, 성경의 정수가 저절로 흘러나올 때까지 성경의 생명 속으로 깊이 파고 드는 것은 진정 복되다."[172]

결론적으로, "에스라가 여호와의 율법을 연구하여 준행하며 율례와 규례를 이스라엘에게 가르치기로 결심하였더라"(스 7:10)는 이러한 결심이 오늘날의 모든 부름받은 그리스도인들의 동일한 결심이 되어질 때에 하나님나라 확장과 복음사역에 놀라운 진전이 일어나게 되어질 것이다(딤후 2:2).[173]

---

171) Sinclair B. Ferguson, op. cit., pp. 97-98.
172) John R. W. Stott, *The Preacher's Portrait* (Grand Rapids: Eerdmans, 1961), p. 31.
173) 본 논문과 관련된 도움되는 자료들은 다음과 같다. *갱신과 부흥*, 2013, 7월호 12권, 개혁주의 학술원, "16세기 성경공부 모임의 기원과 의미 및 적용"(pp. 83-108), "제네바 목사회의 성경공부모임에서 평신도들의 역할"(pp. 109-142).

참고도서(Reference List)

Adams, Jay E. *How To Help People Change*(사람을 변화시키는 성경의 힘). 송용자 역. 부흥과 개혁사, 2009.

Boice, James Montgomery. *The Gospel of John: An Expositional Commentary*(요한복음 강해). IV. 서문강 역. 크리스챤 다이제스트, 1988.

_____. *Living by the Book*(말씀을 사랑할 때 나에게 일어나는 일). 조계광 역. 규장, 2010.

Bounce, William D. *Word Biblical Commentary: Pastoral Epistles*(목회서신). Vol. 46. 채천석, 이덕신 역. 솔로몬, 2009.

Bredfeldt, Gary. *Great Leader Great Teacher*(위대한 교사 위대한 리더). 손덕호 역. 프리셉트, 2008.

Cahill, Thomas. *The Gift of the Jews: How a Tribe of Desert Nomads Changed the Way Everyone Thinks and Feels.* Anchor Books: Nan A. Talese, 1999.

Calvin, John. *A Commentary on the Psalms of David*, Vol. III. Oxford: Thomas Tegg, 1840.

_____. *구약성경주석: 시편 I.* 성서교재간행사, 1980.

_____. Calvin's Commentaries, Vol. 10. *Corinthians and Timothy, Titus & Philemon.* Philadelphia: Eerdmans, 1964.

Collins, Raymond F. *The New Testament Library: 1 & 2 Timothy and Titus.* Louisville, Kentucky: Westminster John Knox Press, 2002.

Ferguson, Sinclair B. *In Christ Alone*(오직 그리스도 안에서). 신호섭 역. 지평서원, 2012.

Gundry, Stanley and Patricia. *The Wit and Wisdom of D. L. Moody.* Chicago: Moody Press, 1974.

Guthrie, George H. *Read the Bible for Life*(삶을 위한 성경읽기). 홍종락 역.

성서유니온선교회, 2013.

Hendriksen, William. *New Testament Commentary: 1 & 2 Timothy and Titus*. London: The Banner of Truth Trust, 1957.

Hiebert, D. Edmond. *Everyman's Bible Commentary: Second Timothy*. Chicago: Moody Press, 1958.

Hybels, Bill. *The Power of a Whisper(주의 음성)*. 캐런 채 역. 국제제자훈련원, 2011.

Hughes, R. Kent, and Bryan Chapell. *Preaching The Word: 1-2 Timothy and Titus*. Wheaton, Illinois: Crossway, 2012.

Kistemaker, Simon J. *New Testament Commentary: Exposition of the Epistles of Peter and of the Epistle of Jude*. Grand Rapids: Baker Book House, 1987.

Kistler, Don. ed. *Sola Scriptura: The Protestant Position on the Bible(오직 성경으로)*. 조계광 역. 지평서원, 2011.

Knight III, George W. *The New International Greek Testament Commentary: The Pastoral Epistles*. Grand Rapids: Eerdmans, 1992.

Lea, Thomas D., and Hayne P. Griffin, Jr. *The New American Commentary: 1, 2 Timothy, Titus*. Vol. 34. Nashville Tennessee: Broadman Press, 1992.

Leupold, H. C. *Barnes' Notes on the Old Testament Commentary(반즈 성경 주석: 시편), (상)*, 명종남 역, 크리스챤서적, 1993.

MacArthur Jr, John. *Colossians and Philemon*. Chicago: Moody, 1992.

_____. *The MacArthur New Testament Commentary: 2 Timothy*. Chicago: Moody Press, 1995.

_____. *How to Get the Most From God's Word(성경, 이렇게 믿어라)*. 김태곤 역. 생명의 말씀사, 2000.

_____. *The Master's Plan For the Church(하나님이 계획하신 교회)*, 생명의 말씀사, 2009.

Martin, Hugh. *The Abiding Presence*(그리스도의 임재). 황의무 역. 지평서원, 2010.

McGrath, Alister E. *Christianity Spirituality: An Introduction*(기독교 영성 베이직). 김덕천 역. 대한기독교서회, 2006.

Peterson, Eugene H. *Eat This Book: A Conversation in the Art of Spiritual Reading*(이 책을 읽으라). 양혜원 역. IVP, 2006.

Phillips, Richard D. *Hebrews*(히브리서). 전광규 역. 부흥과 개혁사, 2010.

Piper, John. *The Pleasures of God*(하나님의 기쁨). 이재기 역. 은성, 1994.

_____. *When I Don't Desire God*(말씀으로 승리하라). 전의우 역. IVP, 2010.

Plumer, William S. *Psalms: A Critical and Expository Commentary with Doctrinal and Practical Remarks*. Carlisle, Pennsylvania: The Banner of Truth Trust, 1867.

Prummer, Alfred. *The Epistles of John*. Cambridge Greek Testament for Schools and Colleges series. Cambridge: At the University Press, 1896.

Stanley, Charles F. *10 Principles for Studying Your Bible*(성경을 내 것으로 만드는 10가지 원리). 윤종석 역. 디모데, 2010.

Stott, John R. W. *Guard the Gospel: The Message of 2 Timothy*. London: Inter-Varsity Press, 1973.

Spurgeon, C. H. *The Treasury of David*(스펄전의 시편 강해). 제 2권, 안효선 역, 생명의 말씀사, 1997.

Swindoll, Charles R. *Swindoll's New Testament Insights on 1 & 2 Timothy, Titus*(디모데전후서, 디도서). 윤종석 역. 디모데, 2012.

_____. *The Church Awakening: An Urgent Call for Renewal*(교회의 각성). 유정희 역. 두란노, 2012.

Towner, Philip H. *The Letters to Timothy and Titus*. Grand Rapids: Eerdmans, 2006.

Watson, Thomas. *A Body of Divinity*. Edinburgh: Banner of Truth, 1958.

Wiersbe, Warren W. *On Being a Servant of God*(하나님의 일꾼과 사역). 최용수 역. CLC, 2012.

Willard, Dallas. *The kingdom Life*(제자도와 영성형성). 홍병룡 역. 국제제자훈련원, 2010.

Wilson, Jared C. *Gospel Wakefulness*(복음에 눈뜨다), 안정임 역, 예수전도단, 2013.

Winslow, Octavius. *The Precious Things of God*(그리스도인이 누리는 보배로운 선물). 조계광 역. 지평서원, 2012.

국민일보. 2013년 7월 30일자, 국민일보 기독교연구소 인터뷰 기사.

박윤선. *성경주석: 시편*. 성문사, 1957.

배창돈. *기적의 제자훈련*. 국제제자훈련원, 2008.

조병수. *리더가 리더에게 들려주고 싶은 이야기*. 합신대학원출판부, 2010.

Spiritual Leadership & Church Ministry

04

교회사역의 원리
- 요한복음 21장을 중심으로 -

The Principles of Church Ministry

교회사역의 원리
(The Principles of Church Ministry)
- 요한복음 21장을 중심으로 -

1. 서 론

일반적으로 성경학자들은 요한복음 1장 1절에서 18절까지를 요한복음의 서문(prologue)이라고 말하고 이 마지막 21장을 요한복음의 에필로그(epilogue) 즉, 종문(終文) 혹은 결어(結語)라고 말을 하고 있다. 요한복음의 서문에서는 로고스이신 예수님이 이 땅위에 오시기 이전에 대하여 말씀하고 있는 반면에, 요한복음의 종문이라고 할 수 있는 본 장에서는 이 땅위에 오신 로고스이신 예수님이 부활하시고 성부 하나님께로 돌아가신 이후에 어떻게 교회를 통하여 역사하실 것인가 하는 것을 보여주고 있다.

성경강해자 A. W. 핑크(A. W. Pink)는 요한복음 21장의 본문은 "놀랍게도 사역에 대한 가장 교훈적이고 완벽한 교훈을 제시하고 있다"라고 언급하면서,[1] "이보다 앞서 있었던 부활하신 구세주의 나타나심은 제자

---

1) A. W. Pink, *Exposition of the Gospel of John* (Grand Rapids: Zondervan Pub., 1975), p. 304.

들의 그 당시의 상황과 필요를 고려하여, 그들의 믿음을 굳게 하고 그들의 마음에 확증을 주기 위한 것이었다. 그러나 여기에서 주께서 행하시고 말씀하신 것은 주님과 그들의 미래의 관계를 예시하시고 묘사하신 예언적인 의미를 지닌 것이었다"라고 말한 바 있다.[2]

미국 휘튼대학 성경신학교수인 게리 버지(Gary M. Burge)는 "요한복음 21장의 고기잡이 기적은 믿지 않는 자들로 하여금 그리스도의 부활을 믿게 만들려고 하는 표적이 아니다. 요한복음 21장은 세상 속에서의 교회의 책임과 사역을 일깨워주는, 교회에게 들려주는 에필로그이다. 본 장에서의 주요 이야기-고기잡이 기적과 아침에 모닥불 주위에서 이어지는 예수와의 대화-는 그리스도의 나라 속으로 들어오는 자들에 대해 책임을 지라는 사도적 사명을 강화해 준다. 베드로는 어부와 목자가 되어야 한다"라고 본 장의 의미를 해석하고 있다.[3]

주경신학자 레이몬드 E. 브라운(Raymond E. Brown)은 본 장에 대하여 "21장이 교회론적 장(章)에 해당하는 것은 확실하다. 그것은 부활하신 예수님의 현현(1, 14절)과 재림(22-23절) 사이의 시간 -교회시대-에 해당하는 주제들을 반영한다"라고 본 장의 독특한 성격에 대하여 설명하면서, 본 장 "1-14절에서 베드로는 다른 제자들과 함께 사람을 낚는 어부라는 상징적 사명을 부여받으나 15-17절에서는 목양의 사명을 부여받는다. ... 15-17절에 언급된 양은 고기를 잡는 상징으로 제시된 선교를 통해 우리에 들어오게 된 신자들을 일컫는다"라고 설명하고 있다.[4]

따라서 요한복음 21장의 전반부인 1절에서 14절까지는 교회의 사역 중 선교[전도]에 관한 것을 다루고 있다면, 후반부인 15절에서 25절까지

---

2) Ibid., p. 306.
3) Gary M. Burge, *The NIV Application Commentary: John* (Grand Rapids: Zondervan, 2000), p. 592.
4) Raymond E. Brown, *The Anchor Bible: The Gospel According to John XIII–XXI* (New York: Doubleday, 1970), 1082, pp. 1084, 1116.

는 목양[양육]에 관한 부분을 다루고 있는 것으로 구분할 수 있을 것이다. 본 장의 전반부에서는 교회의 선교는 주님의 임재 가운데서 주님의 말씀을 따라 진행하게 되어질 때 결실이 풍성한 성공적인 선교사역이 이루어질 것임을 시사해 주고 있으며, 후반부에서는 목양사역의 조건과 내용(요 21:15-17)과 목양사역의 목표(요 15:18-19)와 목양사역자의 사역자세 (요 21:20-23)와 목양사역의 근거(요 21:24-25)가 무엇임을 가르쳐 주고 있다.

그러므로, 본 장은 예수님의 부활과 승천이후에 본격적으로 이루어질 교회사역에 대한 지침을 주기 위하여 기록된 것으로서, 교회사역신학 혹은 목회신학의 원리와 그 구체적인 내용을 기록해 놓은 '교회사역의 헌장 (憲章)'이라고 말할 수 있는 중요한 본문이 아닐 수 없다. 그래서 19세기 영국의 유명한 강해설교자였던 알렉산더 맥클라렌(Alexander Maclaren) 도 "여기의 마지막 나타나심은 교회의 사역, 그 일의 어려움, 그로 인한 낙망, 교회의 상급, 교회의 최종적 승리, 그리고 종말에 이르기까지 교회에 대한 축복 등과 관련한 교훈으로 가득 차 있다"[5] 라고 말해 주고 있다.

2. 교회의 독특한 특징

요한복음 21장이 가르쳐 주고 있는 교회사역의 첫 번째 원리는 교회사역의 환경을 바로 이해해야 한다는 것이다. 그리스도인이 주님의 몸된 교회의 지체들로서 부름 받았다는 것은 그 몸 안에서 행해야할 고유한 역할과 기능이 주어져 있다는 것을 의미하며, 이러한 사역을 수행해 나가기

---

5) Alexander Maclaren, *Expositions of Holy Scripture: John 15-21* (Grand Rapids: Baker Book House, n.d.), p. 341.

위해서는 무엇보다도 몸된 교회의 독특한 성격을 올바르게 이해해야만 한다는 것을 교훈해 주고 있다.

부활하신 후에 주님은 세 번째로 디베랴 바닷가에서 일곱 명의 제자들에게 친히 찾아오시고 자신을 나타내 보여주셨다. 본문 2절에 나타나는 이 일곱 명의 제자들은 요한복음 1장에서 주님께로부터 부르심을 받았던 신약교회의 최초의 핵심멤버들이었던 안드레, 베드로, 요한, 빌립, 나다나엘의 5명 중에 베드로, 나다나엘, 요한 이렇게 세 사람의 이름이 여기에 나타나고 있는 것을 볼 수 있다.

브루스 밀른(Bruce Milne)같은 신약학자는 본문에 나타나는 7명의 제자들 모두가 갈릴리 출신들이 분명하고, 따라서 이름이 밝혀지지 아니한 두 제자들은 안드레와 빌립으로 보고 있다.[6] 왜냐하면 안드레는 베드로의 형제이고 빌립은 디베랴 호수 근처에 있는 벳새다 마을에 사는 사람이었기 때문에 그렇게 추측을 하고 있다.

이런 일곱 명의 제자들이 함께 있을 때 부활하신 예수님께서 이들에게 나타나신 것에 관하여, 주경신학자 앤드류 링컨(Andrew T. Lincoln)은 "완전의 의미를 가지고 있는 일곱이라는 숫자와 더불어 이 그룹은 예수님을 따르는 자들의 전 공동체의 대표로서의 의미를 가지고 있는 것을 시사해주고 있다"라고 그 의미를 언급한 것처럼,[7] 이 일곱 명의 제자들은 신약교회의 최초의 구성원들로서 이들은 신약교회를 상징하고 있다.[8] 켄트

---

6) Bruce Milne, *The Message of John* (Downers Grove, Illinois, Inter-Varsity Press, 1993), 310. John MacArthur, *The MacArthur New Testament Commentary: John 12-21* (Chicago: Moody Publishers, 2008), p. 390.
7) Andrew T. Lincoln, *Black's New Testament Commentaries: The Gospel According to Saint John* (New York: Hendrickson Publishers, 2005), p. 510.
8) 비슬리-머리(G.R. Beasley-Murray)는 본문에 나타나고 있는 일곱 제자들의 수는 "전체 제자들의 무리를 상징하며 더 나아가 모든 제자들의 조직 즉 교회를 상징하는 수이다"라고 말하고 있다. *Word Biblical Commentary: John* (Waco, Texas: Words Books, Publisher, 1987), p. 399.

휴즈(R. Kent Hughes)는 이 일곱 명의 제자들은 "교회의 축소판"(a microcosm of the church)이었다고 언급하면서 "그 교회가 이방인들 가운데서 위대한 사역을 하게 될 것이라는 사실은 (성경에서 여러 민족들을 나타내는) 그 바다가 이방인들의 영역인 갈릴리에 있는 바다라는 점에서 보여진다"라고 설명하고 있다.9)

그러면 이들은 구체적으로 어떤 사람들이었는가? 첫 번째와 두 번째로 나타나고 있는 베드로와 디두모라 하는 도마는 가장 문제 많았던 제자들이었다. 첫 번째 사람 베드로는 주님을 부인한 자였고, 다른 한 사람 도마는 주님의 부활을 의심한 그런 사람이었다. 베드로는 자만심이 가득해서 다른 사람들을 무시하고 자신이 최고인양 자만심에 사로잡혀 항상 앞서기 좋아하는 그런 사람으로 많은 문제를 야기했던 제자였다.

예수님께서 제자들에게 장차 장로들과 대제사장들에게 고난을 받고 죽임을 당할 것이라고 말씀하셨을 때 베드로는 예수님을 붙들고 항변하여 말하기를 "주여 그리 마옵소서 이 일이 결코 주께 미치지 아니하리이다"(마 16:22)라고 진언했다가, 주님께로부터 "사탄아 내 뒤로 물러가라 너는 나를 넘어지게 하는 자로다 네가 하나님의 일을 생각하지 아니하고 도리어 사람의 일을 생각하는도다"라고 심하게 책망을 받았던 그런 장본인이 바로 베드로였다. 도마는 쉽게 낙망하고, 매사에 비관적인 생각을 많이 하고, 항상 어떤 사건의 어두운 측면을 바라보는 그런 기질을 가진 사람으로, 다른 사람과 잘 어울리지 아니하는 이런 성격의 사람이었다. 다른 제자들이 예수님을 보았다고 했을 때 자신의 손가락을 예수님의 못 자국에 넣어보고 자신의 손을 예수님의 옆구리에 넣어보기 전에는 결코 예수님의 부활을 믿지 않겠다고 불신의 마음으로 가득찼던 그런 사람이었다. 이렇게 처음 소개되고 있는 두 제자들은 실족하기 잘했던 사람들로서

---

9) R. Kent Hughes, *Preaching the Word: John* (Wheaton, Ill: Crossway Books, 1999), pp. 462-463.

이런 사람들을 주님은 외면하지 아니하시고 찾아오셔서 자신의 부활을 드러내 보여주셨다는 것이다.

세 번째로 소개되고 있는 갈릴리 가나 사람 나다나엘은 자신의 친구 빌립에게서 예수님을 소개 받았을 때, "나사렛에서 무슨 선한 것이 날 수 있느냐"(요 1:46)라고 심한 편견을 가지고 있었던 냉소적인 사람이었다. 이런 그가 예수님을 만나게 되었고, 주님께로부터 참 이스라엘 사람으로 "그 속에 간사한 것이 없도다"(요 1:47)라는 말을 듣게 되었을 때 비로소 마음 문을 열고 주님을 믿게 되었던 그런 사람으로 앞에 소개된 베드로나 도마와는 정반대 유형의 사람으로서 영적 지식이 점진적으로 자라가는 그런 사람의 상징이라고 볼 수 있다(요 1:51).[10]

네 번째로 소개되고 있는 제자가 바로 세베대의 아들들인 야고보와 요한으로, 이 두 사람은 우레의 아들이라는 별명을 가지고 있었던 사람들로서 혈기가 많고 아주 폭발적이고 야심이 많고 때로는 편협한 복수심으로 가득 찬 그런 성격의 사람들이었다. 누가복음 9장 52절 이하에 보면 사마리아 사람들이 예수님께서 예루살렘을 향하여 가신다는 것 때문에 받아들이지 아니하려고 했을 때 야고보와 요한이 말하기를 "주여 우리가 불을 명하여 하늘로부터 내려 저들을 멸하라 하기를 원하시나이까?"라고 벌컥 화를 내었을 때 예수님께서 이 두 사람을 꾸짖으셨다는 말씀이 기록되어 있는 것을 볼 때 이들의 성격이 얼마나 거칠고 과격했는가 하는 것을 알 수가 있다. 또한 마가복음 10장 35절에 보면 이 두 사람은 인간적인 야심을 가지고 주님께 나아와서 요청하기를 "주의 영광 중에서 우리를 하나는 주의 우편에 하나는 좌편에 앉게 하여 주옵소서"라고 간청했다가 다른 제자들로부터 미움을 받았던 그런 사람이 바로 야고보와 요한이었다.

나머지 두 사람의 제자들은 그 이름조차 제대로 기록되지 못한 사람들

---

10) 나다나엘은 바돌로매와 동일인물로 나타나고 있다.

로서 별로 두드러진 것이 없고 영향력이나 자랑할 것이 없는 아주 평범한 그런 유형의 사람들이었다고 볼 수 있을 것이다. 이런 유형의 사람들이 초창기 신약교회를 이루고 있었던 사람들로서 너무도 성격이 다르고 때로 괴팍스럽기도 하고, 개성이 강하고, 별로 매력적이지 못한, 이런 다양한 성격의 사람들이었음에도 불구하고 이들에게 부활하신 주님께서 친히 찾아오시고 자신의 부활을 나타내 보여주셨고 이들과 함께 교제하시고 이들을 통하여 구원역사를 이루어 나가셨다고 하는 것을 보여주고 있다.

이것은 어느 시대이건 주님이 부르시는 교회의 구성원들도 이러한 범주에서 벗어나지 아니하는 보잘 것 없고, 모나고, 문제투성이고, 실패하고 넘어진 자들로 하여금 주님의 몸된 교회의 구성원들이 되게 하신다는 영적인 진리를 우리에게 가르쳐 주고 있다. 따라서 교회의 사역은 다양한 성품과 문제를 가지고 있는 구성원들과 함께하는 사역임을 본문이 우리에게 깨우쳐 주고 있다.

영국의 유명한 성경 주석가 매튜 헨리(Matthew Henry)는 "어떤 이는 교회의 눈으로서 교회에 꼭 필요한 사람이며, 또 어떤 이는 교회의 손으로서, 그리고 다른 이는 교회의 발로서 없어서는 안 될 사람들이다. 그러나 교회의 몸을 이루는 데 있어서 누구는 더 중요하고 누구는 덜 중요하고 하는 구분은 있을 수 없다. 모두가 다 한 몸을 이루는데 없어서는 안 될 긴요한 사람들인 것이다"라고 교회의 독특한 성격을 잘 설명한 바 있다.[11]

미국 골든게이트침례신학대학원 총장인 제프 아이오그(Jeff Iorg)는 교회사역자가 사역대상자들을 어떻게 보아야 할 것을 이렇게 말하고 있다.

> 예수님은 사람들을 있는 그대로 보셨다. 마태는 또 이렇게 말한다. '무리를 보고 불쌍히 여기시니 이는 그들이 목자 없는 양과 같이 고생하

---

11) Joseph S. Exell, *The Biblical Illustrator* (Grand Rapids: Baker Book House, 1973), p. 474.

며 기진함이라.' 예수님은 그들을 있는 그대로의 모습으로 보셨고 겉모습이나 그들이 보이고 싶어 하는 모습으로 보지 않으셨다. 예수님은 그냥 얼굴 없는 군중을 보시지 않고 그들을 지치고 상처받고 의지할 데 없는 개개인들로 보셨다. … 사역의 열정을 유지하는 것은 사람들을 있는 그대로 보는 데서 나온다. 이것은 우리의 관점을 바꿔준다. … 우리가 사람들을 죄인들의 집단으로, 진이 빠지게 하는 무리로, 밑 빠진 독으로, 혹은 당신을 지원하기 위해서 존재하는 교회 회원들로 본다면, 그들을 동정심을 가지고 볼 수도 없고 그들을 섬길 지속적인 열정도 가질 수 없다. 그러나 사람들을 있는 그대로 보면 당신의 깊은 곳에서 동정심이 생긴다. … 사람들을 보는 시각을 바꾸는 것이 사역에 대한 열정을 잃지 않는 비결이다. 열정을 유지하는 데 가장 중요한 것은 사람들과 관계를 맺고 그들을 있는 그대로 보는 것이다.[12]

그러므로 어느 시대이건 그리스도인들이 속해있고 섬기는 교회에 여러 유형의 사람들이 있을 것을 항상 염두에 두면서 이런 다양한 성격과 문제의 사람들을 포용하고 그들을 용납하고 그들을 예수님처럼 무조건적인 변함없는 사랑과 오래 참음으로 대하고 섬기고 그들의 부족을 채워주고 그들을 진리 가운데서 사랑으로 세워나가야 하는 사역이 바로 교회사역자들에게 주어진 것임을 가르쳐 주고 있다.

교회는 흠 없는 의인들이 모이는 그런 장소가 아니라 죄인 중에 괴수와 같은 그런 사람들이 모이는 곳이 바로 교회라고 하는 사실을 염두에 두면서, 이런 사람들을 구원하시기 위하여 주님이 오셨고 죽으셨고 부활하셨다는 사실을 믿고, 사역자 자신과는 다른 성격과 다른 생각을 가지고 있는 지체들이라 할지라도 배척할 것이 아니라, 예수님처럼 사랑하고 수용하고 품을 수 있어야 함을 일깨워주고 있다.

---

12) Jeff Iorg, *The Character of Leadership*(성공하는 리더의 9가지 성품), 서진영 역, 요단출판사, 2010, pp. 215-217.

3. 교회사역자의 자격

(1) 주님의 부르심을 잊지 않고 이미 받은 은혜와 축복들을 기억하고 있는 사람이다.

　부활하신 예수님께서 갈릴리 바닷가에 다시 나타나신 것은 이 갈릴리야말로 예수님의 사역의 본거지였기 때문이다. 이 곳에서 예수님의 일곱 제자들이 부르심을 받았고 이 곳에서 주님은 첫 번째 이적인 물로 포도주를 만드셨고, 이 곳에서 보리 떡 5개와 물고기 두 마리로 5천명을 먹이고도 남은 것이 열두 광주리에 가득 차는 기적을 행하셨던 곳이었다.
　또한 이 갈릴리 바다는 밤에 배를 타고 가다가 폭풍을 만나 거의 죽을 뻔한 상황에서 주님이 폭풍을 잔잔케 하시는 기적을 베푸심으로 놀라운 구원을 체험했던 장소였을 뿐만 아니라 이 곳에서 밤새도록 고기를 한 마리도 잡지 못했으나 주님의 말씀에 의지하여 그물을 던졌을 때 그물이 찢어질 정도로 고기를 많이 잡게 되는 그런 주님의 능력을 체험했던 장소가 바로 이 곳이었기 때문이었다.
　그리고 팔복의 말씀을 위시하여 산상보훈의 말씀을 들었던 그런 장소가 바로 이곳이었고 베드로가 예수님의 말씀대로 이 갈릴리 바다에 나가서 낚시를 던졌을 때 한 세겔의 은전을 얻게 되는 이런 기적을 체험했던 장소가 바로 이 갈릴리였고, 왕의 신하의 아들의 병을 고쳐주신 기적을 베푸신 장소가 바로 이 곳이었기 때문에 제자들이 과거에 부르심을 받은 분명한 사실과 주님의 풍성한 은혜와 축복들을 다시 생각나게 하시기 위해서 부활하신 후에 제자들을 이 곳 갈릴리에서 만나실 것을 주님 자신이 미리 말씀해 주셨고(마 26:32) 또한 부활하신 날에도 천사가 여인들에게 그의 제자들에게 갈릴리에서 주님을 보게 될 것을 전하라고 하였던 것이다(마 28:7).

따라서 이 갈릴리에서 부활하신 주님이 제자들을 만나신 것은 주님께로부터 부르심을 받았다는 소명에 대한 확신과 이미 과거에 받은 은혜와 축복들을 기억하는 사람만이 어떠한 어려움과 장애물이 있다고 할지라도 주님의 교회를 끝까지 신실하게 섬기고 사명에 헌신하고 충성할 수 있기 때문에 이 곳에서 제자들을 만나시고 그들이 받은 사명과 받은 은혜를 일깨워주셨던 것이다.

오늘 이 시대에 부르심을 받은 그리스도인들 역시 지난날에 나를 불러 주시고 나를 곤경 가운데서 건져주시고 나에게 은혜를 베푸시고 축복하셨던 사실을 항상 기억하므로 현재의 모든 어려움들과 난관들을 믿음으로 극복하고 끝까지 사역자의 길을 완주할 수 있어야 할 것이다.

존 맥아더(John MacArthur)는 요한복음 21장 1-14절은 예수님께서 성부 하나님께로 돌아가신 후에 더 이상 물리적으로 제자들과 함께 하지 아니하는 때에도 제자들을 여전히 돌보시고 모든 필요들을 채워주실 것이라는 영적 진리를 가르쳐 주고 있다고 언급하고 있다.[13]

(2) 일상적인 일에 성실하게 최선을 다하는 사람이다.

본문 3절에 "시몬 베드로가 나는 물고기 잡으러 가노라 하니 그들이 우리도 함께 가겠다 하고 나가서" 함께 배에 올랐다고 말씀하고 있다. 시몬 베드로를 위시하여 일곱 제자들은 부활하신 주님의 말씀대로 주님이 갈릴리에 나타나실 것을 확신하면서 예루살렘에서 이 곳으로 와서 주님의 나타나심을 기다리는 동안에 자신들이 할 수 있는 최선의 일은 하나님이 자신들에게 주신 재능들을 부지런히 사용해야 한다는 사실을 인식하면서 자신들이 평소에 익숙했던 고기 잡는 일을 위해 배에 함께 오르게 되어졌

---

[13] John MacArthur, *The MacArthur New Testament Commentary: John 12-21* (Chicago: Moody Publishers, 2008), pp. 388-389.

다는 것이다. 이것은 주님의 나타나심을 위한 최선의 준비는 일상적인 일들을 성실하게 최선을 다해 행하는 것임을 가르쳐 주고 있다.

주님께서는 십자가를 지시기 전에 누가복음 22장 35절에서 제자들에게 이런 말씀을 하셨다. "내가 너희를 전대와 배낭과 신발도 없이 보내었을 때에 부족한 것이 있더냐?"라고 물으셨고, 이 물음에 제자들은 "없었나이다"라고 대답을 하였을 때, 예수님께서는 다시 말씀하시기를 "이제는 전대 있는 자는 가질 것이요 배낭도 그리하고 검 없는 자는 겉옷을 팔아 살지어다"라고 정반대의 말씀을 하셨다.

이 말씀은 제자들이 주님과 함께 있을 동안에는 일상적인 일들에서 면제가 되었지만 이제 십자가를 지시므로 제자들을 떠나게 되어지는 이 시간 이후부터는 합리적인 방편들을 사용하여 일상적인 일들과 책임들을 수행해 나가면서 사역에 임해야 할 것을 말씀해 주신 것이다. 영국의 목회자 J. C. 라일(Ryle) 감독은 이런 말을 했다: "주님이 다시 오실 때까지 믿는 자들은 하나님이 그들에게 주신 모든 재능들을 부지런히 사용하여야 한다. 그들은 단지 어려움에서 벗어나기 위하여 기적이 일어나기를 기대해서는 안 된다. 그들이 열심히 일하지도 않으면서 빵이 입으로 굴러 떨어지기를 기대해서는 안 된다. 그들이 수고하면서 몸부림치고 애쓰지 않는다면 원수들을 정복하고 어려움을 극복할 것을 기대해서는 안 된다. … 또 우리에게 가능한 합법적인 모든 방편들을 부지런히 사용하지 않는다면 그리스도의 축복을 기대하지 말아야 할 것이다."[14]

이런 주님의 말씀을 기억하면서, 시몬 베드로를 위시하여 일곱 제자들은 주님을 기다린다는 것을 핑계로 기본적으로 행해야 할 일상적인 일을 결코 무시하지 아니하고 비록 그물과 어구들이 널려있고 물고기의 비늘들로 지저분한 배에서 고기를 잡으면서 부활하신 주님을 기다리게 되어

---

14) J. C. Ryle, *Expository thoughts on Luke*, Vol. 2. (Edinburgh EH: The Banner of Truth Trust, 1858), pp. 413, 418.

졌던 것이다. 이러한 제자들이었기에 그들의 일상생활의 현장에 부활하신 주님이 이들에게 찾아 오셨고 그들은 부활의 주님을 만날 수 있었던 것이다.

(3) 주님을 떠나서는 아무 것도 할 수 없다는 사실을 인식하고 주님의 말씀에 순종하는 사람이다.

본문 3절 마지막 부분에 보면 "배에 올랐으나 그 날 밤에 아무 것도 잡지 못하였더니"라고 말씀하고 있다. 갈릴리 바다는 낮에는 날씨가 더워서 바다 윗부분의 물이 뜨거워지기 때문에 고기들이 시원한 물 밑 깊은 속으로 내려갔다가 서늘한 밤이 되어서 수면 가까이 올라오기 때문에 이러한 형편을 잘 알고 있었던 제자들은 밤에 많은 고기를 잡기 위해서 배를 타고 나가게 되어진 것이다. 또한 밤에 잡은 고기는 아침 일찍 신선한 상태로 팔수가 있었기 때문에 대개 밤에 고기잡이를 한다는 것이다.[15]

이렇게 제자들은 경험과 자신들의 갈고 닦은 기술들을 총동원하여 고기잡는 일에 밤새도록 최선을 다해 노력을 했지마는 그 날 밤에 아무 것도 잡지 못하는 실패의 자리에 이를 수밖에 없었던 것은 외적인 조건이 다 갖추어졌다고 할지라도 그것이 사역의 결실을 보장해 주는 것이 아니라는 것을 일깨워주고 있다. 어떤 과정의 학문을 이수하고 경험을 축적하고 기술을 습득했다고 할지라도 사역의 궁극적인 진정한 성공은 주님이 함께 해 주셔야만 가능하게 되어진다는 사실을 우리에게 가르쳐 주고 있다.

주님께서는 요한복음 15장 5절에 "너희가 나를 떠나서는 아무 것도 할 수 없음이라"고 분명히 말씀해 주셨다. 그래서 주님은 요한복음 15장 7

---

15) Raymond E. Brown, op. cit., p. 1069.

절에서 "너희가 내 안에 거하고 내 말이 너희 안에 거하면 무엇이든지 원하는 대로 구하라 그리하면 이루리라"고 진정한 사역의 열매는 우리가 주님 안에 거하고 주님의 말씀이 우리 안에 거하므로, 그 주님의 말씀에 다스림을 받고 그 말씀에 순종하는 자리에 이르게 되어질 때에 가능하게 되어진다는 사실을 친히 말씀해 주셨다. 강해설교자 브루스 밀른은 "우리 자신과 우리의 능력을 의지하려는 습성에 대하여 죽음으로써만 우리는 부활의 생명과 하나님 나라의 수확을 발견할 수 있다"라고 말을 한바가 있다.[16)]

이렇게 갈릴리 바다에서 밤새도록 고기를 잡으려고 했지만 한 마리도 잡지 못하여 기진맥진해 있었고 허탈감에 사로잡혔던 제자들에게 주님이 나타나셔서 "그물을 배 오른편에 던지라 그리하면 잡으리라"는 말씀에 제자들이 순종하였을 때 그물을 들 수 없을 정도로 많은 물고기를 잡을 수가 있었는데, 찢어지지 아니한 그물 속에 큰 물고기가 153마리나 들어 있었다는 것은 복음 사역의 결과가 실패하지 않고 풍성할 것임을 드러내 보여주고 있다.

그러므로, 주님이 맡기신 일을 하는데도 불구하고 아무런 열매를 맺지 못하는 그런 경우라고 할지라도, 그 일을 포기할 것이 아니라 사역자 자신의 생각에 이끌리어 나 자신의 힘으로 영적인 일들을 성취하려고 하고 있지는 않은지 자신을 점검하면서, 이제는 주님의 인도하심을 따라 주님의 말씀에 순종하면서 주님께 기도로 물어보면서, 주님이 이끄시는 대로 그 일을 진행해 나갈 때에 제자들처럼 풍성한 사역의 결실을 거둘 수 있게 될 것이다.

---

16) Bruce Milne, op. cit., p. 313.

(4) 두 세 사람이 주의 이름으로 모인 곳에는 주님이 함께 하신다는 사실을 깨닫는 사람이다.

본문 4절에 보면 "날이 새어갈 때에 예수께서 바닷가에 서셨으나 제자들이 예수이신 줄 알지 못하는지라"고 말씀하고 있다. 주님께서는 이미 제자들에게 마태복음 18장 20절에 "두 세 사람이 내 이름으로 모인 곳에는 나도 그들 중에 있느니라"고 주님이 교회 가운데 함께 해 주실 것을 분명히 말씀해 주셨다. 이럼에도 불구하고 제자들이 예수님이 자신들과 함께 하심을 깨닫지 못한 것은 그들의 영의 눈이 어두워서 주님이 자신들의 곁에 서 계신 것을 알지 못했다는 것이다.

그러나 주님은 당신이 부르시고 택하신 주의 백성들과 일상적인 사역 가운데서 언제나 함께 하신다는 사실을 기억할 때에 결단코 낙심하지 아니하고 언제나 소망 가운데서 주님을 섬기게 되어질 것이고 또 모든 일들을 주님의 임재 가운데서 신실하게 수행해 나갈 수가 있게 될 것임을 가르쳐 주고 있다.

주님은 본문 5절에서 자신의 임재를 느끼지 못하고 낙심 가운데 빠져 있었던 제자들에게 "애들아, 너희에게 고기가 있느냐"고 물었는데, 이 말씀을 직역하면 "애들아 너희에게 고기가 없지?"라는 말씀으로 주님은 제자들의 수고에 아무런 열매가 없었다는 사실을 아시면서 그것을 제자들이 인정하고 고백하도록 유도하는 그런 질문의 말씀을 하신 것이다.

이런 질문에 제자들은 "없나이다"라고 자신들의 실패를 인정하면서 대답하였을 때 주님은 "그물을 배 오른편에 던지라 그리하면 잡으리라"고 그 실패를 만회할 수 있는 문제해결의 방법을 일깨워주셨다. 그래서 제자들은 예수님의 지시하심을 따라 그물을 배 오른편에 던지므로 그물을 들 수 없을 정도로 고기를 잡게 되어졌는데, 그것도 적은 물고기가 아니라 큰 물고기들로 153마리를 잡았다는 것을 기록해 놓고 있다.

이것은 그리스도인의 사역에 있어서의 진정한 성공과 열매는 그리스도인 자신의 실력이나 재주나 능력으로 말미암는 것이 아니라 오직 우주만물을 창조하시고 다스리시고, 갈릴리 바다의 고기 떼가 지금 어디에 몰려 있는 것까지 아시는 전지하신 주님의 주권적인 능력이 함께 할 때 가능하게 되어 진다는 영적 진리를 가르쳐주고 있다.

그러면 어떤 사람이 부활하신 주님의 임재를 인식하고 주님을 볼 수 있는 사람인가? 본문 7절에 "예수께서 사랑하시는 그 제자가 베드로에게 이르되 주님이시라 하니 시몬 베드로가 벗고 있다가 주님이라 하는 말을 듣고 겉옷을 두른 후에 바다로 뛰어 내리더라"고 말씀하고 있다.

그 날 새벽에 예수님께서는 디베랴 바닷가에 오셔서 서 계셨고 또 제자들에게 "너희에게 고기가 있느냐?"라고 물으시고 "그물을 배 오른편에 던지라 그리하면 잡으리라"고 말씀하셨지마는 이렇게 말씀하시는 분이 예수님이신 것을 바로 알았던 사람은 단 한 사람 예수께서 사랑하시는 그 제자만이 이 분이 예수님이신 줄 알고 베드로에게 "주님이시라"고 이 사실을 알렸던 것을 말씀해 주고 있다.

왜 본문을 기록한 사도 요한이 예수님을 가장 먼저 알아 볼 수가 있었는가? 그것은 사도 요한은 그 누구보다도 예수님을 가까이에서 모셨던 사람이었고 만찬석상에서도 주님의 품에 의지하여 음식을 먹을 수 있을 정도로 주님의 사랑을 받는 자였고 그러하기에 주님을 변함없이 사랑하여 다른 제자들은 다 떠나고 말았지마는 사도 요한만이 예수님의 십자가 곁에서 머물러 있었던 그런 사람이 바로 사도 요한이었기 때문에 바닷가에 서 계신 분이 바로 주님이신 것을 알 수가 있었던 것이다.

이 사도 요한이 기록한 요한일서 4장 7절과 8절을 보면 "사랑하는 자마다 하나님으로부터 나서 하나님을 알고 사랑하지 아니하는 자는 하나님을 알지 못하나니 이는 하나님은 사랑이심이라"고 사랑하는 사람이 바로 하나님을 아는 사람인 것을 말씀하고 있다.

사도 요한이 왜 자신을 "예수께서 사랑하시는 그 제자"로 자신을 표현하고 있는가? 그것은 주님의 사랑을 그 누구보다도 많이 받았다는 사실을 깨달았기 때문에 자신을 이렇게 소개할 수가 있었고 자신도 역시 그 주님을 사랑하고 있었기에 주님이 가까이 계심을 인식하고 그 사실을 다른 사람에게 알릴 수가 있었던 것이다.

지금도 주님께서는 하늘 보좌 우편에 가만히 앉아 계시는 것이 아니라 마가복음 마지막 16장 마지막 부분인 19절과 20절을 보면 "주 예수께서 말씀을 마치신 후에 하늘로 올려지사 하나님 우편에 앉으시니라 제자들이 나가 두루 전파할새 주께서 함께 역사하사 그 따르는 표적으로 말씀을 확실히 증언하시니라"는 말씀 그대로 주님은 부름받은 그리스도인들과 함께 역사하시는 주님이신 것을 분명히 말씀해 주고 있다.

이 시대에 사역자들로 부르심을 받은 그리스도인들도 영의 눈이 밝아져서 이 창조세계를 바라볼 때 사도요한처럼 "주님이 창조하셨구나"라고 고백하면서(요 1:3), 주님이 곁에 계심을 깨닫고 그 주님의 임재 가운데서 모든 낙심과 절망을 이기고 소망 가운데서 기쁨으로 주님과 동역하는 이런 복된 삶을 살아갈 수 있어야 할 것이다.

4. 교회사역의 축복

주님께서 맡기신 교회 사역에 신실하게 헌신하고 충성을 다한 사람에게 약속하신 축복은 부활하신 주님이 친히 준비하신 조반을 먹을 수 있는 자리에 나아가게 되어진다는 것을 상징적으로 보여주고 있다(눅 22:28-30).

본문 9절에 보면 이 일곱 제자들이 주님의 말씀대로 순종하여 수확하게 되어진 큰 물고기 153마리가 들어있는 그물을 끌고 와서 육지에 올라

왔을 때에 "숯불이 있는데 그 위에 생선이 놓였고 떡도 있더라"는 말씀대로 이미 예수님께서는 수고한 제자들을 위하여 친히 준비하신 조반이 놓여있는 것을 발견하게 되어졌는데, 예수님께서는 본문 12절과 13절에 "와서 조반을 먹으라" 말씀하시면서 친히 떡과 생선을 가져다가 제자들에게 나누어 주셨다고 말씀하고 있다. 이것은 죄악으로 어두워진 밤과 같은 세상에서 주님의 말씀 따라 수고하고 사역에 헌신하고 충성한 주의 백성들이 새날이 밝아오는 찬란한 그 아침에 천국의 새 하늘과 새 땅에 이르게 되어질 때에 부활의 주님을 만나게 되어질 것이고 부활의 주님이 친히 준비하신 영원한 하늘나라의 잔치에 참여하게 되어질 것을 예표적으로 보여주신 사건이 아닐 수 없다.[17]

여기에 숯불은 밤새 고기잡느라 물에 젖고 피곤한 제자들의 옷과 몸을 녹여주고 따뜻하게 해 주는 역할을 하는 것이고 떡과 생선은 일하느라고 허기진 배고픔의 문제를 해결해 주기 위해서 주님이 직접 준비하신 것으로 우리의 수고를 위로하시기 위한 축복의 상급으로 제공되어지는 것으로 볼 수 있다.

그런데 이 하늘나라 잔치에 주님께서는 본문 10절에 "예수께서 이르시되 지금 잡은 생선을 좀 가져오라"고 말씀하셨는데, 이것은 천국잔치에서는 성도들이 이 땅위에서 행한 모든 수고의 열매가 뒤 따르게 되어진다는 사실을 가르쳐 주고 있다. 그래서 요한계시록 14장 13절에 "또 내가 들으니 하늘에서 음성이 나서 이르되 기록하라 지금 이후로 주 안에서 죽는 자들은 복이 있도다 하시매 성령이 이르시되 그러하다 그들이 수고를 그치고 쉬리니 이는 그들의 행한 일이 따름이라 하시더라"고 이 사실을 언급하고 있다.

---

[17] Alexander Maclaren, op. cit., pp. 356-357, 372. R. Kent Hughes, *Preaching the Word: John* (Wheaton, Ill: Crossway Books, 1999), p. 466.

또한 요한계시록 마지막장인 22장 12절에 "보라 내가 속히 오리니 내가 줄 상이 내게 있어 각 사람에게 그가 행한 대로 갚아 주리라"고 주님이 친히 약속해 주신 그대로, 그리스도인이 땅위에서 주를 위하여 행한 그 모든 수고와 봉사에 대하여 행한 대로 갚아 주시는 영원한 하늘나라의 상급과 축복에 참여하게 될 것을 말씀해 주고 있다.

그래서 사도바울은 데살로니가 교회에 보낸 첫 번째 서신인 데살로니가전서 2장 19절에서 "우리의 소망이나 기쁨이나 자랑의 면류관이 무엇이냐 그가 강림하실 때 우리 주 예수 앞에 너희가 아니냐"고 이 땅위에서 사역한 결과로 얻게 되어진 주님을 믿게 되어진 데살로니가교회의 성도들이 바로 자신의 면류관이 되어질 것임을 확신 가운데 고백하였던 것을 볼 수 있다.

이렇게 "지금 잡은 생선을 좀 가져오라"는 말씀에 시몬 베드로가 배에 올라가서 그물을 육지에 끌어 올려서 그물에 잡힌 물고기들을 세어보니 그물에 가득한 큰 물고기가 153마리가 들어 있었는데 그럼에도 불구하고 그물이 찢어지지 아니했다고 말씀해 주고 있다. 이것은 주님이 주도하시는 그리스도인들의 [선교]사역에는 성공적인 결실이 주어진다는 사실을 가르쳐 주고 있다.[18]

본문 11절의 "그물을 육지에 끌어 올리니"에서 "끌어 올리다"라는 동사는 요한복음 12장 32절에서 예수님께서 "내가 땅에서 들리면 모든 사람을 내게로 이끌겠노라"는 말씀 가운데 "이끌다"라는 동사와 동일한 동사를 사용하므로 오고 오는 모든 시대에 주님이 택하시고 부르시는 모든

---

18) Raymond E. Brown, op. cit., p. 1097. 잡은 큰 물고기가 153마리였다고 하는 것은 알렉산드리아의 시릴(Cyril of Alexandria)은 100이라는 숫자는 이방인의 충만한 수를 나타내고 50이라는 숫자는 이스라엘의 남은 자를 나타내며, 3이라는 숫자는 삼위일체 하나님을 나타낸다고 설명하므로 성삼위 하나님께서 택하시고 부르신 모든 이방인들과 유대인들이 구원의 자리에 들어가게 될 것이라는 해석을 한바가 있다. Raymond E. Brown, op. cit., p. 1975.

사람들을 구원하신다는 것을 드러내 보여주고 있다. 또한 끌어 올렸는데 그물이 찢어지지 아니했다고 하는 것은 주님이 택하시고 부르신 주님의 백성 가운데 한 사람도 구원의 자리에서 이탈하여 멸망하는 자리에 떨어지는 그런 일이 일어나지 않는 주님의 절대적인 완전한 구원의 역사를 나타내 보여주고 있다.[19] 주님께서도 요한복음 10장 28절에서 "내가 그들에게 영생을 주노니 영원히 멸망하지 아니할 것이요 또 그들을 내 손에서 빼앗을 자가 없느니라"고 분명히 이 사실을 약속해 주셨다.

5. 교회사역의 절대적 조건

교회사역의 절대적인 조건은 주님을 사랑하는 것임을 가르쳐 주고 있다. 주경신학자 레온 모리스(Leon Morris)는 "예수님께서 베드로에게 당신의 양을 치라고 명령을 내리시기 전에 한 가지 물어보고 있는 점은 바로 다름 아닌 사랑에 대한 질문이었음을 주목해봐야만 한다. 이것이 바로 그리스도를 섬기는 일에 있어 가장 기본적인 자격 요건인 것이다. 다른 자질들이 바람직 할 수 있겠지만 사랑은 절대적으로 불가결한 요소이다"라고 말하고 있다.[20]

부활하신 예수님께서는 자신이 친히 준비한 조반을 제자들이 먹은 후에 3번이나 예수님을 부인하고 믿음의 자리에서 넘어졌던 시몬 베드로에게 다시금 사역의 기회를 주시고자 "요한의 아들 시몬아 네가 이 사람들보다 나를 더 사랑하느냐?"라고 3번 반복하여 질문하신 후에 "내 어린 양

---

[19] 브루스 밀른은 "선교는 열방들 중에서 큰 수확을 거두게 될 것이지만, 너무 많아서 다 수용하지 못하는 일은 결코 생기지 않을 것이다"라고 말하고 있다. Bruce Milne, op. cit., p. 313.

[20] Leon Morris, *The New International Commentary on the New Testament: The Gospel According to John* (Grand Rapids: Eerdmans, 1971), p. 875.

을 먹이라, 내 양을 치라"는 목양사역의 사명을 주셨던 것을 볼 수 있다.

예수님은 부활하신 후 처음 베드로를 만났을 때 즉시로 자신을 부인한 이유를 질문하거나 책망하시지 아니하시고 화해의 표시로 식탁을 먼저 배설하시고 베드로와 대화할 수 있는 가장 적절한 시기가 되어졌을 때 비로소 온유한 마음으로 베드로에게 다가가셔서 대화의 시간을 가지게 되어진 것이다.

이 때에 예수님께서는 베드로를 향해서 자신이 직접 지어주었던 베드로라는 이름으로 부르지 아니하시고 "요한의 아들 시몬"이라고 부르신 이유가 무엇인가? 이 이름은 예수님이 베드로를 처음 만났을 때 불렀던 이름이었고, 예수님께서 제자들에게 "너희는 나를 누구라 하느냐"라고 질문을 던졌을 때에 "주는 그리스도시요 살아계신 하나님의 아들이시니이다"(마 16:16)라고 베드로가 대답했을 때 주님께서 "바요나 시몬아 네가 복이 있도다"라고 그의 인생의 최고의 순간에 불러주었던 이름이 바로 "요한의 아들 시몬"이라는 이름이었다.

이외에도 누가복음 22장 31절과 32절에 보면 "시몬아 시몬아 보라 사탄이 너희를 밀까부르듯 하려고 요구하였으나 그러나 내가 너를 위하여 네 믿음이 떨어지지 않기를 기도하였노니 너는 돌이킨 후에 네 형제를 굳게 하라"고 특별히 베드로를 향해서 주님의 염려와 사랑을 나타내 보이실 때에 사용하였던 이름이 바로 이 이름이었다.

이렇게 평소에 베드로를 향해서 사용하였던 그 친숙한 이름으로 베드로를 다시금 부르시면서 그에게 다가가신 것은 과거에 주님이 부르신 그 부름과 주님과 함께 했던 삶을 돌아보면서 또한 과거에 고백했던 그 신앙고백을 기억하면서 그리고 베드로를 향한 주님의 특별한 사랑과 관심을 염두에 두면서 다시금 주님과의 관계가 완전히 회복되어지고 베드로가 서야될 자리에 온전히 서기를 간절히 바라는 심정으로 그렇게 부르신 것으로 볼 수 있을 것이다.

이렇게 이름을 부르신 후에 "네가 이 사람들보다 나를 더 사랑하느냐"라고 질문을 하셨다.[21] 이렇게 질문하신 것은 예수님께서 십자가를 지시기 전에 베드로가 주님께 말하기를 "모두 주를 버릴지라도 나는 결코 버리지 않겠나이다"(마 26:33)라고 호언장담하면서, 다른 제자들을 무시하면서 누구보다도 자신이 제일 주님을 사랑한다는 그런 교만한 자세를 가졌던 베드로였기 때문에 지금도 그렇게 생각하고 있는지를 주님은 질문을 하신 것이다.

이런 주님의 질문에 이제 베드로는 다른 사람과 비교하는 자세로 말하지 아니하면서 또한 자신이 주님을 사랑한다는 것을 자신이 안다고 말하지 아니하고 그저 주님이 아신다고 고백하므로 겸손한 자세를 나타내 보였던 것을 볼 수 있다. 이것은 이제는 자신의 독단적인 판단을 내어버리고 오직 주님이 알아주시는 판단에 전적으로 의존하고 있는 자리로 내려갔던 것을 보여주고 있다.[22]

"주님은 언제나 저를 변치 않는 사랑으로 돌보아 주셨고 내 믿음을 위해 기도해 주셨고, 저의 연약함과 결함들에도 불구하고 저를 포기하지 아니하시고 저를 용서해 주셨고 저에게 찾아오셨고 저를 먹여주셨습니다.

---

[21] 헹스텐버어그(Hengstenberg)는 주님께서 베드로에게 하나님을 사랑하는가에 대해서는 아무런 질문도 하지 아니하시고 자신을 사랑하는가에 대해서만 강조적으로 질문을 하신 것은 그리스도의 신성을 간접적으로 강하게 입증해 주신 것이라고 말하고 있다. J. C. Ryle, *Expository thoughts on John*, Vol. 3. (Edinburgh: The Banner of Truth Trust, 1873), 508에서 재인용.

[22] 헬라어 성경 원문을 보면, 예수님은 세 번의 질문 가운데서 두 번은 "너가 나를 아가파오 하느냐" 즉 "신적인 사랑으로, 헌신적이고 이타적인 사랑으로 나를 사랑하느냐"라고 질문하셨는데 베드로는 두번 모두 그런 고차원적인 사랑을 가졌다고 감히 말하지 못하고 "저는 필레오의 인간적이고 주관적인 사랑만을 가지고 있을 뿐입니다"라고 겸손히 답변을 하였을 때 주님은 마지막 세 번째에는 베드로의 수준으로 내려오셔서 베드로가 고백하는 그런 수준의 사랑이라도 가지고 있는지에 대하여 질문을 하였을 때 베드로는 근심하면서 어느 때보다도 주님의 전지하심에 호소하면서 그런 인간적이 사랑을 가지고 있다고 고백하였던 것을 볼 수 있다.

저의 사랑은 주님의 이런 사랑에는 도무지 미칠 수 없는 참으로 미미하고 미천한 것이지마는 그럼에도 불구하고 저가 주님을 사랑하고 있음을 주님이 알고 계십니다"라는 그런 겸손한 고백을 하고 있는 것이다. 이런 베드로를 향해서 주님은 "내 어린 양을 먹이라"는 목양의 사명을 부여해 주셨다.

주님은 베드로에게 "요한의 아들 시몬아, 너가 과거와 같은 그런 행동을 하지 않겠노라고 약속할 수 있느냐?" "너는 내가 살아계신 하나님의 아들인 것을 믿느냐?" "너가 참으로 회개했느냐?" "너가 나를 자랑스럽게 여기느냐?" 이런 질문을 하지 아니하시고 "네가 나를 사랑하느냐?"고 사랑에 대해서만 질문하신 이유가 무엇인가? 사랑 안에 이 모든 것이 다 포함되어져 있기 때문이다.[23] 고린도전서 13장 7절에 사랑은 "모든 것을 참으며 모든 것을 믿으며 모든 것을 바라며 모든 것을 견디느니라"고 참된 사랑은 믿음과 소망과 인내의 요소들을 포함하고 있다고 말씀하고 있기 때문이다.

왜 교회[목양]사역의 유일한 조건으로 주님이 사랑을 말씀하고 있는가? 주님을 사랑하는 자만이 주님의 소유인 주님의 교회를 사랑할 수 있고, 사역을 하는 가운데 만나게 되는 온갖 어려움들과 낙심되는 일들을 기쁨으로 극복해 나갈 수 있기 때문일 것이다. 또한 사역자의 마음에 맞지 아니하고 문제를 일으키는 그런 구성원들까지도 주님을 사랑하게 되

---

[23] "그리스도를 사랑하는 마음은 성령의 역사에서 비롯하는 결과이다. 이것이 곧 중생이다. 중생은 성령의 살리시는 역사다. 성령께서는 영혼의 성향과 마음의 본성을 변화시키신다. ... 거듭나지 않으면 하나님을 진정으로 사랑할 수 없다. ... 하나님에 대한 사랑은 성령의 거듭나게 하시는 사역을 통해 생겨난다. 성령께서는 우리 마음에 하나님의 사랑을 부어 주신다. 따라서 그리스도를 사랑하느냐는 질문에 비록 최선을 다해 즉 온전히 그 분을 사랑하지는 못하더라도 '네' 라고 대답한다면, 나는 그 사람의 영혼 안에서 성령의 거듭나게 하시는 역사가 일어났다고 확신할 수 있다. 왜냐하면 우리의 육신 안에는 예수 그리스도를 진정으로 사랑할 수 있는 능력이 조금도 존재하지 않기 때문이다." R. C. Sproul, 구원의 확신, 조계광역, 생명의 말씀사, 2012, pp. 108-109.

어질 때에 끝까지 포기하지 아니하고 인내하면서 품을 수 있기 때문이다. 그래서 요한 일서 4장 21절에 "하나님의 사랑하는 자는 또한 그 형제를 사랑할지니라"고 주님을 사랑하는 자가 주님의 교회의 구성원들을 또한 사랑하게 될 것을 말씀하고 있다.

이와 같이, 교회를 사랑하는 것이 바로 주님을 사랑하는 것이다. 그 이유는 교회는 주님과 하나가 되어진 주님의 몸이고 주님이 임재하시는 장소인 동시에 주님의 연장이기 때문이다. 사도행전 1장 1절에 보면, "데오빌로여 내가 먼저 쓴 글에는 무릇 예수께서 행하시며 가르치시기를 시작하심부터 그가 택하신 사도들에게 성령으로 명하시고 승천하신 날까지의 일을 기록하였노라"고 말씀하고 있다. 그런데 누가가 사도행전을 기록할 때만 해도 이미 주님은 하늘로 승천하셔서 보좌에 좌정하고 계시는데 누가가 사도행전을 기록하고 있는 그 시점에도 "그 예수님은 여전히 행동하고 계시고 여전히 가르치시고 계신다"고 현재시제로 말씀하고 있는 것을 볼 수 있다. 그 이유는 승천하신 예수님은 교회를 통해서 지금도 행하시고 가르치시고 계시는데 그 교회는 예수님과 하나이기에 "주님이 행하시고 가르치시고 계신다"라고 그렇게 기록해 놓은 것이다.

또한 사도행전 9장 4절에 보면 다메섹에 있는 예수 믿는 사람들을 잡아서 예루살렘으로 끌고 가려고 했던 사울이 다메섹 도상에서 부활하시고 승천하신 예수님을 만났을 때 예수님은 사울을 향하여 "사울아 사울아 네가 어찌하여 나를 박해하느냐"라고 자신을 다메섹의 성도들과 동일시하여 다메섹의 교회 성도들을 박해하는 것이 바로 자신을 박해하는 것으로 그렇게 말씀하셨던 것을 볼 수 있다. 이것 역시 주님과 교회는 하나라고 하는 사실을 가르쳐주고 있다.

사도행전 20장 28절에 보면 "하나님이 자기 피로 사신 교회를 보살피게 하셨느니라"고 교회는 주님이 자기 피값을 지불하고 사신, 주님이 가장 귀히 여기는 사랑의 대상이기 때문에 주님을 사랑하는 자가 아니고서는 이 교회를 사랑할 수가 없고 주님의 맡기신 사명을 감당해 나갈 수가 없기 때문에 주님은 베드로에게 "네가 나를 사랑하느냐?"라고 질문하신 후에 "내 양을 먹이라"고 말씀을 하신 것이다. 그러므로, 윌라드 스와트리(Willard M. Swartley)는 "사랑과 사역은 본질적으로 동반자인데, 이는 사랑이 사역의 기초이기 때문이다(Love and ministry are essential partners, for love is the foundation of ministry)"라고 적절히 말해주고 있다.[24]

19세기 영국에서 사도시대 이래 가장 뛰어난 설교자라는 평가를 받았던 찰스 스펄전(Charles H. Spurgeon)은 "진실한 목자가 갖추어야 할 첫 번째 조건도 사랑하는 마음이요 두 번째, 세 번째 조건도 사랑하는 마음입니다(For the first, second, and third qualification for a true pastor is a loving heart). … 여러분들이 사랑하지 않는다면 그 분을 위해 일할 수도 없습니다(You cannot work for Christ if you do not love Him)"라고 말을 한 바가 있다.[25] 종교개혁자 존 칼빈은 "교회를 다스리도록 부름을 받고 그 직분을 제대로 신실하게 수행하고자 하는 자들은 반드시 그리스도에 대한 사랑이 동기가 되어서 그 사역을 시작해야 한다는 것을 명심해야 한다"라고 강조한 바가 있으며,[26] 박윤선 목사는 "주님을 사랑하

---

24) Willard M. Swartley, *Believers Church Bible Commentary: John* (Harrisonburg, VA: Herald Press, 2013), p. 496.
25) Charles Haddon Spurgeon, *The Treasury of the Bible*, New testament Volume Two (Grand Rapids: Zondervan Publishing House, 1968), p. 717. 스펄전은 다음과 같이 권면하고 있다: 가정에서나 교회에서나 말씀을 가르치고 전할 때에도 주님을 사랑하기 때문에 그 일을 행하라. 모든 사는 날 동안 모든 일들을 그리스도에 대한 사랑으로 행하라. 사랑으로 생각하고, 사랑으로 기도하고, 사랑으로 말하고, 사랑으로 살아가라. 그렇게 하면 힘차게 삶을 살아갈 수 있을 것이며 하나님께서 여러분을 예수님을 위해서 축복하실 것이다. Charles Haddon Spurgeon, p. 718.
26) John Calvin, *Calvin's Commentaries: The Gospel according to St John 11-21 and The First Epistle of John*, Trans. T.H.L. Parker (Grand Rapids: Eerdmans, 1961), p. 219.

는 자에게는 양떼에게서 아무런 칭찬이나 보상이 없어도 그들을 사랑할 수 있게 되는데 그 이유는 그가 주님 때문에 그들을 사랑하기 때문이다"라고 말을 남긴바 있다.27)

롤록크(Rollock)는 교회사역자가 무엇보다도 사랑의 마음으로 충만해야 한다는 것을 이렇게 말했다. "사랑의 마음을 품은 자만이 남을 책망할 수 있다. 만일 당신이 어떤 사람을 견책하고자 한다면 그를 사랑하라. 그렇지 않다면 그에게 이야기하지 말고 입을 다물라. 만일 당신이 '사랑'으로 견책하는 일에 익숙해 있지 않다면 치료약이 되어야 했던 그 견책은 오히려 독이 될 것이다. 교사나 훈계자가 되고자 하는 사람들은 먼저 사랑하는 자가 되어야 한다. 그러므로 당신은 무슨 일을 하든지 간에 자비와 온유함으로 그 일을 해야 할 것이다."28)

이처럼, 목양사역이 쉽지 아니한 사역인 것은 양들 가운데는 여러 가지 별별 성품을 가진 자들이 많기 때문에 그들을 목양하기가 쉽지 않다는 것이다. 그런데 양을 미워하고서는 목회가 이루어질 수가 없고 그 모든 어려움을 감내해 나갈 수가 없고, 사역에 한계가 올 수밖에 없다. 그래서 목회사역자가 교회 구성원들과 싸우게 되면, 져도 지는 것이고, 이겨도 지는 것이 되고 만다는 말이 있듯이, 이렇게 어려운 사역이기 때문에 목자장되신 주님은 목회사역자가 양을 먹이고 칠 때 가장 중요한 것이 주님을 사랑하는 것임을 일깨워주신 것이다.29)

영국의 강해설교자 캠벨 몰간(G. Campbell Morgan)은 "양을 친다는 것이 언제나 꽃이 핀 들판을 가로질러 거닐며 잔잔한 물가를 거니는 부드

---

27) 박윤선, *성경주석: 요한복음*, 성문사, 1958, p. 720.
28) J. C. Ryle, *Expository thoughts on John*, Vol. 3. (Edinburgh: The Banner of Truth Trust, 1873), p. 509에서 재인용.
29) 교회사역자의 절대조건인 사랑에 관한 구체적인 내용들은 Philip G. Ryken, *Loving The Way Jesus Loves(사랑한다면 예수님처럼)*, 김미연 역, 생명의 말씀사, p. 2012를 참고하라.

럽고 달콤한 목가적인 직업이 아니다. 때로 그것은 양 떼를 떠나 황량하고 거친 산야를 헤매며 늑대와 싸우고 어린 양을 구하기 위해 늑대에게 물리는 것을 의미하기도 한다"라고 목양의 어려움을 말한 바가 있다.[30] 그러므로 매튜 헨리(Matthew Henry)는 다음과 같이 말하고 있다:

> 그리스도를 진정으로 사랑하지 않는 자들은 사람들의 영혼을 진정으로 사랑하지 않을 것이고, 당연히 자신들의 이익만을 추구하게 될 것이다. 또한 주님을 사랑하지 않는 사역자는 그의 일도 사랑하지 않는다. 그리스도의 사랑 외에는 그 어떤 것도 사역자들로 하여금 그들이 사역을 하면서 만나게 되는 온갖 어려움들과 낙심할 일들을 기쁜 마음으로 극복할 수 있도록 해주지 못한다(고후 5:13-14). 그러나 그리스도를 사랑하게 되면, 그들의 일은 쉬워질 것이고, 그들은 그 일에 큰 열심을 갖게 될 것이다.[31]

그러면, 어떻게 사역자가 그리스도를 향한 사랑을 강화시켜 나갈 수 있을 것인가? 현재의 주님을 향한 사랑의 수준에 대하여 정직하게 자신을 돌아본 후에, 주님과 함께 더 많은 시간을 보낼 필요가 있을 것이다. 왜냐하면 일반적으로 사랑하는 자와 시간을 함께 보내게 되는 것과 마찬가지로 우리가 주님과 시간을 더욱 많이 가지게 되어 질수록, 주님을 더욱 사랑하게 되어질 것이기 때문이다. 그래서 주님을 사랑하기 때문에 섬기고 사역하며 모든 일들을 행하고 있다는 의식이 더욱 확고하게 뿌리내리게 되어질 때에, 베드로와 같은 동일한 고백을 주님께 할 수 있게 될 것이다.

---

30) G. Campbell Morgan, *The Gospel According to John* (Old Tappan, New Jersey: Fleming H. Revell Company, n.d.), p. 330.
31) Matthew Henry, *Commentary on the Whole Bible: Genesis to Revelation* (Grand Rapids: Zondervan Publishing House, 1961), p. 1632.

6. 교회사역의 내용

본문 15절에서 17절까지 부활하신 예수님은 베드로를 향하여 3번이나 "너가 나를 사랑하느냐?"라고 질문하신 후에 베드로의 고백을 들으시고 "내 어린 양을 먹이라, 내 양을 치라, 내 양을 먹이라" 이렇게 3번 반복하여 교회사역의 내용은 바로 주님의 양을 먹이고 치는 것임을 분명히 말씀하셨다.

"내 양을 먹이라(bosko)"라는 말씀은 단순히 꼴을 먹이는 행위를 의미하는 반면에, "내 양을 치라 (Poimaino)"는 것은 다스리고 인도하고 보호하고 지도하고 관리하는 광범위한 의미를 가지고 있다.[32] 그러므로, 양을 먹이라는 것은 말씀의 꼴로 먹이는 것으로 설교나 가르치는 교육을 의미하며, 양을 치는 것은 보다 광범위한 목회전체를 의미하는 것으로 교회사역자의 영적 리더십을 의미한다고 볼 수 있다. 즉 양을 먹이는 사역을 위해서는 강해설교와 성경교육 분야를 계속해서 발전시켜나가야 함을 일깨워주고 있으며, 양을 치는 사역을 위해서는 리더십개발이 필요하며, 벧전 5장 2절과 3절에 "너희 중에 있는 하나님의 양 무리를 치되 …. 맡은 자들에게 주장하는 자세를 하지 말고 오직 양 무리의 본이 되라"고 말씀하고 있기에 영성개발이 교회사역자들에게 요구되어짐을 가르쳐 주고 있다.[33]

---

32) J. C. Ryle, 508. Craig S. Keener는 "보스케(21:15,17)는 동물들을 먹이는데 초점을 맞추는 반면, 포이마이네(21:16)는 목자의 모든 의무들을 포함한다"라고 말하고 있다. *The Gospel of John: A Commentary*, Vol. 2 (Peabody, Massachusetts: Hendrickson Publishers, 2003), p. 1237. Richard C. Trench는 "보스케인[먹이라]은 단순히 먹인다는 뜻이다. 그러나 포이마이네인[치라]은 조금 더 많은 의미를 담고 있는데, 목자의 전체적인 일, 즉 양떼를 인도하고, 보호하며, 모으는 것과 더불어 그들에게 먹일 초장을 찾는 것까지 모두 포함한다"라고 설명하고 있다. *Synonyms of the New Testament* (London: Kegan, Paul, Trench, Trubner, and Company, 1894), p. 85.

33) 요한복음 21장 15-17절은 교회사역의 4대 영역이 바로 **강해설교개발(Development**

그런데, 양을 먹이라고 처음과 세 번째에 말씀하신 것은 목회사역에 있어서 가장 중요한 핵심사역이 바로 말씀의 꼴을 먹이는 것임을 가르쳐 주고 있다. 그리고 두 번째와 세 번째로 말씀하신 양은 장성한 양으로, 이 양을 먹이라고 하신 것은 성숙한 신자라고 할지라도 계속해서 영의 양식인 말씀을 공급받아야 하고 그 말씀으로 양육 받아야 한다는 것을 시사해 주고 있다. 왜냐하면, 성숙한 신자도 영적으로 건강을 유지하면서 계속해서 그리스도의 장성한 분량에 이르도록 성장해 나가기 위해서는 영의 양식인 말씀을 섭취해야 하기 때문이다.

그래서 성경학자 웨스트콧(Westcott)은 "양을 먹이는 것(설교)는 목사의 직무 중 가장 어려운 일이다"라고 하였으며,[34] 주경신학자 프루머(Plummer)는 "멀리 가지 못하는 어린 양에게는 인도가 필요치 않다. 그러나 양이 되면 이 두 가지가 다 필요하게 된다"라고 말한 바 있다.[35]

미국 캘리포니아 주 선 벨리지역의 그레이스 커뮤니티 교회를 담임하고 있는 세계적인 강해설교자 존 맥아더 목사는 "목자의 목표는 양들을 즐겁게 하는 데 있지 않고 먹이는데 있고, 그들의 귀를 즐겁게 해주는 데 있지 않고 그들의 영혼에 자양을 공급하는 데 있다. 목자는 양들에게 젖과 같은 가벼운 음식만 제공해서는 안 되고, 견실한 성경 진리라는 필수적인 고기도 공급해야 한다. 양 무리를 먹이지 않는 사람들은 목자로서는

---

of Expository Preaching)과 성경교육개발(Development of Bible Education)과 리더십개발(Development of Leadership)과 영성개발(Development of Spirituality)이 되어져야 함을 일깨워주고 있다.
이 4대 영역들의 개발을 위해 도움되는 자료들은 강해설교개발을 위해서는 "팀 켈러의 설교," 팀 켈러, 두란노, 성경교육개발을 위해서는 "성경과 하나님의 영광," 존 파이퍼, 두란노, 리더십개발을 위해서는 존 맥스웰, *인생의 중요한 순간에 다시 물어야 할 것들*, 비즈니스북스, 영성개발을 위해서는 게리 토마스, *하나님을 향한 목마름*, CUP을 참고하라.

34) B. F. Westcott, *The Gospel According to St. John* (Grand Rapids: Eerdmans, 1978), p. 303.
35) 이상근, 요한복음, p. 365에서 재인용.

부적합하다(렘23:1-4, 겔 34:2-10)"라고 목양사역에 있어서 말씀을 가르치고 설교하는 사역의 중요성을 강조한 바 있다.[36]

미국의 개혁성경대학의 학장인 스프로울(R. C. Sproul)도 "왜 예수님께서 양을 먹이는 것에 그렇게 많은 강조를 하셨는가? 그리스도의 양이 먹여지고, 양육되고, 그리스도와 그의 말씀의 힘으로 채워질 때, 그들은 세상에 풀어놓는 강력한 군대가 되어 진다. 어린아이들은 어떤 문화 속에 거의 아무런 영향을 끼치지 못 한다"고 그 이유를 말하고 있다.[37]

이처럼, 양을 먹이고 치는 것이 중요한 것은 양들은 스스로 먹이를 구할 수 없고, 물을 찾아 마실 수도 없는 그런 동물이기 때문이다. 또한 양들을 치는 것이 중요한 것은 양들은 매우 연약하기 때문에 사나운 늑대나 다른 짐승들이 와서 해치게 되는 이런 위험에 노출되기 쉽고, 또 방향감각이 없기 때문에 곁길로 잘 가는 그런 동물이기 때문에 목자의 보호와 관리와 인도가 필요하다는 것이다.

지난 2009년 터키 악삼에서 한 마리의 양이 절벽 가까이에서 방황하다 떨어졌는데, 그 뒤를 따라 다른 양들이 계속해서 뒤따라 떨어져 죽으므로, 무려 450마리의 양들이 하나의 하얀 시체 더미를 만들었다고 한다. 그런데 그 이후에 떨어졌던 양들은 목숨은 건졌는데 그 이유는 이미 쌓인 양들의 시체더미가 일종의 쿠션 역할을 했기 때문이었다고 실제로 일어난 사건을 티모시 위트머(Timothy Z. Witmer)는 그의 책에서 소개하고 있다.[38]

이러한 양들의 독특한 특성에 관하여, 조셉 스토웰(Joseph M. Stowell)

---

36) John MacArthur, Jr., *Rediscovering Pastoral Ministry* (Dallas: Word Publishing, 1995), p. 29.
37) R. C. Sproul, *St. Andrew's Expositional Commentary: John* (Lake Mary, FL: Reformation Trust Publishing, 2009), p. 406-407.
38) Timothy Z. Witmer, *The Shepherd Leader(목자 리더십)*, 임경철 역, 개혁주의신학사, 2014, p. 215.

은 다음과 같이 말하고 있다:

> 양에 대하여 우리가 갖는 이미지는 강하거나 빠르지도 않고 영리하지도 않은 동물이라는 것이다. 그래서 양은 다른 동물의 먹잇감이 되기가 십상이다. 양은 또 방황하며 길을 잘 잃는 동물이다. 그래서 길을 안내하는 목자 없이는 알아서 자기 우리로 찾아오지 못한다. 양은 물살이 빠른 곳에서는 지나치게 물을 마시는 경향이 있다. 양의 콧구멍과 입은 바싹 붙어 있기에 갈증을 해소하려다가 숨이 막혀 죽을 수도 있다. 간단히 말하면 양은 동물의 왕국 중에서도 영리한 면에서나 길을 잘 찾는 면에서 우둔한 동물 축에 속한다. 말하자면 도움이 필요한 동물인 셈이다.
>
> 사람들도 쉽게 상처를 입는다. 게다가 고집만 셀 뿐 어리석기 짝이 없고 약한 존재들이다. 그리스도의 보호하심이 없다면 우리는 모두 사람을 해코지하고 괴롭히는 지하 세계의 영들에게 손쉬운 표적감이다. 얼마나 많이 교육을 받았든, 얼마나 부유하든, 얼마나 재주가 많든, 또 제아무리 우리 중 최고 고수라 할지라도 악한 영의 세력 앞에서는 상대가 되지 않는다. 우리는 목자의 손길이 필요한 양과 같은 존재인 것이다.
>
> 예수님이 하시려는 말씀은 사람들은 도움이 필요하다는 것이었다. 도움을 주는 것이 바로 목자들이 하는 일이다. 목자들은 돕는 이들이다. 목자들은 푸른 풀 냄새를 따라가다가 가시덤불로 잘못 들어간 양을 보호하고 지키고 구해내는 자들이다.[39)]

그러므로 목양의 사명을 받은 교회사역자들은 모든 사랑을 받으시기에 합당한 예수님을 위해서 사역대상자들을 조건없이 돌보고 그들의 삶에

---

39) Joseph M. Stowell, *Final Question of Jesus*(열정의 회복), 박혜경 역, 디모데, 2004, pp. 78-79.

건설적인 방법으로 개입해야 한다. 사역대상자들이 보답을 하던 하지 않던 그들이 예수님께는 가장 소중한 존재라는 사실을 기억하면서 주님을 사랑하는 마음으로 그들을 말씀의 꼴로 먹이고 그들을 진리 가운데서 세워나가야 한다. 왜냐하면, 예수님이 그들 한 사람 한 사람을 위해서 목숨을 버리셨고, 그들을 있는 그대로 사랑하시며, 주님을 닮은 성숙한 제자들로 세우기를 원하고 계시기 때문이다. 그런 예수님이 교회사역자들이 그분을 도와 그 일을 함께 수행하기를 바라고 계신 것이다.

예수님은 "인자의 온 것은 섬김을 받으려 함이 아니라 도리어 섬기려 하고 자기 목숨을 많은 사람의 대속물로 주려 함이니라"(마 20:28)는 말씀 그대로 전도와 양육과 치유의 사역을 위하여 정기적으로 안식을 취하시고 재충전을 위해 한적한 곳에서 기도하신 것을 제외하고는 예수님은 결코 자신의 이익에 몰두하거나 자신의 업적을 남기기 위한 삶을 살지 않으셨다. 예수님의 삶은 오로지 사람들에게만 초점을 맞춘 것이었다. 이와 같이, 교회사역자들도 자신의 사역을 통해 예수님의 사랑이 사역대상자들에게 흘러넘칠 수 있는 사랑의 통로가 되어져야 한다. 따라서, 예수님은 교회사역자들이 하는 말과 드리는 찬양과 경배 이전에, 사역자들이 어떻게 사람들을 대하며, 그들의 필요에 어떻게 반응하느냐에 주목하시고 그 사역자의 삶 속에 자리잡은 자신의 존재를 확인해 나가실 것이다.

오늘 본문 15절에서 주님은 처음에는 "내 어린 양"이라고 말씀하셨고, 16절과 17절에서는 "내 양"이라고 말씀하셨다. 여기에 "어린 양"은 연령적으로 어린 자를 포함해서 쉽게 낙심하고 넘어지는 자, 새로 개종한 신자, 초보 신자, 영적으로 어리고 연약한 신자를 의미하는 표현이다. 이것은 어린 양에서 양으로 성장하는 것처럼 목양사역을 통하여 교회가 점진적으로 성장해 나가는 것을 암시해 주고 있다.

7. 교회사역의 목표

　부활하신 주님은 베드로에게 목양사역의 사명을 주신 후에 본문 18절에서 "내가 진실로 진실로 네게 이르노니 네가 젊어서는 스스로 띠 띠고 원하는 곳으로 다녔거니와 늙어서는 네 팔을 벌리리니 남이 네게 띠 띠우고 원하지 아니하는 곳으로 데려가리라"고 베드로가 목양사역을 다 완수한 후에 순교의 죽음을 죽게 될 것을 미리 예고해 주셨다. 베드로가 젊었을 때는 자유롭게 자신이 가고 싶은 곳을 가고, 하고 싶은 것을 했지마는, 노년의 때가 되면 사형집행인의 명령대로 팔을 벌리게 되고 그가 죽게 될 십자가에 묶이게 되어 고난의 죽음을 죽게 될 것을 미리 말씀해 주신 것이다.[40]

　대부분의 교회역사가들은 베드로가 로마의 네로 황제의 박해를 받아 주후 64년경에 로마에서 자신은 주님이 죽으셨듯이 똑바로 죽을만한 가치가 없는 자라고 생각해서 자원해서 거꾸로 십자가에 매달린 채 십자가에 못박혀 순교했다고 말을 하고 있다.[41]

---

[40] "팔을 벌린다"는 것은 십자가 처형을 받는 사람이 팔을 벌려 십자가의 가로대에 묶여서 처형장소까지 십자가를 지고 가는 방식을 암시하고 있다. "띠띠우다"는 말은 문자적으로 "단단히 고정시킨다"는 뜻으로, 사람을 십자가에 못 박기 전에 그의 허리에 띠를 두르고 신체의 중간 부분을 묶는 습관을 가리키는 것으로 볼 수 있다.
[41] 베드로는 그리스도에 대해 피로 물든 증거를 통해 순교자가 되는 영예를 누렸지만, 이와는 달리 사도 요한은 예수님께서 누구보다도 자신을 사랑한다는 것을 확신했던 제자로서 자신을 5번이나 "예수께서 사랑하시는 그 제자"라고 소개하고 있으며, 요한복음서에서 그가 한 말은 디베랴 바닷가에서 베드로에게 "주시라"는 단 한번 자신의 말을 기록해 놓았을 정도로 말을 적게 했던 온유하고 겸손한 사람으로 다른 복음서 기자들이 기록하지 못했던 예수님의 심오한 다락방 강론과 예수님의 대제사장적인 기도를 기록했던 사람이었다. 그는 요한 1,2,3서를 기록하였고, 나중에 도미시안 황제 때 밧모섬으로 유배를 가서 그 곳에서 요한계시록을 기록한 뒤에 다시 에베소에서 사역하다가 주님의 부르심을 받았다. 터툴리안은 "사도 요한이 100세 생일잔치를 한 다음날 세상을 떠났다"라고 말하고 있는데 그는 에베소에서 1세기 끝 무렵까지 살다가 평화로운 죽음을 맞이했고 순교를 당하지 않은 유일한 사도였다. 따라서 이 두 제자의 죽음은 둘 다 방식은 다르지만 동일하게 하나님께 영광을 돌렸다고 볼 수 있을 것이다.

이러한 주님의 말씀의 정확한 의미를 본문을 기록한 사도 요한이 19절에서 "이 말씀을 하심은 베드로가 어떠한 죽음으로 하나님께 영광을 돌릴 것을 가리키심이러라"고 부가적인 설명을 하고 있다. 이것은 주님을 따르는 그리스도인은 그 모든 삶을 통해서뿐만 아니라 자신의 죽음을 통해서도 하나님께 영광을 돌릴 수 있고 또 그렇게 해야만 한다는 사역의 중요한 목표를 말씀해 주고 있는 것이다.

예수님께서도 대제사장적인 기도 가운데서 자신의 사역의 목적이 성부 하나님을 영화롭게 하는 것임을 밝히셨고(요 17:4), 또한 자신의 죽음이 하나님을 영화롭게 하는 방편임을 여러 차례 말씀하셨음을 요한복음이 이를 증거해 주고 있다(요 12:23, 28, 13:31-32, 17:1).

그래서 사도 바울은 고린도전서 10장 31절에서 "그런즉 너희가 먹든지 마시든지 무엇을 하든지 다 하나님의 영광을 위하여 하라"고 성도의 삶의 궁극적인 목표가 하나님의 영광을 위해서 해야 할 것을 말씀하였고, 빌립보서 1장 20절에서는 "나의 간절한 기대와 소망을 따라 아무 일에든지 부끄러워하지 아니하고 지금도 전과 같이 온전히 담대하여 살든지 죽든지 내 몸에서 그리스도가 존귀하게 되게 하려 하나니"라고 주님을 존귀하게 하고 주님을 높이는 것이 자신의 사역의 목표임을 분명히 천명하였던 것을 볼 수 있다.

그러나 사도행전 12장 13절을 보면 초대교회 당시 유대지역을 다스렸던 헤롯이 영광을 하나님께 돌리지 아니하므로 주의 사자가 그를 쳤을 때 충이 먹어 죽게 되는 비참한 자리에 이르게 되었던 것을 기록해 놓고 있다. 이와는 정반대로 성군 다윗은 그가 쓴 시편 57편 11절에서 "하나님이여 주는 하늘 위에 높이 들리시며 주의 영광이 온 세계 위에 높아지기를 원하나이다"라고 자신의 삶의 목표가 주의 영광이 온 세상에서 높아지기를 원하는 것임을 밝혔던 것을 볼 수 있다. 사도 베드로의 마지막 죽음에 대한 언급은 교회사역의 궁극적인 목표가 하나님께 영광을 돌리는 것 즉 참된 예배의 회복에 있음을 말씀해 주고 있다.

8. 교회사역의 자세

(1) 예수님처럼 언제나 용서와 포용의 자세로 교회사역에 임할 수 있어야 한다.

부활하신 예수님은 자신을 3번이나 모른다고 부인하면서 주님을 배신하고 떠나갔던 수제자 베드로를 만났을 때, 그의 엄청난 허물과 과오를 직접 지적하거나 책망하시는 그런 말씀을 단 한 마디도 하지 아니하시고 먼저 허기진 그 베드로에게 주님이 친히 준비하신 숯불에 구운 생선과 떡을 먹여 주셨던 것을 볼 수 있다. 이런 주님의 배려와 사랑에 베드로의 마음이 녹아질 수밖에 없었을 것이다. 이처럼, 주님은 부활하신 이후에 결코 성급하게 베드로에게 말씀하지 아니하시고 일정 기간이 지난 후에 그것도 베드로가 스스로 마음 문을 열고 자신과 화해하므로 온전한 회복이 이루어질 수 있도록 세심하게 배려하셨던 것을 볼 수 있다. 베드로가 주님을 부인하기 전 주님을 따랐던 때에 마태복음 18장 21절에 보면 베드로가 주님께 나아와 이르되 "주여 형제가 내게 죄를 범하면 몇 번이나 용서하여 주리이까 일곱 번 까지 하오리이까"라고 물었을 때 마태복음 18장 22절에서 "예수께서 이르시되 네게 이르노니 일곱 번뿐만 아니라 일곱 번을 일흔 번까지라도 할지니라"고 무제한적인 용서를 해야할 것을 말씀해 주셨는데 이 말씀대로 예수님은 베드로의 허물과 과오를 완전히 용서해 주시고 3번이나 "너가 나를 사랑하느냐?"라고 질문하신 후에 그 베드로를 다시금 원래의 자리로 회복시켜 주님의 제자로서 사명자의 길을 갈 수 있게 하셨던 것은 오고 오는 모든 시대의 교회 사역자들도 이러한 주님의 자세를 가지고 사역에 임해야 한다는 영적 교훈을 주시기 위해서 그렇게 하신 것이다.

　사도 바울도 에베소서 4장 32절에서 "서로 친절하게 하며 불쌍히 여기며 서로 용서하기를 하나님이 그리스도 안에서 너희를 용서하심과 같이 하라"고 이런 용서를 실천해야 할 것을 권면한 것 같이, 용서와 포용이 없이는 이루어질 수 없는 것이 바로 교회사역인 것을 가르쳐 주고 있다.

(2) 주님만 바라보며 사역에 임할 수 있어야 한다.

　본문 19절 마지막 부분에서 예수님은 베드로를 향하여 "나를 따르라"고 말씀하셨는데, 이것은 "주님을 계속해서 따르라"는 명령이다. 이 주님의 말씀은 예수님께서 갈릴리 해변에서 처음으로 베드로를 만났을 때에 베드로에게 하신 첫 번째 명령이었을 뿐만 아니라(막 1:16-17), 마지막으로 하신 명령(요 21:22)으로 예수님의 양을 먹이고 치는 사명에 헌신하는 삶을 살아가는 것의 중요성을 일깨워주고 있다.

　이 명령에 대해서 미국의 강해설교자 제임스 몽고메리 보이스(James M. Boice)는 "만일 우리가 예수님을 진실로 따른다면 우리의 눈은 예수님을 바라볼 것이고 우리는 예수님을 섬김의 표준으로 삼을 것이며, 우리 자신의 불완전한 섬김의 형태를 표준으로 삼지 않을 것이다"라고 말을 한 바가 있다.[42]

　그러나 베드로는 이 주님의 말씀을 듣고도 이 말씀의 의미를 바로 이해하지 못하고 뒤따르고 있었던 자신의 친구 사도 요한을 보고서는 "이 사람의 앞날은 어떻게 되겠습니까?"라고 사도 요한의 미래에 대하여 주님께 질문을 던졌을 때 주님은 본문 22절에서 "내가 올 때까지

---

[42] James Montgomery Boice, *The Gospel of John: An Expositional Commentary* (Grand Rapids: Zondervan Corporation, 1985), pp. 1475-1476.

그를 머물게 하고자 할지라도 네게 무슨 상관이냐 너는 나를 따르라"고 책망의 말씀을 하셨던 것을 볼 수 있다. 이것은 다른 사람들의 앞날과 사역의 형태에 대하여 지나친 호기심을 가지고 알려고 하지 말라는 것이다.

오직 자신이 주님께로부터 받은 사명을 분별하여 그 일에 초점을 맞추어 헌신하고 충성하면 하나님의 마음에 합한 종의 길을 끝까지 걸어갈 수 있으니 쓸데없는 참견과 호기심을 버리고 오직 주님만 바라보고 받은 사명에 온전히 헌신하라는 뜻으로 "네게 무슨 상관이냐 너는 나를 따르라"고 두 번이나 주님은 "나를 따르라"고 거듭 말씀을 하셨던 것이다. 또한 "너는 나를 따르라"는 말씀은 요한복음에 기록된 예수님의 마지막 명령으로 주어지고 있다는 것은 매우 중대한 의미를 가지고 있다고 볼 수 있을 것이다.

이것은 주변의 환경이나 사람을 바라보게 되어지면 다른 것들과 비교하게 되어지고, 사역의 초점이 흐려지게 되어지고, 힘을 잃어버리게 되어져서 도중하차하므로 결국에는 사명자의 길을 끝까지 완주할 수 없게 되어진다는 경고의 말씀인 것이다. 마치 베드로가 예수님의 말씀을 듣고 순종하여 배에서 바다로 뛰어내려서 물위로 걸어가다가 몰아쳐오는 험한 파도를 바라보고서는 두려움에 사로잡혀 주님을 바라보는 시선이 차단되고 말았을 때 그만 물 속으로 깊이 빠져들고만 것과 같은 결과가 주어진다는 것이다

그래서 워렌 위어스비(Warren W. Wiersbe)는 "당신이 주님께로부터 시선을 돌려 다른 그리스도인들을 바라보기 시작할 때, 그 때가 조심을 해야 할 때이다. '예수를 바라보자'는 것은 모든 신자의 목적이자 습관이 되어야 한다. 우리들 자신, 환경, 또는 다른 그리스도인으로 인해 정신이 산란케 되는 것은 주님께 불순종하는 것이며, 하나님의 뜻을 벗어나게 할 가능성이 있다. 당신의 믿음의 눈을 오로지 주님께만 향하게 하라"고 조

언을 한 바가 있다.[43]

주님을 따르는 자들에게 주어진 시간이 한정되어 있기 때문에 주님이 주신 특별한 소명을 굳게 붙잡고 자기 임무의 범위를 벗어나는 일들에는 관여하지 않고 주님이 하기를 원하시고 주님이 맡기신 일에만 집중하므로 하나님께 영광을 돌릴 수 있어야 한다는 것이기도 하다.

그러므로 교회사역자는 오직 주님만을 바라보고 주님만을 따라갈 수 있는 이런 자세로 사역에 임하게 되어질 때 마음에 기쁨과 평강을 잃어버리지 아니하고 주님의 임재와 능력과 충만한 생명 가운데서 넉넉히 이기는 승리하는 사역의 자리에 이르게 되어진다는 사실을 기억하면서, 주님만 바라보고 주님만 따라갈 수 있어야 할 것이다.

(3) 주님의 전지하심과 전능하심을 확신하는 자세로 교회사역에 임할 수 있어야 한다.

본문 17절에서 베드로는 주님께서 세 번째 "너가 나를 사랑하느냐?"라고 물었을 때에 베드로가 근심하여 이르되 "주님 모든 것을 아시오매 내가 주님을 사랑하는 줄 주님께서 아시나이다"라고 대답한 것은 베드로가 이전과는 달리 이제는 "주님이 모든 것을 아신다"라고 하는 주님의 전지하심에 대한 분명한 이해와 확신을 가지게 되어졌고 이것이 주님이 보실 때에 베드로가 교회사역자로서 합당한 자격을 구비한 것으로 받아들여지는 그런 중요한 역할을 했음을 알 수가 있다.

이런 분명한 고백을 할 수 있었던 베드로에게 주님은 그에게 목양사역의 사명을 주셨을 뿐만 아니라 그의 미래에 일어날 순교의 사건까지도 이

---

[43] Warren W. Wiersbe, *Be Transformed: An Expository Study of John 13–21* (Wheaton, Illinois: Victor Books, 1986), p. 149.

미 알고 계신다는 사실을 말씀해 주시므로 이 사실을 친히 증거해 주셨다. 예수님이 베드로가 죽게 될 시간과 장소와 그 구체적인 죽음의 형태와 그가 당하게 될 육체의 고통에 대해서 정확하고 세밀하게 미리 다 아시고 이것을 준비하게 하신 것은 베드로에게 엄청난 위로와 용기를 얻게 하는 그런 결과를 분명히 가져다 주었을 것이다.

요한복음 2장 25절에 보면 예수님은 친히 사람의 속에 있는 것을 아셨다고 말씀하고 있으며, 나다나엘이 예수님께 나아왔을 때 이미 그의 생각과 과거의 행실을 다 알고 계셨음을 말씀해 주셨고(요 1:47-48), 가룟 유다가 자신을 팔 것도 처음부터 미리 아시고 계셨고(요 6:64), 나사로가 죽은 것도 알고 계셨을 뿐만 아니라(요 11:11), 베드로가 자신을 3번 모른다고 부인할 것도 미리 알고 계셨다(요 13:38). 한 걸음 더 나아가, 요한복음 16장 19절을 보면, 제자들이 자신에게 무엇을 묻고자 하시는지 묻기도 전에 미리 다 알고 계셨음을 요한복음서가 이를 분명하게 증거해 주고 있다.

또한 오늘 본문에서 베드로의 친구였던 사도 요한의 미래와 그의 운명에 대하여 베드로가 주님께 "주님 이 사람은 어떻게 되겠사옵나이까?"라고 질문했을 때 주님은 "내 아버지께서 그를 내가 올 때까지 머물게 하고자 할지라도"라고 말씀하지 아니하시고 본문 22절에서 "내가 올 때까지 그를 머물게 하고자 할지라도 네게 무슨 상관이냐"라고 대답을 하신 것은 주님 자신이 바로 인간의 생명과 운명의 결정자가 되시고 주관자가 되시는 전능하신 하나님이심을 보여준 권세있는 자의 말씀이 아닐 수가 없다.

이처럼 모든 것을 아시는 주님은 무한히 선하시고 사랑이 풍성하시고 전능하신 하나님이시기에 실수가 없으시고 모든 것을 조정하시고 통치하시므로 그리스도인이 감당치 못할 어려운 시험을 당하지 않도록 막아주시고 또 시험을 당할 때에 피할 길을 열어 주셔서 능히 감당케 하시므로 궁극적으로 모든 것이 합력하여 선을 이루게 하시고 우리에게 결코 해가 되지 않도록 인도하시고 다스리시고 간섭하신다는 사실을 확신하면서 사역을 한다고 하는 것은 교회 사역의 모든 어려움들을 능히 극복해 나갈 수 있는 든든한 배경을 가지게 되어지는 엄청난 축복이 되어지는 것이다.

　주님의 전지하심과 전능하심을 확신하는 성도나 교회사역자가 어떻게 사람이 보지 않는다고 해서 죄를 지을 수가 있겠으며 다른 사람들로부터 오해를 받고 억울한 일을 당했다고 해서 낙심하거나 그 일로 인하여서 마음에 상처를 받을 수가 있겠는가? 주님의 전지하심과 전능하심을 확신하면 확신할수록 죄와는 거리가 멀어질 수밖에 없을 것이고, 오해와 억울함도 능히 극복하고 모든 것을 아시는 주님께 맡기므로 마음에 주님이 주시는 참된 평안과 위로와 용기가 넘쳐나게 될 것이다.

(4) 주님의 말씀을 바르게 해석하고 적용하면서 교회사역에 임할 수 있어야 한다.

　교회사역의 사명을 받은 베드로가 예수님이 사랑하시는 제자 요한이 뒤따르는 것을 보고 사도 요한의 미래에 대하여 예수님께 질문했을 때 본문 22절에서 주님은 "내가 올 때까지 그를 머물게 할지라도 네게 무슨 상관이냐"라고 대답을 하셨는데 이 말씀이 주변의 사람들과 초대교회 여러 그리스도인들에게 "사도 요한은 예수님이 재림하실 때까지 죽지 않고 살아 있을 것"이라는 잘못된 해석과 잘못된 적용이 펴져 나가므로 그 엄청난 오해로 인해서 예수님의 말씀의 진실성이 무너지고 교회가 혼란에 빠지게 되는 이런 심각한 문제가 발생될 가능성이 높아지게 되어졌을 때 이 복음서를 기록한 사도요한이 그 오류를 시정하는 내용을 23절에서 기록하게 된 것이다.

　사도 요한에 대한 주님의 말씀은 사도 요한이 예수님 재림 때까지 죽지 아니할 것이라는 단정적인 말씀이 아니라 만일에 예수님이 사도 요한을 그 때까지 세상에 머물게 한다고 할지라도 그것은 베드로와는 직접 관련이 없는 다른 형제의 장래에 관한 문제이니 주님께 맡기고 자신에게 주어진 사역과 사명에 집중해야 한다는 취지의 말씀인 것을 오해해서는 안된다는 것을 언급하게 되어진 것이다.

이것은 교회사역에 있어서 무엇보다도 주님의 말씀이 올바르게 해석되고 적용되지 아니하면 그것이 엄청난 혼란과 문제를 야기시켜서 결국 교회가 무너지게 되어지는 심각한 결과를 초래할 수 있다는 사실을 우리에게 일깨워주고 있다. 그래서 워렌 위어스비는 "많은 문제들은 잃어버린 죄인들에 의해서라기보다 혼돈 가운데 빠진 성도들에 의해 야기되어진다. 하나님의 말씀에 대한 잘못된 해석은 하나님의 백성들과 그들을 위한 하나님의 계획에 대한 오해를 야기시킬 뿐이다"라고 이러한 위험성을 지적해 주고 있다.[44]

오늘날 왜 이단들이 날이면 날마다 우후죽순과 같이 번성하고 있는가? 전 세계적으로 가장 이단이 많은 이단천국이 바로 대한민국으로서, 2011년도 7월 1일자 국민일보에 의하면 한국에 자칭 재림주, 보혜사라는 사람이 200명이 넘는다고 한다. 지난 2000년 기준으로 1500명 이상되는 이단집단이 한국에 140여 종류의 이단종파들이 자리잡고 있고, 그 추종자들이 무려 200만명에 이르는 것으로 보도가 되었는데, 이렇게 이단이 번성하고 있는 것은 오늘날의 교회 사역자들이 하나님의 말씀을 바로 해석하고 적용하는 일을 제대로 감당하지 못하고 있기 때문인 것이다.

오늘 본문의 말씀은 교회사역자들이 범하기 쉬운 오류 가운데 하나가 바로 성경을 잘못 해석하고 잘못되게 적용할 소지가 많다는 것을 일깨워주면서 하나님의 말씀을 바로 해석하고 올바르게 적용할 수 있도록 말씀을 상고하고 묵상하고 연구하는 일에 온전히 집중해야만이 건강한 교회

---

44) Warren W. Wiersbe, op. cit., p. 150.

를 세워나갈 수 있게 될 것을 가르쳐 주고 있다.

그러므로 교회사역자는 양들에게 복음을 왜곡됨이 없이 전달하고, 진리를 바로 깨달을 수 있도록 가르쳐서 성경 속에서 예수님을 만나게 하므로 믿음으로 구원의 자리에 이르게 하고 더 나아가 성숙한 그리스도인으로 사명자의 길을 갈 수 있도록 구비시켜 나가기 위해서는 이러한 말씀사역을 위해서 철저한 준비가 있어야 한다는 것을 일깨워주고 있다.

미국의 강해설교자 도날드 반하우스(Donald Barnhouse)는 "만일 주님이 3년 안에 오신다면 나는 2년을 공부하는데 사용하고 나머지 1년을 설교하는데 보낼 것이다"라고 말하였고, 진 테일러는 "성직자는 요리사가 아니라 의사이다. 그러므로 그는 구미를 맞추기 위해서가 아니라 환자를 회복시키기 위해 노력해야 한다"라고 말한바가 있다. 이런 말씀 사역을 온전히 감당해 나가기 위해서는 무릎을 꿇고 기도하면서 말씀을 연구하고 성령님의 조명과 인도하심 가운데서 가르칠 수 있어야 할 것이다.

9. 교회사역의 근거

본문은 교회사역의 근거가 기록되어진 말씀이 되어져야 한다는 것을 마지막으로 본문 24절과 25절에서 언급하고 있는데, 24절에 "이 일들을 증언하고 이 일들을 기록한 제자가 이 사람이라 우리는 그의 증언이 참된 줄 아노라"고 말씀하고 있다.[45] 여기에 "이 일들을 증언하고 이 일들을

---

[45] 본문에서의 "우리"에 대하여 렌스키(Lenski)와 웨스트코트(Westcott)는 에베소 교회의 장로들로, 채프만(J. Chapmann)은 편집상의 주어로서의 "우리"를 사용한 것으로 자신의 기록의 무게를 더하기 위해서라고 설명하고 있으며, 호와드 잭슨(Howard M. Jackson)은 저자인 요한과 그의 독자들을 의미하는 것으로 설명하고 있다. 호스킨스(E. C. Hoskyns)는 복음서와 서신서들에서 동일한 단어[우리]가 사용되어지고 있기 때문에(요1장 14절과 요한일서 1-4절), 요한 공동체나 에베소의 장로들을 의미하지

기록"했다고 하는 것은 요한복음 전체를 가리키는 말로서, 사도 요한이 요한복음 전체를 기록했음을 밝히면서 자신의 기록이 참되다는 사실을 천명하고 있다. 여기에 "참되다"(알레데스)는 단어는 거짓이나 거짓말이 아닌 사실에 근거한 진실된 것으로 성경의 진실성을 강조하고 있는 말씀이다.

오늘 이 시대는 포스트모더니즘의 시대로서 절대적인 진리의 존재를 믿지 아니하고 모든 진리는 상대적인 것으로 절대적인 진리는 존재하지 않는다고 생각하고 그렇게 주장하는 것이 오늘 이 시대 사람들의 특징이다. 그러나 오늘 사도 요한은 자신이 기록한 이 요한복음의 말씀은 허구적인 것이 아니라 사실에 근거한 절대적인 진리의 말씀인 것을 믿지 아니할 때에 우리의 삶과 사역이 다 무너질 수밖에 없다는 사실을 분명히 지적하고 있는 것이다.

그리고 25절에서 "예수께서 행하신 일이 이 외에도 많으니 만일 낱낱이 기록된다면 이 세상이라도 이 기록된 책을 두기에 부족할 줄 아노라"

않고 사도 요한이 포함된 원래의 사도들을 의미한다고 말하고 있는 반면에, 리차드 바우캄(Richard Bauckham)은 요한일서 1:1-5, 4:11-16, 요한삼서 9-12, 요한복음 1:14-16, 3:10-13에서 "우리"라는 단어가 사용되는 것과 마찬가지로 '권위있는 증거'를 나타내는 "우리"의 의미로서 요한복음의 저자 사도요한을 가리키는 것으로 말하고 있다. G. R. Beasley-Murray, *Word Biblical Commentary: John* (Waco, Texas: Words Books, Publisher, 1987), p. 413. Colin G. Kruse, *Tyndale New Testament Commentaries: John* (Downers Grove, Illinois, 2003), p. 388. R. C. H. Lenski, The Interpretation of St. John's Gospel (Minneapolis, Minnesota, 1943), p. 1442. Frederick Dale Bruner, *The Gospel of John: A Commentary* (Grand Rapids: Eerdmans, 2012), p. 1251. Willard M. Swartley, *Believers Church Bible Commentary: John* (Harrisonburg, VA: Herald Press, 2013), p. 489을 참고하라.
메릴 테니(Merrill Tenney)는 헬라어 성경에 "우리가 안다"는 1인칭 복수 "oidamen"으로 쓰고 있지만 1일칭 단수로 표기하여 "oida men"으로 볼 때 이 의미는 "내가 확실히 안다" 즉 "나는 그의 증거가 참인 것을 확실히 아노라"고 번역할 수 있게 된다고 설명하고 있다. Merrill C. Tenney, *The Expositor's Bible Commentary: John*, Vol. 9. (Grand Rapids: Zondervan Corporation, 1981), p. 203.

고 말씀하므로 사도 요한이 기록한 내용은 다른 것이 아니라 예수님이 이 땅위에 오셔서 행하신 주님의 수많은 사역들 가운데서 일부를 선택하여 요한복음에서 소개하고 있다는 것을 언급하고 있다.

주님은 하나님이시고 하나님은 무한하시므로 주님이 행하신 일들을 인간의 언어로 기록하는 것에는 한계가 있을 수밖에 없을 정도로 주님은 은혜와 진리가 충만하시고 무궁무진하신 분이심을 증거해 주고 있는 것이다. 그래서 그 주님의 행하신 일들 중에 일부분만을 기록해 놓은 것이지만 우리의 구원과 사역에 필요한 모든 것들이 빠짐없이 다 포함되어 있는 것으로 성경의 충족성을 강력하게 암시해 주고 있다.[46]

종교개혁자 존 칼빈은 "복음서 기자가 기록한 핵심적인 내용들만으로도 믿음을 세우고 구원을 얻기에 조금도 부족함이 없다는 사실을 잊지 말아야 한다"라고 적절히 조언해 주고 있다.[47] 크레이그 케너(Craig S. Keener)도 "요한이 [이 복음서에] 포함시킨 것은 그의 청중들을 더 깊은 믿음으로 초청하기에 충분한 것이며, 그 목적을 위하여 선택되었다"라고 언급하고 있다.[48]

따라서 교회의 사역은 성경에 기록된 예수님께서 행하신 일들을 증거하는 것이 되어져야 함을 일깨워주고 있는데, 이 증거라는 용어는 요한복음에 47회나 나타나고 있는 것으로 요한복음의 중심주제가 되어지는 단어이다. 그러므로 예수님께서 행하신 일들을 불신자들에게 증거하므로 그들의 영혼을 구원하는 어부의 사역과 복음을 받아들인 신자들에게 증거하므로 그들을 구비시키고 세워가는 목양의 사역이 바로 교회의 사역

---

46) 성경의 진리성과 충족성에 대한 구체적인 내용은 *Taking God at His Word*(성경, 왜 믿어야 하는가), Kevin DeYoung(케빈 드영), 장택수 역, 디모데, p. 2015를 참고하라.
47) John Calvin, op. cit., p. 226.
48) Craig S. Keener, *The Gospel of John: A Commentary*, Vol. 2 (Peabody, Massachusetts: Hendrickson Publishers, 2003), p. 1242.

이 되어져야 함을 가르쳐 주고 있다.

이처럼, 오늘날의 교회사역자들도 사도요한이 행하였던 이런 증거의 사역을 신실하게 감당해 나감으로 길을 잃고 방황하며 죄 가운데서 죽어가는 많은 영혼들을 생명을 주시는 주님께로 인도하는 어부의 사역과 그들을 말씀과 사랑 가운데서 세워나가는 목양의 사역을 통해서 하나님의 나라가 확장되고 주님의 교회가 건강한 교회로 부흥 성장해 나갈 수 있는 놀라운 역사가 일어날 수 있어야 할 것이다.

10. 결 론

요한복음 21장은 주님이 부활하시고 승천하신 이후의 주님의 교회가 수행해야 하는 교회사역은 전도사역과 목양사역임을 드러내 보여주면서, 이 두 가지 임무는 교회의 사역에 있어서 두 수레바퀴와 같이 항상 공존해야 함을 일깨워주고 있다. 주경신학자 비슬리-머리(G. R. Beasley-Murray)의 언급과 같이, 본 장은 "주님이 자신의 교회와 그 교회에 속한 자신의 지체들을 위해 가지고 계신 뜻에 대하여 다양한 교훈들"을 제시해 주고 있다.[49]

부활하신 주님은 이제 피흘려 사신 교회의 주님이시므로 제자들에게 교회사역의 사명을 일깨워주시기를 원하신다. 이것은 세상 속에서 주님이 해 오셨던 사역을 계속하여 지속해 나가는 것으로 예수님께서 행하신 일들을 증거하므로(요 21:24-25), 새로운 신자들을 새로운 신앙공동체인 교회로 모으는 것이며 그들을 주님의 양들로 세워나가는 사역이다.

이 사역을 온전히 수행해 나가기 위해서는 교회의 독특한 특징, 즉 그

---

49) G. R. Beasley-Murray, *Word Biblical Commentary: John* (Waco, Texas: Words Books, Publisher, 1987), p. 416.

구성원들의 다양성과 미성숙성을 이해하고 무조건적인 사랑과 인내로서 그들의 부족함을 채워주고자 하는 자세로 임해야 함을 가르쳐 주고 있다. 또한 교회의 사역은 주님의 임재 가운데서 그의 말씀을 따라 이루어질 때 결실이 풍성한 사역이 되어질 것임을 교훈하고 있다.

본 장은 교회사역의 절대적인 조건은 그리스도를 사랑하는 것임을 보여주면서 그리스도를 사랑하고 그리스도와 긴밀한 관계를 가지면 가질수록 그의 교회를 포용하고 사랑하고 돌보고 보호하게 되어 짐을 일깨워주고 있다. 따라서 목양사역은 어떤 기술이 아니라, 이 사역의 절대적인 조건으로 제시되고 있는 주를 향한 사랑으로 이루어져야 함을 강조하고 있으며, 목양사역의 두 요소는 양을 먹이는 것(feeding)과 양을 치는 것(shepherding)으로 이것들은 목양사역에 있어서 가장 필수적인 요건으로 제시되어지고 있다. 그러므로 주님이 자기 피로 사신 양들로 이루어지는 교회의 주인되심을 인식하면서 사역에 임해야 할 뿐만 아니라 주님의 교회를 어렵게 하고 해를 끼치는 것은 그 교회를 피흘려 세우신 주님께 대한 적대적 행동이 되어짐을 일깨워주고 있다.

주님이 예비하신 물고기들을 모으고 양떼를 먹이고 돌보는 교회의 사역이 진전되기 위해서는 먼저 사역자들이 새로워지고, 치료되는 역사가 일어나야 만이 가능함을 보여주고 있다. 이 사실은 베드로를 향한 주님의 조반 초대와 대화를 통해 드러나고 있는데, 교회사역은 하나님의 은혜로운 용서를 통해서 사역자의 개인적인 실수와 허물에 대한 상처가 치유되어질 때에 변화를 받아 기쁨과 능력 가운데서 사역이 수행되어질 수 있음을 가르쳐 주고 있다. 즉 교회의 사역은 자신의 상처를 하나님 앞에 드러내어 용서를 경험하고 치유받은 자들의 사역임을 밝혀주고 있다.

주님이 원하시는 진정한 사역자는 사역자 개인의 영광이나 야망을 추구하지 아니하고 자아의 죽음과 희생을 통하여 하나님의 영광에 초점을 맞추는 자이며, 개인적인 경쟁의식과 비교의식은 교회의 사역을 파괴하는 요소로 작용되어지므로 이를 경계해야 할 것을 교훈하고 있으며, 교회의 머리되신 주님의 사역은 다양한 은사를 가진 자들을 통하여 다양한 형태의 사역으로 이루어질 것임을 드러내 보여주고 있다(요 21:20-22).

그러므로 부름받은 모든 그리스도인들은 주님이 주신 고유한 직분에 초점을 맞추어 주님의 말씀을 순종하면서 지속적으로 주님을 따름으로 죽기까지 하나님께 영광을 돌리는 삶을 살아가야 할 사명이 있음을 강조하고 있다.

특별히 본 장에서는 사도 요한의 죽음과 예수님의 재림을 연결시키는 종말론에 대한 잘못된 이해는 교회사역의 대적자들에게 기독교 신앙을 조롱할 수 있는 기회를 줄 수 있기에, 이에 대하여 교정적인 언급을 하고 있는 것은 교회사역에 있어서 주님의 말씀에 대한 올바른 이해와 적용이 참으로 중요함을 교훈해 주고 있다(요 21:23). 이는 교회의 사역인 선교사역과 목양사역이 이것에 의해 승패가 결정되어질 뿐만 아니라, 교회의 안정성이 이것에 영향을 받아 확립될 수도 있고 흔들리거나 와해될 수도 있기 때문이다.

더 나아가, 본 장은 교회 사역자가 기록된 특별계시의 말씀이 사실에 근거하여 기록된 진리의 말씀이라는 계시의 진정성과 성령에 의해 택하신 백성들의 구원과 사역에 필요한 영원한 진리의 요소들이 부족함 없이 포함되어져 있다는 계시의 충족성을 확신하면서, 이 말씀에 근거하여 치우침 없이 신실하게 사역에 임하게 되어질 때에 하나님이 기뻐하시는 사역의 풍성한 결실이 맺어질 수 있을 것임을 드러내 보여주고 있다.

결론적으로, 요한복음 21장은 종말의 때까지 모든 족속들을 대상으로 하는 세계선교를 위해 그의 제자들에게 교회사역의 원리를 드러내 보여주고 있는 특별 계시의 말씀으로 받아들여야 할 것이다.

참고도서(Reference List)

Beasley-Murray, G. R. *Word Biblical Commentary: John.* Waco, Texas: Words Books, Publisher, 1987.

Boice, James Montgomery. *The Gospel of John: An Expositional Commentary.* Grand Rapids: Zondervan Corporation, 1985.

Brown, Raymond E. *The Anchor Bible: The Gospel According to John XIII-XXI.* New York: Doubleday, 1970.

Bruner, Frederick Dale. *The Gospel of John: A Commentary.* Grand Rapids: Eerdmans, 2012.

Burge, Gary M. *The NIV Application Commentary: John.* Grand Rapids: Zondervan, 2000.

Calvin, John. *Calvin's Commentaries: The Gospel according to St John 11-21 and The First Epistle of John.* Trans. T.H.L. Parker. Grand Rapids: Eerdmans, 1961.

Exell, Joseph S. *The Biblical Illustrator.* Grand Rapids: Baker Book House, 1973.

Henry, Matthew. *Commentary on the Whole Bible: Genesis to Revelation.* Grand Rapids: Zondervan Publishing House, 1961.

Hughes, R. Kent. *Preaching the Word: John.* Wheaton, Ill: Crossway Books, 1999.

Iorg, Jeff. *The Character of Leadership(성공하는 리더의 9가지 성품).* 서진영 역, 요단출판사, 2010.

Keener Craig S. *The Gospel of John: A Commentary.* Vol. 2. Peabody, Massachusetts: Hendrickson Publishers, 2003.

Kruse, Colin G. *Tyndale New Testament Commentaries: John.* Downers Grove, Illinois, 2003.

Lenski, R. C. H. *The Interpretation of St. John's Gospel.* Minneapolis,

Minnesota, 1943.

Lincoln, Andrew T. *Black's New Testament Commentaries: The Gospel According to Saint John.* New York: Hendrickson Publishers, 2005.

MacArthur, John. *Rediscovering Pastoral Ministry.* Dallas: Word Publishing, 1995.

_____. *The MacArthur New Testament Commentary: John 12-21.* Chicago: Moody Publishers, 2008.

Maclaren, Alexander. *Expositions of Holy Scripture: John 15-21.* Grand Rapids: Baker Book House, n.d.

Milne, Bruce. *The Message of John.* Downers Grove, Illinois, Inter-Varsity Press, 1993.

Morgan, G. Campbell. *The Gospel According to John.* Old Tappan, New Jersey: Fleming H. Revell Company, n.d.

Morris, Leon. *The New International Commentary on the New Testament: The Gospel According to John.* Grand Rapids: Eerdmans, 1971.

Pink, A. W. *Exposition of the Gospel of John.* Grand Rapids: Zondervan Pub., 1975.

Ryle, J. C. *Expository thoughts on Luke.* Vol. 2. Edinburgh EH: The Banner of Truth Trust, 1858.

_____. *Expository thoughts on John.* Vol. 3. Edinburgh: The Banner of Truth Trust, 1873.

Sproul, R. C. St. *Andrew's Expositional Commentary: John.* Lake Mary, FL: Reformation Trust Publishing, 2009.

_____. *구원의 확신.* 조계광 역, 생명의 말씀사, 2012.

Spurgeon, Charles Haddon. *The Treasury of the Bible, New testament.* Volume Two. Grand Rapids: Zondervan Publishing House, 1968.

Stowell, Joseph M. *Final Question of Jesus(열정의 회복).* 박혜경 역, 디모데, 2004.

Swartley, Willard M. *Believers Church Bible Commentary: John*. Harrisonburg, VA: Herald Press, 2013.

Tenney, Merrill C. *The Expositor's Bible Commentary: John*. Vol. 9. Grand Rapids: Zondervan Corporation, 1981.

Trench, Richard C. *Synonyms of the New Testament*. London: Kegan, Paul, Trench, Trubner, and Company, 1894.

Westcott, B. F. *The Gospel According to St. John*. Grand Rapids: Eerdmans, 1978.

Wiersbe, Warren W. *Be Transformed: An Expository Study of John 13-21*. Wheaton, Illinois: Victor Books, 1986.

Witmer, Timoty Z. *The Shepherd Leader(목자 리더십)*. 임경철 역, 개혁주의신학사, 2014.

박윤선. *성경주석: 요한복음*. 성문사, 1958.

이상근. *요한복음 주해*. 대한예수교 총회교육부, 1961.

Spiritual Leadership & Church Ministry

05

사도 바울의 사역관
- 골 1장 24-29절을 중심으로 -

The Apostle Paul's View of the Ministry

사도 바울의 사역관
(The Apostle Paul's View of the Ministry)
- 골 1장 24-29절을 중심으로 -

1. 서론

21세기 가장 영향력있는 목회자 중 한명으로 꼽히고 있는 미국의 그레이스 커뮤니티교회의 담임목사인 존 맥아더는 "사역은 사도 바울의 마음에 소중한 논제였으며 그의 서신들 가운데 자주 나타나는 주제였다. 그는 하나님께서 그를 그 사역으로 부르셨다는 경이감을 결코 상실하지 않았으며, 따라서 그것에 대하여 말하는 것에 대하여 결코 싫증을 내지 않았다"라고 말한 바 있다.[1] 사도 바울은 자신의 제자이자 동료 사역자였던 디모데에게 "나를 능하게 하신 그리스도 예수 우리 주께 내가 감사함은 나를 충성되이 여겨 내게 직분을 맡기심이니 내가 전에는 비방자요 박해자요 폭행자였으나 도리어 긍휼을 입은 것은 내가 믿지 아니할 때에 알지 못하고 행하였음이라"(딤전 1:12-13)고 자신이 사역자로 부르심을 받은

---

1) John F. MacArthur, Jr., *The MacArthur New Testament Commentary: Colossians & Philemon* (Chicago: Moody Press, 1992), P. 69.

것에 대하여 감격스럽게 고백하였던 것을 볼 수 있다.

일반적으로 사역의 방법은 시대와 상황에 따라 다양한 형태를 지니게 되지만 사역의 원리는 결코 변하지 아니하며 모든 시대와 모든 상황에 적용이 가능한 것으로 불변의 사역의 법칙으로 주어지는 것이다. 워렌 위어스비(Warren W. Wiersbe)는 "방법 이면에 존재하는 원리들을 먼저 이해하지도 않은 채 단지 다른 사람들이 효과를 봤다는 이유만으로 새로운 방법을 채택하는 것은 나침판도 배의 키도 모두 버리는 것이나 마찬가지이다. 그리고는 결국 폭풍이 몰아치는 사역의 바다 위에서 정처없이 표류하게 될 것이다. … 왜냐하면 하나님의 사역은 영리한 방법들이 아니라 가장 기본적인 원리들 위에서 세워지기 때문이다"라고 적절히 말해주고 있다.[2] 따라서 부름받은 그리스도인들이 행해야 하는 사역의 원리를 영원불변하신 하나님의 말씀에서 추적하여 이해하는 것은 그리스도인의 사역의 풍성한 결실을 위하여 참으로 중요하고 필요한 것임에 틀림없다.

사도 바울의 사역에 대한 견해를 드러내 보여주고 있는 골로새서는 바울의 에베소에서의 두란노 사역(주후 54-57년경)의 결과로 사도 바울에게서 양육을 받은 이방인 에바브라에 의해 설립된 골로새 교회에 보내진 선교서신이다. 옥중에서 기록하여 보낸 본 서신 1장 24절에서 29절까지에서 사도 바울은 교회 사역의 10가지 독특한 요소들에 대하여 언급하고 있다.

켄트 휴즈(R. Kent Hughes)는 본문에 대하여 "그것은 특별히 전문적인 사역에 참여하고 있는 자들에게 유익할 것이지만 모든 신실한 신자들에게도 동일하게 도움이 되어질 것이다. 왜냐하면 우리 모두가 우리의 정

---

[2] Warren W. Wiersbe, *On Being a Servant of God*(하나님의 일꾼과 사역), 최용수 역, CLC, 2012, P. 21.

해진 직업이 무엇이든지간에 '사역'(ministry)에 부르심을 받고 있기 때문이다"라고 본문이 주는 영적 교훈이 모든 그리스도인들에게 적용되어져야 함을 적절히 말해주고 있다.[3] 따라서 본 장에서는 사역의 근거, 사역의 정신, 사역의 고난, 사역의 영역, 사역의 주체, 사역의 내용과 형태, 사역의 목표, 사역의 원천과 자세에 대하여 고찰해 보고자 한다.

2. 사역의 근거

사도 바울은 본문 25절에서 "내가 교회의 일꾼 된 것은 하나님이 너희를 위하여 내게 주신 직분을 따라 하나님의 말씀을 이루려 함이니라"고 자신이 교회의 사역자가 되어진 것은 하나님의 특별한 부르심의 결과로 되어진 것임을 밝히고 있다. 예수 그리스도의 교회의 사역자가 되어진 것은 사도 바울 자신의 계획이나 뜻에 의한 것이 아니었다는 것이다. 그는 다소에서 출생하여 예루살렘에서 가말리엘 문하에서 율법의 엄한 교육을 받아 유대인들의 전통에 대하여 지나친 열심을 가지고 그리스도인들을 옥에 가두고 교회를 박해하는 일에 앞장섰던 자였다(행 22:3-4, 26:9-11, 갈 1:14). 이런 그가 다메섹 도상에서 부활하시고 승천하신 예수님을 만나므로 주님께로부터 종과 증인의 사명을 받아 이제는 이전과는 정반대로 교회의 사역자의 길을 걷게 되어졌던 것이다(행 26:12-18). 이처럼 사도 바울은 자원하여 그리스도의 사역자가 되어진 것이 아니라 주님 자신에 의하여 부르심을 받고 일꾼으로 임명을 받은 것이다.

사도 바울은 하나님께서 그를 사역자로 선택하셨다는 놀라운 사실을 반

---

3) R. Kent Hughes, *Preaching the Word: Colossians and Philemon* (Westchester, Illinois: Crossway Books, 1989), P. 44.

복하여 강조하였는데, 로마서 15장 16절에서는 하나님께서 자신에게 은혜를 주심으로 이방인을 위하여 "그리스도 예수의 일꾼"(a minister of Christ Jesus)이 되어 하나님의 복음의 제사장 직분을 하게 되었음을 밝히고 있으며, 고린도후서 5장 18절에서는 "화목하게 하는 직분"(the ministry of reconciliation)을 받았음을 말하고 있고 디모데후서 1장 11절에서는 "선포자와 사도와 교사"(a herald and an apostle and a teacher)로 세움을 입었음을 언급하고 있다.

이처럼 모든 그리스도인들도 한 가지 혹은 여러 가지 영역에서 하나님을 섬기도록 부르심을 받은 자들인데, 하나님은 구원에 있어서 주권적인 것처럼 사역에의 부르심에서도 그러한 것이다. 이런 하나님의 주권적인 부르심에 따라 섬김의 사역들을 수행해 나갈 수 있도록 성령께서 모든 그리스도인들에게 한 사람도 예외없이 영적 은사들을 부여하시는 것이다(고전 12:11).

그리스도의 몸된 교회는 하나님의 집이며(딤전 3:15), 모든 그리스도인들은 청지기들로서 하나님께서 주신 사역들을 신실하게 수행해 나가야 하는 책임을 가지고 있다. 데이비드 G. 베너(David G. Benner)는 다음과 같이 소명의 중요성을 강조하고 있다.

> 소명없이 영혼 돌봄은 단순한 직업 그 이상도 이하도 아니다. 불행히도 많은 영혼을 돌보는 자가 그렇게 생각하고 있다. 영혼을 돌보는 자가 이 일을 하나님의 소명에 대한 순종으로 여길 때 그들의 돌봄은 사랑의 마음으로부터 흘러나오고 종의 자세로 섬길 수 있는 것이다. 이것이 바로 영혼 돌봄에서 필요로 하는 것이다. 교회는 하나님의 소명이 단순한 종교적 소명이 아닌 우리의 삶을 바쳐 행해야 하는 것이라는 강한 소명의식을 회복해야 한다. .. 단순한 직업으로서가 아닌 하나님의 소명에 대한 응답으로 받아들여야 한다.[4]

그래서 사도 베드로는 그 가 쓴 베드로전서 4장 10절에서는 "각각 은사를 받은 대로 하나님의 여러 가지 은혜를 맡은 선한 청지기같이 서로 봉사하라"고 말씀하고 있다. 모든 그리스도인들에게는 부여받은 청지기 직분에 대하여 주인되신 그리스도께 사역에 대한 결산보고를 해야 할 때가 도래하게 될 것이다(마 25:24-25). 따라서, 사도 바울처럼 사역에 대한 부르심에 순종하여 응답해야만 하며(행 26:19), 마지막 순간에 사도 바울처럼 이 소명에 헌신하였다는 고백을 할 수 있어야만 한다(딤후 4:7-8).

3. 사역의 정신

사도바울은 본문 24절에서 "나는 이제 너희를 위하여 받는 괴로움을 기뻐하고"라고 언급하므로 사역이 힘들고 감당할 수 없는 부담이 아니라 기쁨이라고 하는 사역에 대한 분명한 자세를 나타내 보여주고 있다. 이것은 모든 그리스도인들의 사역의 정신이 되어져야 한다. 사역으로 인한 괴로움을 기뻐하는 것은 참으로 이해할 수 없는 이상한 기쁨이요 놀라운 기쁨이다. 이것은 사역에 부름받은 그리스도인만이 체험하고 누릴 수 있는 기쁨이요 행복인 것을 밝혀주고 있다. 참된 기쁨과 진정한 행복은 환경에서 주어지는 것이 아니라 참으로 가치있는 일 즉 하나님께로부터 부여받은 사명에 충실할 때에 얻을 수 있는 것임을 가르쳐 주고 있다.

그러나 많은 그리스도인들과 심지어 여러 목회자들까지도 주님을 섬기는 이 사역의 기쁨과 행복을 누리지 못하고 심각한 표정과 우울한 마

---

4) David G. Benner, *Care of Souls*(영혼 돌봄의 이해), 전요섭, 김찬규 역, CLC, 2010, P. 245.

음으로 마지못해 자신들의 책임을 수행해 나가고 있는 것이 현실이다. 마치 엘리야가 로뎀나무 아래 앉아서 자신이 죽기를 원하면서 "여호와여 넉넉하오니 지금 내 생명을 거두시옵소서 나는 내 조상들보다 낫지 못하나이다"라고 부르짖을 때가 적지 아니한 것이다(왕상 19:4). 그러나 택한 백성들의 구원을 위하여 이 세상에 찾아오신 예수님은 "그 앞에 있는 기쁨을 위하여 십자가를 참으사 부끄러움을 개의치 아니하시더니 하나님 보좌 우편에 앉으셨느니라"(히 12:2)고 구속사역을 위한 십자가의 죽으심도 많은 이들을 영광으로 이끄는 사역의 즐거움으로 인하여 참으시고 승리하셨음을 말씀하고 있다. 즉 기쁨으로 사역의 어려움을 극복하셨다는 것이다. 존 맥아더는 "예수님은 십자가의 처참한 실재를 직면했을 때에도 그의 사역에 대한 기쁨을 결코 잃지 않으셨다. … 사역의 기쁨을 잃어버린 그리스도인은 나쁜 환경(bad circumstances)을 가진 것이 아니라 나쁜 관계(bad connections)을 가지고 있다. 여러분은 그 분과의 교제가 무너지지 않는 한 그리스도를 섬기는 기쁨을 잃지 않는다"라고 말하고 있다.[5]

사도 바울은 때때로 그의 환경에 의해 어려움을 당하였지만 결코 사역의 기쁨을 잃지 아니했다. 그는 "우리가 사방으로 우겨쌈을 당하여도 싸이지 아니하며 답답한 일을 당하여도 낙심하지 아니하며 박해를 받아도 버린 바 되지 아니하며 거꾸러뜨림을 당하여도 망하지 아니하고"(고후 4:8-9)라고 말하면서 어떤 환경 가운데서도 하나님께서 주관하시고 통제하고 계심을 확신하면서 사역의 기쁨을 잃어버리지 아니하였던 것이다. 이처럼 그리스도인의 기쁨은 환경을 초월하는 것이며 내적인 것이다. 존 맥아더는 다음과 같이 이 기쁨이 어떻게 주어지고 유지 되는가에 대하여

---

5) MacArthur, Jr., *The MacArthur New Testament Commentary: Colossians & Philemon*, (Chicago: Moody Press, 1992), P. 73.

설명하고 있다.

> 기쁨은 겸손에 의해 발생되어진다. 사람들은 자신들이 더 좋은 환경과 그들이 받고 있는 대우 보다 더 좋은 것을 얻을 자격이 있다고 생각하면서 자아 중심이 되어질 때 기쁨을 상실하게 되어 진다. 그러한 것들은 바울에게는 결코 문제가 아니었다. 하나님의 위대한 모든 사역자들처럼, 그는 자신의 무가치함을 인식하고 있었다. 다른 전파자들이 영광을 얻고 있는 동안에도 자신은 로마에서 투옥되어 있으면서 '전파되는 것은 그리스도니 이로써 나는 기뻐하고 기뻐하리라' (빌 1:18)고 썼던 것이다. 순교의 가능성까지 직면하면서도 그는 '만일 너희 믿음의 제물과 섬김 위에 내가 나를 전제로 드릴지라도 나는 기뻐하고 너희 무리와 함께 기뻐하리라' (빌 1:18)고 언급하였다. 빌립보에서 매맞고 투옥되었음에도 불구하고 그는 하나님을 찬양하는 찬송을 불렀다. 그는 자신이 아무런 가치가 없는 자임을 믿었기 때문에 어떤 환경도 하나님께서 그의 생애를 주관하고 계신다는 기쁨의 확신을 흔들 수가 없었다(골 2:5, 살전 2:19-20, 몬 7). … 환경들과 사람들과 염려는 사역의 기쁨을 빼앗아 갈려고 하는 도적들이다. 겸손과 그리스도께 대한 헌신, 그리고 하나님께 대한 신뢰는 그리스도께서 모든 그리스도인에게 물려주신 기쁨을 보호한다.[6]

워렌 위어스비(Warren W. Wiersbe) 역시 "만일 섬김을 위한 여러분의 유일한 동기가 인정받고, 감사받는 것이라면, 여러분은 상당히 실망할 준비를 미리 하는 편이 나을 것입니다. 하지만 여러분의 동기가 하나님을 기쁘시게 하며 그 분의 뜻을 이루는 것이라면, 사람들이 하는 말과 사람들의 행동- 또는 어떤 말, 어떤 행동도 하지 않는다 할지라도-은 여러분

---

[6] MacArthur, Jr., *The MacArthur New Testament Commentary: Colossians & Philemon*, (Chicago: Moody Press, 1992), P. 74.

에게 별로 큰 문제를 만들어 내지 못할 것입니다. 하나님의 칭찬은 영원히 계속될 것입니다"라고 언급하고 있다.[7]

4. 사역의 고난

사도 바울은 본문 24절에서 사역자가 받는 고난을 "내가 너희를 위하여 받는 괴로움"으로 표현하고 있다. 이 괴로움은 원문상으로 복수형인 "나의 괴로움들"로 기록되어 있는데, 이것은 복음전파 사역으로 인하여 감옥에 투옥되어지므로 당하게 되어진 "온갖 어려움과 고난"을 의미하고 있다.[8] 초대교회 사도들도 그리스도의 이름을 위하여 고난 당하는 것을 특권으로 여겼으며(행 5:41), 사도 바울은 빌립보 교회 성도들에게 편지하면서 "그리스도를 위하여 너희에게 은혜를 주신 것은 다만 그를 믿을 뿐 아니라 또한 그를 위하여 고난도 받게 하려 하심이라"(빌 1:29)고 모든 그리스도인들에게 주님 때문에 받게 될 고난이 있을 것임을 언급하고 있다.

그러면, 이런 고난을 사도 바울이 기뻐하고 있는 이유가 무엇인가?

(1) 고난은 그리스도인으로 하여금 주님께로 더 가까이 나아가게 하기 때문이다. 사도 바울은 빌립보서 3장 10절에서 "내가 그리스도와 그 부활의 권능과 그 고난에 참여함을 알고자 하여"라고 주를 위한 고난이 주님이 당하신 고난을 더욱 잘 이해하게 되어짐을 가르쳐 주고 있다.

---

7) Wiersbe, *On Being a Servant of God*(하나님의 일꾼과 사역), 최용수 역, P. 171.
8) William Hendrikson, *A Commentary on Colossians & Philemon* (London: The Banner of Truth Trust, 1964), P. 86.

(2) 고난은 그리스도인으로 하여금 영적으로 더욱 성숙한 자리에 나아가게 하기 때문이다. 성경은 "내 형제들아 너희가 여러 가지 시험을 만나거든 온전히 기쁘게 여기라 이는 너희 믿음의 시련이 인내를 만들어 내는 줄 앎이라 인내를 온전히 이루라 이는 너희로 온전하고 구비하여 조금도 부족함이 없게 하려 함이라"(약 1:2-4)고 말씀하고 있다(참고, 벧전 1:6-7). 패커(J. I. Packer)는 "고난은 모든 신자들에 의해서 예외없이 기대되어져야 하고, 소중한 것으로 평가되어져야 한다"[9]고 고난이 그리스도인의 영적 성장에 필수적임을 언급하고 있다. 특히 히 5:8-9은 성자 예수님은 죄가 없으신 하나님의 독생자였음에도 불구하고 이 세상에서 고난을 통하여 순종을 배워서 온전하게 되셨다고 언급하므로 고난이 빼 놓을 수 없는 영적성장의 필수적인 요소(integral factor)가 되어짐을 밝혀주고 있다. 그래서 시 119:67, 71에서는 고난을 통하여 순종을 배우고 하나님의 말씀이 참되다는 사실과 그 말씀의 내용을 더욱 깊이 있게 깨닫게 되었다고 고백하고 있다. 역시 고후 1:8-9에서 사도 바울은 환난을 통하여 하나님만 의지하는 영적성숙의 자리에 이르게 되었음을 언급한다. 마틴 루터(Martin Luther)는 "환난이 없었다면 나는 성경을 이해하지 못했을 것이다"[10]라고 말한바 있다.

(3) 고난은 그리스도인이 주님께 속해 있다는 것을 확증해 주기 때문이다. 주님은 "세상이 너희를 미워하면 너희보다 먼저 나를 미워한 줄을 알라"(요 15:18절)고 말씀하셨고, 사도 베드로는 "너희가 그리스도의 이름으로 치욕을 당하면 복 있는 자로다 영광의 영 곧 하나님의 영이 너희 위에 계

---

9) J. I. Packer, *Rediscovering Holiness* (Ann Arbor, Michigan: Servant Publications, 1992), P. 251.
10) Billy Graham, *Hope for the Troubled Heart*(소망, 상한 마음을 위하여), 정규채 역, 죠이 선교회, 1992, P. 96에서 재인용.

심이라"(벧전 4:14)고 구원의 확신을 주시는 성령의 임재를 느끼게 됨을 언급하고 있다.

(4) 고난은 미래의 보상을 가져다 주기 때문이다(엡 3:13, 히 10:32-35). 사도 바울은 "자녀이면 또한 상속자 곧 하나님의 상속자요 그리스도와 함께 한 상속자니 우리가 그와 함께 영광을 받기 위하여 고난도 함께 받아야 할 것이니라 생각하건대 현재의 고난은 장차 우리에게 나타날 영광과 족히 비교할 수 없도다"(롬 8:17-18)라고 이를 증거하고 있다.

(5) 고난은 다른 사람들로 하여금 구원의 자리에 이르게 하기 때문이다(고후 4:7-12, 딤후 2:10). 주님을 증거하는 사역으로 인하여 고난을 받았던 초대교회 스데반의 순교의 순간을 지켜보았던 사울이 마침내 주님께로 나아가게 되어졌을 뿐만 아니라, 초대교회 그리스도인들이 당했던 핍박으로 인하여 복음이 널리 전파되어졌던 것을 사도행전이 이를 증거해 주고 있다(행 7:58-60, 8:1-8, 11:19-21). 그래서 사도 바울은 "우리가 환난 당하는 것도 너희의 위로와 구원을 받게 하려는 것이요"(고후 1:6)라고 언급하고 있다.

한 걸음 더 나아가, 사도 바울은 본문 24절에서 "그리스도의 남은 고난을 그의 몸된 교회를 위하여 내 육체에 채우노라"고 고백하고 있다. 이것은 그리스도의 고난이 택한 백성들을 죄에서 구원하기에 부족했다는 것을 의미하지 않는다. 이미 사도 바울은 골로새서 1장 20-23절에서 그리스도의 죽으심으로 택한 백성들을 하나님과 화목하게 하기에 조금도 부족함이 없는 완전한 속죄사역이 완성되었음을 언급하고 있다. 또한 본문의 "고난"(thlipsis)이라는 단어는 신약성경 어디에서도 그리스도의 고난을 말하기 위해 사용된 적이 없다. 이 고난은 사도 바울이 복음전파와 교회사역 때문에 당하는 육체적인 고통을 의미하는 것으로, 교회에 도움을 주고 교회를 세워나가기 위해 사도 바울이 행하는 모든 사역의 결과로 인한 것이다.

그러면 어떤 의미에서 바울의 고난이 그리스도의 남은 고난을 채우고 있는가? 사도 바울은 그리스도 때문에 받게 되는 고난을 지칭하고 있다. 그리스도는 이미 승천하셨기 때문에 복음의 대적자들은 이제 복음을 전하는 자들을 계속 미워하고 해를 끼치고 있다는 것이다(막 13:13). 이런 의미에서 사도 바울은 그리스도의 남은 고난을 자신의 육체에 채워가고 있다고 고백하고 있는 것이다. 그래서 사도 바울은 고린도후서 1장 5절에서 "그리스도의 고난이 우리에게 넘친 것 같이"라고 말하고 있으며, 갈라디아서 6장 17절에서는 "이 후로는 누구든지 나를 괴롭게 하지 말라 내가 내 몸에 예수의 흔적을 지니고 있노라"고 언급하고 있는 것이다. 이 흔적의 구체적인 내용은 고린도후서 11장 23-28절에 소개되어지고 있다. 그리해서 사도 바울은 그리스도의 고난을 통하여 완성되어진 구원의 복음을 전파하는 사역이 바로 그리스도의 남은 고난을 채우는 것임을 언급하고 있는 것이다.

그러므로 예수 그리스도를 증거하고 가르치며 주님의 몸된 교회를 위해 사역하고자 하는 자들은 그의 이름을 위하여 기꺼이 고난 받을 수 있어야 한다. 왜냐하면 교회는 그리스도를 대적하는 세상 속에서 그리스도와 연합되어 있기 때문이며, 이 고난을 통한 복음전파 사역으로 인하여 사람들이 십자가의 깊은 사랑을 느낄 수 있기 때문이다. 또한 이 고난에 참여하므로 주님과 가장 풍성한 연합을 누리고 경험하게 되어지기 때문이다.

존 파이퍼(John Piper)는 "우리가 핍박 가운데서 기뻐할 수 있는 이유는 천국에서 우리가 받을 상의 가치가 땅에서 고난으로 말미암아 우리가 잃는 모든 것의 가치보다 훨씬 크기 때문이다. 그러므로 기쁘게 고난을 받는 것은 우리의 보화가 하늘에 있고 땅에 있지 않으며, 또 이 보화는 세상이 줄 수 있는 그 무엇보다도 더 위대하다는 것을 세상에 증명해 준다"라고 고난을 기뻐해야 할 이유를 설명하고 있다.[11]

5. 사역의 영역

사도 바울은 자신이 교회의 일꾼(디아코노스: 사역자)이 된 것은 본문 25절에서 자신에게 주신 "직분[12]"을 따라 하나님의 말씀을 이루려 함이니라"고 자신의 사역의 궁극적인 목표이자 사역의 영역에 대하여 언급하고 있다. 즉 하나님의 말씀을 충분히[온전히] 알리기 위해서 사역의 직분을 맡게 되었다는 것이다. 딕 루카스(Dick Lucas)는 "25절이 복음을 전 세계에 전파하는 일을 완수하겠다는 야망의 표현일 가능성은 거의 없다. 전후 문맥을 보건대, 하나님의 백성에게 가장 온전한 복음-완전한 기독교 메시지-을 전하려는 결심을 표현하는 것으로 이해하는 편이 더 낫다. … 이것은 사람들이 성경을 더 잘 알지 못하면 그리스도를 더 잘 알 수 없다는 말이다. 오로지 강해 사역을 통해서만 하나님의 말씀은 온전히 알려질 수 있다. … 그런 성경 가르침과 성경공부가 오늘날 교회에 꼭 필요하다"라

---

11) John Piper, *Let the Nations be Glad*(열방을 향해 가라), 김대영 역, 좋은 씨앗, 2003, P. 162.
12) 본문의 "직분"은 헬라어로 "오이코노미아"인데 직역하면 "집을 다스리는 것"으로 이 단어에서 "오이코노모스" 즉 청지기라는 단어가 파생되었다. 따라서 이 직분은 하나님께서 바울에게 맡기신 청지기의 직분을 의미한다. 청지기는 주인의 집과 재산을 관리하고 일꾼들을 감독하고 물자를 지급, 분배하며 집 전체를 돌보는 관리인이었다. 따라서 청지기는 개인적 권위나 주도권을 행사해서는 안되며, 단지 주인의 명령을 수행하며 주인의 일을 돌보는 일만 하는 사람으로 청지기 역시 노예에 불과했다. Douglas J. Moo는 본문의 직분은 "바울의 사도적 사역(his apostolic ministry)을 가리킨다"라고 말하고 있다. *The Pillar New Testament Commentary: The Letters to the Colossians and to Philemon* (Grand Rapids: Eerdmans, 2008), P. 154.

고 본문의 의미를 설명하고 있다.[13]

사도 바울의 사역은 "하나님의 말씀을 온전히 알리는 것"(골 1:25), 즉 "하나님의 뜻을 다 전하는 것"(행 20:27)으로 이루어져 있었다. 그는 하나님께서 자신에게 주신 이 사역에 초점을 맞추어 일편단심 혼신의 힘을 다하여 헌신하였으며, 이러한 사역을 사도 바울은 자신의 생애 마지막에 다 이루었다고 고백할 수 있었던 것이다(딤후 4:7).

사실 사도 바울은 성령의 인도하심을 받아 오직 3번의 선교여행을 하였는데 매번 새로운 지역이 아니라 이미 방문했던 지역을 포함해서 핵심 지역을 찾아 갔던 것을 볼 수 있다. 이럼에도 불구하고 기독교 역사상 예수님 이후 그가 행했던 것처럼 영향을 끼쳤던 사람이 거의 없었다고 말을 할 수 있을 정도로 가장 위대한 사역의 발자취를 남긴 것으로 평가를 받고 있는 것은 사역의 영역에 대한 분명한 이해가 있었고 여기에 초점을 맞출 수 있었기 때문이었다고 보아야 할 것이다.

예수님께서도 팔레스틴을 결코 떠나지 아니하시는 그런 사역을 하셨지만 지금까지 그 누구도 주님이 끼치신 영향보다 더 큰 것을 행한 사람이 없었던 것은 주님은 성부 하나님이 원하시는 것을 행하시는 데 정확하게 초점을 맞추셨기에 그의 사역이 가장 효과적일 수 있었던 것이다. 첫째로 예수님은 하나님의 뜻에 자신의 사역의 초점을 맞추셨다. 예수님은 "나는 나의 뜻대로 하려 하지 않고 나를 보내신 이의 뜻대로 하려" 한다고 말씀하셨다(요 5:30). 둘째로 예수님은 하나님의 때에 자신의 사역의 초점을 맞추셨다. 예수님은 갈릴리 가나 혼인 잔치집에서는 "내 때가 아직 이르지 아니하였나이다"(요 2:4)라고 말씀하셨고, 마지막 대제사장적인 기도 가운데서는 "아버지여 때가 이르렀사오니"(요 17:1)라고 말씀하시므로

---

13) Dick Lucas, *The Message of Colossians & Philemon*(골로새서, 빌레몬서 강해), 정옥배 역, IVP, 2008, PP. 84-85.

언제나 하나님의 때를 의식하시면서 그의 사역을 이루어 나가셨다. 셋째로 예수님은 하나님의 나라에 자신의 사역의 초점을 맞추셨다. 예수님은 빌라도에게 재판을 받으시면서 "만일 내 나라가 이 세상에 속한 것이었더라면 내 종들이 싸워 나로 유대인들에게 넘겨지지 않게 하였으리라"(요 18:36)고 말씀하셨고, 제자들에게는 "다만 너희는 그의 나라를 구하라 그리하면 이런 것을 너희에게 더하시리라"(눅 12:31)고 말씀하시면서 "나라가 임하시오며"(눅 11:2)라고 기도할 것을 가르치셨고, 정치적인 영역과 영적인 영역을 구분하시면서 사역에 임하셨던 것을 볼 수 있다(마 22:17-22). 넷째로 예수님은 소수의 제자들을 세우는 일에 사역의 초점을 맞추셨다. 그를 따르는 많은 군중들 가운데서 예수님은 소수의 12 제자들을 선택하셔서 그들과 함께 대부분의 시간을 보내셨는데 그 제자들 중에서도 베드로, 야고보, 요한과 함께 더 많은 시간을 보내시므로 그의 사역을 집중하셨던 것이다.

오늘날 교회사역자들 가운데 하나님의 뜻을 이루어 나가기보다 오히려 자신의 왕국을 건설하는 데 분주한 사람들이 적지 아니하며, 조급하게 자신의 생각과 판단을 앞세워 하나님께서 원하시는 사역의 영역을 벗어나 다른 영역에서 일하고자 하는 자들도 적지 않다고 하는 것은 심각한 문제이다. 하나님은 부르신 사역자들에게 모든 것을 다 행하도록 부르시지 않는다고 하는 것은 교회의 모든 부름받은 지체들이 각각 다양한 기능과 역할들을 행하도록 다른 은사들을 주권적으로 나누어 주신다는 사실에서 이를 알 수 있다.

브루스 밀른(Bruce Milne)은 요한복음 17장 4절의 예수님의 대제사장적인 기도 가운데서 "아버지께서 내게 하라고 주신 일을 내가 이루어 아버지를 이 세상에서 영화롭게 하였사오니"라는 언급에 대하여 "우리 역시 세상에서 그 분의 일을 함으로써, 우리를 부르신 분께 똑같은 방식으로 영광을 돌려야 한다"라고 설명하면서 "우리가 전 세계에 복음을 전하도록 또는 모든 필요를 다 돕도록 부름받은 것은 아니다. 우리에게는 해야 할 특별한 일이 있다. 그리고 우리 능력의 한계 내에서 그 특정한 일을 찾아 행할 때 성취감과 평안을 느낄 수 있다"라고 말하고 있다.[14] 그러므로 참으로 효과적인 사역을 이루어 나가기를 원하는 사역자는 하나님께서 부여해 주신 사역의 영역을 분별하여 그 영역에 초점을 맞추어 자신의 사역을 제한할 수 있어야함을 일깨워주고 있다.

존 비비어(John Bevere)는 사역자들이 사역을 시작할 때 주의해야 할 2가지를 다음과 같이 말하고 있다.

> 처음으로 사역을 시작했을 때, 하나님은 나에게 이렇게 말씀하셨다. "존, 앞으로 너는 사역을 할 때 다른 이의 사역을 무조건 그대로 따라 하는 일은 없도록 해라." 다른 이의 사역 방식이 매우 근사해 보일 수 있다. 그리고 그 사역자에게 있어서는 그렇게 사역하는 것이 가장 올바른 길일 수도 있다. 그러나 하나님이 나에게도 그와 동일한 방법을 지시하시지 않는 한 내가 그들의 사역 형태를 그대로 모방하지 않도록 주의해야 한다.
>
> 주님은 나에게 또 한 가지 주의사항을 말씀해 주셨다. "혹시 사역의 기회가 생겨도 단순히 외관상 좋아 보인다고 해서 무조건 수락하는 일은 없도록 해라. 하나님의 뜻이 무엇인지를 늘 물어보아야 한다." 주님이 이 메시지를 첫 번째 메시지만큼이나 분명하게 일러 주셨음에도 불구하고, 나는 주님의 말씀에 전적으로 동의하지 못했다. 결국 나는 시행착오를 통해 아주 어려운 방법으로 이 진리를 터득하게 되었다.[15]

---

14) Bruce Milne, *The Message of John*(말씀이 육신이 되어), 정옥배 역, IVP, 1995, pp. 316, 320.
15) John Bevere, *Devil's Door*(존 비비어의 분별력), 임정아 역, 순전한 나드, 2007, p. 106.

6. 사역의 주제

사도 바울이 그의 사역 가운데서 선포한 메시지는 "이 비밀은 만세와 만대로부터[16] 감추어졌던 것인데 이제는 그의 성도들에게 나타났고"라는 것이었다(골 1:26). 사도 바울이 이 비밀이라는 단어를 사용한 것은 어떤 비밀 종교들에서처럼 특정한 자들에게만 주어진 비밀스러운 가르침이나 의식을 나타내기 위함이 아니라 신약시대의 모든 신자들에게 계시되어진 진리를 나타내기 위함이다.[17]

이 비밀의 진리는 구약시대나 구약의 사람들에게는 감추어졌던 것으로 성육신하신 하나님에 대한 비밀(골 2:2-3, 9), 이스라엘의 불신앙에 대한 비밀(롬 11:25), 불법에 대한 비밀(살후 2:7, 계 17:5, 7), 교회 안에서의 이방인과 유대인의 통일성에 대한 비밀(엡 3:3-6), 부활체로의 변화에 대한 비밀(고전 15:51)을 포함하고 있다. 이 비밀의 진리는 오직 참된 신자들인 성도들에게만 알게 되어지는 것이다(고전 2:7-16). 본문 27절에서 "하나님이 그들로 하여금 이 비밀의 영광이 이방인 가운데 얼마나 풍성한지를 알게 하려 하심이라"고 말씀하고 있는 것은 이 비밀들이 사람의 노력으로 발견되거나 깨달아질 수 있는 것이 아니라 하나님의 의지와 행위로써만 가능하게 된다는 것을 보여주고 있다.

하나님께서 신약성경 가운데 계시한 모든 비밀들 가운데서 가장 심오

---

[16] "만세와 만대로부터"라는 표현은 문자적으로 "최초의 시대와 세대가 만들어진 이후로"라는 의미로 "아주 긴 세월 동안에"라는 뜻이다.

[17] "비밀"이라는 단어는 "실제로 이해할 수 없는 어떤 것을 의미하는 것이 아니라 그것을 드러내는 것이 하나님을 기쁘시게 할 때까지는 감추어져 있거나 알려지지 않은 어떤 것을 의미한다. 이것은 인간 자신의 힘으로는 발견할 수 없으며, 오직 하나님의 도움에 의해서만 이해할 수 있는 어떤 것이다." George Barlow, *The Preacher's Complete Homiletic Commentary: Philippians, Colossians, I-II Thessalonians*(베이커성경주석: 빌립보서, 골로새서, 데살로니가전후서), 박양조 역, 기독교문사, 1987, pp. 219-220.

한 비밀은 영광의 소망이신 그리스도께서 그리스도인 속에 사신다는 것이다.[18] 구약성경은 메시야의 오심을 예언했다. 그러나 그 그리스도가 대부분 이방인들로 구성되어진 그의 구속하신 교회 가운데 실재적으로 살아계신다는 것은 계시되지 않았다. 신약성경은 그리스도가 성령에 의하여 모든 신자들 속에 영속적으로 거주하신다는 사실을 밝히 드러내 보이고 있다(롬 8:9, 고전 6:19, 20, 엡 2:22). 이제 모든 신자들은 내주하시는 그리스도의 놀라운 풍성함을 소유하고 있다(요 14:23, 롬 8:9-10, 갈 2:20, 엡 1:7, 17-18, 3:8-10, 16-19, 빌 4:19). 이제 교회는 살아계신 하나님의 성전으로 묘사되고 있다(고후 6:16).

모든 신자들 가운데 내주하시는 그리스도가 그들의 영광의 소망의 원천이시며 복음 사역의 주제이시다. 복음을 매력적인 것으로 만드는 것은 단지 그 복음이 현재의 기쁨과 도움을 약속하기 때문이 아니라 그 복음이 영원한 영예와 축복과 영광을 약속하기 때문이다. 그리스도의 임재는 천국의 소망의 닻 즉 영원히 미래의 지극한 축복의 보증이다(고후 5:1-5, 엡 1:13-14). 실재로 그리스도께서 그리스도인 속에 살아계신다는 것은 새로운 삶의 경험이며 영원한 영광의 소망이다.

랄프 마틴(Ralph P. Martin)은 예수님이 본문 27절에서 "너희 안에 계신 그리스도"가 "영광의 소망"이라는 언급에 대하여 "그것은 인간의 잃어버린 영광의 회복에 대한 기대이다. 이것은 두 아담에 대한 바울의 가르침의 흔적이다. 첫 번째 아담이 낙원에서 잃어버린 것이 새 아담 즉 그리스도와 믿는 유대인들과 이방인들로 구성된 그의 백성들에 의해 다시 회

---

18) 그리스도가 너희 안에 계신다는 것은 그리스도인이 그리스도를 소유했다는 것이며, 그리스도의 모든 능력으로 그리스도를 경험했다는 것이고, 그리스도가 통치하신다는 것이며, 그리스도가 채우신다는 것이고, 그리스도 자신과 같이 될 때까지 그 사람을 변화시킨다는 의미를 가지고 있다. Charles H. Spurgeon, *Treasury of the Bible*(골로새서 데살로니가전후서), 김귀탁 역, 크리스챤 다이제스트, 2011, pp. 122-124.

복되어 진다"라고 말하고 있다.[19]

벤 캠벨 존슨(Ben Campbell Johnson)은 "영광의 소망"이라는 의미가 무엇인지에 대하여 다음과 같이 설명하고 있다. "무엇보다 먼저 우리는 아버지 하나님의 형상으로 지음 받았다는 것을 기억해야만 한다. 우리는 그분처럼 지음 받았고, 그분을 위해 지음 받았다. 하나님의 뜻과 임재하심과 충만하심을 제외하고는 그 어떤 것도 우리의 영광이 될 수 없고 우리에게 영광의 소망을 제공해 줄 수 없다. 영광이란 하나님처럼 되는 것이요, 우리를 향한 하나님의 목적을 성취하는 것이며, 아버지 하나님의 형상과 목적과 순결함에 모순되는 부분을 극복하는 것을 의미한다는 걸 알아야 한다. 우리의 영광은 세상 사람들이 생각하는 성공이나 인정이나 능력이 아니다. 그것은 우리의 궁극적인 존재 의미를 성취하는 것이며, 동시에 하나님의 뜻을 성취하는 것이다. 우리 속에 임재하시는 하나님은 우리 믿음이 자라도록 도와준다. 하나님의 임재는 우리가 삶의 목적을 성취할 것이라는 확신을 준다. 바로 그것이 영광이다."[20]

이와 같이, 사도 바울은 인간의 영혼이 진정으로 필요로 하는 것은 유한된 세상에서의 일시적인 성공이나 안정된 경제생활에 대한 조언이 아니라 바로 예수 그리스도 자신인 것을 드러내 보여주고 있는 것이다. 그런데 이 예수님은 요한복음 17장 22절에서 "내게 주신 영광을 내가 그들에게 주었사오니"라고 이미 믿는 자에게 영광이 주어져 있음을 말씀하고 있다. 이처럼, 누구든지 예수 그리스도를 구주로 믿고 영접할 때 그리스도가 그의 심령 속에 거주하시고 다스리시므로 그에게 영광을 주시고(요

---

19) Ralph P. Martin, *The New Century Bible Commentary: Colossians and Philemon* (Grand Rapids: Eerdmans, 1973), p. 72.
20) Ben Campbell Johnson, *Living Before God: Deepening Our Sense of the Divine Presence(하나님의 임재를 경험하는 10가지 방법)*, 박주성 역, CUP, 2010, p. 216.

17:22), 마침내 주님이 다시 오시므로 그 영광을 완성하실 것이라는 확실한 기대에 대한 보증이 되시기에(롬 8:18), 예수님은 믿는 자에게 영광의 소망이 되시는 것이다.

주님이 주시는 영광은 1) 베드로후서 1장 4절의 "신성한 성품"(divine nature) 즉 하나님의 성품에 참여하는 것을 의미하는 것으로 하나님의 의롭고 거룩한 성품을 닮아가는 것, 2) 빛 가운데서 성도의 기업을 얻는 것(골 1:12), 3) 거룩하고 흠없고 책망할 것이 없는 완전한 자로 세우심을 입는 것(골 1:22, 28, 살전 3:13), 4) 기업의 상을 받는 것(골 3:24, 딤후 4:8), 5) 영광스러운 몸의 구속(롬 8:18-23, 고전 15:43,49, 빌 3:21, 살전 4:13-17)을 의미한다. 그러므로 그리스도인의 사역이 참으로 효과적인 것이 되기 위해서는 그리스도를 변함없는 주제로 삼아야하며, 사역 가운데 항상 이 예수님을 첫 번째 자리에 올려놓고 예수님께 집중해야 함을 일깨워주고 있다(골 3:23).

7. 사역의 내용과 형태

사도 바울은 본문 28절에서 "우리가 그를 전파하여 각 사람을 권하고 모든 지혜로 각 사람을 가르침은"이라고 사역의 내용과 형태를 언급하고 있다. 사도 바울에게 사역의 내용은 영광의 소망이신 그리스도를 전파하는 것이었다. 사도 바울은 그의 삶 속에서 항상 그리스도를 선포하고 있었음을 현재시제가 이를 보여주고 있다. N. T. 라이트(Wright)는 "우리가 그를 전파한다는 말은 그리스도인 선포자와 교사에게 자신들이 부름받은 소명의 핵심이 무엇인지 끊임없이 상기시켜준다. 그들은 예수를 주님이라고 선포하기 위해 부름받은 것이지, (그러한 일이 아무리 좋고 필요할지라도) 시사에 대해 논평하고, 다양한 인간의 문제를 완화시키기 위해 부름받은 것은 아니다"라고 정확하게 언급하고 있다.21) 여기에 전파한다는 것은 "완전한 진리와 일어난 사건을 공적으로 선포하는 것"을 의미하는 것으로 형식적인 설교에 국한 되는 것은 아니다.22) 이러한 바울의 사역은 두 가지 형태로 이루어졌는데 하나는 권하는 것으로 부정적인 요소이고 다른 하나는 가르치는 것으로 적극적인 요소이다.

사역의 형태에 있어서 첫 번째 요소는 '권하는 것'(noutheteo)이다. 히버트(Hiebert)는 다음과 같이 설명하고 있다: "이 동사의 문자적 의미는 '마음에 두다'(put in mind)이다. 이것은 어떤 사람에게 그가 잊어버린 것을 상기시키는 활동을 의미한다. 이것은 잘못 행하는 것에 대하여 미리 경계하거나 잘못 행하는 것을 책망하는 것을 포함할 수 있다. 이것은 어떤 사람으로 하여금 경성하고 순종하게 하기 위하여 의지에 호소하는 것을 뜻한다."23) 이와 같이, 권하는 것은 "어떤 사람의 자세와 행동들을 변화시키려는 의도를 가지고 대면하는 의미"를 가지고 있다.24) 따라서 권하는 것은 회개와 결부되며, 사람의 행위와 마음의 태도와 관계가 있다.

사도 바울은 에베소 교회 장로들을 초청하여 행한 고별설교 중 사도행전 20장 31절에서 "그러므로 여러분이 일깨어 내가 삼 년이나 밤낮 쉬지 않고 눈물로 각 사람을 훈계하던 것을 기억하라"고 본문과 동일한 단어를 사용하고 있는 것을 볼 수 있다. 본문의 "권하고"라는 단어는 살전 5장 14절의 "권계하며"라는 동사와 고전 4:14의 "내 사랑하는 자녀같이 권하려 하는 것이라"는 단어와 동일한 단어를 사용하고 있다.

---

21) N. T. Wright, *Tyndale New Testament Commentaries: Colossians and Philemon*(틴데일 신약주석: 골로새서, 빌레몬서), 이승호 역, CLC, 2014, p. 142.
22) MacArthur, Jr., *The MacArthur New Testament Commentary: Colossians & Philemon* Chicago: Moody Press, 1992), p. 79.
23) D. Edmond Hiebert, *1 & 2 Thessalonians* (Chicago: Moody Press, 1992), p. 249.
24) Richard R. Melick, Jr., *The New American Commentary: Philippians, Colossians, Philemon* (Nashville, Tennessee: Broadman Press, 1991), p. 242.

이러한 권면의 사역의 형태는 모든 신자들 역시 행해야 하는데, 사도 바울은 살후 3장 14-15절에서 "누가 이 편지에 한 우리 말을 순종하지 아니하거든 그 사람을 지목하여 사귀지 말고 그로 하여금 부끄럽게 하라 그러나 원수같이 생각하지 말고 형제같이 권면하라"고 이 권하는 사역이 모든 신자들의 사역이 되어야 함을 일깨워주고 있다. 골 3:16에서는 "그리스도의 말씀이 너희 속에 풍성히 거하여 모든 지혜로 피차 가르치며 권면하고"라고 말씀하고 있는데 여기에 "권면하고"라는 동사가 본문의 "권하고"와 같은 동사를 사용하고 있다. 따라서 효과적인 권면이 이루어지려고 하면, 먼저 그리스도의 말씀이 권하는 자의 심령 속에 풍성히 거할 수 있어야만 할 것이다. 사도 바울은 로마 교회에 편지하면서 "내 형제들아 너희가 스스로 선함이 가득하고 모든 지식이 차서 능히 서로 권하는 자임을 나도 확신하노라"고 이런 권하는 사역을 행하고 있음을 인정하고 격려하였던 것을 볼 수 있다. 그러므로 모든 그리스도인은 사도 바울의 사역의 형태를 본받아 사랑과 온유로 다른 사람들을 격려하고 세워주며 경계하고 잘못된 것을 깨닫게 하여 돌이키게 하는 권면의 사역을 수행해 나가야 할 것이다.

사역의 형태에 있어서 두 번째 요소는 '가르치는 것'(didasko)이다. 이 가르침은 "적극적인 진리를 나누어주는 것"(imparting positive truth) 혹은 "기독교 진리를 전달하는 보다 적극적인 활동"(the more positive activity of communicating Christian truth)을 의미한다.[25] "가르침은 회심자들이 어떻게 성장해 갈 수 있는지를 알 수 있도록 하기 위한 기독교 진리의 정돈된 제시이다(the orderly presentation of Christian

---

25) MacArthur, Jr., *The MacArthur New Testament Commentary: Colossians & Philemon,* (Chicago: Moody Press, 1992), p. 79., Moo, *The Pillar New Testament Commentary: The Letters to the Colossians and to Philemon* (Grand Rapids: Eerdmans, 2008), p. 160.

truth)."²⁶⁾ 따라서 가르침은 그리스도인의 삶의 방향을 제시해주는 실제적인 가르침으로 믿음과 교리와 결부되며, 사람의 지성과 관계를 가진다.

이 가르침 역시 목회사역자 뿐만 아니라(딤전 3:2), 모든 신자들이 행해야 할 책임으로 성경은 말씀하고 있다. 사도 바울은 골로새 교회 성도들 모두에게 골 3장 16절에서 "그리스도의 말씀이 너희 속에 풍성히 거하여 모든 지혜로 피차 가르치며 권면하고"라고 이 가르침과 권면의 사역은 모든 성도들의 사역이 되어져야 함을 일깨워주고 있다. 또한 이 가르침의 사역은 예수님께서 부활하신 후에 모여든 제자들과 미래의 모든 지상교회 구성원들을 향하여 마지막으로 주신 지상명령(the Great Commission)에서 "내가 너희에게 분부한 모든 것을 가르쳐 지키게 하라"(마 28:20)고 분부하신 부분이다.

사도 바울은 지금까지 언급된 두 사역의 형태는 "모든 지혜" 가운데서 행해져야 함을 추가적으로 언급하고 있다. 이 지혜는 "실재적인 통찰력 즉 거룩한 행위를 위한 성경적 원리들을 이해하는 것"을 의미한다.²⁷⁾ "지혜는 구체적인 상황들 속에서 지식을 가장 적절하게 적용하는 능력이다. 그것은 최고의 목표를 성취하기 위하여 가장 효과적인 방법을 사용한다."²⁸⁾ 존 맥아더는 다음과 같이 말하고 있다. "바울의 일관된 사역의 패턴은 가르침과 권하는 것을 연결하고 이 두 가지를 말씀의 일반 교리적인 진리들의 문맥 속에서 가져오는 것이었다. 교리적인 가르침은 실재적인 훈계에 의해 항상 이어졌다. 이것 역시 모든 사역들을 위한 패턴이 되어져야만 한다."²⁹⁾ 따라서 권하고 가르침으로 그리스도를 전파하는 것이 모든 지

---

26) Melick, Jr., op. cit., p. 242.
27) MacArthur, Jr., op. cit., p. 79.
28) Hendrikson, op. cit., p. 105.
29) MacArthur, Jr., op. cit., p. 80.

혜로 행해져야 한다는 것은 하나님이 주시는 지혜로 말미암아, 전파하는 시기와 지역과 사역 대상자에 따라 가장 적절한 방식으로 행해져야 함을 가르쳐 주고 있다.

8. 사역의 목표

사도 바울은 본문 28절 하반절에서 "각 사람을 그리스도 안에서 완전한 자로 세우려 함이니"라고 자신의 사역의 목표를 천명하고 있다. 바울의 사역의 목표는 사역 대상자들의 영적 성숙이었다. "여기서 뜻하는 바는 신앙과 인격이 장성함(엡 4:13)을 의미하며, 이것은 '각 사람'에게 요구되는 것이다. 이러한 장성함은 '그리스도 안에서' 가능하다. 즉 믿는 자가 그리스도와 연합함으로 인해서 실현될 수 있다는 것이다."[30) 따라서 본문에서의 '완전한 자'란 그리스도를 닮은 성숙한 자를 말하며 골 1장 22절의 "거룩하고 흠없고 책망할 것이 없는 자"를 의미하며, 엡 4장 13절의 "온전한 사람"을 말한다. 골로새의 이단들은 이 완전함은 오직 소수의 엘리트 그룹의 사람들만이 성취할 수 있는 것으로 믿고 가르쳤지만, 사도 바울은 그리스도 안에 있는 모든 사람에게 이루어지는 것임을 드러내 보여주고 있다.

모든 부름받은 그리스도인들은 그리스도를 닮아가는 자로 성화의 과정에 있기에 이 영적 성숙은 이 생에서 완성되는 것은 아니지만(롬 8:23), 그리스도인들은 하나님을 기쁘시게 하고(고후 5:9, 살전 4:1), 영화롭게 하며(고전 10:31), 세상에서 도덕적인 탁월함(벧전 2:9)을 나타내는 성숙

---

30) Curtis Vaughan, *The Expositor's Bible Commentary: Colossians* (Grand Rapids: Zondervan Publishing House, 1978), p. 193.

의 정도에 이르러야 함을 성경은 말씀하고 있다. 존 맥아더는 영적 성숙에 관하여 다음과 같이 설명하고 있다:

> 그리스도의 몸의 지체된 성도는 그리스도의 완전함을 드러내고 반사해야만 한다. 그리스도인들은 '그의 행하시는대로 자기도 행할찌니라'는 말씀대로 삶을 살도록 부르심을 받았다(요1서 2:6, 골 4:12). 예수님은 성부 하나님과의 완전하고도 계속적인 교제와 순종 가운데서 삶을 살아가셨다. 우리 주님처럼 사는 것은 기도의 삶과 하나님의 말씀에 대한 순종의 삶으로부터 흘러나온다. ... 몸된 교회의 구성원들이 그리스도와의 보다 깊은 교제 가운데서 자라가게 될 때, 그의 성령을 통한 성화의 과정은 그리스도인들을 변화시켜 영광의 한 차원에서 다음 차원으로 더욱 그리스도의 형상을 닮게 한다. 경건한 삶의 모든 다른 측면뿐만 아니라 영적 성숙의 동인(agent) 역시 성령 하나님이신데, 그를 떠나서는 가장 진실된 기도라고 할지라도 효과가 없으며(롬 8:26), 하나님 자신의 말씀조차도 아무런 능력을 가지지 못하게 되어진다(요 14:26, 16:13-14, 요1서 2:20).[31]

그리스도인들을 영적 성숙의 자리로 인도하는 6가지 도구들은 다음과 같다: 1) 하나님의 말씀(요 15:3, 행 20:32, 딤후 3:16-17, 벧전 2:2, 요일 2:5). 2) 기도(요 16:24, 행 2:1-4, 4:24-33, 골 4:12-13). 3) 시험(약 1:2-4, 벧전 1:6-7). 4) 고난(요 15:2, 고후 1:4-5, 빌 3:10, 벧전 5:10). 5) 사랑(엡 3:17-19, 4:15-16, 5:1-2, 요일 4:17). 6) 교제(롬 1:11-12, 16:3-16, 21-23, 고전 12:18-27, 엡 4:16). 이들 요소들 중에 시험과 고

---

31) John F. MacArthur, *The MacArthur New Testament Commentary: Ephesians* (Chicago: Moody Press, 1986), pp. 157-158.
32) 임영효, *그리스도인과 교회를 위한 선교학*, 영문, 2012, pp. 454-455.

난은 그의 백성들을 사랑하는 하나님의 주권적인 뜻에 따라 주어지는 것인 반면, 나머지 4가지 도구들인 말씀과 기도와 사랑과 교제는 교회사역자들과 성도들이 함께 공유해야 할 도구이다.32)

그러므로, 모든 그리스도인의 사역의 목표 역시 단순히 사람들을 그리스도께로 인도하는 것이 아니라 그들이 영적 성숙의 자리에 이르도록 해야 한다. 그럴 때에 그들이 또 다른 사람들을 그리스도께로 인도하는 제자 삼는 사역의 열매를 맺을 수 있게 되어진다. 사도 바울은 딤후 2장 2절에서 "또 네가 많은 증인 앞에서 내게 들은 바를 충성된 사람들에게 부탁하라 그들이 또 다른 사람들을 가르칠 수 있으리라"고 이를 증거하고 있다.

딕 루카스(Dick Lucas)는 이런 사역의 목표는 부름받은 모든 신자들에게 주어진 책임인 것을 다음과 같이 언급하고 있다. "어느 지역교회에서든 28절에 나온 것과 같은 프로그램을 유지하려면 보통 한 사람의 힘만 가지고는 안 된다. 심지어 바울처럼 엄청난 에너지를 가진 사람이라도 말이다(29절). 그러므로 이 편지 뒷부분에서(3:16) 골로새 기독교 공동체의 모든 구성원이 서로 권면하고 가르침으로 이 이중적 사역에 참여하라는 말을 읽으면 흥미롭다. 언제나 그렇듯 바울은 모든 사람이 그에게서 메시지를 받을 뿐 아니라 사역에도 참여하기를 기대한다."33) 이처럼, 사도 바울의 사역의 목표가 각 사람을 그리스도 안에서 완전한 자로 세우고자 했던 영적 성숙에 있었듯이 오늘날의 그리스도인들의 사역의 목표도 여기에 초점을 맞추어야 할 것이다.

---

33) Lucas, op. cit., p. 86.

9. 사역의 원천과 자세

사도 바울은 본문 29절에서 "이를 위하여 나도 내 속에서 능력으로 역사하시는 이의 역사를 따라 힘을 다하여 수고하노라"고 자신의 사역의 원천이 무엇임을 밝히고 있다. 사도 바울의 사역의 원천은 자신의 심령 속에서 능력으로 역사하시는 영광의 소망이신 예수 그리스도이시심을 드러내 보여주면서, 이 예수님이 바울의 심령 속에서 계속적으로 능력으로 역사하고 계심을 언급하고 있다. 여기에 '역사한다'(energeo)는 단어는 현재분사로 표현되고 있는데, '활발하게 일하다', '운동력있게 일하다', '변화시키는 힘을 부여하다' 라는 의미를 가지고 있다.

이처럼 사도 바울은 자신 안에서 매 순간 효과적으로 역사하시는 그리스도의 능력을 힘입어 복음사역을 감당해 나갈 수 있었고, 빌립보서 4장 13절에서는 "내게 능력주시는 자 안에서 내가 모든 것을 할 수 있느니라"고 고백할 수가 있었던 것이다. 이것은 골로새 교회의 일꾼들 뿐만 아니라 모든 시대의 교회 사역자들 역시 이러한 사역의 원천이신 예수님의 공급하시는 능력으로 사역에 임해야 할 것을 가르쳐 주고 있는 것이다.

이러한 사역의 원천을 힘입어 사도 바울은 자신의 사역에 대한 자세를 밝히고 있다. 본문에서 사도 바울은 자신의 사역 대상자들을 그리스도 안에서 완전한 자들로 세우기 위하여 "힘을 다하여 수고하노라"고 사역을 위하여 자신의 몸을 아끼지 아니하고 끝까지 최선을 다했음을 언급하고 있다. 본문에서 "수고한다"(kopiao)는 단어는 "소진될 때까지 일하는 것"을 의미한다.[34] 즉 있는 힘을 다 쏟아 부어 기진맥진한 상태에 이르기까지 수고한다는 것이다. 이 동사에 바울은 "힘을 다하여"(agonizomai)라

---

34) MacArthur, Jr., op. cit., p. 81.

는 현재 분사를 사용하므로 더욱 구체적으로 자신의 수고가 어떠한 것임을 설명하고 있다. 이 단어는 운동경기에서 최선을 다하고 경쟁하는 것을 의미하는 것으로 "상을 위해 싸우다, 투쟁하다, 경쟁에 참가하다"는 의미를 가지고 있다. 따라서 이 두 단어는 "모든 사람을 그리스도 안에서 완전한 사람으로 세우기를 바라는 한 가지 목표를 위하여 힘쓰는 바울의 극진한 수고와 노력을 지칭한다."[35]

이러한 사역의 자세를 가지고 사역에 임하였던 사도 바울이었기에 사역의 현장에서 겪었던 수많은 어려움들과 난관과 당한 고난을 고후 11장 23절에서 28절까지에서 생생하게 언급하면서, 이런 사역의 장애물들을 개의치 아니하고 끝까지 사역의 사명을 수행해 나갔던 것을 증거해 주고 있다. 그러면, 사도 바울처럼 사역의 원천이 되어지는 그리스도의 능력을 어떻게 나의 것으로 만들 수 있는가?에 대하여 딕 루카스는 다음과 같이 말하고 있다. "바울의 놀라운 대답은 우리가 믿는 것보다는 일하는 것에 의해 그 능력을 받는다는 것이다. 우리는 하나님이 주신 과업에서 '힘을 다하여 수고할' 때 하나님이 주신 에너지를 받는다. 우리 안에서 '자기의 기쁘신 뜻을 위하여 … 소원을 두고 행하시는' 하나님의 역사를 경험하여 알고자 한다면, 먼저 일하기 시작해야 한다. 바울은 '섬김을 위한 능력'을 믿음으로만 받는다고는 절대 말하지 않았을 것이다. 그것은 역사하는 믿음에 의해서만, 혹은 다른 식으로 말하면, 하나님의 명령을 행하기 위해 애쓰면서 하나님이 힘을 주시도록 의지할 때에만 우리 것이 될 수 있다. 바울이 열심히 노력하면서 가르치느라 수고할 때, 하나님 자신이 그 일을 위한 힘과 능력을 주셨다. 하나님은 일꾼들에게 그분의 능력을 주신다."[36]

---

35) Peter T. O'brien, *Word Biblical Commentary: Colossians, Philemon* (Waco, Texas: Word Books, Publisher, 1982), p. 90.
36) Lucas, *The Message of Colossians & Philemon*, 98.

따라서, 본문 29절에서의 사도 바울의 고백은 그리스도의 능력을 힘입어 열심히 일하지 않고서는 온전히 그리스도를 섬길 수 없으며, 게으른 사역자는 주께서 부르시고 맡겨주신 사역을 결코 성취할 수 없다는 사실을 일깨워주고 있다.

10. 결론

하나님께서는 사도 바울을 복음의 사역자와 교회의 사역자로 부르시고 사명을 주셨고, 사도 바울은 그 사역을 위하여 올바른 정신과 합당한 자세로서 헌신하며 주를 섬겼던 것을 골로새서 1장 24절에서 29절까지가 이를 구체적으로 가르쳐 주고 있다.

사도 바울처럼, 오늘 모든 부름받은 그리스도인들도 한 사람도 예외없이 주께로부터 받은 사역의 사명을 가지고 이 땅위의 삶을 살아가고 있다. 그러므로 골로새서 1장 24절 이하의 말씀은 받은바 사역의 사명을 어떻게 수행해 나가야 할 것인가에 대한 구체적인 지침과 그 내용을 제시해 주고 있는 귀한 본문이 아닐 수 없다. 왜냐하면, 바울의 시대나 오늘 우리의 시대나 사역의 원리와 그 구체적인 내용과 목표는 여전히 동일한 것이기 때문이다. 따라서 오늘 본문이 보여주는 10가지 사역의 독특한 요소들은 모든 그리스도인들에게도 적용이 되어져야 한다.

"너희는 내게 배우고 받고 듣고 본 바를 행하라 그리하면 평강의 하나님이 너희와 함께 계시리라"(빌 4:9)는 사도 바울의 권면대로 행하게 되어질 때 우리의 사역의 현장에도 사도 바울처럼 주님이 기뻐하시는 풍성한 사역의 열매가 맺어지게 되어질 것이며, 어떤 형편 가운데서도 사도 바울처럼 "그러나 내가 나 된 것은 하나님의 은혜로 된 것이니 내게 주신 은혜가 헛되지 아니하여 내가 모든 사도보다 더 많이 수고하였으나 내가 한 것이 아니요 오직 나와 함께 하신 하나님의 은혜로라"(고전 15:10)는 동일한 고백을 할 수 있게 될 것이다.

결론적으로, 주님의 부르심을 받은 모든 그리스도인들에게 주께서 주신 사명을 따라 섬기는 사역은 하나님께서 주신 놀라운 은혜요 특권임을 잊지 말아야 한다. 그러므로 사도 바울과 같은 겸손한 자세로 그 사역으로 부르신 주님의 상주심을 바라보면서, 고난까지도 기뻐하면서 소망가운데 달려갈 길을 완주할 수 있어야 할 것이다.

참고도서(Reference List)

Barlow, George. *The Preacher's Complete Homiletic Commentary: Philippians, Colossians, I-II Thessalonians*(베이커성경주석: 빌립보서, 골로새서, 데살로니가전후서), 박양조 역, 기독교문사, 1987.

Benner, David G. *Care of Souls*(영혼 돌봄의 이해), 전요섭, 김찬규 역, CLC, 2010.

Bevere, John. *Devil's Door*(존비비어의 분별력), 임정아 역, 순전한 나드, 2007.

Hendrikson, William. *A Commentary on Colossians & Philemon* London: The Banner of Truth Trust, 1964.

Hiebert, D. Edmond. *1 & 2 Thessalonians*. Chicago: Moody Press, 1992.

Johnson, Ben Campbell. *Living Before God: Deepening Our Sense of the Divine Presence*(하나님의 임재를 경험하는 10가지 방법), 박주성 역, CUP, 2010.

Lucas, Dick. *The Message of Colossians & Philemon*(골로새서, 빌레몬서 강해), 정옥배 역, IVP, 2008.

MacArthur, John F. *The MacArthur New Testament Commentary: Ephesians*. Chicago: Moody Press, 1986.

_____. *The MacArthur New Testament Commentary: Colossians & Philemon*. Chicago: Moody Press, 1992.

Martin, Ralph P. *The New Century Bible Commentary: Colossians and Philemon*. Grand Rapids: Eerdmans, 1973.

Melick, Richard R. Jr. *The New American Commentary: Philippians, Colossians, Philemon*. Nashville, Tennessee: Broadman Press, 1991.

Milne, Bruce. *The Message of John*(말씀이 육신이 되어), 정옥배 역, IVP, 1995.

Moo, Douglas J. *The Pillar New Testament Commentary: The Letters to the Colossians and to Philemon*. Grand Rapids: Eerdmans, 2008.

O'brien, Peter T. *Word Biblical Commentary: Colossians, Philemon*. Waco, Texas: Word Books Publisher, 1982.

Packer, J. I. *Rediscovering Holiness*. Ann Arbor, Michigan: Servant Publications, 1992.

Piper, John. *Let the Nations be Glad(열방을 향해 가라)*. 김대영 역, 좋은 씨앗, 2003.

Spurgeon, Charles H. *Treasury of the Bible: 골로새서 데살로니가전후서*. 김귀탁 역, 크리스챤 다이제스트, 2011.

Vaughan, Curtis. *The Expositor's Bible Commentary: Colossians(엑스포지터스 주석: 골로새서)*. 기독지혜사, 1983.

Wiersbe, Warren W. *On Being a Servant of God(하나님의 일꾼과 사역)*. 최용수 역, CLC, 2012.

Wright, N. T. *Tyndale New Testament Commentaries: Colossians and Philemon (틴데일 신약주석: 골로새서, 빌레몬서)*. 이승호 역, CLC, 2014.

빌리 그래함. 소망, 상한 마음을 위하여. 정규채 역, 죠이선교회, 1993.

임영효. 그리스도인과 교회를 위한 선교학. 도서출판 영문, 2012.

Spiritual Leadership & Church Ministry

06

예수님의 대제사장적 기도
- 요한복음 17장을 중심으로 -

The High Priestly Prayer of Jesus

예수님의 대제사장적 기도
(The High Priestly Prayer of Jesus)
- 요한복음 17장을 중심으로 -

1. 서론

요한복음 17장은 주님 자신이 이 땅위에서 성부 하나님께 드렸던 예수님의 마지막 고별기도라고 말을 하고 있는 "주님 자신의 기도"를 기록해 놓은 것이다. 17세기의 한 설교자는 요한복음 17장의 기도를 가리켜 "이 지구상에서 드려졌던 모든 기도 중에 가장 위대한 기도이며, 지구상에서 선포되었던 모든 설교 중에 가장 위대한 설교에 뒤이어 나온 것이다"라고 말을 한바가 있다.[1]

이 주님의 기도에 대하여 종교개혁자 중 한 사람이었던 멜랑크톤은 "아들이 하나님께 바친 이 기도야말로 하늘에서나 땅에서나 우리가 들어 온 것 중 가장 숭고하고 가장 거룩하며 가장 결실이 풍부하고 가장 탁월한 기도이다"라고 언급한 바 있다.[2]

---

1) D. Martyn Lloyd-Jones, *Life in the Spirit: Classic Studies in John 17*(요한복음 강해), 제 1권, 차동재 역, 기독교문서선교회, 2001, pp. 14-15.
2) A. W. Pink, *Exposition of the Gospel of John*(요한복음 강해), 제 4 집, 지상우 역, 도서출판 엠마오, 1988, p. 31.

교회역사를 살펴보면 성도들이 어려움을 당했을 때, 특별히 임종을 맞이하여 죽음을 눈앞에 두었을 때에 이 기도를 통해서 놀라운 위로와 확신을 갖게 되었다고 하는 기록이 있다. 전해지는 바에 의하면, 스코틀랜드의 종교 개혁자 존 낙스(John Knox)는 자신의 최후를 맞이하는 죽음의 병상에서 죽음이 임박했다는 것을 느꼈을 때 자기 아내에게 요한복음 17장의 주님의 기도를 읽어달라고 부탁했고, 그 부인이 이 본문을 읽는 가운데 영원한 안식에 들어갔다는 그런 유명한 일화가 있다.[3]

20세기 최고의 강해설교자로 여김을 받았던 영국의 마틴 로이드 존스는 "만일 우리에게 주어진 것이 요한복음 17장뿐이라고 해도. 우리의 영적 삶을 유지하는 데는 충분하고도 남을 것이다. 왜냐하면 우리 주님은 요한복음 17장에서 우리가 우주적으로 어떤 위치에 있는지와 이 세상에 사는 동안 우리에게 중요하고 가치있는 모든 것을 꿰뚫어 볼 수 있는 안목을 주셨기 때문이다"라고 역설할 정도로 본문 말씀의 가치가 엄청나다고 하는 사실을 가르쳐 주고 있다.[4] 그래서 17세기 영국의 청교도 목회자 토머스 맨튼(Thomas Manton)은 요한복음 17장에서 45편의 연속 강해설교를 했고, 그 후 그 설교를 450페이지가 넘는 책으로 출판하였다고 한다.[5]

흔히 요한복음 17장은 예수님의 "대제사장의 기도"(high priestly prayer), "헌신의 기도"(prayer of consecration), 혹은 "예수님의 마지막 기도"(Final Prayer of Jesus)라고 일컬어지고 있다.[6] 예수님께서 요한복

---

3) D. Martyn Lloyd-Jones, 제1권, p. 15.
4) Ibid., p. 16.
5) John R. W. Stott, *The Contemporary Christian: Applying God's Word to Today's World* (England: IVP, 1992), pp. 259.
6) Gary M. Burge, *The New Application Commentary: NIV John*(NIV 적용주석: 요한복음), 김병국 역, 솔로몬, 2010, p. 593. Gerald L. Borchert, *The New American Commentary: John 12-21*, Vol. 25B (Nashville, Tenn.: Broadman & Holman Publishers, 2002), p. 185. 대제사장적 기도라는 명칭은 5세기 초에 알렉산드리아의

음 13장에서 16장까지 제자들에게 마지막 고별의 말씀을 주신 후에 "눈을 들어 하늘을 우러러" 기도하신 내용이 바로 본문의 기도인 것이다.

아마도 이 기도는 마지막 만찬 장소에서 제자들과의 만찬을 끝내시고 기드론 계곡 건너편 감람산으로 가시는 도중에 제자들이 들을 수 있을 정도로 큰 소리로 기도하신 것이라고 성경학자들은 설명하고 있는데, 비슬리 머리(G.R. Beasley-Murray)는 "예수님의 고별기도는 침상에서 이루어진 것이 아니라 세상을 구원하는 죽음에 직면해서 마지막 만찬의 말미에 있었다"라고 말하고 있다.[7] 레이몬드 브라운(Raymond E. Brown)은 이 기도가 제자들 앞에서 큰 소리로 드려지므로 청중이 있기 때문에 중보라기보다는 제자들에게 말씀하시는 계시라고 할 수 있다고 설명하면서 "대제사장이 자신을 위해 기도하며[1-5절], 그의 집 혹은 제사장의 가족을 위해 기도하며[6-19절], 전체 백성을 위해 기도한다[20-24절]"라고 언급한 바 있다.[8]

지금까지 제자들을 이끄시고 보호해 주신 주님께서 이제 곧 그들의 곁을 떠나 아버지께로 돌아가신다는 말씀을 들었던 제자들이 인간적으로 낙심이 되고 상심이 될 수밖에 없었던 그런 시간에 예수님께서는 제자들의 영적 유익을 위해서 그들이 들을 수 있는 큰 소리로 기도하심으로 제자들에게 놀라운 위로와 확신을 주셨을 뿐만 아니라, 예수님께서 이 땅을 떠나가신 후에도 하나님 보좌 우편에서도 계속해서 제자들과 그 이후의 모든 믿는 자들을 위해 기도하실 것임을 가르쳐 주신 참으로 복된 기도가

시릴이 본 장에 나오는 예수님에 대해 우리를 위해 중재하시는 대제사장이라고 언급하였고, 루터교 신학자였던 데이비드 키트로이스(David Chyträus, 1531-1600)가 본 장에 '대제사장의 기도'라는 제목을 달았다고 한다. Raymond E. Brown, *The Gospel According to John(XIII-XXI)*(요한복음 II), 최흥진 역, CLC, 2013, p. 1440.

7) G.R.Beasley-Murray, *Word Biblical Commentary: John 1-21*, Vol. 36. (Dallas, Texas: Word Books Publisher, 2001), p. 305.

8) Raymond E. Brown, *The Gospel According to John(XIII-XXI)*(요한복음 II), 최흥진 역, CLC, 2013, pp. 1442, 1444.

아닐 수 없다.

누군가 나를 위해서 기도해 주고 있다는 사실을 안다고 할 때 얼마나 힘이 되고 용기가 주어지지 않겠는가? 하물며 하나님이신 예수님께서 나를 위해 기도하셨고, 지금도 계속해서 나를 위해 기도하고 계신다는 사실을 알게 될 때, 어떤 어려운 형편 가운데서도 이루 말할 수 없는 기쁨과 위로와 용기와 확신을 우리에게 가져다주는 엄청난 유익을 얻게 되어지지 않겠는가? 주님께서는 히브리서 13장 5절에 "내가 과연 너희를 버리지 아니하고 과연 너희를 떠나지 아니하리라"고 분명히 약속해 주셨다.

2. 기도의 중요성

성육신하신 하나님이신 예수 그리스도는 공생애를 시작하시면서 제자들을 선택하실 때에 밤새워 기도하셨고(눅 6:12-13), 제자들에게 기도하는 법을 직접 가르쳐 주셨을 뿐만 아니라 절대로 기도를 포기하지 말라고 격려하셨던 것을 복음서는 기록해 놓고 있다(마 6:5-13, 눅 11:1-13, 18:1-8). 이런 주님께서 마지막 십자가를 지시기 전에 성부 하나님께 드린 주님 자신의 기도를 사도 요한이 기록해 놓은 것은 주님의 생애에 있어서 기도가 중대한 위치를 차지하고 있었다는 사실을 구체적으로 보여주는 것으로 기도의 중요성을 다시 한번 더 일깨워주고 있다.

참 인간이시면서 동시에 하나님이신 주님께서는 사실상 기도할 필요가 전혀 없었음에도 불구하고, 지상 생애 동안에 항상 기도하는 습관을 가지시고(막 1:35), 중요한 일들을 앞두시고 기도하시므로(요 11:41-42) 전적으로 성부 하나님을 의지하셨다는 것은 그 주님을 믿고 따르는 그리스도인들에게도 기도가 참으로 필요하고 중요한 것임을 시사해주고 있다. 마틴 로이드 존스는 "여러 가지 측면에서 기도는 우리가 하나님을 믿으며 또한 하나님의 약속들을 확신한다는 믿음의 가장 좋은 표현방식이다. 우리가 무릎을 꿇고 하나님을 우러러 보며 하나님께 아뢸 때만큼 우리의 믿음을 강하게 선포하는 때는 없다. 기도는 우리의 믿음을 고백하는 것이다. … 하나님의 주권과 기도 사이에는 상충되는 것이 전혀 없다. 왜냐하면 기도하는 사람들을 통하여 이 세상에서 하나님의 일을 하기로 작정하신 분이 바로 주 하나님이시기 때문이다. 하나님의 주권과 우리의 기도는 전혀 상충되지 않고 오히려 함께 역사한다"라고 말하고 있다.[9]

성경은 하나님께서는 그리스도인들의 기도 없이도 역사하실 수 있지만 믿는 자들의 기도를 통해서 하나님의 일을 이루시기로 작정하셨음을 가르쳐 주고 있으며(출 17:11-13, 겔 36:37), 또한 그리스도인들에게 기도할 것을 촉구하고 있으며 기도할 때 응답을 주시는 분이심을 보여주고 있다(렘 33:3, 마 7:7-11, 눅 18:1, 요 16:24, 빌 4:6-7, 골 4:2, 살전 5:17, 벧전 4:7, 유 20). 그래서 기도하는 그리스도인은 기도를 통해서 하나님의 능력과 위대하심을 체험하게 되어지고, 하나님은 그 기도에 응답하심으로 영광을 받으시는 것이다. 시편을 위시해서 성경에 나타나는 수많은 기도들이 이 사실을 구체적으로 증거해 주고 있다.

3. 성육신의 목적

주님은 마지막 대제사장적인 기도 초두에서 주님 자신이 이 땅위에 찾아오신 성육신의 목적이 바로 성부 하나님께서 성자 예수님에게 주신 모든 사람에게 영생을 주게 하기 위함인 것을 밝히 말씀하셨다(2절).

---

9) D. Martyn Lloyd-Jones, 제 1권, pp. 41, 44.

(1) 영생을 주시는 예수 그리스도는 만민을 다스리는 권세를 가지신 분이심을 말씀해 주고 있다.

본문 2절에 "아버지께서 아들에게 주신 모든 사람에게 영생을 주게 하시려고 만민을 다스리는 권세를 아들에게 주셨음이로소이다"라고 주님은 기도로 말씀해 주셨는데, 이것은 성부 하나님께서는 성자 예수님에게 모든 육체와 만물을 다스리는 권세를 주셨다는 것이다. 다시 말하면, 전 우주와 그 속에 있는 태양과 달과 모든 별들을 비롯해서 지구상의 모든 자연세계와 미래가 다 주님의 권세 아래 놓여있음을 드러내 보여주신 것이다. 요한계시록 1장 18절에서는 "이제 세세토록 살아있어 사망과 음부의 열쇠를 가졌다"고 말씀하고 있다.

예수님은 지금 일어나고 있는 모든 국제적인 상황과 모든 일들과 사건들을 친히 주관하시고 통치하시는 만주의 주가 되심을 성경은 말씀해 주고 있기에 그리스도인은 내일 어떻게 될 것인가를 염려하고 걱정할 필요가 없다. 왜냐하면 주님이 다스리는 세계 속에 우리가 살아가고 있기 때문이다.

그러면 하늘과 땅의 모든 권세를 가지신 이런 주님의 놀라운 권세를 성부 하나님께서 왜 성자 예수님에게 주셨는가? 그 이유는 성부 하나님께서 성자 예수님에게 주신 자들에게 영생을 주시기 위해서, 이런 권세를 주님께 주셨다는 것은 참으로 놀랍고 감사한 일이 아닐 수 없다. 때로 부름받은 성도들에게도 유혹과 세상 염려 근심 걱정이 우리를 흔들고 넘어뜨리려고 하고, 세상과 마귀가 우리를 대적하고 영생을 빼앗아 가려고 호시탐탐 노리고 있지만 그럼에도 불구하고 주님의 부르심을 받은 성도가 넘어지지 않고 구원을 잃어버리지 아니하는 이유가 바로 주님이 모든 것들을 다스리고 계시기 때문이라는 사실을 깨닫게 될 때 어떻게 그 주님께 감사와 찬송을 올려 드리지 않을 수 있겠는가? 이 주님의 다스리시는 절대적인 권세가 그리스도인의 삶과 사역을 궁극적으로 지키시고 인도하시고 함께 하심을 믿어야 한다.

(2) 영생은 성부 하나님께서 성자 예수님에게 주신 모든 자에게 주시는 것임을 말씀해 주고 있다.

본문 2절에 "아버지께서 아들에게 주신 모든 사람에게 영생을 주게 하시려고"라고 주님은 기도하셨다. 본문에서 영생은 성부 하나님께서 창세전에 예정하시고 선택하신 하나님의 백성들을 예수 그리스도에게 주셔서 그 예수님으로 하여금 그들을 구원하셨고 그들에게 영생을 주게 하셨다는 것이 주님의 기도의 핵심이다. 그러므로 영생은 예수님을 통해서 얻었다가도 그것을 잃어버릴 수 있으며 그 후에 다시 얻을 수 있고, 또 그것을 잃어버릴 수 있다는 식의 이해는 참된 믿음이 아니라 오히려 하나님을 모독하는 것이다.

주님은 "만민에게 영생을 주게 하시려고 만민을 다스리는 권세를 아들에게 주셨음이로소이다"라고 기도하지 아니하셨음을 주목해야 한다. 그래서 주님은 요한복음 6장 37절에서 "아버지께서 내게 주시는 자는 다 내게로 올 것이요 내게 오는 자는 내가 결코 내쫓지 아니하리라"고 말씀하신 것이다. 그러므로 성부 하나님께서 성자 예수님에게 주신 모든 택하신 하나님의 자녀들은 한 사람도 빠짐없이 예수님을 믿음으로 영생을 받게 되어진다는 사실을 믿어야만 한다.

마틴 로이드 존스는 다음과 같이 역설하고 있다. "여기서 발견하는 놀라운 사실은 영원하신 절대자 하나님께서 나를 아신다는 것, 그리고 그분이 이미 창세전에 나를 생각하셨다는 것, 내가 태어나기도 전에 뿐만 아니라 그가 세상을 창조하시기도 전에 나를 아셨다는 것, 즉 이 영원하신 절대자 하나님께서 나 같은 사람, 나 같은 개인에게 대단한 관심을 영원히 갖고 계신다는 사실이다. 성육신 사건, 십자가 사건, 그리고 부활과 승천, 그리고 지금 하나님 우편에서 성자께서 다스리시는 일 등 이 모든 것들을 포함한 이 놀라운 계획을 구상하셨을 때 하나님이 바로 나를 염두에 두고 계셨다는 사실이다. 이 얼마나 놀라운 일인가! … 여기서 또 한 가지 끌어내고 싶은 요점은 이것이다. 즉 하나님이 나를 받아들여 주신다는 사실과 하나님이 내 죄를 용서하신다는 사실과 하나님이 나를 하나님의 자녀로 만들어 주셨다는 사실에는 불확실한 것이 전혀 없다는 사실이다. 내가 하나님의 구원계획 속에 들어 있었다는 것을 깨달을 때 나는 이 세상 그 누구든지 그 어떤 것이든지 그 계획 속에 들어 있는 나를 좌절시키지 못할 것임을 안다."[10]

이러한 구원이 우리에게 주어지기 위해서 나의 죄의 문제를 예수님께서 해결해 주시고자 이 땅위에 오셔서 대신 죽어주셨고 나에게 영생을 주시기 위해서 부활하셨고 승천하셨기 때문에 그리스도인의 구원과 영생은 그 누구도 빼앗아 갈 수 없는 확실한 것이며 그 누구도 취소할 수 없는 명백한 은혜의 선물임에 틀림없다. 그래서 주님은 요한복음 10장 28절에서 "내가 그들에게 영생을 주노니 영원히 멸망치 아니할 것이요 또 그들을 내 손에서 빼앗을 자가 없느니라"고 말씀하셨고, 사도 바울 역시 로마서 8장 38절에서 "내가 확신하노니 사망이나 생명이나 천사들이나 권세자들이나 현재 일이나 장래 일이나 능력이나 높음이나 깊음이나 다른 어떤 피조물이라도 우리를 우리 주 그리스도 예수 안에 있는 하나님의 사랑에서 끊을 수 없으리라"고 확신 가운데서 고백하였던 것이다.

따라서, 이 세상에 태어난 모든 사람들은 한 사람도 예외 없이 영생을 누리든지 아니면 저주와 멸망 가운데서 살게 되든지 둘 중 한 상태에 들

---

10) D. Martyn Lloyd-Jones, 제1권, p. 80.

어가게 되어질 것이지만, 본문의 말씀 그대로, 성부 하나님께서 성자 예수님에게 주신 모든 믿는 자들은 한 사람도 예외 없이 영원한 생명을 누리게 되어지고 그 영생을 잃어버리는 일이 결단코 일어나지 않는다는 사실을 주님의 기도는 명백하게 가르쳐 주고 있다.

(3) 영생은 유일하신 참 하나님과 그의 보내신 자 예수 그리스도를 아는 것임을 말씀해 주셨다.

본문 3절에 "영생은 곧 유일하신 참 하나님과 그가 보내신 자 예수 그리스도를 아는 것이니이다"라고 말씀하고 있다. 20세기 최고의 강해설교자로 알려졌던 영국의 마틴 로이드 존스는 본문에서 말하는 영생은 "바로 오늘 이 시점에서 활용 가능한 것이며, 이 세상에서 우리의 남은 인생 동안 계속될 것이며, 그것은 죽음과 무덤을 넘어서 영원까지 이어지는 생명"이라고 말을 하면서 "하나님과 동행하고 하나님의 생명을 함께 나누고 하나님과 친밀히 사귀는 삶, 이것이 바로 영생이다"라고 설명을 한 바가 있다.[11] 레이몬드 E. 브라운 역시 영생을 가져다 주는 지식은 역사 가운데 일어났던 그리스도의 죽음과 부활로 말미암아 주어지며, 이 지식이 사람들을 자유하게 하고(요 8:32), 성부 하나님께서 아들에게 주신 모든 사람들이 이 세상에 있는 동안에 이 영생이 주어진다고 말하고 있다.[12]

왜 예수님께서 "영생은 유일하신 참 하나님과 그의 보내신자 예수 그리스도를 믿는 것이니이다"라고 말씀하지 아니하시고 "아는 것이니이다"라고 말씀하신 이유가 무엇인가? 참된 믿음은 아는 것임을 말씀해 주고

---

11) Ibid., pp. 187, 204.
12) Raymond E. Brown, *The Gospel According to John(XIII-XXI)*(요한복음 II), 최흥진 역, CLC, 2013, pp. 1448-1449.

있다. 여기에 아는 것은 단순한 지식적인 앎이 아니라 개인적이 친밀한 경험적인 앎을 말하고 있다. 주경신학자 안드레아스 케스텐버거(Andreas J. Köstenberger)는 "하나님과의 교제 가운데서 살아가는 것(living in fellowship with God)"이 바로 안다는 것의 의미라고 설명하고 있다.[13] 마틴 로이든 존스는 본문에서의 안다는 것은 "단순히 하나님의 실존과 존재를 믿는 것일 뿐만 아니라 그 하나님이 우리 안에서 살고 계시는 분으로 안다"는 것을 의미하는 것으로 설명한 바 있다.[14] 따라서 안다는 것은 "내 안에 사시는 하나님과의 친밀한 교제의 삶"을 가지는 것을 의미하는 것으로 현재 가정법으로 되어있어 이런 앎이 계속적인 행위임을 암시해 주고 있다.[15] 콜린 G. 크루즈(Colin G. Kruse)도 "영생은 하나님을 아는 것이지만 구약성경에서와 같이 이 지식은 단순히 하나님에 대한 정보를 아는 것이 아니다. 영생은 응답과 순종 및 교제를 포함하여 하나님과 어떤 관계를 가지는 것"으로 규정하면서 "지금 경험되면서 부활 때에 완성되는 영생으로 표현된다"고 말하고 있다.[16]

그러면 영생은 누구를 아는 것인가? 하나님을 유일하신 하나님으로 아

---

13) Andreas J. Köstenberger, *Baker Exegetical Commentary on the New Testament: John* (Grand Rapids: Baker Academic, 2004), p. 488.
14) D. Martyn Lloyd-Jones, 제1권, p. 186.
15) Raymond E. Brown, *The Gospel According to John(XIII-XXI)(요한복음 II)*, 최흥진 역, CLC, 2013, p. 1431.
16) Colin G. Kruse, *Tyndale New Testament Commentaries: John,* Vol 4. (England: Inter-Varsity Press, 2003), p. 114. 크루즈는 예수님의 사역은 영생의 사역이며(요 10:10, 16:33) 이 영생을 부여하는 사역은 예수님이 자신의 생명을 그 수혜자들을 위해 버리는 것을 필요로 하였고(요 6:51, 10:11, 15), 이 영생은 그의 말씀을 통하여 수혜자들에게 중재된다(요 5:24, 6:63, 68)고 설명하면서, "인간의 관점에서 볼 때, 예수님이 그의 말씀을 통하여 자신을 드러내실 때 그를 믿으면 영생을 얻는다(요 3:15-16, 36, 6:40, 47, 20:31). 하나님의 관점에서 볼 때 사람들은 '혈통으로나 육정으로나 사람의 뜻으로 나지 아니하고 오직 하나님께로부터 난 자들'이기 때문에 영생을 얻는다 (요 1:13)"라고 적절히 설명하고 있다. Ibid., pp. 114-115.

는 것임을 말씀하고 있다.17) 성경이 말하는 하나님 외에 하나님은 존재하지 않는다는 것이다. 오늘날 종교다원주의 사상이 잘못되었다는 사실을 지적해 주고 있다. 또한 성경이 말하는 하나님만이 참된 하나님이심을 믿어야 한다는 것이다. 여기에 "참"이라는 단어는 "알레디노스"라는 단어로서 "가짜의, 불완전한"이라는 단어의 반대 형용사이다. 우상과 같은 가짜가 아니라 살아계신 진짜 하나님, 완전하신 하나님이심을 믿어야 한다는 것이다. 시편 115편 3절에 "오직 우리 하나님은 하늘에 계셔서 원하시는 모든 것을 행하셨나이다"라고 성경이 말씀하고 있는 이 하나님은 살아 역사하시는 능치 못하심이 없는 모든 것을 행하시는 권능의 하나님이신 것을 분명히 말씀하고 있다.

그러나 이와는 반대로 이 세상에는 눈에 보이는 우상의 형태로 만들어 놓은 가짜 신(神)인 우상들이 얼마나 많은가? 이런 우상들의 정체에 대하여 성경은 폭로하기를 시편 115편 4절 이하에 "그들의 우상들은 은과 금이요 사람이 손으로 만든 것이라 입이 있어도 말하지 못하며 눈이 있어도 보지 못하며 귀가 있어도 듣지 못하며 코가 있어도 냄새 맡지 못하며 손이 있어도 만지지 못하며 발이 있어도 걷지 못하며 목구멍이 있어도 작은 소리조차 내지 못하느니라 우상을 만드는 자들과 그것을 의지하는 자들이 다 그와 같으리로다"라고 경고하고 있다.

이렇게 우상의 실상을 드러내 보여주면서 바로 이어서 시편 115편 9절에 "이스라엘아 여호와를 의지하라 그는 너희의 도움이시요 너희의 방패시로다"라고 말씀하고 있는 것을 볼 수 있다. 그러므로 이런 위대하시고

---

17) 레이몬드 E. 브라운은 "요한에 있어서, 하나님을 아는 것은 지적인 문제가 아니라 하나님의 계명에 순종하는 삶이며 동료 그리스도인들과의 사랑의 교제를 포함한다(요일 1:3, 4:8, 5:3). 이것은 직접적인 경험과 친밀함을 뜻하는 히브리어 동사 '안다'와 일치한다"고 말하고 있다. Raymond E. Brown, *The Gospel According to John(XIII-XXI)(요한복음 II)*, 최흥진 역, CLC, 2013, p. 1448.

엄위하시고 전능하신 하나님이 살아계심을 믿고 그 하나님께 믿음으로 나아가야 함을 성경은 말씀하고 있다. 히브리서 11장 6절에서도 "하나님께 나아가는 자는 반드시 그가 계신 것과 또한 그가 자기를 찾는 자들에게 상주시는 이심을 믿어야 할지니라"고 말씀하고 있다. 이런 하나님을 바로 알고 그 하나님께만 경배하고 다만 그를 섬기라고 누가복음 4장 8절에서는 분명히 말씀해 주고 있다.

그 다음으로 성부 하나님께서 보내신 자 예수 그리스도를 알아야 한다고 말씀하고 있다. 예수라는 이름은 구원자라는 뜻을 가지고 있다. 그리스도라는 직명은 기름부음을 받은 자, 즉 우리의 대제사장이 되시고, 만왕의 왕이 되시고, 대선지자가 되셔서 사람들을 하나님께로 인도해 주시고 그 사람들에게 하나님의 생명을 주시는 특별한 사역을 하도록 기름 부으심을 받으신 분이 바로 예수님이신 것을 믿고 그 예수님을 아는 것이 바로 영생인 것을 말씀하고 있다. 그래서 예수님께서는 요한복음 10장 28절에서 "내가 그들에게 영생을 주노니 영원히 멸망하지 아니할 것이요 또 그들을 내 손에서 빼앗을 자가 없느니라"고 친히 말씀하신 것이다.

성경은 예수 그리스도를 통하지 않고서는 하나님 아버지께로 올 자가 없다고 분명히 말씀하고 있다(요 14:6). 영국의 강해설교자 마틴 로이드 존스는 "예수 그리스도로 말미암지 않고, 그리스도를 통하지 않고는 그 누구도 하나님을 아는 참된 지식을 얻을 수 없다. 이것이 기독교의 본질적 원리이며, 이 구절에 담긴 의미이다"라고 말하고 있다.[18] 요한복음 1장 18절에 "본래 하나님을 본 사람이 없으되 아버지 품속에 있는 독생하신 하나님이 나타내셨느니라"는 말씀 그대로 독생하신 하나님이신 예수님이 하나님을 우리에게 온전히 보여주셨을 뿐만 아니라 우리로 하여금 그 하나님을 알고 그 분과 영적으로 교제할 수 있도록 모든 죄의 장벽을

---

[18] D. Martyn Lloyd-Jones, 제1권, p. 289.

십자가의 보혈로 친히 제거해 주셨다는 사실을 믿어야 한다.

한 걸음 더 나아가, 예수님은 고린도전서 15장 22절에 "아담 안에서 모든 사람이 죽은 것같이 그리스도 안에서 모든 사람이 삶을 얻으리라"는 말씀 그대로 인류의 시조 아담의 범죄 타락으로 인해 죽음에 처하게 되어진 인간에게 영원한 생명을 얻게 해 주시는 구주가 되심을 믿고 영접하게 될 때에 이 영원한 생명을 충만히 누릴 수 있음을 성경은 말씀하고 있다.

그러면, 영생을 가진 자의 삶의 특징이 무엇인가? 영생을 가진 자는 하나님과의 교제의 시간을 기뻐하는 삶을 살게 되어지고, 하나님의 말씀을 읽고 묵상하는 시간을 즐거워하며, 그 삶 속에 예수님의 생명의 특징들인 성령의 9가지 열매들을 지속적으로 맺게 되어지는 그리스도인의 삶을 살게 되어진다. 갈라디아서 5장 22절과 23절의 성령의 9가지 열매들은 "그리스도의 전기 중에서 가장 짧은 것"이라는 말이 있듯이,[19] 예수님의 삶은 생명이 충만한 삶으로 그 삶 속에 성령의 9가지 열매들이 풍성히 맺어졌던 것을 복음서의 말씀이 가르쳐 주고 있다. 그래서 이제는 이 세상을 주님의 마음을 가지고 영적으로 바라보면서, 이 세상에서는 영적 순례자이며 체류자로서 장차 우리에게 나타날 그 영광에 삶의 초점을 맞추면서 사명자의 삶을 살아가는 자가 바로 영생을 가진 자이다.

4. 그리스도인의 정체성

영국의 강해설교자였던 마틴 로이드 존스는 "그리스도인이 당하게 되는 주요 고통은 그리스도인의 신분에 관한 진리를 깨닫지 못하고 있기 때문이다. 즉 우리가 누구이며, 어떤 존재이며, 어떤 존재로 있어야 하며,

---

19) Ibid., p. 211.

어떤 일을 위하여 부르심을 받았는지를 인식하지 못하고 있기 때문이다"라고 그리스도인이 자신의 정체성에 대한 명확한 인식을 가져야 함을 강조하고 있다.[20] 즉, 그리스도인으로 부름받은 자는 하나님의 자녀인 동시에 그리스도의 대사이며 그리스도와 함께 한 후사로서 그리스도께서 자신을 통해서 영광을 받도록 하는 것이 자신의 사명인 것을 바로 인식하는 것이 죄와 악을 이기고 모든 시험을 극복할 수 있는 출발점이 되어진다는 것이다.

주님의 기도는 그리스도인의 정체성에 대하여 그리스도인은 그리스도를 영화롭게 해야 할 존재로서 부르심과 구속함을 받았고 이 세상에 존재한다는 사실을 언급하면서(요 17:10), 다음 5가지로 가르쳐 주고 있다.

(1) 주님의 소유로 구별되어진 자(요 17:6)

그리스도인들은 본문 6절에서 주님이 말씀하신 것과 같이 "세상 중에서 내게 주신 사람들"인데 성부 하나님께서 창세전에 택하신 자들로 하나님께서 그의 독생자 예수 그리스도에게 주신 백성들임을 밝혀주고 있다. 이를 실제로 17장에서 7번이나 반복해서 언급하고 있다(2, 6절에서 두 번, 7, 9, 10, 24). 이처럼, 그리스도인들은 이 세상에 태어나기도 전에 하나님께로부터 택하심을 받았으며, 주님께 드려진 자들로서 주님의 특별한 관심과 사랑의 대상임을 구체적으로 표현해 주고 있다.

이와 같이, 그리스도인은 주님의 소유로 구별되어진 자이므로 그리스도의 원수들의 특별한 표적이 되어져 있기에 주님은 악한 자로부터 보전해 줄 것을 성부 하나님께 기도하셨고(15절), 따라서 그리스도인은 이 세상에서 영적 전투적 삶을 살아가야 하는 자들임을 성경은 가르쳐주고 있

---

20) Ibid., p. 336.

다(행 20:29-30, 엡 6:12, 벧전 5:8). 그러므로 그리스도인은 모든 사람들 중에서 강력한 영적 대적을 직면해야 하는 자이며 이 영적 전투에서 승리하기 위해서는 공중의 권세잡은 자 사탄이 지배하는 세상을 사랑해서는 안 된다고 성경은 경고하고 있다(요일 2:15-16).

특별히, 주님의 대제사장적인 기도 가운데서도 11절에서 23절까지 세상이라는 표현이 13번이나 나타나고 있는데 여기에 "세상"이란 표현은 이 시대의 세속적인 사고이며, 비성경적인 세계관이며, 전체적 구조를 의미하는 것으로 하나님을 인정하지 아니하고 하나님께 복종하지 아니하는 대적들과 삶의 모든 것을 의미한다.[21] 이런 세상의 유혹과 핍박과 공격이 있기 때문에 주님은 11절과 15절에서 악에 빠지지 않게 성부 하나님께서 보호해 주실 것을 간구하셨고, 그리스도인이 시험에 들지 않도록 영적으로 깨어있어야 할 것을 친히 말씀해 주셨던 것이다(눅 21:34-36, 22:45-46).

더 나아가, 주님은 그리스도인이 주님의 소유로 구별된 자이기에 본문 16절에서 "세상에 속하지 아니한 자"로서의 그리스도인의 정체성을 더 구체적으로 명확하게 밝혀주고 있다. 그러나 주님은 자신의 소유로 구별되어진 자들을 이 세상에서 즉각적으로 천국에 데려가 달라고 간구하지 아니하신 것은 소금과 빛으로서의 특별한 사명을 주어서 이 세상에 파송되어졌기 때문이며, 부르신 자들의 점진적인 성화를 위해서 이 세상에서의 삶이 요청되어지기 때문임을 본문이 밝혀주고 있다(요 17:17-18). 이 점에서 본문은 수도원적인 은둔주의는 잘못된 사상임을 깨우쳐 주고 있는데, 이 사상은 그리스도인이 스스로 자신을 세상에서 격리시켜 이 세상에서 지켜주시고 역사하시는 하나님의 은혜와 능력을 신뢰하지 아니하는 불신앙의 사상인 것임을 알 수 있다.

---

21) Ibid., p. 401.

이처럼, 그리스도인은 이 세상에 속한 자들이 아니라 이 세상에서 주님의 소유로 구별되어진 자들이기 때문에, 때로 낙심되어지는 일들이 일어난다고 할지라도 "하나님을 사랑하는 자 곧 그 뜻대로 부르심을 입은 자들에게는 모든 것이 합력하여 선을 이루느니라"는 로마서 8장 28절의 말씀의 약속 그대로 하나님의 선하신 섭리에 의해서 불행스럽게 보이는 것들도 유익한 것들로 바뀌게 되어지는 역사가 일어나게 되는 것이다. 왜냐하면 주님의 부르심을 받고 주님의 것으로 인치심을 받은 자들은 주님의 절대적인 보호의 손 안에 있기 때문에 그 누구도 우리를 멸망과 파멸과 불행의 자리로 끌고 갈 수 없다는 사실을 성경이 말씀해 주고 있기 때문이다(롬 8:35-39).

(2) 하나님의 말씀을 받고 지키는 자(요 17:6,8)

주님은 마지막 기도 가운데서 부르심을 받은 그리스도인은 하나님의 말씀을 받고 지키는 자인 것을 말씀해 주셨다. 본문 8절에 "나는 아버지께서 내게 주신 말씀들을 그들에게 주었사오며 그들은 이것을 받고"라고 말씀하셨고, 본문 6절 마지막부분에서는 "그들은 아버지의 말씀을 지키었나이다"라고 말씀하고 있다. 8절에 "이것을 받고"라는 말씀은 하나님의 말씀을 자신의 것으로 받아들이고 붙들었다는 의미를 가지고 있다.

예수님을 따르는 참된 제자는 하나님의 말씀을 건성으로 듣고 그냥 흘려 버리고 마는 것이 아니라 그 하나님의 말씀을 사모하는 마음으로 겸손히 받아 자신의 것으로 굳게 붙잡는 사람이고 한 걸음 더 나아가 그 말씀을 지키는 자라는 것이다. 순회성경연구교사로 유명한 A. W. 핑크는 "우리의 믿음이 강해지고 깊어지고 성장하게 되려면 하나님의 말씀에 부지런히 귀를 기울이고 그 말씀을 기도하는 자세로 묵상하며, 또 그 말씀을 개인적으로 적용시킴으로써 가능하게 된다"라고 말을 한바가 있다.[22] 대제사장으로 이 땅위에 오신 예수님은 비록 제자들의 실패와 결점과 미성숙의 부분들을 알고 계셨지만 미래에 온전히 변화되어질 그들의 성숙한 모습을 예견하시면서 인정하시는 말씀을 하셨다는 것은 참으로 위로와 소망을 주는 말씀이 아닐 수 없다.[23]

여기에 "아버지의 말씀을 지키었나이다"라는 동사는 "테레오"라는 단어로서 보존과 준수의 의미를 가지고 있는데, 하나님의 말씀을 먼저 내 마음 속에 잘 저장해 두면서 그 말씀의 다스림을 받는 순종의 삶을 살아가는 것을 의미하는 것이다. 먼저 하나님의 말씀이 내 마음 속에 잘 보존이 되어져야 그 말씀을 준수하는 순종의 열매를 맺게 되어지고 그 말씀의 다스림을 받는 복된 삶을 살아가게 되어지는 것이다.

어떤 사람이 주님을 사랑하는 사람인가? 라는 물음에 주님께서는 요한복음 14장 23절에서 "예수께서 대답하여 가라사대 사람이 나를 사랑하면 내 말을 지키리니 내 아버지께서 저를 사랑하실 것이요 우리가 저에게 와서 거처를 저와 함께 하리라"고 주님의 말씀을 지키는 자임을 분명히 말씀하시면서 이러한 삶을 살아가는 자에게 놀라운 축복을 약속해 주셨다. 마틴 로이드 존스는 "궁극적으로 그리스도인이란 이 세상에서 하나님의 진리, 즉 주 예수 그리스도에 관한 진리 외에는 어느 것도 실로 중요하지 않다는 것을 깨달은 사람이다"라고 말한바 있다.[24]

---

22) A. W. Pink, op. cit., p. 59.
23) 원문성경에서는 "지키었나이다"라는 동사는 현재완료형으로 "제자들이 과거에도 하나님의 말씀을 지켰고 지금도 여전히 지키고 있다"는 것을 시사해 주고 있는 표현으로 이 대제사장적인 기도가 드려졌던 이 시점까지도 미성숙한 상태에 있었던 제자들에 대한 과분한 인정의 말씀이 아닐 수 없다.
24) D. Martyn Lloyd-Jones, 제1권, p. 328.

(3) 예수 그리스도를 알고 믿는 자(요 17:8, 25, 26)

주님께로부터 부르심을 받은 그리스도인은 예수님께서 하나님의 아들 되심을 알고, 메시야로 이 땅위에 보내심을 받은 메시야가 되심을 믿는 자인 것을 말씀해 주셨다. 본문 8절하반절에 "내가 아버지께로부터 나온 줄을 참으로 아오며 아버지께서 나를 보내신 줄도 믿었사옵나이다"라고 주님 자신이 친히 말씀해 주고 있다. 이런 주님의 제자들이었기에 주님은 이들이 땅위에서 부르심의 사명을 다 할 수 있도록 그들을 위해서 십자가를 지시기 전에 간절히 기도하셨던 것이다.

예수님 당시 유대인들은 예수님이 하나님의 아들이요 메시야로서 하나님의 보내심을 받아 하나님의 구원사역을 행하고 계신다는 사실을 믿지 않고 부인하였던 것을 복음서들이 증거해 주고 있다. 그러나 예수님의 부르심을 받은 제자들은 이 사실을 바로 알고 바로 믿었다는 것을 기도 가운데 말씀해 주고 있다. 영국의 강해설교자였던 마틴 로이드 존스는 "그리스도인은 성육신을 믿는다. … 기독교의 여러 교리들을 믿어도 이 핵심 문제를 가장 중요한 것으로 여기지 않는 사람은 그리스도인이 아니다"라고 말한 바 있다.[25]

그런데, 본문에서 "안다"는 단어는 추상적인 앎이 아니라 "생명적이고 개인적인 경험에 의한 지식"을 의미하는 단어이다.[26] 다시 말하면, 예수님이 성부 하나님의 독생하신 성자 하나님이시라는 단순한 지식적인 그런 앎이 아니라, 예수님이 하나님 되심을 삶 속에서 친히 체험하고 경험하는 이런 개인적인 지식을 의미하는 단어인 것이다.

이처럼, 요한복음에서 "안다"(ginosko)는 단어는 관계를 통한 인격적

---

[25] Ibid., pp. 320, 321.
[26] William Hendriksen, *A Commentary on the Gospel of John*(요한복음주석), 유영기 역, 아가페 출판사, 1976, p. 459.

인 앎을 의미하는 단어로서 이러한 앎은 온전한 믿음의 자리에 이르게 되어지는 결과를 가져오게 됨을 가르쳐 주고 있다. 그러므로 알지 못한다는 것은 결국 불신앙의 자리에 머물러 있음을 암시해 주고 있으며 이러한 표현들이 이 복음서에 많이 나타나고 있다(요 1:10, 4:42, 6:69, 8:19, 8:32, 10:4, 14, 14:7, 17:3, 25, 19:35). 따라서 예수님은 본문 26절에서 이러한 앎이 앞으로 계속되어질 것을 말씀해 주셨는데 이것은 예수님의 승천 이후 오실 진리의 영이신 성령의 사역으로 말미암아 이루어질 것을 암시해 주고 있다(요 16:13-15).[27]

그러므로, 그리스도인이 된다는 것은 예수 그리스도를 믿고 죄 사함을 받는다는 것만을 의미하는 것이 아니라, 그리스도인이 그 분 안에 있으며 그 분이 그리스도인 안에 사시고 이제는 예수님의 한 부분이 되었기에 그 분이 주관하시는 삶의 영적 체험과 앎이 성령을 통하여 지속적으로 발생되어지는 자임을 성경이 가르쳐 주고 있다(요 15:7, 롬 8:1, 갈 2:20, 고후 5:17, 빌 3:10-13, 골 1:9, 벧후 3:18).

(4) 지키심을 받는 자(요 17:11-12)

주님은 자신의 기도 가운데서 본문 12절에 "내가 그들과 함께 있을 때에 내게 주신 아버지의 이름[28]으로 그들을 보전하고 지키었나이다"라고

---

[27] J. Ramsey Michaels, *The New International Commentary on the New Testament: The Gospel of John* (Grand Rapids: Eerdmans, 2010), p. 882.
[28] "이름은 그것이 가리키는 사람을 권위적으로 대표하기 때문에 그 인격 안에 나타나 있는 하나님의 권세를 의미한다." Merrill C. Tenney, *The Expositor's Bible Commentary: John, Acts*(엑스포지터스 싱경연구 주석: 요한복음, 사도행전), 기독지혜사, 1982, p. 247. "구약에서 하나님의 이름은 하나님의 성품을 지시할 뿐만 아니라, 하나님 능력을 지시하기도 한다." F.F. Bruce, *The Gospel of John* (Grand Rapids: Eerdmans, 1983), p. 577.

성부 하나님께 기도하셨다. 여기에 "보전한다"는 동사는 테레오(teleo)라는 단어로서 단 한 마리의 양도 길을 잘못 들어 잃어버리는 일이 발생되지 않도록 자기 양떼를 돌보는 포괄적인 의미를 가지고 있다면, "지키었나이다"라는 동사는 피라소(phulasso)라는 단어로서 적들의 공격으로부터 보호한다는 의미를 가지고 있다. 이와 같이, "우리 주님은 이 세상과 악한 마귀가 우리를 공격하지 못하도록 막아 주실 뿐만 아니라, 끊임없이 우리를 지키시며 주시하고 계신다. 우리 주님은 우리가 안전과 번영을 잃지 않도록 소극적으로 막아주시며 동시에 적극적으로 돌보아 주신다."29)

이제 제자들의 곁을 떠나가고자 하시는 주님은 자신이 보호하고 지켰던 그들을 성부 하나님께 의탁하시는 기도를 하신 것은 주님이 얼마나 택하신 자들을 사랑하시고 그들의 복된 삶에 대하여 지극한 관심을 가지고 계신다는 사실을 보여주고 있다. 이것은 예수님께서 자신의 공생애 기간 중에 부르신 제자들에게 영적 진리의 구체적인 내용들을 친히 가르치셨고, 그들로 하여금 세상에서 어떻게 살아가야 할 것을 몸소 보여 주셨을 뿐만 아니라, 필요할 경우에는 꾸짖기도 하시고 또한 경고의 말씀을 주시므로 장차 발생되어질 환난과 위험에 잘 대처하도록 준비시키셨던 것에서 드러나고 있다(눅 8:4-15, 11:1-4, 13:1-5, 17:1-4, 22:31-34).

그러나 예수님의 이 지키심에서 제외된 자가 바로 멸망의 자식인 가룟 유다임을 언급하심으로 유다는 믿음으로 거듭나지 못한 자로서 성부 하

---

29) D. Martyn Lloyd-Jones, 제 1권, p. 385. 본문 12절에서 예수님께서 사용하신 2가지 다른 단어인 보존(tereo)과 지킴(phulasso)에 대하여, 존 맥아더(John MacArthur)는 "첫 번째 단어는 제지(restraint)에 의한 보호를 말하며, 잃지 않도록 간직하고 경계하는 의미를 가지고 있다. 이는 자주 요한복음에서 하나님의 말씀과 계명들을 지키는 것을 언급하는데 사용되고 있다. 두 번째 단어는 외부의 위험들로부터의 보호를 가리킨다. 이는 자신의 집을 파수하는 강한 자를 묘사하기 위하여 누가복음에서 사용되어지는 보호의 행동이다(눅 11:21)"라고 설명하고 있다. John MacArthur, *The MacArthur New Testament Commentary: John 12-21* (Chicago: Moody Publishers, 2008), p. 278.

나님께서 주신 자가 아님을 분명히 드러내 보여주셨다. 이는 앞으로 일어날 일을 정확하게 아는 능력이 있음을 제자들에게 보여주심으로 예수님의 신성을 나타내 보여주신 것이다(요 6:70-71, 13:11, 18, 26-30). 유다는 사탄의 지배를 받고 있었고 영적으로 눈이 멀어 진리의 말씀을 바로 깨닫지 못하였던 비그리스도인으로 주님의 지키심의 대상이 아니었던 것이다(요 6:70).

마틴 로이드 존스는 "그리스도인과 비그리스도인의 차이는 그리스도인이 남들보다 더 착하게 산다거나, 성경을 더 많이 안다거나, 좋은 것들을 더 많이 안다는 것이 아니다. 가룟 유다는 그 모든 것을 알고 있었다. 어쩌면 3년 동안은 겉으로는 착한 사람처럼 살았을지도 모른다. 그러나 개인을 그리스도인 되게 하는 것은 거듭남이다. 거듭난 사람은 신의 성품을 받았으며 살아계신 하나님의 영이 그 안에 거하신다"라고 적절히 언급하고 있다.[30] 예수님은 가룟 유다를 제외하고 오직 하나님께 속한 사람들만을 위해 기도하셨고 지금도 기도하고 계신다. 그러므로 지키심을 받고 있는 그리스도인은 그 누구도 그 어떤 세력도 두려워할 이유가 전혀 없다. 왜냐하면 하늘과 땅의 모든 권세를 가지신 주님의 강한 팔이 보호하고 있기 때문이다.

(5) 보내심을 받은 자(요 17:18)

예수님께서는 본문 18절에서 "아버지께서 나를 세상에 보내신 것 같이 나도 그들을 세상에 보내었고"라고 기도하심으로 주님의 소유로 구별되어진 그리스도인은 주님처럼 이 세상에 사명을 가지고 보내심을 받은 자임을 친히 말씀해 주셨다. 이는 예수님께서 부활하신 이후에 제자들을 만

---

[30] D. Martyn Lloyd-Jones, 제 1권, p. 394.

났을 때에 요한복음 20장 21절에서 "아버지께서 나를 보내신 것같이 나도 너희를 보내노라"고 파송의 말씀을 하신 것으로 뒷받침되어지고 있다. 이 말씀에 이어 부활하신 예수님은 제자들을 향해서 "성령을 받으라"고 명령하셨는데(요 20:22), 이는 파송받은 자가 사명을 다하기 위해서는 성령님의 도우심과 권능을 힘입을 때에 가능하기 때문이었다. 예수님은 제자들에게 고별강화의 말씀을 하시는 가운데서 "진리의 성령이 오실 때에 그가 나를 증언할 것이요"(요 15:26)라고 성령님이 하시는 일은 예수 그리스도를 증거하게 하시는 것임을 가르쳐 주셨다.

예수님의 말씀 그대로 오순절 날에 성령님이 강한 권능으로 제자들에게 강림하심으로 예수 그리스도를 증거케 하는 놀라운 복음전파의 역사가 일어나게 되어졌음을 사도행전이 이를 보여주고 있다. 성령님이 내주하시는 성숙한 그리스도인은 자기 자신에 대하여 말하지 아니하고 언제나 자신을 이 세상에 보내신 예수 그리스도에 대하여 증거하는 삶을 살아가게 되어진다. 그래서 사도 바울처럼 "이제는 내가 사는 것이 아니요 오직 내 안에 그리스도께서 사시는 것이라"(갈 2:20)고 주님이 하신 사역을 본받아 하게 되는 그리스도의 삶을 살아가게 되어지는 것이다.

이렇게 보내심을 받은 자로서의 삶을 살아가기 위해서는 먼저 하나님의 말씀으로 거룩하게 되어지는 성화가 뒷받침이 되어져야 한다는 것을 본문 17절과 19절이 암시해 주고 있다. 그리스도인이 주님을 닮은 성화가 이루어지지 아니할 때 보내심을 받은 자로서의 역할과 사명을 다할 수가 없기 때문이다. 이런 그리스도인들의 성화를 위하여 주님께서 자신을 거룩하게 하시는 십자가상에서 죽으시는 희생제물이 되셨다는 것을 19절에서 분명히 가르쳐 주고 있다.[31]

---

[31] 박윤선, *성경주석: 요한복음*, 성문사, 1958, p. 580.

그래서 디도서 2장 14절에 "그가 우리를 대신하여 자신을 주심은 모든 불법에서 우리를 속량하시고 우리를 깨끗하게 하사 선한 일을 열심히 하는 자기 백성이 되게 하려 하심이라"고 주님께서 십자가의 희생제물이 되신 것은 우리를 구원하시고 우리를 성화시키셔서 하나님이 기뻐하시는 선한 일 즉 세상에 보내신 사명을 다하도록 하시기 위함인 것을 말씀하고 있다. 그러므로 그리스도인은 성부 하나님께서 성자 예수님을 세상에 보내신 것같이, 그리스도께서 보내심에 감사하면서 그리스도를 닮은 자, 그리스도의 대변자로서 삶을 살아가야 함을 예수님의 기도가 일깨워주고 있다.

5. 교회의 5가지 표지

존 스토트는 요한복음 17장은 주님의 백성들이 (1) 진리 (2) 거룩함 (3) 선교 (4) 연합의 4가지 특징을 가지고 있다고 설명하고 있지만,[32] 본고에서는 5가지 표지로 구분하는 것이 본문 전체의 내용에 보다 적합한 것으로 판단하여 다음과 같이 살펴보고자 한다.

(1) 기쁨(요 17:13): 진리 안에서의 기쁨

주님은 이제 사랑하는 제자들을 떠나 성부 하나님께로 돌아가시려고 하는 시간이 도래했음을 아시고, 마지막 십자가의 고통과 수치를 한 몸으로 당해내셔야 하는 고난의 때를 앞두고 드린 대제사장적인 기도 가운데서 제자들의 참된 행복에 관심을 보이시면서 그들에게 주님 자신에게 있

---

32) John R. W. Stott, *The Contemporary Christian: Applying God's Word to Today's World* (England: IVP, 1992), p. 261.

었던 참된 기쁨을 충만히 소유할 수 있기를 간절히 기도하셨다.

더욱이, 이 기도에 앞서 제자들에게 주신 고별강화(요 13-16장) 가운데서도 이 기쁨에 대해서 반복적으로 말씀해 주셨다는 것은 주님 자신이 이 기쁨에 대하여 지대한 관심을 가지고 있었음을 보여 주고 있다(요 14:28, 15:11, 16:20-24). 또한 이 대제사장적인 기도 가운데서 세상 중에서 주님께 주신 자들이 멸망하지 않도록(요 17:12), 그리고 악에 빠지지 않도록(요 17:15) 하나님의 보호하심에 대한 주님의 간구는 제자들이 모든 슬픔을 이기고 충만한 기쁨을 소유하게 하는 원천이 되어짐을 알 수 있다.

사도 바울도 감옥 속에서 기록한 빌립보서 4장 4절에서 "주 안에서 항상 기뻐하라 내가 다시 말하노니 기뻐하라"고 기쁨에 초점을 맞추어 서신을 기록했을 뿐만 아니라, 사도 요한도 요한 1서 1장 4절에서 "우리가 이것을 씀은 우리의 기쁨이 충만하게 하려 함이라"고 서신 기록의 목적이 기쁨의 충만 임을 분명히 하므로 이 기쁨은 그리스도인과 교회의 두드러진 표지가 되어져야 함을 일깨워주고 있다.

그리스도인은 자신의 모든 죄가 그리스도의 대속의 사역으로 용서받았다는 사실을 알고 기뻐할 때 주님께서 영광을 받으시기에 이 기쁨이 교회의 첫째 되는 표지가 되어져야 한다. 왜냐하면 이것이 바로 그리스도께서 구속사역을 완수하셨다는 사실을 입증하는 구체적인 증거가 되어지기 때문이다. 마틴 로이드 존스는 "우리 그리스도인들이 더 많이 즐거워할수록 우리는 그리스도를 더 많이 영화롭게 한다. 그리스도께서는 그 모든 고통과 수치를 견뎌내야 함에도 불구하고 즐겁게 사셨다. 우리의 삶에 기쁨이 많으면 많을수록 우리는 더욱 그리스도를 영화롭게 하는 것이다"라고 말하고 있다.[33] 그는 그리스도인은 영원만을 위하여 구원받은 것이 아니라

---

[33] D. Martyn Lloyd-Jones, 제1권, p. 360.

이 세상에서 그 축복들을 누리면서 살도록 하기 위함인데 이 죄악 세상에서 행복이나 기쁨을 누리며 살아가는 측면을 훼손해서는 안 된다는 사실을 지적하고 있다.34)

예수님은 자신이 친히 드린 기도 가운데서 "내가 세상에서 이 말을 하옵는 것은 그들로 내 기쁨을 그들 안에 충만히 가지게 하려 함이니이다"(요 17:13)라고 언급하신 것은 주님이 하신 말씀이 참된 기쁨의 원천이 되어짐을 암시해 주고 있다. 마틴 로이드 존스는 "이 말을 하옵는 것"에서 이 말이란 "예수님이 밝혀주신 위대한 교리로, 하나님이 자기의 백성을 소유하고 계신다는 것, 창세 전에 하나님이 친히 자기 백성을 구별하여 소유하셨다는 것, 그리고 하나님이 그들을 그리스도께 주셨다는 것"으로 설명하면서 기쁨을 얻는 방법은 주님의 말씀을 깊이 묵상하는 것이라고 말하고 있다.35)

이와 같이, 주님의 기도는 주님 자신이 이 땅위에 오신 것이 그리스도인들로 하여금 이 기쁨을 소유하도록 하시기 위함임을 밝혀주고 있다. 이 기쁨은 육신적 쾌락이나 환경에 의해 좌우되는 세속적인 유한된 기쁨이 아니라 주님이 친히 느끼시는 참된 기쁨으로 십자가를 참아낼 수 있는 기쁨(히 12:2)이며, 주변의 사람들의 연약함과 배반을 견뎌낼 수 있는 기쁨(요 16:31-32)이고, 환경이나 사건을 완전히 초월하는 영적인 기쁨으로 성령께서 주시는 축복인 것이다(눅 10:21, 살전 1:6). 더욱이, 이 기쁨은 그리스도인의 구원이 자신의 노력여하에 달려있는 것이 아니라 전적으로 주님께 달려 있으며, 그 누구도 그리스도 예수 우리 주 안에 있는 하나님의 사랑에서 끊을 수 없다는 사실을 아는 자만이 가질 수 있는 기쁨이다(롬 8:38-39). 그러므로 그리스도인과 교회에 이 기쁨이 없다고 할 때 주

---

34) Ibid., pp. 367-368.
35) Ibid., pp. 376, 378.

님과 그가 하신 사역을 모독하는 행위가 되어질 수밖에 없는 것이다. 따라서 그리스도인이 이 세상에서 기쁘게 살아가는 것은 주님의 명령이며, 주의 영광을 위해서 교회와 그리스도인이 해야 할 거룩한 의무이다.

(2) 거룩(요 17:14-17): 진리로 인한 성화

그리스도인은 세상과 구별되었다는 것을 다른 사람들에게 보여줌으로써 주님을 영화롭게 하기 위하여 부르심을 받은 자임을 본문이 가르쳐 주고 있다. 그러므로 세상이 그리스도인을 보는 순간 그리스도가 생각나게 하는 삶을 살아가야 한다는 것이다. 그리스도인이 이 세상에서 구별되었다는 사실 자체가 그리스도의 능력의 증거이다. 왜냐하면 그 분의 능력이 아니고서는 죄로 인하여 오염되고 망가진 이 세상의 정신 상태에서 빠져 나올 수 없기 때문이다.

그리스도인은 "하나님께로서 난 자들"(요 1:13)이며 "물과 성령으로 난 자들"(요 3:5)이며 "세상에서 택함을 받은 자들"(요 15:19)이기에 세속적인 가치관과 그에 지배를 받는 삶을 따르지 아니하고 성경적인 가치관을 따라 새로운 피조물로서의 구별된 삶을 살아가므로 하나님을 영화롭게 한다. 존 스토트는 "예수님은 우리가 그 분과 같이 '세상에 속하지 아니하면서'(14절), 즉 세상에 속하지도 않고 세상의 방식을 따라가지도 않으면서, '세상에 살도록'(11절) 부르신다"라고 말한다.[36]

마틴 로이드 존스는 본문 17절과 19절에서 사용된 "거룩하게 하다"(hagiazo)는 첫째로 "하나님과 하나님을 섬기기 위하여 따로 구별하다"는 의미와 두 번째로, 적극적인 의미로서 "어떤 물건이나 사람이 하나님

---

36) John R. W. Stott, *The Contemporary Christian: Applying God's Word to Today's World* (England: IVP, 1992), p. 263.

께 전적으로 드려지거나 혹은 그의 쓰임에 바쳐진다"는 두 가지 의미를 가지고 있다고 언급하면서 19절의 "거룩하게 하다"는 동사의 의미는 두 번째의 의미로 사용되어진 것이며, 17절의 "거룩하게 하다"는 동사는 두 가지 의미를 다 포함하는 것으로 설명하면서 17절은 그리스도인의 성화를 언급하는 것으로 말하고 있다.[37]

그러므로 본문 17절은 주님을 닮아가는 성화의 도구가 바로 하나님의 말씀의 진리임을 밝혀주고 있다. 레온 모리스(Leon Morris)는 "성화는 하나님의 계시를 떠나서는 구현되지 않는다"라고 설명하고 있으며,[38] 레이몬드 E. 브라운도 "진리는 거룩하게 하는 힘일 뿐만 아니라 그들이 거룩하게 되는 영역이다"라고 말하고 있다.[39] 이처럼 하나님의 말씀은 거룩하게 하는 능력이 되어질 뿐만 아니라 이 하나님의 말씀 안에 거할 때 이 말씀의 다스림을 받음으로 성화의 자리에 나아가게 됨을 보여주고 있다.

본문은 그리스도인과 교회의 우선적인 책무는 그리스도인이 말씀의 양식을 잘 섭취하므로 영적으로 건강한 사람으로 죄와 악의 영향과 오염과 공격으로부터 자신을 지킬 수 있는 면역력을 증대시켜 나가는 것임을 가르쳐 주고 있다. 미국의 강해설교자 제임스 몽고메리 보이스(James M. Boice)는 거룩에 이르는 첩경은 "성경을 연구하고 그 성경의 진리를 매일의 생활에 적용시킴으로 말미암는다"라고 지적하고 있다.[40] 그리스도인이 하나님의 부르심의 목적대로 쓰임을 받는 성화의 자리에 이르기 위해

---

37) D. Martyn Lloyd-Jones, *Growing in the Spirit: Classic Studies in John 17*(요한복음 강해), 제2권, 이용태 역, CLC, 2003, pp. 15-16.
38) Leon Morris, *The New International Commentary on the New testament: The Gospel According to John* (Grand Rapids: Eerdmans, 1971), p. 731.
39) Raymond E. Brown, *The Gospel According to John(XIII-XXI)*(요한복음 II), 최흥진 역, CLC, 2013, p. 1465.
40) James M. Boice, *The Gospel of John: An Expositional Commentary*(요한복음 강해), IV, 서문강 역, 크리스챤 다이제스트, 1988, p. 584.

서는 진리의 말씀을 깊이 묵상하고 성령의 도우심으로 삶에 올바르게 적용해 나갈 때에 가능하게 됨을 말해 주고 있다.

이와 같이, 주님의 피로 구속함을 받은 그리스도인은 때때로 넘어지는 경우가 있지만 하나님의 말씀의 진리로 무장하게 되어질 때, 더 이상 죄 가운데 계속 거하지 아니하고 갈수록 죄에 대해 민감하게 반응을 보이게 되어지며, 죄를 이기는 삶을 살아가므로 성화의 자리에 나아가게 되어지고 더욱 거룩한 삶을 살게 되어짐을 성경은 가르쳐 주고 있다(시 119:9-11, 갈 5:17, 요일 2:14, 3:9, 5:4,18). 그래서 그리스도인이 그 삶 속에 성령의 9가지 열매들을 풍성히 맺음으로 그리스도의 삶과 인격을 닮으면 닮을수록 더욱 예수 그리스도를 영화롭게 하는 것이다. 또한 죽음의 순간에도 영생을 주시는 그리스도께 감사하고 찬양하며 모든 것을 만민을 다스리는 권세를 가지신 주님의 손에 맡겨드리므로 하나님께 영광을 돌려드리는 자리에 나아가게 되는 것이다.

(3) 선교(요 17:18): 진리에 대한 증거

세상에서 살아가는 그리스도인은 예수님이 우리에게 모든 것이 되신다고 확언하므로 주님을 영화롭게 하는 자이며, 자기를 신뢰하거나 자기를 자랑하지 아니하고 다른 사람들의 시선을 그리스도께로 향하게 하므로 주님을 영화롭게 하고 그리스도를 떠나서는 궁극적으로 어떤 개인이나 사회의 소망도 없다는 사실을 증거하는 선교적 사명을 감당하도록 부름받은 자임을 인식하여야 한다. 왜냐하면 예수 그리스도는 이 세상에서 그리스도인들과 교회를 통해서만 영광을 받으실 수 있기 때문이다(요 17:10). 그러므로 그리스도인들과 교회는 주변의 모든 사람들이 읽을 수 있는 복음의 편지로서 그리스도의 구원의 능력을 증거 해야만 한다.

주님은 본문 17절에서 그리스도인이 진리로 거룩하게 되어져야 함을 기도하신 후에 18절에서 "아버지께서 나를 세상에 보내신 것같이 나도 그들을 세상에 보내었고"라고 그 이유를 말씀하셨다. 다른 사람들의 구원을 위하여 하나님께서는 인간의 도구인 믿는 자들을 사용하신다는 사실을 언급하신 것이다. 따라서 선교는 그리스도인과 교회가 해야 할 당연한 임무인 것을 알 수 있으며, 제대로의 선교를 위해서는 그리스도인 개인의 성화가 필요함을 가르쳐 주고 있다. 레이몬드 E. 브라운 역시 "진리 안에서의 거룩함은 단순히 죄로부터의 깨끗함이 아니라(15:3), 사명을 위한 깨끗함이다"라고 말하고 있다.[41]

본문 10절에서도 주님은 "내가 그들로 말미암아 영광을 받았나이다"라고 말씀하신 것은 그리스도인의 선교를 통하여 택한 백성들이 구원의 자리로 나오게 되어지는 것을 통하여 주님이 영광을 받으시기 때문이다. 왜냐하면 세상은 그리스도인을 통하여 주님을 알게 되고 그리스도인의 삶 속에 있는 것을 보므로 주님을 판단하고 주님께로 나아오게 되기 때문이다. 그러므로 모든 그리스도인은 전도자라는 사실을 주님의 기도는 깨우쳐 주고 있다.

이와 같이, 부름받은 그리스도인들이 복음전파의 사역을 효과적으로 수행해 나가기 위해서는 어떤 조직이나 방법 이전에 그리스도인 개개인의 성화가 우선되어져야 함을 가르쳐 주고 있다. 마틴 로이드 존스는 "사도행전이나 기독교 역사 초창기에서 보듯이 그것[전도]는 주로 그리스도인들 개개인의 영향력있는 삶의 결과였다"고 말하고 있으며,[42] 네델란드의 선교신학자 베르카일(J. Verkuyl)은 "1세기 기독교의 경이적인 확장은 한 가지 요인으로 설명될 수 있다. 즉, 군중들 가운데서 나타내 보였던 기독신자들의 매력적인 삶의 방식 때문이었다"라고 이를 지적해 주고 있

---

[41] Raymond E. Brown, *The Gospel According to John(XIII-XXI)*(요한복음 II), 최흥진 역, CLC, 2013, p. 1465.
[42] D. Martyn Lloyd-Jones, 제 2권, p. 28.

다.[43] 주님은 마지막에 드린 대제사장적인 기도 가운데서 선교에 있어서 가장 중요한 것은 부름받은 그리스도인의 성화라는 점을 인식하시고 이를 위해 기도하셨던 것이다.

시대마다 하나님의 복음전도의 놀라운 역사는 성령충만했던 한 사람 개인을 통해서 이루어졌음을 성경과 세계역사가 이를 증거해 주고 있다. 사도 바울의 선교 사역도 이러한 경우에 해당된다고 볼 수 있을 것이다 (고전 2:4-5). 효과적인 선교는 그리스도인 개인의 메시지와 삶이 일치되어질 때에 가능하게 되는데 이것을 위하여 성화가 요청되어지는 것이다. 오늘날 불신자들이 기독교에 대해 비난과 비판을 하는 중요한 이유가 바로 그리스도인의 메시지와 삶의 불일치의 간격이 크다는 사실 때문이라고 할 때, 참으로 이 성화의 문제는 교회의 선교에 핵심적인 부분이 아닐 수 없는 것이다. 이처럼, 복음전파의 관점에서 성화가 매우 중요하다는 사실을 주님의 기도는 일깨워 주고 있다.

(4) 연합(요 17:21-23): 진리 안에서의 연합

본문 21절에서 23절까지 언급하고 있는 그리스도인들의 연합은 삼위일체의 삼위 간에 갖는 연합처럼, 내적이고 신비적인 동시에 영적인 연합을 의미하는 것이지, 외적이고 조직적인 연합이 아님을 보여주고 있다. 따라서 교회의 연합은 교회의 머리되신 그리스도에게 붙어있는 몸의 지체들로서 상호 연합되어 있음을 에베소서 4장 15절과 16절은 가르쳐 주고 있다.

또한 에베소서 4장 3절도 그리스도인 상호간의 연합은 성령으로 말미

---

43) J. Verkuyl, *Contemporary Missiology: An Introduction,* Translated and edited by Dale Cooper, (Grand Rapids: Eerdmans, 1978), p. 333.

암는 영적인 연합임을 밝혀주고 있다. 마틴 로이드 존스는 "교회는 참으로 영적일 때 유일하고 참되게 연합을 경험하게 되어진다. 이러한 연합은 하나의 기계적인 연합이 아니라 성령의 연합이며 또한 평화의 결속이다. 성경이 추구하는 실제적인 연합은 성령의 연합이다"라고 적절히 말하고 있다.[44] 윌리엄 헨드릭슨(William Hendriksen)도 "하나님의 모든 자녀들의 하나됨과 거룩하신 삼위일체의 하나됨 사이에는 단순한 대조 이상의 것이 있다. 후자는 전자의 모형이 아니라 전자의 기초가 되며 전자를 가능케 해 준다"라고 역설하고 있다.[45]

요한복음 17장의 기도 가운데서 주님이 언급하신 이 연합은 주님께서 성부 하나님께로 돌아가신 후에 그의 제자들이 전파하게 될 말씀으로 인하여 이루어지는 것으로 연합의 요인은 하나님의 말씀이다(요 17:8, 20). 즉 말씀 안에서의 연합이고 말씀이 연합의 기초가 되어진다는 것이다. 선교신학자 존 스토트(John R. W. Stott)는 "그러므로 우리가 교회연합에 대해 관심을 가질 때 사도들이 전한 진리와 성령을 통한 신적인 생명을 추구하는 것보다 더 중요한 것은 아무것도 없다. … 20세기 교회들이 주로 몰두해 온 일은 구조적 연합에 대한 추구였다. 그러나 그들은 종종 진정한 연합을 이루어 주는, 그리고 그 연합이 자라게 하는 수단인 진리와 생명은 추구하지 않았다"라고 적절히 지적한 바 있다.[46]

따라서 하나님의 말씀에 부합되는 동일한 믿음과 동일한 신앙고백에 의하여 형성되는 영적인 연합만이 참된 연합이요 이것을 위해서 주님은 기도하신 것이다. 마틴 로이드 존스 역시 "우리 주님께서 관심을 가지는

---

44) D. Martyn Lloyd-Jones, 제 2권, p. 33.
45) William Hendriksen, *A Commentary on the Gospel of John*(요한복음주석), 유영기 역, 아가페 출판사, 1976, p. 473.
46) John R. W. Stott, *The Contemporary Christian: Applying God's Word to Today's World* (England: IVP, 1992), pp. 267-268.

연합은 영적인 연합이다. 그것은 영혼들의 연합으로 구성되며, 따라서 철저하게 진리에 기초하고 있는 연합이다"라고 이 연합의 특성을 말해 주고 있다.[47] 이러한 성격의 연합이 아닌 단순히 외형적이고 기구적인 연합은 아무런 의미가 없는 것으로 대단히 위험한 것임을 깨우쳐 주고 있다.

그러면 연합의 목적이 무엇인가? "제자들의 연합은 선교를 위한 연합이다."[48] 이 목적을 본문 21절은 분명히 드러내 보여주고 있다. 또한 본문 23절은 그 선교는 그리스도인들 자신이 하나님의 특별한 사랑을 받고 있는 대상임을 나타내 보이는 것으로 이루어짐을 가르쳐 주고 있는데, 그리스도인들의 하나 됨이 하나님이 그들을 사랑하셨다는 사실을 세상에 증거하게 될 것임을 말씀하고 있다. 콜린 G. 크루즈는 "제자들이 하나가 되어 서로 사랑함으로써 하나님의 백성들임을 드러내기 때문에 예수님에 대한 그들의 증언이 신빙성을 가지게 될 것이다"라고 말하고 있으며,[49] 존 맥아더(John MacArthur)는 "교회의 전도의 효과는 구성원들 간의 분열과 분쟁으로 유린당하게 되어진다"라고 지적하고 있다.[50] 따라서 그리스도인들은 어떤 환경 가운데 처해 있든지 간에 하나 됨으로 하나님의 사랑을 나타내는 사람들이 되어질 때에 선교의 열매를 맺게 되어질 것을 시사해 주고 있다.

(5) 사랑(요 17:26): 진리 안에서의 사랑

주님은 본문 23절에서 성부 하나님과 성자 예수님의 하나 됨은 사랑으

---

47) D. Martyn Lloyd-Jones, 제2권, p. 353.
48) Colin G. Kruse, *Tyndale New Testament Commentaries: John,* Vol 4. (England: Inter-Varsity Press, 2003), p. 337.
49) Ibid., p. 342.
50) John MacArthur, *The MacArthur New Testament Commentary: John 12-21* (Chicago: Moody Publishers, 2008), p. 293.

로 연결되어진 하나 됨인 것을 말씀해 주고 있는데, 본문 23절 마지막 부분에 "또 나를 사랑하심 같이"라고 말씀하고 있는 것이 바로 이 사실을 드러내 보여주고 있다. 그리고 그리스도인들의 하나 됨의 목적은 하나님의 사랑을 나타내므로 선교에 있다는 사실을 말씀해 주셨다.[51]

3세기의 성 어거스틴은 전 생애를 통하여 삼위일체 하나님을 묵상하는 가운데 성부 하나님과 성자 예수님은 서로 사랑하시는데 성부와 성자 사이의 사랑의 끈이 바로 성령 하나님이시라고 설명을 한바가 있다.[52] 중세 학자 루페르트(Rupert)는 본문 26절의 그리스도인 속에 내주하는 성부 하나님의 사랑을 성령과 동일시하기까지 했다.[53] 로마서 5장 5절은 "우리에게 주신 성령으로 말미암아 하나님의 사랑이 우리 마음에 부은바 됨이니라"고 성령님이 이 하나님의 사랑을 그리스도인의 마음속에 부어주심을 말씀하고 있다. 이처럼 주님은 성부 하나님께서 주님의 피로 구속하신 주의 백성들을 사랑하신다는 것을 말씀하면서 이 성부 하나님의 사랑을 받고 있는 그리스도인들은 이 사랑으로 서로 연합할 수 있고 또 하나가 되어야 한다는 사실을 가르쳐 주고 있다.

주님은 제자들을 향한 고별강화 가운데서도 "아버지께서 나를 사랑하신 것같이 나도 너희를 사랑하였으니 나의 사랑 안에 거하라"(요 15:9)고 명령하시면서 "내가 아버지의 계명을 지켜 그의 사랑 안에 거하는 것 같이 너희도 내 계명을 지키면 나의 사랑 안에 거하리라"(요 15:10)고 예수님의 사랑 안에 거할 수 있는 조건을 말씀해 주셨다. 그것은 주님의 계명을 지키는 것이다. 이 주님의 사랑을 삶 속에서 계속해서 경험하고 깊이

---

51) 박윤선, op. cit., p. 581.
52) Darrell W. Johnson, *Experiencing the Trinity(삼위 하나님과의 사귐)*, 김성환 역, IVP, 2006, p. 50.
53) Raymond E. Brown, *The Gospel According to John(XIII-XXI)(요한복음 II)*, 최흥진 역, CLC, 2013, p. 1496.

깨닫게 되어질 때 하나님을 진정 사랑하게 되어지고 그의 계명을 지키게 되어진다는 것이다. 주님의 사랑이 얼마나 크고 놀라운가 하는 것을 제대로 알게 되어질 때 그리스도인의 삶은 혁명적으로 변화되어질 수밖에 없는 것이다.

요한복음의 저자 사도 요한이 기록한 요한 1서 4장 12절에 "만일 우리가 서로 사랑하면 하나님이 우리 안에 거하시고 그의 사랑이 우리 안에 온전히 이루어지느니라"는 말씀은 성도들이 하나님의 아가페의 사랑으로 서로 사랑할 때 온전함을 이루게 되어지고 하나가 되어지는 영적인 연합이 가능하게 되어진다는 사실을 말씀하고 있다. 이처럼, 그리스도인들이 사랑으로 하나가 되어지는 것은 세상에 대한 강력한 증거가 되어진다는 것을 주님은 자신의 기도 가운데서 교훈해 주고 있는 것이다.

성부 하나님이 성자 예수님을 사랑하시듯 부름받은 모든 그리스도인들 간에도 이런 사랑이 충만하고 은혜와 진리가 충만하므로 주님의 내주하심으로 온전한 하나를 이루므로 말미암아 세상에서 하나님 살아계심을 증거하고 많은 생명들을 주께로 인도할 수 있는 전도의 풍성한 열매를 맺게 될 것을 주님의 기도는 가르쳐 주고 있다. 이미 주님은 요한복음 13장 35절에서도 "너희가 서로 사랑하면 이로써 모든 사람이 너희가 내 제자인 줄 알리라"고 말씀하셨다.

6. 그리스도인의 미래

예수님께서는 대제사장적인 기도를 하시면서 마지막으로 부름받은 그리스도인들이 맞이하게 될 영광스러운 미래를 위해서 기도하심으로 요한복음 17장의 기도를 마무리하셨다. 본문 24절은 17장 전체의 주요 교훈의 요약인 동시에 주님께서 대제사장적인 기도 중 자기 백성들을 위한 마지막 간구로서 그리스도인의 미래에 대한 놀라운 사실을 가르쳐 주고 있다. 영국의 강해설교자 마틴 로이드 존스는 다음과 같이 설명하고 있다. "예수 그리스도의 복음은 일차적으로 우리의 영원한 생명을 확보해 주기 위함이다. 그것의 근본적 목적은 우리를 하나님과 화해시키고 우리에게 궁극적인 영원한 구원을 확실히 주는 것이다. 또한 그 복음은 우리를 단번에 하나님 앞에 영원히 바로 서게 해 준다. 그리고 우리가 하나님의 자녀라는 사실을 체험을 통하여 분명히 믿도록 해준다. 또한 그 복음은 우리를 사망과 무덤과 심판의 두려움에서 벗어나게 해 주며 우리의 영원한 미래가 안전하게 확보되었음을 알려 준다."[54]

그러면, 그리스도인에게 보장된 미래가 무엇인가? 첫째로, 주님이 예비하신 영원한 하늘나라에 들어가게 되는 궁극적 구원의 축복이다. 본문 24절에 "아버지여 내게 주신 자도 나 있는 곳에 나와 함께 있어"라고 기도하신 것을 볼 수 있다. 예수님께서는 이미 요한복음 14장 1절에서 3절에 "너희는 마음에 근심하지 말라 하나님을 믿으니 또 나를 믿으라 내 아버지 집에 거할 곳이 많도다 ... 내가 너희를 위하여 거처를 예비하러 가노니 가서 너희를 위하여 거처를 예비하면 내가 다시 와서 너희를 내게로 영접하여 나 있는 곳에 너희도 있게 하리라"고 분명히 말씀해 주셨다. 이와 같은 일이 실제적으로 일어나게 될 것을 위해서 주님은 기도하신 것이다. 그래서 사도 바울은 "그리스도와 함께 있을 욕망을 가진 이것이 더욱 좋으나"(빌 1:23)라고 말하면서 "우리가 담대하여 원하는 바는 차라리 몸을 떠나 주와 함께 있는 그것이라"(고후 5:8)고 고백하였던 것이다. 이와 같이, 주님을 믿고 섬겼던 그리스도인들 모두가 주님이 계신 그 곳에서 함께 누릴 축복을 요한계시록 21장 1-4절과 22장 1-5절이 구체적으로 보여주고 있다.

---

54) D. Martyn Lloyd-Jones, 제 1 권, p. 367.

두 번째로, 예수님은 자신이 창세전부터 가지고 계셨던 무한한 영광을 주를 믿고 따랐던 모든 그리스도인들이 보게 될 것을 말씀해 주셨다. 주님은 본문 24절 하반절에서 "아버지께서 창세전부터 나를 사랑하시므로 내게 주신 나의 영광을 그들로 보게 하시기를 원하옵나이다"라고 기도하셨다. 주경신학자 콜린 G. 크루즈는 "제자들에 대한 궁극적 목적은 예수님이 제자들을 부르신 사명에 참여하는 것이 아니다. 물론 그것이 매우 중요하다 해도, 제자들의 궁극적인 목적은 승귀하신 구속자의 영광을 아버지가 계신 곳에서 보는 것이어야 한다"라고 정확하게 설명을 한바가 있다.[55] 이와 같이, 그리스도인들을 부르신 하나님의 궁극적 목적은 부르신 사명에 참여하는 것이 아니라 사망권세를 이기시고 부활 승천하셔서 이제는 창세전에 가지셨던 무한한 영광을 회복하신 주님의 그 찬란한 영광을 직접 바라보고 체험하는 것임을 분명히 가르쳐 주고 있다.

주님은 지상 사역을 완수하시고 하늘나라에 돌아가실 때에 인성을 벗어버리고 가신 것이 아니라 신인(神人)으로 돌아가셨기에 신인으로서 가지시는 특별한 영광을 모든 그리스도인들은 보게 될 것을 주님 자신이 친히 말씀하신 것이다. 더 나아가, 성경은 그리스도인들이 신인이신 주님의 영광을 보고 영원토록 그를 즐거워하게 될 뿐만 아니라, 주님의 형상을 온전히 본받게 되어지는 놀라운 변화가 일어나게 될 것을 말씀해 주고 있다(롬 8:29-30, 고후 3:18). 이러한 주님의 간구는 참으로 놀라운 약속이요 영광스러운 소망이 아닐 수 없다.

---

[55] Colin G. Kruse, *Tyndale New Testament Commentaries: John,* Vol 4. (England: Inter-Varsity Press, 2003), p. 342.

7. 결론

요한복음 17장에 기록된 예수님의 기도는 그리스도인의 삶에 있어서 기도의 중요성과 필요성을 주님 자신이 실제적으로 교훈해 주고 있으며, 하나님께서 그리스도인을 구원하시는 궁극적인 목적이 그리스도인으로 하여금 하나님을 영화롭게 하고 그 하나님의 영광이 세상 가운데서 드러나 널리 인정받게 되도록 하는데 있음을 분명히 드러내 보여주고 있다(요 17:1, 10, 21, 23).

이 마지막 기도 가운데서 주님 자신이 영생을 주시는 구주되심을 언급하신 것은 이미 요한복음 10장 28절에서 언급하신 말씀과 동일한 것으로 성육신의 가장 중요한 목적이 성부 하나님께서 성자 예수님에게 주신 자들에게 한 사람도 예외 없이 영생을 주시기 위함인 것을 말씀하신 것이다. 또한 창세전에 성부 하나님께서 택하신 하나님의 백성들에게 영생을 주시는 구원을 위하여 주님께서는 이 세상과 모든 인간을 다스리는 권세를 성부 하나님께로부터 받으신 것임을 밝혀 주고 있다. 그리고 주님께서 친히 영생에 대한 분명한 정의를 말씀하신 것은 예수님의 기도의 핵심을 이루고 있으며, 그 의미는 "그리스도인 안에 사시는 하나님과의 끊임없는 교제의 삶"을 뜻하고 있음을 알 수 있다.

이미 살펴 본대로, 예수님의 기도는 그리스도인이란 어떤 존재인가 하는 정체성의 문제에 대한 분명한 해답을 제시해 주고 있다(요 17:2, 6, 9, 14, 16, 18, 24). 마틴 로이드 존스가 "만일 여러분이 누구인지, 어떤 사람들인지 깨닫기만 한다면 여러분은 여러분을 공격하는 모든 것에 대한 완전한 승리의 길에서 이미 80%를 간 것이다"라고 말을 했듯이, 이 그리스도인의 정체성에 대한 올바른 이해는 신앙생활에 있어서 중요한 부분을

---

56) D. Martyn Lloyd-Jones, 제1권, p. 256.

차지하고 있는 것이다.[56] 주님은 그리스도인의 정체성에 대하여 그리스도인은 "주님의 소유로 구별되어진 자"(6절, 9절)이기에, 그리스도인은 세상에 속한 사람이 아님을 분명히 밝혀주고 있다(14절, 16절). 따라서 나머지 4가지 정체성에 대한 언급은 여기에서 파생되어져 나온 것임을 알 수 있다.

더 나아가, 주님은 대제사장적인 기도 가운데서 그리스도인이 세상에 속하지 아니한 사람인 이유를 하나님의 백성이기 때문임을 말씀해 주셨을 뿐만 아니라(6절), 이들을 성부 하나님께서 성자 예수님에게 주셔서 그들을 구속하게 하시므로 하나님의 특별한 소유와 기쁨이 되기에 합당한 자들로 만들게 하셨음을 드러내 보여주셨다(19절). 이처럼, 성부 하나님께 드린 기도 가운데서 예수님은 부름받은 그리스도인들의 연약함과 아픔을 공감하시고 이해하시면서 우리의 부족과 허물을 보지 아니하시고 장차 변화되어질 미래를 미리 내다보시고 하나님의 말씀을 지키는 성숙한 자들로 간주하고 계신다는 것은 주님의 기도가 참으로 대제사장의 위치에서 간구하고 있는 기도인 것을 보여주고 있으며, 모든 그리스도인들에게 큰 위로와 격려가 되어지고 있다(6절).

따라서 예수님의 대제사장적인 기도는 기독교의 복음이 제공할 수 있는 유일의 능력과 소망과 위로는 인간의 구원이 전적으로 하나님의 주권적인 역사로 인한 것임을 드러내 보여주는 하나님의 구원의 계획과 하나님과 우리의 관계를 바로 이해하는 데 있음을 가르쳐 주고 있다. 즉, 그리스도인이 자신을 이 하나님의 구원계획의 일부로 바라보고 이해하게 되어질 때 세상에서 직면하는 삶의 고난과 어려운 난제들에 대한 해답을 얻게 되어지고 흔들리지 아니하는 확신 가운데서 믿음으로 승리하게 되어질 것임을 일깨워주고 있다.

이와 같이, 하나님의 주권적인 은혜로 구원받게 되어진 그리스도인들에게는 세상에 속한 자들이 가질 수 없는 5가지 표지들을 소유하게 되어짐을 주님의 기도는 우리에게 교훈하고 있다. 이 5가지 표지들의 기초는 진리이며, 그리스도인들은 이 진리 안에서의 (1) 기쁨과 (2) 거룩과 (3) 선교와 (4) 연합과 (5) 사랑의 표지를 지녀야 할 것을 가르쳐 주고 있다. 또한 이 5가지 표지들은 교회의 5가지 존재 목적인 (1) 예배와 (2) 양육과 (3) 선교와 (4) 교제 (5) 봉사로 연결되어지고 있음을 알 수 있다.

예수님의 기도의 결론 부분에서 마지막으로 간구하신 바, 부름받은 그리스도인들이 맞이하게 될 영광스러운 미래를 위한 기도(24절)는 그리스도인으로 하여금 사망과 심판의 두려움에서 벗어나게 해 줄 뿐만 아니라, 참된 그리스도인에게 영원한 미래가 안전하게 확보되었음을 알려 주는 복된 약속으로 이 세상에서의 어떠한 고난과 역경도 능히 이길 수 있는 원동력이 되어지고 있음을 가르쳐 주고 있다. 왜냐하면 지금 주님은 하늘과 땅의 모든 권세를 가지시고 그의 백성들 가운데 계속 임재하시면서 만민을 다스리고 계시기 때문에 어떤 어려움과 시련이 닥쳐온다고 할지라도 주님의 소유로 구별되어진 자들을 온전히 지키시고 보호하실 것이기 때문이다. 그러므로, 예수님은 자신을 믿는 그리스도인들 가운데 내주하실 것을 언급하심으로 이 대제사장적인 기도를 종결하심으로 임마누엘의 주님으로 이러한 사역을 계속해서 수행하실 것을 다시 한번 더 깨우쳐 주고 계신다(26절).

참고도서(Reference List)

Beasley-Murray, G. R. *Word Biblical Commentary: John 1-21*. Vol. 36. Dallas, Texas: Word Books Publisher, 2001.

Boice, James M. *The Gospel of John: An Expositional Commentary(요한복음 강해)*. IV, 서문강 역, 크리스챤 다이제스트, 1988.

Borchert, Gerald L. *The New American Commentary: John 12-21*. Vol. 25B, Nashville, Tenn.: Broadman & Holman Publishers, 2002.

Brown, Raymond E. *The Gospel According to John(XIII-XXI)(요한복음 II)*, 최흥진 역, CLC, 2013.

Bruce, F.F. *The Gospel of John*. Grand Rapids: Eerdmans, 1983.

Burge, Gary M. *The New Application Commentary: NIV John(NIV 적용주석: 요한복음)*. 김병국 역, 솔로몬, 2010.

Hendriksen, William. *A Commentary on the Gospel of John(요한복음주석)*. 유영기 역, 아가페 출판사, 1976.

Johnson, Darrell W. *Experiencing the Trinity(삼위 하나님과의 사귐)*. 김성환 역, IVP, 2006.

Köstenberger, Andreas J. *Baker Exegetical Commentary on the New Testament: John*. Grand Rapids: Baker Academic, 2004.

Kruse, Colin G. *Tyndale New Testament Commentaries: John*. Vol 4. England: Inter-Varsity Press, 2003.

Lloyd-Jones, D. Martyn. *Life in the Spirit: Classic Studies in John 17(요한복음 강해)*.제1권, 차동재 역, 기독교문서선교회, 2001.

_____. *Growing in the Spirit: Classic Studies in John 17(요한복음 강해)*. 제2권, 이용태 역, CLC, 2003.

MacArthur, John. *The MacArthur New Testament Commentary: John 12-21*. Chicago: Moody Publishers, 2008.

Michaels, J. Ramsey. *The New International Commentary on the New Testament: The Gospel of John.* Grand Rapids: Eerdmans, 2010.

Morris, Leon. *The New International Commentary on the New testament: The Gospel According to John.* Grand Rapids: Eerdmans, 1971.

Pink, A. W. *Exposition of the Gospel of John(요한복음 강해).* 제 4 집, 지상우 역, 엠마오, 1988.

Stott, John R. W. *The Contemporary Christian: Applying God's Word to Today's World.* England: IVP, 1992.

Tenney, Merrill C. *The Expositor's Bible Commentary: John, Acts(엑스포지터스 성경연구 주석: 요한복음, 사도행전).* 기독지혜사, 1982.

Verkuyl, J. *Contemporary Missiology: An Introduction.* Translated and edited by Dale Cooper, Grand Rapids: Eerdmans, 1978.

박윤선. *성경주석: 요한복음.* 성문사, 1958.

영적 리더십과 교회사역

■
초 판 1쇄 발행 / 2018년 8월 20일
수정판 1쇄 발행 / 2018년 8월 25일

■
지은이 / 임 영 효
펴낸이 / 김 수 관
펴낸곳 / 도서출판 영문
122-070 서울시 은평구 역말로 53(역촌동)
☎ (02) 357-8585
FAX • (02) 382-4411
E-mail • kskym49@hanmail.net

■
출판등록번호 / 제 03-01016호
출판등록일 / 1997. 7. 24

파본은 교환해 드립니다.
본 출판물은 저작권법으로 보호 받는
저작물이므로 출판사나 저자의 허락없이
무단 전재나 무단 복제를 할 수 없습니다.

정가 15,000원
ISBN 978-89-8487-338-4 03230
Printed in Korea